2011. 3. 11(금) 14:46 PM

그날 시계는 멈추었다

– 센다이에서 겪은 동일본대지진 100일간 기록

●이룸나무

그날 시계는 멈추었다

센다이에서 겪은 동일본대지진 100일간 기록

초판 1쇄 인쇄 2013년 2월 20일 **초판 1쇄 발행** 2013년 2월 25일

지은이 현석玄石

펴낸이 김용태 **펴낸곳** 이룸나무
편집장 김유미 **마케팅** 서보선
출판신고 제305-2009-000031 (2009년 9월 16일)
주소 130-823 서울특별시 동대문구 용두동 236-1 대우아이빌 101동 106호
전화 02-3291-1125 | **E-Mail** iroomnamu@naver.com
마케팅 출판마케팅센터 02-3291-1125, 031-943-1656
값 25,000원
ISBN 978-89-98790-02-8 03040

―――

저자의 인세 수입은
일본 미야기(宮城) 현 이시노마키(石卷) 시 소재
오카와(大川)초등학교에 기부할 예정이다.
오카와(大川)초등학교는 '3.11 동일본대지진' 당시 쓰나미로
학생 108명 중 74명과 현장에 있던 교직원 11명 중
10명이 희생된 바 있다.

하늘은
극복할 수 없는 시련을
인간에게 주지 않는다

후쿠시마 제1원자력발전소 사고로
어린이들이 떠난 어느 초등학교의 칠판에
적어놓은 희망의 글에서

나는 50여 년 가까이 살아오면서 두 번의 재해를 경험했다.

첫 번째는 대학 2학년 때 겪은 1980년의 '5.18 광주사태'이다. 그것은 시민과 학생들의 민주화 요구에 대해 신군부가 만들어 낸 재난이었다. 사회 초년생으로 행세하기 시작한 대학생으로서 그동안 학교에서 배우고 가정에서 체득했던 선과 악의 가치관을 흔들어버렸던 충격적인 사건이었다.

두 번째는 2011년 3월 11일 오후 2시 46분, 일본 동북지방에서 일어난 대지진과 쓰나미로서 자연재해였다. 사회의 중추를 담당하고 있는 위치와 연령대에 도달해서 이번 대지진은 개인적으로 이제까지 살아온 삶의 의미를 되돌아보게 하였고 앞으로의 살아갈 방향을 일깨워주었던 또 다른 충격이었다.

거대한 자연의 힘에 무너지는 인간의 무력함, 피난소의 일본인들로부터 느낀 진한 가족애와 고향이라는 의미, 후쿠시마원전 사고에 대처하는 일본 사회의 모습에서 사회공동체의 정신을 되새기게 하는 시간이었다.

나는 대지진이 일어났던 그 시각에 센다이를 떠나 출장 중이었기 때문에 센다이 동쪽의 태평양상 앞바다에서 발생한 대지진과 뒤이은 쓰나미의 공포를 직접 목격하지 못했다. 당시 이와테 현 모리오카 시에서 3월 11일(금) 오후 2시 24분 아키타행 신칸센 열차를 탔는데 대지진 발생 직후 정전으로 열차는 덜거덩거리며 터널 속에서 멈추어 섰다.

터널 속에서 22시간 동안 발이 묶이면서 추위와 배고픔을 겪었으나 쓰나미로 아름다운 태평양연안지역에 살던 사람들의 생명을 앗아간 참상을 안 것은 다음 날인 3월 12일(토) 정오경 아키타 현 타자와코 역에 도착한 후 TV를 보고서였다.

나는 JR에서 마련해준 대행버스를 타고 아키타 시로 들어갔다. 아키타 역 앞의 피난소에서 하룻밤을 지내고 3월 13일(일) 아침 택시를 대절하여 주센다이 대한민국총영사관으로 돌아왔다.

우선 사무실로 올라갔으나 문을 열 수가 없었다. 안간힘을 써서 겨우 문을 열어보니 모든 것은 넘어져 깨어지고 어지럽게 널려 있었다. 그리고 천장의 석고보드에서 떨어진 가루는 검은 책상과 의자를 새하얗게 만들어 놓았다.

사무실의 피해 상황을 확인한 후 옷을 갈아입기 위해 집으로 달려갔다. 냉장고는 요동이 심한 탓에 전기 코드가 빼어진 채 문은 열려 있었고 책장에 꽂혀 있던 책들은 여기저기에 널려 있는 등 가재도구가 엉망진창이었다. 가족이 고국에 있고 센다이에서 혼자 살고 있다는 게 천만다행이라는 생각이 들었다.

어느 누구도 대지진 당시에 겪었을 충격을 몸소 겪어보지 않으면 실감할 수가 없다. 인간의 흔적이라곤 찾아볼 수 없는, 모든 것이 순식간에 쓸려가 버린 쓰나미 현장을 방문하여 눈을 뜨기 힘들 정도로 불어오는 태평양의 검은 흙바람을 맛보지 않고서는 그 참상을 실감할 수 없을 것이다.

전화 통화에서 통곡하는 어머니의 말씀과 같이 이렇게 살아 있는 것만으로도 감사해야 했다. 동북지방에서 쓰나미로 1만 6,000여 명이 목숨을 잃었고 여전히 3,000여 명이 행방불명인 상태이다.

다시 돌아온 센다이총영사관의 1층 민원실은 고국으로 일시 피난하려는 동포들로 북적댔다. 그리고 쓰나미로 집이 유실되었거나 대지진의 충격으로 집에 들어가기가 무서운 동포들이 한꺼번에 피난온데다 식사를 해결해야 하기 때문에 그 광경은 시골의 5일장을 방불케 했다.

총영사 이하 모든 직원들이 긴장감을 가지고 민원 해결에 최선을 다했다. 특히 민원실 여직원들은 1,500여 통에 가까운, 고국에서 걸려온 자식·친척들의 안부확인 전화에 불철주야 친절히 응대했다. 그리고 본국 정부로부터의 걱정과 배려 그리고 많은 분들이 온정어린 구호물품을 보내주어 총영사관은 재외국민에 대한 서비스를 수행할 수 있었다.

인간 세상은 혼자 살아갈 수가 없으며 서로가 어울리면서 부대끼고 돕거나 도움을 받아가며 살아가야 한다는 것을 절감했던 기간이었다. 20대 초반의 군대생활에서 읽었던 고미카와 준페이(五味川純平)의 『인간의 조건』에서 "사람의 옆에는 사람이 있었다"는 의미를 새삼 기억나게 하는 시기이기도 했다.

쓰나미 피해를 입은 이와테 현, 미야기 현 그리고 후쿠시마 현의 주요 항구도시는 바닷바람으로 분진이 휘날리는 가운데 복구와 부흥에 여념이 없다. 성난 바다가 한 순간에 그들의 삶의 터전과 사랑하는 가족을 삼켜버렸다. 그러나 이제 살아남은 자는 고요한 바다에 의지하며 삶을 개척해야 하는 것이 숙명이다.

 이웃나라 일본은 앞으로도 여사한 대지진과 쓰나미의 도래에 대비한 방제시스템을 어떻게 구축할 것인지가 큰 도전이 될 것이다. 천년에 한 번 정도라는 이번 대지진과 뒤이은 쓰나미로부터 피해를 최소화하기 위한 하드웨어적 사회간접자본을 어떻게 구축하고 소프트웨어적 인프라시스템을 어떻게 효율적으로 운용해 나갈 것인지가 피해지역 부흥의 주요내용이 될 것이다.

 그리고 인간이 발견한 가장 효율적인 에너지원인 원자력발전의 확대 및 지속적인 운용 여부가 일본뿐만 아니라 주요국가에서도 쟁점으로 부상할 것이다. 사회가 선진화될수록 1인당 에너지 사용량은 늘어만 가는데 이번 후쿠시마 제1원전 사고로 인해 세계 각국에서는 원전 건설을 둘러싸고 넘비현상이 거세질 것이며 장래의 에너지정책에도 적지 않은 영향을 미칠 것이다.

 개인적으로 당분간 원자력발전은 불가피하다고 생각한다. 다만 기술적인 안전성을 높이는데 범세계적으로 중지를 모아야 하고 국가와 기업은 예상 밖의 위기상황을 고려한 비상대책을 마련하여 위험을 최소화해야 할 것이다.

 전 세계로부터 일본을 돕겠다는 구호물자가 답지했다.
 잘사는 선진국은 물론 아프카니스탄 등 어려운 나라까지도 온정을 보내왔다. 오늘날은 교통통신의 발달로 글로벌화가 진행된 탓에 지구촌 사람들은 일본 동북지방에서 일어난 대재난이 먼 남의 일이 아니라 이웃이나 자신의 일로 생각하게 되었음을 실감하였다.

나는 상당한 피해를 입은 센다이 시에서 살면서 일상의 생활이 일본 사회 속에서 이루어지고 있으므로 재난을 당한 일본인들의 깊은 슬픔을 가까이서 보고 느낄 수 있었다.

총영사관으로 피난 왔던 피해동포나 친분 있는 일본인들로부터 어려움을 당했던 이야기를 많이 들었다. 매일 지역신문이나 TV에서 보도되는 모습을 보면서 눈물을 훔친 적이 많았다. 그 때만큼은 일본어가 모국어와 같이 귀에 들리는 것이 괴로웠다. 내 자신이 이재민들을 위해 무언가 할 수 있는 힘이 없다는 무력감도 컸다.

업무가 끝난 밤늦은 시각에 하루의 일과를 뒤돌아보고 쓰나미 현장에서 분투하는 이재민들의 처연한 모습 등을 어떤 식으로든지 정리하고 싶은 마음에서 글을 쓰기 시작했다. 당시에는 홀로 생활하는 절망적인 상황에서 매일 무엇인가 낙서라도 하지 않으면 미칠 것만 같았다. 이런 가운데 100일 간의 일기는 상처투성이의 나의 마음을 위안하는 행위였다.

끝으로 이번 대재난을 겪은 일본 동북지방은 복구와 부흥에 수년이 걸릴 것이다. 그러나 말보다는 묵묵히 행동으로 보여주는 동북지방 사람들은 반드시 일어설 것이다.

이와테 현의 미야코 · 가마이시 · 오후나토 · 리쿠젠다카다, 미야기 현의 미나미산리쿠 · 게센누마 · 이시노마키 · 하가시마쓰시마 · 다카조 · 와타리 · 나토리 · 이와누마, 후쿠시마 현의 소마 · 미나미소마 · 이와키 시···. 쓰나미로 대부분의 기반시설이 사라진 항구도시들이다. 그러나 언젠가 예전의 모습을 다시 찾을 수 있는 날을 손꼽아 기다린다. 모두가 아름다운 항구이면서 그곳에 살던 주민들은 넉넉하고 친절한 인정미가 넘치는 사람들이었다.

그리고 나 자신이 3년 이상을 주재하면서 정이 들었던 동북지방의 파리라고 불리는 아름다운 '숲의 도시', 센다이 시에도 하루 빨리 예전의 활기가 넘쳐나길 바란다.

무더운 여름날, 해질 무렵에 자전거를 타고 시내 중심가를 지나갈 때면 녹음이 우거진 나무그늘 아래서 울려 퍼지는 저음의 콘트라베이스와 중후한 색소폰에 맞추어 노래 부르는 여성 보컬가수의 재즈 선율이 그립다.

2013년 2월
동일본대지진 2주년을 앞두고

■ 글을 시작하며 · 4

1부

대지진 직후 신칸센 터널 속에서
22시간 기록

대지진 직후 신칸센 터널 속에서
22시간 기록

　우리나라에서도 KTX(133호 열차)가 지난 2012년 7월 27일(금) 국내 최장터널인 부산 금정터널(20.3Km) 안에서 1시간 이상을 멈추어섰던 적이 있었다. 열차 안에 갇힌 승객들은 비상등이 켜진 채 냉방장치 가동이 중단되어 탈진 증세를 보이거나 휴대폰을 통해 구조요청을 하는 등 큰 어려움을 겪은 적이 있었다.

　필자는 2011년 3월 11일 오후 2시 46분에 일어난 '동일본대지진'으로 승차했던 신칸센 열차가 터널 속에서 갑자기 멈추어 선 탓에 22시간 가까이를 열차 안에서 지내야 했다. 비상등만이 켜진 채 난방의 가동이 멈추어 추위와 배고픔 그리고 수시로 땅이 강하게 흔들리고 있어서 무너질 지 모른다는 공포에 떨어야 했다. 무엇보다도 정전으로 화장실 이용이 힘들었다.

　다음은 대지진으로 터널 속에서 멈추어선 신칸센 열차 속에서의 기록이다.

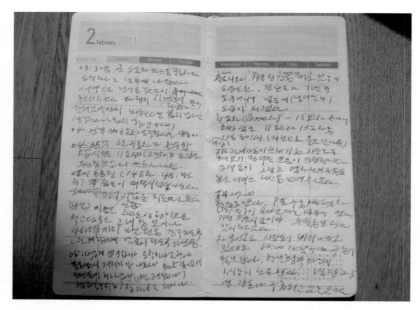

신칸센 당시 수첩기록

3. 11(금) 15:30경

• 여기는 아키타 시에 15:56분에 도착 예정인 신칸센(고마치 25호, 14호차) 열차 안이다. 현재 열차는 지진으로 이와테 현과 아키타 현의 경계 지점인 센난(仙南)터널에 멈추어섰다.

• 열차 속에는 정전으로 실내등이 꺼져 칠흑 같은 어둠이 이어지고 있다. 15:15경 객차 1량 당 3군데에서 희미한 비상등이 켜지다.

• 차장은 승객들에게 잠시 기다리면 곧 출발하겠다는 안내방송을 반복하고 있다. 그리고 절대로 강한 추위가 몰아치는 밖에는 나가지 말 것을 당부하고 있다.

3. 11(금) 18:00경

• JR측은 열차 내 보관 중이던 비상용 생수와 건빵을 승객들에게 배부하였다

• 정전으로 난방이 꺼지면서 추워지자 알루미늄호일로 만들어진 얇은 비상용 방한의를 희망자에게 배부하였다.

3. 11(금) 20:37

• 터널에서 여진(진도 3.5 정도)을 느꼈다.

• 신칸센 열차 안에는 총 607석의 좌석이 있다. 15인승의 피스톤식 구호열차(경유로 운행)가 올 예정이다.

3. 11(금) 23:00경

• JR측은 곧이어 선로점검을 완료할 예정이다.

• 구호열차가 이곳의 신칸센 열차에서부터 아키타 현의 타자와코 역(田澤湖驛)까지 왕복할 예정이다. 타자와코 역에서는 아키타 역까지 JR 대행버스로 승객들을 이송할 계획이다.

3. 11(금) 23:40

• (9시간이 지난 후) 구호열차(15인승)가 처음으로 도착하였다.

• 구호열차로 싣고 온 비상식량 · 모포 · 손난로가 승객들에게 배부되고 있다.

• 구출순서는 어린이, 노인, 신체부자유자 등이 우선이라는 방송이 나왔다.

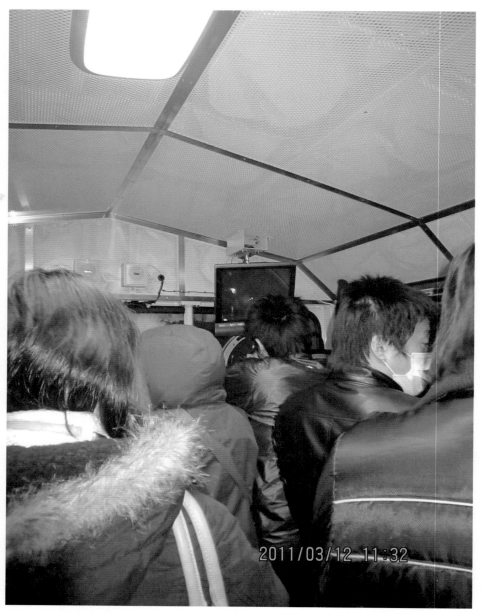

2011/03/12 11:32

구호열차에 탑승하여 타자와코(田澤湖) 역으로 이동 중

20 그날 시계는 멈추었다

3. 11(금) 24:15경

• 구호열차가 처음으로(1회차) 출발하였다.

• 현재 지점에서 타자와코 역까지는 15킬로미터 정도이며 편도 30
~40분 정도 걸린다고 한다. 시간 경과에 따라 다소 빨라질 수 있으며
터널 밖은 악천후라고 한다.

3. 12(토) 02:15

• 잠이 들었으나 구호열차가 돌아왔다는 안내방송에 잠을 깼다.

• JR측은 승객들에게 오차(페트병)와 게살 김밥을 배부하고 있다(이에
앞서 수 시간 전에 열차 내에 보관 중이던 생수와 건빵을 배부했다).

• 알루미늄호일로 만든 방한의를 덮고 있는데도 추웠다. 추가로 모
포가 배포되어 덮으니 훨씬 따뜻해졌다.

• 구출활동이 계속되고 있으나 구호열차가 터널 내의 열차가 정
지한 현장으로부터 타자와코 역까지 왕복하는데 1시간이 소요되고
15명 정도 밖에 구출할 수 없어 언제 나갈 지 알 수 없다.

• 현재 아키타 현 전체가 정전이라고 하는데 센다이로 돌아갈 것이
걱정이다.

• 고국의 가족과 부모님 그리고 오사카에 있는 남동생이 나의 안부
를 걱정하고 있을 것으로 보여 마음이 무겁다. 센다이의 공관 가족들
도 무사한 지 궁금하다.

• 열차 안에서 기다리는 일본인 승객들의 차분한 모습이 오히려 놀
랍다.

• 밖의 온도는 영하 4~5도이며 눈바람이 세차고 열차가 멈춘 센난
(仙南)터널로부터 타자와코 역까지는 15킬로미터 떨어져 있고 위험 구

간이 많아 승객들을 도보로 안내할 수 없다고 한다.

- 차장은 심야의 새벽인데도 승객들 중에서 건강상태가 안 좋은 사람이 있는지를 문의하고 있다.

3. 12(토) 02:30

- 객차 안에는 비상등이 3개만 희미하게 켜져 있다. 승객들은 3.11(금) 15:15 경부터 켜진 비상등에 의지하며 화장실을 가거나 간단한 메모를 할 수 있다. 희망의 불빛이다.
- 간간히 객차 안에서는 추위로 승객들의 기침소리가 들린다. 그러나 아키타 현·이와테 현 등 동북지방의 전 지역이 정전이어서 밖의 시민들은 어떻게 추위를 견디고 있는지 궁금하기도 하고 걱정도 된다.
- 지난번 신칸센 열차에 비치된 여행 잡지 「트럼벨루」에서 센다이에 거주하는 작가 이쥬인(伊集院) 씨가 언급한 이야기가 생각난다. 자식이 부모로부터 가장 큰 교육을 받는 시기는 부모가 사망했을 때라고 적고 있는데, 두 명의 자식이 애비인 나에 대해서 어떻게 생각할까. 그리고 결혼 후 살아오면서 고생만 시킨 아내는 남편을 어떻게 생각할까, 혹시 부모님이 재해 소식을 알고 계신다면? 자식 잘 되기만 기도하는 어머니의 모습이 눈에 선하다.

3. 12(토) 02:40

- 4회차 출발 예정인 구호열차가 곧 도착한다는 방송이 나왔다.
- JR 승무원 및 아키타 시에서 온 JR 관계자들의 노고에 감사드린다.
- 피스톤식 구호열차가 종래 왕복 1시간 소요에서 이제부터는 속도를 내서 40분대로 단축하겠다고 방송했다.

- 승객들은 대부분 잠을 자면서 구출의 시간을 기다리고 있다.
- 자연재해를 겪은 경험이 많은데다 JR측의 헌신적인 구출 노력을 신뢰하면서 차분하게 자신의 차례를 기다리고 있다.
- 알루미늄호일의 방한용 커버(숏)에서 순모의 모포로 교체한 탓에 훨씬 몸에 온기가 돌아오고 있다.
- JR이 수 시간 전에 배부한 손난로를 손에 쥐고 잠을 청해 본다.
- 정전으로 휴대폰도 불통이어서 센다이총영사관의 사정도, 교민들의 피해도 전혀 알 수가 없다. 다만 차장이 승객들에게 전한 바로는 "미야기 현 앞바다에서 M 8.8(실제는 M 9.0), 진도 7 규모의 강진이 발생하였으며 태평양 상 해안의 쓰나미가 5~6미터에 달했다"고 한다. 작년(2010년)의 칠레지진으로 미야기 현 앞바다의 양식업이 큰 피해를 입었는데 이번에도 재해를 당해 큰일이다.

3. 12(토) 03:30
- 곧 5회차 구호열차가 도착한다는 방송이 나왔다.
- 새벽으로 접어든 탓인지 추워지고 있다. 다행히 지하터널 속에 갇힌 탓에 지상보다는 춥지 않을 것으로 생각한다.

3. 12(토) 04:35
- 6회차 구호열차가 출발한다. 대학수험생과 그린 차(우등 객차, 맨 뒤의 11호차)의 손님도 노약자, 임산부 등과 함께 우선할 것이라는 안내방송이 흘러나왔다.
- 내 옆에 동승한 젊은이(14호차, 4B, 복도좌석)는 아키타현립대학에서 면접시험을 치르러 가는 도중이라고 한다.

• 나는 재난상황이므로 학교 당국도 고려할 것이나, 아키타 시까지 가는 편을 타자와코 역 관계자에게 문의해보라고 하였다. 그리고 가지고 있는 돈은 충분하느냐고 물었는데 충분하다고 했다(고등학교 3학년 수험생을 두고 있는 나는 부족하면 1~2만 엔 정도를 보태주려고 했다).

3. 12(토) 05:10경

• 7회차 구호열차가 도착한다고 한다.

• 물을 마시니 재채기가 나온다. 나는 보온을 위해 목도리와 가죽장갑을 끼고 있다. 손난로 2개를 가슴속과 호주머니 속에 넣고 있는 게 적지 않게 도움이 되고 있다.

• 열차 안에는 노인들이 적지 않은 편인데도 추위를 잘 참고 있다.

• 11호차(그린 차)~16호차까지 중에서 화장실은 11호차와 13호차에 있는 것만 비상가동 중인데(정전으로 물이 나오지 않음), JR 관계자들이 쓰레기를 치우는 등 깨끗이 정리하는 모습이 인상적이다.

• 승객들은 물론 JR측 모두가 합심하여 품격 있는 재난극복의 모습을 보여주고 있다.

3. 12(토) 07:00

• 한숨을 잤다. 구호열차가 온다는 안내방송에 잠을 깼다.

• 동트기 직전의 시각으로 가장 추운 시간인가 보다. 지금 시각이 가장 춥다고 느껴진다. 아마 구출을 기다리는 승객들도 마찬가지일 것이다.

• 열차 내에도 차근차근 사람들이 빠져나가고 있으므로 짐작컨대 12:00경이 되어서야 구출될 것 같다. 한 번 왕복하는데 1시간 남짓 걸리고 있다.

3. 12(토) 07:35

• 아직도 130여 명이 남아 있으며 오후 13:00∼14:00경이면 구출작업이 종료될 예정이란다. 거의 24시간을 갇혀 있는 것이 된다. 납치되어 인질이 된 사람들의 고충을 알 듯하다.

• 고국의 가족들이 걱정하고 있을 것을 생각하니 마음이 아프다. 내가 무사하다는 소식을 전하는 방법이 마땅치 않다. 밖에도 정전으로 휴대전화가 불통이라는 소식이다.

• 객차 내 이곳저곳에서는 JR측이 배포한 도시락으로 아침식사 중이다. 나도 체온을 보전하고 센다이까지 돌아갈 기력을 보충하기 위해서는 식사를 해야 하는데 먹고 싶은 생각이 없다.

• 내가 승차 중인 14호차는 JR 관계자의 구호활동과 승객들이 화장실에 오고가는 발자국 소리 이외에는 숨죽인 듯 조용하다. 모두가 JR의 재해구호시스템을 신뢰하고 구출될 것이라는 희망을 가지고 기다리고 있는 것이다.

3. 12(토) 07:45

• 곧 10회차 구출차량이 다가온다는 안내방송이 있었고 멀리서 다가오는 소리가 점점 크게 들린다.

• 이제부터는 구출방식을 바꾸어 각 호차(12∼16호차)에 탑승하고 있는 승객 가운데 3명씩 구출작업을 하겠다고 방송하고 있다. 누군가로부터 제안이 있었고 타당하다고 생각하여 수용했던 것 같다.

3. 12(토) 08:30

• 아침식사를 하였다. 새벽 2∼3시경에 배급받은 탓인지 차가웠으

나 맛있게 먹었다. 특히 음료수는 포카리스웨트를 배급받아 마셨는데
몸이 가벼워진 느낌이다.

- 식사 직전에 구호열차와 접하는 16호차 쪽에 가서 JR관계자에게
오사카에 사는 동생의 전화번호를 가르쳐주면서 형(필자)이 무사하다는
것을 전해달라고 부탁했으나 휴대전화 연결이 힘든 상태라고 한다. 메
시지를 보내서 타자와코 역으로 답신해달라고 부탁했다고 JR역무원이
나에게 알려주었다.

3. 12(토) 09:30

- 구호열차가 돌아왔다.
- 차장은 남은 승객들에게 "순서대로 구조 활동을 전개하고 있으니
조금만 더 기다려 달라"고 안내방송을 하고 있다.
- 이곳 14호차에도 먼저 구조된 사람들이 놓고 간 모포를 한 장 더
가지고 와 두 장을 덮으니 추운 기운이 훨씬 덜하다. 밖에도 태양이 떠
오르기 시작했으니 더 이상 추워지지는 않을 듯하다.
- 좌석 앞에 놓인 JR노선의 안내 책자를 보면서 타자와코 역으로
간 후 서쪽에 위치한 아키타 시로 가야 할 지, 남쪽의 야마가타 현 신조
(新壓) 시市 방면으로 내려가야 할 지 결정을 못 하고 있다.

3. 12(토) 09:45

- 14호차 안에서도 다음에 올 구호열차를 타기 위해 13명이 나갔다.
다음은 나의 차례이다.
- 현재 남아 있는 사람이 85명이며 앞으로도 4시간 이상이 소요될
예정이다.

• 터널 속에서 멈춘 신칸센 열차 안은 외부의 재해 관련 정보와 밖의 기후조건 등을 전혀 알 수 없는 암흑 상태이다.

• 14호차 내 3곳의 비상등이 밝게 느껴진다. 우리들의 일상에서 당연하게 받아들였던 전등 불빛의 소중함을 새삼 실감한다. 부모님의 자식에 대한 사랑 그리고 아내의 배려, 사회와 국가의 서비스 등등… 모두가 고마운 것임을 되새겨본다.

• 방금 방송이 나왔다. "오늘은 2011년 3월 12일 토요일, 현재 시각은 오전 10시이며 밖의 날씨는 맑다"는 정보와 함께 타자와코 역 인근에는 TV를 정전으로 보기가 어려우며 라디오도 수신이 어려운 상태라고 한다. 앞으로도 구출열차가 6차례 더 왕복해야 한다고 한다.

• 객차 내에는 오고가는 발자국 소리뿐이다. 모두들 긴장된 표정

신칸센의 타자와코(田澤胡) 역

속에 차례를 기다리고 있다.

- 현재의 나의 심경은 담담하다. 가족들이 걱정하고 있을 것이며, 센다이총영사관 사무실은 무사한 지… 모든 게 궁금하다. 너무 멀리 떨어져 있는 센다이로 돌아가는 교통편이 잘 마련되었으면 한다.

- 구호열차를 타기 위해 16호차로 이동했다. 30~50분 정도가 지나면 탈 수 있을 것 같다.

- JR측의 차분한 대피유도에 감사드린다. 아직도 14호차에 남아 있는 일부의 승객, 그리고 13호차와 12호차 승객에게 미안한 마음이 든다.

3. 12(토) 11:30

- 16호차에 들어가서 구호열차를 기다렸다. 멀리서 구호열차가 다가오는 소리가 선명하게 들린다. 점점 소리가 커진다.

- 밖에 나가면 우선 사무실에 연락하고 가족들에게도 무사함을 알려야겠다. 그리고 센다이로 돌아갈 방법을 찾아보아야 한다.

- 열차가 다가와 멈춘 듯하다. 이젠 나갈 준비를 해야 한다.

3. 12(토) 11:50

- 구호열차를 타고 이와테 현과 아키타 현의 경계에 있는 센난(仙南) 터널을 빠져나오는데 멀리서 희미하게나마 하얀 불빛이 보였다. 점점 밝고 크게 보였다. 터널을 빠져나온 후 보니 하얀 불빛은 밝게 빛나고 있는 태양이었다.

- 아키타 현 타자와코 역까지 가는 20여 분 동안 구호열차에서 바라본 설경은 참으로 아름다웠다. 22시간 동안 캄캄한 터널 속에 갇혀 있

쓰나미 피해를 입은 미야기 현의 이시노마키 시 해안가

다가 바라본 광경에 모두들 탄성을 질렀다. 대부분 아키타 현에 연고가 있는 사람들이었는데 항상 보았던 고향의 겨울풍경이 이렇게 아름다웠던가 라는 반응이다.

• 눈이 수북이 쌓인 산골짜기에서는 계곡물이 졸졸 흐르고 찬란하게 내리비치는 태양의 휘황찬란한 빛은 신비감 그 자체였다. 구출열차를 타고 바라본 아름다운 설경은 일생동안 잊지 못할 것이다.

• 타자와코(田澤湖) 역에 도착했다. 역에 설치된 NHK의 정오뉴스를 보고서 쓰나미가 해안을 엄습했으며 대량의 사망자가 발생하고 있다는 대참사의 소식에 놀랐다. 이 모든 것이 정말 꿈이기를 바랐다.

- 머릿속이 하얘지면서 도무지 어떻게 해야 할지 모르겠다.
- 잠시 후 정신을 차리고 역원에게 물었다. "직장이 있는 센다이 시로 돌아가야 하는데 당신이라면 어떻게 하겠습니까?" 역원은 대답했다. "다소 멀리 떨어져 있지만 중심지인 아키타 시로 들어가세요."
- 나는 JR측이 마련해준 대행버스를 타고 아키타 시로 향했다. 땅속에서는 거의 몰랐는데 지상에서는 아직도 강한 여진이 계속되고 있었다. 시내로 향하는 도로는 정전으로 교통신호등이 작동되지 않아 자동차들이 알아서 무질서하게 지나가고 있었다.

3. 12(토) 12:05
- 아키타 행 JR대행버스 속에서 휴대폰을 꺼내 전원을 넣었으나 통화불가능 권역으로 나타난다. 옆 사람이 통화를 하고 있는 것을 보고 잠시 빌려서 사무실과 오사카의 동생에게 통화를 시도했으나 연결되질 않았다.

3. 12(토) 13:40
- 아키타 시의 신칸센 역 동쪽 출구에 도착하였다.
- 동쪽 출구 가까이 있는 공중전화 박스로 달려가서 전화를 시도했으나 불통이다.
- 2층의 신칸센 개찰구로 뛰어 올라갔다. 사람들이 만원이다. 통행로의 바닥에는 충전 중인 휴대폰이 널려 있다. 신칸센 역사는 시내의 핵심시설이 집적된 탓인지 전기가 공급되고 있었다.
- 나는 일본 통신회사 NTT가 비상시를 위해 무료로 개방한 녹색 공중전화 쪽으로 다가가서 줄을 섰다. 얼마가 지난 후에 전화를 할 수 있

었다. 우선 사무실에 전화를 하였는데, 재외국민들이 공관으로 몰려들고 있는 가운데 일손이 턱없이 부족한 실정이라고 한다. 그러나 돌아갈 교통편이 없으니 마음이 착잡했다.

• 오사카 동생에게 전화를 시도했다. 다행히 연결되어 "형은 무사하다"고 부모님과 형수에게 전하라고 말하고 끊었다. 뒤에서 초조하게 기다리는 사람들을 의식하지 않을 수 없었다.

• 아키타 시내는 추운 탓인지 인도가 눈과 얼음으로 덮여 있는 가운데 길이 미끄러웠다. 호텔을 찾으러 다니면서 몇 번이나 미끄러져 넘어질 뻔했다. 호텔은 정전으로 영업중단 상태이고 겨우 문을 연 2~3군데도 방이 없단다.

• 시내 편의점도 판매할 물건이 동났기 때문에 모두 철시한 상태이다. 다행히 역 인근의 식당 한 군데가 문을 열어 식사를 할 수 있었다.

3. 12(토) 15:30경

• 다시 2층에 있는 아키타 시 신칸센 개찰구로 돌아와서 공중전화를 이용하여 광주시光州市의 부모님께 전화하였다. 신호가 갔다. 어머니의 목소리가 들렸다. 당신은 나의 목소리를 듣자 울부짖었다. "아이고 내 새끼… 살아 있었느냐…" 환희의 울음이기도 했다. 나도 목이 메어 말이 나오지 않았다. 다음으로 아버지를 바꿔주었다. 당신도 울음을 터뜨렸다. 자식 앞에서 눈물을 보인 것은 1981년 5월 12일 내가 군대에 입대하기 위해 집을 나설 때 차마 눈물을 보이기 싫어 등을 돌린 이후 처음이었다.

• 아내와 자식에게는 나중에 연락하였는데 모두가 가슴을 쓸어내렸다.

3. 12(토) 16:30경

• 아키타 시 신칸센 역사 안에 설치된 TV를 보니 1년 전에 방문한 적이 있는 이와테 현 미야코(宮古)·가마이시(釜石) 그리고 미야기 현 게센누마(汽仙沼)·이시노마키(石卷) 등이 쓰나미로 거의 사라졌다.

• 일본 엔카 '항구(港町)의 브루스'에 나오는 아름다운 항구들이었다. 인심 좋은 미야기 현·이와테 현의 항구 주민들의 모습이 눈에 선하다. 눈물이 흘러내렸다.

• 삶과 죽음이 간발의 차이였고 눈 깜짝할 사이에 모든 것이 사라졌다.

3. 12(토) 17:00경

• 센다이로 돌아갈 동북신칸센도, 야마가타 현를 경유하는 재래선도, 버스도 모두가 불통이다. 그러나 내일은 꼭 돌아가야 하는데 걱정이다.

• 거리에 어둠이 몰려오고 있다. 추워진다. 어디에선가 오늘밤을 지내야 한다. 역원에게 문의하니 역사 동쪽에 피난소가 있다고 한다.

• 아키타 시에서 운영하는 '아루베(ALUVE)'라는 피난소에 가서 덮을 모포 한 장과 밑바닥에 깔 박스 1개를 공급받아 쉴 공간을 마련했다. 신기하게도 바닥이 나무로 깔려 있는데다 찬 기운이 없었다. 온기를 느끼지는 못했으나 냉기를 없앨 정도의 난방이 가동되고 있었다.

• 어제 터널에서 22시간 동안 갇혀 있던 때와 비교하면 이곳은 천국이다. 따뜻한 석유난로와 부족하나마 건빵도 배식을 받을 수 있었다. 생수도 인근에 있는 간이 슈퍼에서 살 수 있었다.

• 이런 피난소를 마련하여 비상재해 시 이방인에게 숙식의 어려움

2011/03/12 22:51

신칸센 아키타(秋田) 아루베에서 시민들이 숙박을 하고 있다(2011. 3. 12. 토)

을 해결하는 데 도움을 준 아키타 시에 감사드린다.

3. 13(일) 07:00경

• 05:00 잠을 깨어 센다이 시로 돌아갈 교통편을 찾기 시작했다.

• 05:30경 대절택시 편으로 센다이 시·모리오카 시(이와테 현)·야마가타 시(야마가타 현)·히로사키 시(아오모리 현) 등지로 가는 손님을 모집한다는 안내문이 붙기 시작했다.

• 나는 즉시 택시 승차장으로 달려가 운전수와 교섭하여 야마가타 시까지 갈 수 있는 교통편을 확보할 수 있었다(가스를 이용하는 택시의 사정

상 센다이 시는 가스공급의 단절로 돌아올 때 충전할 수 없어 갈 수 없다고 했다).

• 07:00경 승차한 택시는 남쪽의 센다이를 향해서 달려 12:30경에 야마가타 시에 도착했다. 도중에 자동차들이 주유소에서 석유를 구입하려고 장사진을 이루고 있어 도로가 막히기도 했다. 야마가타 시로 접근함에 따라 정체는 더욱 심해졌다.

• 야마가타 시에서 재일민단 간부의 자동차를 이용하여 센다이로 들어올 수 있었다. 평소 같으면 50분 정도 걸리는데 3시간 남짓 걸렸다. 센다이를 빠져나오고 들어가려는 차량들이 국도 48호선(왕복 2차선)으로 밀려들었기 때문이다. 동북자동차도로가 대지진 이후 안전점검 때문에 폐쇄되어 자동차도로를 이용하던 차량들이 한꺼번에 국도로 몰려들었기 때문이기도 하다.

• 14:00경 센다이총영사관에 도착하였다. 공관은 시장을 방불케 할 정도로 일시 피난을 온 재외국민들로 붐볐다.

• 인사를 마친 후 사무실로 올라가서 겨우 문을 열고 들어가 보니 난장판이었다. 사무실을 정리한 후 저녁에 12층까지 계단을 걸어 올라가서 확인한 나의 숙소도 별반 차이가 없었다. 얼마나 흔들렸는지 냉장고의 문은 열려 있는데다 전기코드는 빠져 있었다. 책장이 엎어진 충격으로 나무 식탁은 몇군데 구멍이 뚫려 있었고 방바닥에 책들은 어지럽게 널려 있었다.

• 그로부터 2개월간 대재난을 당한 재외국민들의 귀국 편의를 도모하거나 공관 내 임시피난소에 기거하는 재외국민들을 돌보기 위한 고된 장정이 시작되었다.

02

'3.11 동일본대지진' 100일간 기록
(2011. 3. 11~6. 18)

3월 11일(금). 제1일째 일본 동북지방의 시계는 오후 2시 46분에 멈추었다

최근에 상하이총영사관에서 영사와 중국인 여성과의 부적절한 관계로 보이는 사건이 발생하여 국민들로부터 질타를 받고 있었다. 그 가운데 센다이총영사관에서도 오전에는 총영사 이하 전직원이 재외공무원복무규정과 재외공무원행동지침 등을 숙독하여 민원업무 시 언행에 주의할 것을 다짐했다.

그 후 나는 업무협의가 있어 센다이 시로부터 북쪽으로 1~3시간 정도(신칸센) 떨어져 있는 이와테 현 모리오카 시와 아키타 현 아키타 시로 출장을 떠났다.

12시경 모리오카 시에서 점심으로 냉면을 먹은 후, 오후 2시 24분에 아키타 행 신칸센(고마치 25호, 좌석번호: 14호차 4번 A석 창가 쪽)을 탔다. 승차한 직후부터 책을 읽으면서 20여 분간 시간이 흘렀다고 생각했다. 어

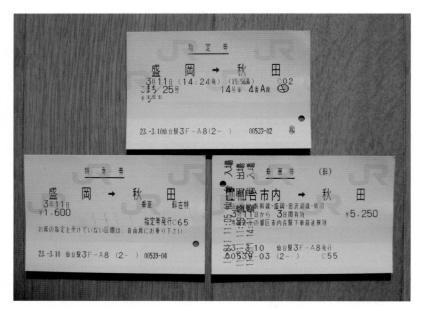

신칸센의 당시 차표(2011. 3. 14. 14:24 모리오카 출발 15:56 아키타 도착)

두운 터널 속을 달리는 가운데 갑자기 열차가 덜커덩거리면서 정차하였다. 곧이어 땅이 상당히 흔들렸다. 지진인 듯싶었다. 밖에서는 M 9.0의 강진이 발생했으나 터널 속이어서 흔들림이 그렇게 크게 느껴지지 않았다.

차장으로부터 "여기는 이와테 현에서 아키타 현으로 들어가는 경계 지점의 센난(仙南)터널 속이며, 잠시 후 곧 출발하겠다"는 안내방송이 흘러나왔다. 이어서 정전이 되었다. 열차 안은 칠흑같이 캄캄해졌다. 2, 3분이 지난 후에 내가 승차한 14호차에도 3곳에서 비상등이 희미하게나마 켜졌다. 1시간, 2시간 그리고 3, 4시간이 지나도 차장은 밖의 상황을 잘 알 수 없는 가운데 대단히 미안하다면서 열차 속에서 기다려달라는

안내방송을 하고 있었다.

몇 시간이 지났을까 열차 내 정전으로 난방이 식어가고 밤이 된 탓인지 추워지기 시작했다. 차장은 승객들에게 비상용 알루미늄호일로 만들어진 부피가 작은 비상용 보온커버와 물 그리고 건빵을 나눠주었다.

정전으로 화장실의 사용은 가급적 자제하고 총 6개 차량(11호차~16호차) 가운데 2곳만을 사용하도록 제한했다. 그리고 밖은 매우 추우므로 절대 나가서는 안 되며 만약에 나가면 2차적인 재해에 직면하게 된다는 주의를 잊지 않았다.

밤 8시 30분경, 터널 속에서도 여진이 이어지는 가운데 "현재 열차 내에는 607명이 승차해 있으며 얼마 후면 JR 아키타 신칸센 역에서 경유로 운행되는 15인승 구호열차가 와서 승객들을 차례로 구출하는 활동을 전개할 것이다"라는 안내방송이 흘러나왔다.

밤 11시 40분경 아키타 역으로부터 구출열차가 처음으로 도착하여 비상식량과 모포, 휴대용 손난로 등을 가져와 승객들에게 배부하기 시작했다. 1인당 1개씩 배포된 모포를 몸에 덮으니 한기를 느끼고 있던 몸에 온기가 돌기 시작했다.

3월 12일(토). 제2일째 신칸센 승차 22시간 만에 터널 속에서 구출되다

새벽 0시 15분경, 최초의 구호열차가 15명의 승객을 태우고 가장 가까운 기차역인 아키타 현 타자와코 역을 향해 출발했다. 이곳 터널로부터 타자와코 역까지는 15킬로미터 거리이나 왕복 1시간 남짓 걸린다고 한다.

구호열차 도착 이후 JR 관계자로부터 밖의 소식을 상세히 들을 수 있었다. "어제 오후(3월 11일 14시 46분) 신칸센이 터널에서 멈춘 시각에 강한 지진이 발생한 이후 동북지방과 동경 등 수도권은 정전이 이어지고 있으며 시민들은 패닉상태에 빠져 있다고…."

한 승객이 물었다.

"이번 지진이 1995년의 고베대지진과 비교하여 어떤 규모인가요?"

JR 관계자는 말했다

"고베대지진보다 강한 규모였으며 피해가 더 커질 것으로 보입니다."

순간 승객들은 일제히 긴 한숨을 내쉬었다.

열차 내 분위기는 숨죽일 듯 고요하다. 구호열차를 타고 온 JR 관계자들의 오고가는 바쁜 발걸음과 승객들이 화장실에 가는 발자국 소리

뿐이다. 그 소리가 고요한 밤의 적막 탓인지 크게 들린다.

새벽이어서인지 모두가 잠을 청하려고 한다. 그러나 출발 후 1시간 정도가 지나서 구호열차가 다가오는 소리와 안내방송에 간혹 잠을 깼다. 20시간 이상 열차 안에 앉아 있는 것은 힘든 고역이었다. 특히 좁은 공간에 앉아 있다 보니 장腸이 점점 내려앉은 기분이었다.

그러나 나의 좌석 맞은편에 한 점의 흐트러짐 없이 꼿꼿하게 어려운 상황을 견디어내고 있는 70대 초반의 할머니의 정갈한 모습을 보면서 용기를 얻을 수 있었다. 그녀는 가끔 화장실을 갈 때 옷 매무새를 고치고 머리를 손질하는 것을 잊지 않았다. 자리를 뜰 때도 그녀의 몸가짐은 결코 흐트러짐이 없었으며 노약자이기 때문에 먼저 구호열차를 탈 수 있었는데도 불구하고 그렇게 하지 않고 보통 사람과 똑같이 행동하는 모습을 보면서 일본인의 진면목을 느낄 수 있었다.

시간이 흘러가고 있었다. 내가 탄 14호차 안에서도 노약자와 어린이, 수험생(3월 12일이 대학입시 면접일이었음) 등이 우선적으로 구출되면서 빈자리가 적지 않게 발생했다. 그럼에도 불구하고 일본인 승객 중에서 두 다리를 쭉 뻗고 비어 있는 의자에 누운 사람은 한 명도 없었다. '인간으로서 품위를 지킨다는 것이 이런 것이구나' 라는 생각이 들었다. 우리나라에서 수년 전 고향에 가는 야간열차를 탔을 때, 보기에도 민망한 광경을 본 적이 있었던 나로서는 이런 모습이 대단해 보였다.

오전 11시30분경 구호열차를 탄 후 정오경 타자와코 역에 도착하였다. 역사 내에는 2010년 한국과 일본에서도 방영된 인기드라마 「아이리스IRIS」의 촬영지가 가까이 있다는 광고가 붙어 있었다.

NHK 정오뉴스를 보는 순간 긴장감이 엄습했다. 미야기 현과 이와테 현 등 눈에 익은 해안의 항구들이 쓰나미로 순식간에 없어지고 수많은

2011/03/12 12:01

신칸센 동일본JR 대행버스

사망자와 행방불명자가 발생하고 있는 참혹한 광경이 눈앞에 펼쳐지고 있었다. 현실이 아닌 그냥 영화의 한 장면이거나 꿈이길 바랐다.

놀라움도 잠깐, 나는 센다이로 돌아갈 수단을 곰곰이 생각하고 있었다. 이미 열차에서부터 고민했었지만 현 상황을 보니 대책이 서지 않았다. 터널 속에서 밖으로 나와 보니 정전으로 모든 교통편이 두절된 상태였고 센다이로 돌아갈 뚜렷한 방안도 없었다.

나는 역원에게 물었다.

"가능한 빨리 센다이로 돌아가야 하는데, 당신이라면 어떻게 하겠습니까?"

그는 말했다

"언제 교통편이 복구될지 모르는 비상상황이니 이곳으로부터 떨어져 있지만 우선 중심지인 아키타 시로 들어가서 돌아갈 방법을 찾아보는 것이 좋겠군요."

나는 역원의 말대로 JR이 마련해준 대행버스를 타고 아키타 시로 향했다. 1시간 30여 분 만에 아키타 시에 도착했다. 가는 도중에 도로는 정전으로 신호등이 작동하지 않아 자동차들이 알아서 운행해야 했다. 버스 승객 모두가 긴장된 표정이 역력했다.

아키타신칸센 역 동쪽 출구에 도착하자마자 지상의 공중전화 박스로 달려갔다. 내 차례가 되어 센다이총영사관과 고국의 부모님께 전화를 시도하였으나 불통이었다. 휴대폰은 이미 며칠 동안 기지국의 파괴와 정전으로 통화불능 상태였다. 2층의 아키타신칸센 역으로 뛰어 올라갔다. 녹색의 공중전화에는 사람들이 길게 줄을 서 있었다. 나도 대열에 합류했다. 얼마 후 내 차례가 되어 총영사와 통화를 할 수 있었다.

지금 공관은 건축한 지 4년여 밖에 안 되어 무사히 대지진을 견디어내서 다행이지만 실내는 사무실 집기 등이 모두 떨어지는 등 피해를 입었으며 300여 명 이상의 재외국민과 본국으로부터 취재기자 등이 모여든 가운데, 본국으로부터 생사 확인을 문의하는 전화가 이어지고 있다며 일손이 턱없이 부족하다는 소식을 들었다. 나는 빨리 돌아갈 방도를 찾아보겠다고 대답했다.

다음으로 부모님께 전화하였다. 이미 한국의 방송에서 쓰나미로 떠내려간 일본의 모습을 보신 어머니와 아버지는 나의 생사여부에 가슴 졸이던 차에 내가 살아있어서 천만다행이라며 울음을 터뜨렸다. 특히 아버지의 울먹이는 목소리는 내가 30년 전 대학 2학년(1981년 5월 12일)때 군대에 입대하기 위해 집을 나설 때 눈물을 보인 이후 처음이었다. 나도 목이 메어 말을 잇지 못했다. 나중에 처와 자식에게도 전화하여 무사하다는 안부를 전하였다.

전화 통화를 마친 후, 아키타 시내 빙판길을 걸으며 투숙할 호텔을 백방으로 찾았으나 정전으로 대부분 철시되어 방을 잡을 수 없었다. 밤이 가까워지자 더욱 추워졌고 신칸센 역 인근에 아키타 시가 운영하는 피난소(ALUVE, 아루베)에서 하룻밤을 머무를 수밖에 없었다. 비록 골판지 위에 모포 2장을 덮는 게 전부였지만 열차 속에서의 생활과 비교하면 매우 안락한 잠자리였다.

3월 13일(일). 제3일째 아키타에서 택시를 타고 센다이로 돌아오다

아침 4시 30분경 아키타신칸센 역 주변의 임시피난소에서 잠을 깼다. 이번 재난으로 돌아갈 교통편이 두절되어 집으로 돌아가기 힘든 사람들이 여기저기에서 잠을 청하고 있는 모습이 장관이다. 나는 추워

필자의 자택 모습. 대지진 영향으로 가구가 어지럽게 흩어져 있다.

서 난로 옆으로 다가갔다. 몸에 온기가 돌았다. 6시경부터 자원봉사자 들이 아침밥으로 건빵이 든 캔을 2명당 1개씩 배부하고 있다.

잠시 후에는 히로사키(아오모리 현), 모리오카(이와테 현), 야마가타(야마 가타 현), 센다이(미야기 현) 등 중심지로 돌아가려는 승객들을 수송하는 대절택시가 준비될 것이라는 안내문이 붙기 시작했다.

나는 택시 승강장으로 가서 택시운전수와 교섭한 결과, 7시가 조금 지나서 야마가타 시까지 갈 수 있다는 택시를 탈 수 있었다(택시기사는 센 다이 시까지는 갈 수 없다고 했는데 이유는 대지진으로 연료인 가스 주입을 할 수 없다는 것이었다). 센다이로 향하는 남쪽의 검은 아스팔트 도로변에는 눈이 많 이 내리는 지역답게 역시 눈이 1~1.5미터 정도가 하얗게 쌓여 있었다.

야마가타 시가 가까워지자 주유소에서 기름을 주유하기 위해 자동차들이 장사진을 치고 있었다. 이로 인해 도로가 정체되어 12시 30분경이 되어서야 야마가타 시의 외곽에 도착할 수 있었다.

거기에서 다시 친분이 있는 교민의 자동차를 이용하여 국도(48번)를 통해 센다이로 들어올 수 있었으나, 평소보다 3배 이상 시간이 걸렸다. 대지진으로 고속도로(야마가타~센다이 간)가 차단된 데다 센다이를 탈출하려는 사람들과 들어가려는 사람들이 줄을 이어 교통정체가 극심했기 때문이다.

오후 2시경 총영사관에 돌아왔다. 본국에서 온 기자들과 일시 피난을 오거나 귀국을 서두르는 재외국민들이 어우러져 많은 사람들이 북적대고 있었다. 한쪽 편에서는 피난소에 기거하는 교민들에게 식사를 제공하기 위해 분주한 부인들의 모습이 보였다.

직원들에게 무사히 복귀했다는 안부 인사를 전한 후 사무실로 뛰어 올라갔다. 그러나 문을 열 수가 없었다. 겨우 문을 열고 들어선 순간 난장판이었다. 옷걸이와 TV가 엎어져 있고 책상 위의 컴퓨터 모니터는 튕겨나가 떨어져 있는 데다 천장의 석고보드 가루가 떨어져 검은 좌석시트와 책상 위는 눈이 내린 듯 하얗게 변해 있었다.

나중에 방문한 자택도 별반 차이가 없었다. 대지진으로 얼마나 흔들렸는지 냉장고의 전기코드는 빠져 굽어져 있었고 목재 식탁은 책꽂이가 떨어져 구멍이 나 있었다. 전기스탠드, 접시 등이 깨진 것은 기본이었다.

다행히 사무실의 컴퓨터는 온전했다. 그렇게 흔들어댔는데도 별다른 손상이 없는 것이 신기했다. 우선 업무를 보기 위해서는 청소부터 해야 했다. 마스크를 쓰고 현지 스태프들의 도움을 받아서 지진의 잔해를 치웠다. 무너진 철제의 벽 칸막이는 테이프로 붙여서 계속되고 있는 여진에 대비해야 했다.

3월 14일(월). 제4일째 총영사관은 시골 장터가 되다

총영사관은 몰려드는 재외국민들로 북새통이었다.

고국에서는 부모들이 자식에 대한 걱정으로, 그리고 일본에서는 친지들이 걱정이 되어 당관에 문의가 빗발치고 있었다. 내일이면 국내에서 몰려드는 기자들의 취재활동이 활발해질 것으로 보여 1층의 민원실은 더욱 붐빌 것으로 보인다.

현재는 이곳에도 일사불란하게 수습 체계가 잡혀있지 않은 상태이다. 나 자신도 어제 오후에 아키타 시에서 돌아와 오늘에야 전반적인

재외국민들이 몰려든 총영사관

정세를 파악하고 본격적인 업무에 착수하였으며, 총영사의 주도로 각자의 역할 분담 하에 행동하기 시작했다. 전 직원이 24시간 민원 대응 체제에 들어간 것이다. 무엇부터 시작해야 할지 모르겠다. 다만 각자가 주관적으로 생각한 우선순위에 따라서 현장에서 대응하고 있을 뿐이다.

TV는 쓰나미가 할퀴고 간 처참한 재해현장을 전하고 있다. 그곳은 나 자신도 가끔 방문했던 아름다운 지역들이었다. 배후지는 농촌이, 앞에는 어항이 자리 잡은 농어촌 지역으로 동북지방 중에서도 물산이 풍부하여 인심이 후하고 친절한 곳이었다.

일본에서 가장 아름다운 곳을 '일본3경(日本三景)'이라 하는데, 그중에서도 재해를 입은 미야기 현의 마츠시마(松島)를 으뜸으로 꼽는다. 이곳의 동쪽에 인접한 히가시마츠시마(東松島)는 괴멸적인 타격을 입었다. 내가 알고 있는 지인인 말수가 적은 신사적인 풍모의 박청호(朴淸浩) 미야기 현 민단상공회의소 회장이 사업장이 있는 이시노마키(石卷市) 시에 간 것으로 알려졌는데 소식이 없었다. 오직 무사하기만을 기원했었다.

나중에 들은 이야기인데 박청호 상공회의소 회장은 다행히 생존해 있었다. 그러나 이시노마키 시에서 운영 중인 사업장 3곳이 유실되었다고 한다. 생업의 기반이 날아가 버린 셈이다(나중에 들은 이야기인데 비관한 나머지 자살까지 생각했다고 한다).

김정욱金政郁 전 미야기 현 민단상공회의소 회장도 시오가마(鹽釜) 시市에 사업장을 가지고 있는데 쓰나미로 전파되는 피해를 입었다.

박청호 씨와 김정욱 씨는 미야기 현 민단에서 고령자인 단원들에게 날씨가 청명한 봄철이나 가을철에는 온천여행을 다녀올 수 있도록 매년 적지 않은 도움을 주었던 고마운 사람들이었다.

일본삼경(日本三景) 마쓰시마(松島) 전경

3월 15일(화). 제5일째 남방 90킬로미터 떨어진 후쿠시마 제1원전이 방사능을 분출하다

동경전력이 운영하는 후쿠시마 제1원자력발전소 1, 2, 3, 4호기가 대지진으로 전력공급이 차단되고 쓰나미로 인해 원자로 내의 연료봉을 냉각시켜줄 물의 급수시설(펌프)이 파괴된 데다 예비용마저 동시에 파괴되어 폭발이 일어나고 있다.

제1원전 1호기는 3월 12일 토요일에, 3호기는 3월 14일 월요일에, 2, 4호기에서도 3월 15일 화요일에 수소폭발이 연속하여 발생했으며, 특히 2호기는 외벽 이외에 격납용기 주변설비도 손상되는 등 방사능의 피해가 확대되는 추세이다. 아울러 5, 6호기도 안전하지 못하다는 소문이 급속히 퍼지고 있다.

센다이에서 남쪽으로 90여 킬로미터 정도 떨어진 후쿠시마 현 소마(相馬) 시와 이와키 시 사이에 위치한 동경전력의 후쿠시마원전에서 이런 대형사고가 일어날 줄은 전혀 생각하지 못했다

아니, 생각은 못했지만 나는 3월 11일 목요일 새벽에 원자폭탄이 터지므로 빨리 피하라는 꿈을 꾸었었다. 이것이 길몽이라고 생각하고 복권을 사려고 했으나 꿈이 그대로 현실의 사건이 되고 있는 듯해 섬뜩한 긴장감을 가지고 추이를 지켜보고 있었다.

금일 19:00 NHK뉴스에서 쓰나미 피해를 입은 이와테 현의 오후나토(大船渡) 시인가 리쿠젠젠다카다(陸前高田) 시에서 살고 있는 이재민이 키타가미(北上) 시까지 와서 팩스로 보내온 내용을 보고 울었다. 주먹김밥 하나를 가지고 4인의 가족이 한 끼의 식사를 하였다는 것이다. 쓰나미 피해를 입은 일본인들에게 공급로가 차단되어 추위 속에서 극심한 물자부족에 시달리고 있었던 것이다.

나는 광주광역시에 사는 중학교 1학년 때 국어선생님께 전화를 드렸다. 이곳의 상황을 이야기하는데 눈물이 흘러내렸다.

"이번 재난을 당한 일본사람들이 너무나 불쌍합니다…."

나도 한 가족의 가장이며 부인과 자식들에게는 강한 아버지이다. 그리고 부모님에게는 믿음직한 자식이다. 그러나 항상 아껴주시던 선생님 앞에서는 감정을 보일 수밖에 없었다.

나는 일본에서 8년 동안 동경 · 센다이 등지에서 근무하면서 일본인들에게 우리 국민에 버금가는 애정을 가지고 대해 왔다.

며칠 전에 센다이 시 외곽의 리후초(利府町)에 있는 '그란데21'(종합실내경기장)에서 〈엔카, 꿈의 축제〉에 나왔던 모리 신이치(森進一)의 '미나

원전 폭발로 방사능 파급을 보도한 신문기사

주먹밥은 대재난 초기 춥고 배고픈 피난민들에게 유일한 식량이었다

토마치(港町) 브루스'에서 등장하는 아름다운 동북지방의 항구도시 미야고(宮古), 가마이시(釜石) 그리고 게센누마(汽仙沼)항은 참으로 풍광이 아름다운 도시였다.

그러나 한순간의 쓰나미로 인간이 땀 흘려 조성해놓은 천년의 역사는 사라졌다. 이제는 그 흔적을 찾아볼 수가 없다. 다만 살아남은 가족들에게는 댐으로 수몰된 고향의 잔영으로 다가오는 듯하다.

• 가수 모리 신이치(森進一)의 '미나토마치(港町) 브루스'는 1969년 4월 발매되어 인기차트 1위를 기록하는 등 지금도 애창되고 있는 엔카이다. 실연의 아픔을 겪은 여성을 주인공으로 홋카이도의 하코다테(函館)에서부터 큐슈지방의 가고시마(鹿兒島)까지 남하하면서 일본 각지의 항구가 등장하는데, 두 번째 가사에 미야코(宮古), 가마이시(釜石), 게센누마(汽仙

게센누마(汽仙沼) 항구에 세워진 노래비 '미나토마치(港町) 브루스'

沼가 나온다(가사 내용: 흐르는 눈물에 섞인 술은 (나를) 속였던 남자를 생각나게 합니다. 당신의 모습, 떨쳐버리지 못하고…. 항구여, 미야코, 가마이시, 게센누마). 모리(森)씨는 2011년 10월 22일(토) 게센누마 항구를 찾아 쓰나미로 기울어진 노래비(歌碑)에서 시민들과 함께 노래를 불렀다.

3월 16일(수). 제6일째 여전히 총영사관은 불야성이다

벌써 밤 11시 30분을 가리키고 있다. 자정이 가까워지고 있다. 오늘도 정신없이 지나갔다. 공관에서는 대지진에 따른 안부확인 전화는 물론 여권(재)발급으로 민원창구는 북새통을 이루고 있다. 지금 이 시간에도 사무실의 모든 방에는 환하게 불이 켜져 있다.

자정에는 니가타 공항으로 떠나는 재외국민들을 수송할 자동차가 운행될 예정이다. 니가타 공항은 대한항공(KAL)이 매일 운항하고 있으며, 아키타 공항은 주 3편이 운항하고 있는 관계로 공관에서 귀국을 원하는 재외동포들을 대상으로 공항까지 무료버스를 운영하고 있다(총영사관에서 50분 정도 걸리는 센다이 공항은 쓰나미로 물에 잠겨 있다).

지진발생 6일째인 오늘에야 돌아보니, 동북대학 등에서 공부하는 유학생들과 우리나라 대학교수들은 대부분 고국으로 돌아가고 있다. 이틀 전만 해도 새벽까지 북새통을 이루었으나 이제는 밤 9시가 넘으면 다소 조용해진 느낌이다.

선조대로부터 일본에서 뿌리를 내리고 사는 올드커머(특별 영주자)와 비즈니스 목적으로 체재중인 뉴커머의 일부만이 이곳을 떠날 수 없다는 각오를 하고 있는 듯하다.

고국에서도 사회지도층 인사들이 언론사의 칼럼을 통해 "일본을 도와야 한다"고 호소하고 있다. 미우나 고우나 함께 살아가야 할 이웃이

며 기나긴 양국의 역사 속에서 선린우호의 역사가 길었으며 긴장관계
는 매우 짧았다는 점을 기억하자.

현재 글을 쓰고 있는 밤 11시 47분경에도 진도 4.5 정도의 여진이 왔
다. 이제는 지진이 와도 다소 강하게 흔들리면 책상 밑에 숨어 들어가
고 약하다고 생각되면 그대로 일하는 게 일상화되었다.

어제는 진도 4 이상이 10차례나 엄습했다. 무섭기도 했다. '지진멀미'
라는 것이 있는데, 주민들의 70% 이상이 진짜 지진이 온 것인 양 착각하
면서 일상에서 긴장하고 놀랜다는 것이다. 나는 잠을 청할 때 자주 나타
나곤 한다.

'오늘 밤도 무사히 넘기고 내일 아침에 떠오르는 태양을 볼 수 있겠지'
하면서 냉기가 있는 사무실 바닥에서 새우잠을 청한다. 제발 후쿠시마원
전이 현 상태에서 잘 수습되길 기원할 뿐이다. 신의 가호를 빌 뿐이다.

이곳 센다이는 물론 동경 등 수도권과 한반도, 중국, 미국 등 세계
어느 곳도 안전하다고 볼 수 없다. 오늘은 북쪽과 서쪽에서 바람이 부
는 북서풍이어서 안도했으나 내일의 풍향이 어떻게 바뀔지 모를 일이
다. 항구도시인 센다이의 풍향은 걷잡을 수가 없기 때문이다.

3월 17일(목). 제7일째 어려운 위기상황에서 국가의 존재감은 빛났다

하루 종일 눈이 내렸다. 그리고 바람도 이에 질세라 세차게 불어댔
다. 설상가상으로 여진도 적지 않았다.

한편 공관원들은 남쪽 90킬로미터 떨어진 후쿠시마 제1원전 3호기
와 4호기의 화재 진화에 대한 뉴스를 가슴 졸이며 지켜보았다. 3호기
를 대상으로 일본 자위대가 헬기로 4번에 걸쳐 공중살수를 하였고 경
찰이 지상 30미터 떨어진 곳에서 수십 톤의 물을 뿌렸다. 원전 전문가

를 비롯한 관계자들은 오늘부터 48시간 동안이 고비라고 한다. 나는 이러한 위기상황에서 '국가란 무엇인가'에 대해 생각해보았다.

총영사관에는 센다이 시 등 동북지방에 체재하는 많은 재외국민이 3월 11일(금) 대지진 발생 직후부터 몰려들었다. 당관으로서는 전혀 예상치 못한 상황이었다. 재외국민들은 계속되는 강한 여진에 대한 공포에다 자택에서는 전기·가스는 물론 수도마저 중단되어 취사와 난방이 불가능한 상황에 직면했다. 설상가상으로 방사능 유출의 공포 속에서 안전지대로 피할 수 있는 교통수단마저 막혀 있는 어려운 상황에 직면하게 되었다. 특히 사상 초유의 재난을 당한 재외국민들의 경우 공관이 국가기관을 대표하는 상징이므로 총영사관으로 발걸음을 돌리는 것은 당연했으리라.

총영사관의 피난소 모습

총영사관 앞의 귀국버스편

　재외국민들은 자신이 어려움을 처할 때 최후의 피난처로서 국가를 생각하고 국가업무를 대행하는 공관을 기억한다는 점을 새삼 깨닫는 계기가 되었다.　이런 경우에 우리 외무공무원들은 주어진 여건에서 공관을 찾아온 국민들을 안심시키면서 최선의 행정서비스를 제공해야 한다는 점이다.

　나는 오늘 어느 일본 언론의 사설에서 "국가란 상정想定할 수 없는 것을 상정想定하는 것이 기본 임무이다"라는 글귀를 읽고 느낀 바가 컸다. 그렇다. 다가올 국가 재난에 대비하여 집권당은 예산을 배정하려고 해도 국민과 국회는 눈앞의 것만 보기 때문에 단호히 거부할 것이다. 그러나 위대한 정치가라면 먼 안목을 가지고 다가올 재난에 대비하는 프로젝트를 추진할 필요가 있다는 것이다. 예상치 못한 많은 저항이 있을 것이다. 이런 난관을 돌파하는 게 정치가의 임무가 아닌가 생각한다.

수년 전 아내와 함께 유럽을 여행하면서 파리 에펠탑에 오른 적이 있었다. 개선문을 기점으로 방사선 상으로 뻗은 파리 시가지를 보고 놀란 적이 있다. 오늘의 파리 시가지의 기틀을 조성한 것은 나폴레옹과 드골 그리고 퐁피두였다는 이야기를 기억한다. 당시에 이들 정치가도 난관에 직면했을 것이다. 그러나 국민을 설득하고 반대파의 동의를 이끌어 냄으로써 가능했으리라.

나는 3월 11일(金) 동일본대지진으로 터널 속의 신칸센 열차 안에서 밤을 보낸 후 다음 날인 3월 12일(土) 밤은 아키타 시에서 마련한 기차역 인근의 임시피난소(ALUVE)에서 머문 바 있다. 가끔 업무로 아키타 시에 출장을 가면 약속 시간에 맞추기 위해 30분에서 1시간 동안을 기다릴 때가 있는데, 그곳에 마련된 의자에 앉아 머문 적이 있어서 친숙한 곳이었다.

이곳은 평상시에는 주민들의 여가선용이나 이벤트 개최 등 문화공간으로 활용하고 재해 시에는 피난소로 쓸 수 있도록 되어 있었다. 한가지 특이한 것은 그렇게 넓은 장소의 바닥에 목재를 깔아놓고 냉기를 느끼지 않을 정도의 난방이 이루어진다는 점이다.

내가 처음 이곳을 방문하여 바닥에 깔린 목재마루를 보았을 때, 가난한 농촌지역인 아키타 현이 정도를 넘는 사치를 부리고 있다면서 지방정부의 재정이 바닥나겠다고 생각했다. 그러나 이번 재난을 겪으면서 나의 생각이 틀렸음을 확인했다.

내가 신칸센에서 구출되어 공관이 소재하는 센다이로 돌아가는 중간지점으로 인근 중심도시인 아키타 시에 들어가서 하룻밤을 묵으려고 시내의 얼음 위 빙판길을 전전하면서 호텔을 찾으려고 했으나 불가능했다.

지진으로 흔들리고 있는 아키타 시 전역이 정전으로 어두워지고 24시간 영업을 하는 편의점도 모두 철시했다. 대지진의 피해가 거의 없었는데도 전기가 들어오지 않으니 도시 기능이 급격히 저하되고 있었던 것이다. 그러나 아키타 시가 마련한 신칸센 역 인근의 임시피난소에는 전기가 들어오고 수돗물이 나오고 화장실 이용도 가능했다.

다시 말해 도심지의 핵심지역은 비상시에도 전기, 수도 등의 시설이 가동되고 있었으며 수 시간이 경과하자 자원봉사단체들이 나타나서 일시 피난 중인 외지인들에게 마실 물과 간이 건강진단 등의 서비스를 제공하고 있었다.

신칸센 아키타(秋田) 시 아루베의 평소 모습

평상시의 문화 공간 내 시설에도 식당·약국·편의점 등 비상시에도 가동할 수 있는 편의시설이 계획적으로 배치되었음을 확인할 수 있었다.

이와 같이 '국가란 어려움을 겪고 있는 국민이 필요로 하는 것을 제때에 충족시켜 주어야 하는 것'이라고 생각한다. 그것이 하드웨어적인 시설물일 수도 있으며 소프트웨어적인 행정서비스일 수도 있을 것이다. 이번 재난을 겪으면서 나 자신이 국민의 공복으로서 최선의 훌륭한 서비스를 제공해야 한다는 각오를 다시금 하게 만드는 자성의 시간이기도 했다.

3월 18일(금). 제8일째 일주일이 지났지만 여진으로 공포는 여전하다

진도 7 이상(매그니튜드 M 9.0)의 대지진이 미야기 현 앞바다에서 일어난 지 일주일째에 접어들었다.

지난 밤은 무척이나 추웠다. 사무실에서 잠을 자는데 진도 4 이상의 지진도 수차례나 발생한 탓에 가끔 깼다. 나 자신이 이런 정도인데 피난소에서 생활하는 일본의 이재민들은 얼마나 추울까 생각하면 눈물이 맺힌다.

오늘 아침은 밖에 눈이 온 데다 꽁꽁 얼었다. 영하 4도라고 하는데 습기가 많은 탓에 서울의 경우 영하 8~10도에 가까운 체감온도를 느끼게 한다.

어제 밤의 지진으로 내 사무실의 천장도 15센티미터 정도 금이 갔다. 아침에 일어나 1층 현관·지하실 및 외곽에서 공관 건물의 균열 상태를 점검하였다. 이상은 발견되지 않았다. 다소 예산이 더 들어가더라도 국내의 공공건물은 물론 해외의 재외공관 등은 튼튼하게 지어야 한다는 점을 실감한다. 만약 재해 시 재외공관이 무너지면 재외국민들의 피난

2층의 신칸센 개찰구로 뛰어 올라갔다. 사람들이 만원이다. 통행로의 바닥에는 충전 중인 휴대폰이 널려 있다. 신칸센 역사는 시내의 핵심시설이 집적된 탓인지 전기가 공급되고 있었다.

처가 상실되고 공적인 본국과의 연락체계도 파괴되어 막대한 기회비용을 치르게 된다는 점이다.

　6시 반경에 1층 현관으로 내려가니 김동주金東周 센다이 시 한국어교육원장을 비롯해 자원봉사자 2명이 가세하여 봉걸레로 바닥을 깨끗이 닦고 있었다. 이런 분들의 희생이 있기에 북적대는 민원실이 깨끗하게 유지되고 관련사무가 순조롭게 진행되고 있음을 새삼 절감한다.

　밖으로 나가니 짐을 싸가지고 총영사관 밖에 막 도착하는 여성분이 있었다.

　오전 11시에 출발하는, 아키다 공항으로 가는 당관이 배려하는 자동차를 타기 위해서란다. 추운데 어서 안으로 들어오시라고 안내하였다. 짐이 크고 무거운 것으로 보아 이곳 동북지방에서 장기간 머문 듯하다.

동일본대지진이 발생한지 만으로 일주일이 되는 날이어서 그런지, 이곳 동북지방을 비롯하여 일본 전국에서는 오후 2시 46분에 희생자의 넋을 위로하는 묵도가 행해졌다.

센다이총영사관의 피난소도 귀국하는 인파로 붐볐으나 비어가고 있다. 오늘 오후에는 총영사 및 박종록 영사 부인 등 2명이 아키타 공항으로 출발하였다. 사건 발생 후 두 부인이 중심이 되어 자원봉사자와 함께 아침·점심·저녁 3식을 지어내느라 무척이나 고생이 많았다.

나는 총영사 부인에게 저녁 취침만이라도 총영사 사무실이 있는 3층의 다소 넓은 곳에서 주무시라고 권유했으나 피난민들과 동고동락해야 한다면서 2층 피난소에서 기거를 함께 하였다. 작은 배려의 모습이었으나 나에게는 '노블리스 오블리제'의 의미를 가르쳐주고 있었다.

어제까지 붐비던 뉴커머 중심의 재외국민들이 대부분 귀국한 탓인지 처음으로 공관도 밤 9시 이후부터는 한산한 모습을 보였다. 니가타 공항 행 버스(3월 19일(토) 새벽 01:00 출발 예정)를 타기 위해 일시 몰려든 90여 명의 재외동포들을 제외하고는 임시피난소 안에서 휴식하는 인원은 20여 명 안팎으로 줄어들었다. 민원업무가 급감함에 따라서 1층 창구에서 민원인들의 신원사항을 확인하고 여권을 발급하던 여직원들도 순번을 정해 눈을 붙이게 되었다.

우리 공관의 민원담당 여직원들(김혜진, 이지영, 고경애, 조혜원 등 4명)은 정말로 대단했다. 평소에는 정시출근 정시퇴근을 하는 그들의 모습을 보면서 나는 한국인이 아니라고 자주 놀려대곤 했었다. 그러나 이번 위기상황에서 놀라울 정도의 강인한 체력으로 친절하고 차분한 인내

재외국민들이 총영사관에서 공항으로 출발하는 모습

심을 가지고 신속하게 민원사항을 해결하는 것을 보면서 감탄을 금할 수 없었다. 나는 우리 여직원의 모습을 통해서 다시 한 번 한국 여자의 강인함을 느꼈다.

나는 개인적으로 어려울 때는 어머니의 모습을 떠올리곤 한다. 네 남매를 의젓하게 길러내신 어머니였다. 센다이에서 가족과 떨어져 단신 부임하면서 업무적으로나 심적으로 어려움을 느낄 때는 당신이 힘든 시절 어린 나에게 들려주던 이야기들이 떠오르곤 한다. 1960년대 후반 입에 풀칠하기도 어려웠고 남으로부터 1년 동안 임차하여 농사를 지은 적막한 산촌의 천수답에서 논을 매다가 들려주신 당신의 이야기들이 이번 천재지변을 겪으면서도 당신의 모습과 함께 떠올라 힘이 되었다.

어머니와 함께 아내를 통해서도 여성의 강인함을 느낄 수 있다. 남편인 나와 함께 살 때는 늘 나약하다는 질책을 들었던 아내는 고국에 남아 직장을 다니면서 두 명의 사내 녀석을 기르고 시댁의 경조사 등을 챙기면서 나의 빈자리를 잘 메워주고 있다. 여성은 결코 나약하지 않았다.

밤에 피난소에 들어온 60대 초반의 아주머니를 만나 이번 대지진의 경험담을 들을 수 있었다. 그녀는 오사카에서 사업을 하는데 비즈니스 관계상 미야기 현 게센누마(氣仙沼) 시에 자주 들락거리면서 그곳에 자기 집도 마련해두고 가족들과 살고 있었다.

지진이 발생한 시각에 집안의 1층에 있었는데 갑자기 땅이 좌우로 흔들려서 밖으로 뛰쳐나왔다가 2층의 가족들이 걱정되어 올라갔다. 몇 분이 지난 후 밖에서 이웃집 아저씨의 외치는 소리가 들렸다.

"쓰나미가 몰려온다는 방송이 있었습니다. 빨리 피하세요!"

그녀는 집안의 어지럽게 널려진 가재도구에 신경 쓸 틈도 없이 산 쪽으로 뛰었다. 동네 사람들도 함께 뛰어올라갔다. 그런데 불과 수분 후 영화에서나 볼 수 있는 장면이 연출되었다.

항구 쪽의 자기 집을 비롯한 가옥들은 순식간에 몰려온 쓰나미로 모두 떠내려가고, 아직 물이 들어오지 않는 저편에서는 가스가 펑펑 터지는 소리가 울리면서 새빨간 불길과 검은 연기가 치솟았다.

원망을 하며 바라본 하늘에서는 하얀 눈이 펄펄 내리고 구름이 낮게 깔린 눈앞의 바다에서는 거센 쓰나미로 인해 물안개가 일어나고 있었다. 그러면서도 자신이 밟고 있는 땅은 여진으로 심하게 흔들려서 서 있기가 힘들었다. 그런 공포와 아비규환이 따로 없었다.

나는 개인적으로도 2010년 초여름 게센누마(氣仙沼) 시를 방문한 적이

해안에서는 쓰나미 피해로 대규모 화재가 발생했다

있다. 앞바다는 고요하고 아름다운 천연의 양항이었다. 벚꽃이 피는 봄철에는 NHK 센다이방송국에서 아침 기상예보 방송에 자주 등장할 정도로 어항과 온천이 잘 어우러진 포근하고 아담한 항구도시이다. 또한 앞바다가 겨울철에는 오야(親) 한류와 쿠로시오(黑潮) 난류가 만나는 지역이어서 각종 해산물이 풍부하고 삭스핀으로 잘 알려진 상어지느러미가 유명하여 이곳을 방문하면 반드시 상어지느러미가 들어간 라면이나 우동을 먹고 돌아오는 게 관행이었다. 이번 쓰나미 피해로 홍콩 등지의 중국음식점에서 삭스핀 요리의 가격이 올랐다는 후문이다.

게센누마(汽仙沼) 시의 쓰나미 피해 전후 모습

3월 19일(토). 제9일째 센다이에도 봄기운이 희미하게 다가오고 있다

어제는 눈이 내리고 추운 날씨였으나 오늘은 새벽부터 풀어져서 4월의 봄 날씨 같은 모습이다. 간사이(關西)나 규슈(九州) 등 여타 일본 열도의 봄 날씨는 여름같이 습도가 높아서 후덥지근한 면도 있으나 센다이의 봄은 유난히도 아름답다. 왜냐하면 북위 38.5도 정도로서 한반도 중부지방의 날씨와 비슷하기 때문이다. 센다이에서 봄을 알리는 전령은 우리나라와 마찬가지로 하얀 목련인 듯하다.

동서를 가로지르는 조젠지도오리(定禪寺通)에 심어진 미루나무(케야기)의 신록과 더불어 남북을 가로지르는 히가시니반초도오리(東二番町通)의 목련을 볼 때면 "아! 봄이 왔구나!"하고 자신도 모르게 탄성을 자아내게 한다. 따스한 봄날에 다소 여유를 가지고 업무를 겸해 자전거를 타고 시내를 소요하면 천국이 따로 없구나 하는 감회에 젖는다. 친절하고 절도 있는 시민들의 모습, 그리고 숲으로 우거진 도시의 풍광에다 깨끗한 도로와 맑은 공기….

결혼한 지 몇 개월 밖에 안 되어 우선 단신으로 부임한 김종선 영사는 "첫 임지인 센다이에서 아름다운 신혼을 보내려고 왔는데… (뜻하지 않은) 대지진을 맞았다"며 입술을 깨문다.

오늘은 토요일이다. 평상시 같으면 센다이 시에서 40~50분 거리에 위치한 아키유(秋保)온천이나 사쿠나미(作竝)온천에 가서 몸을 담갔을 텐데…, 하는 아쉬움이 남는다. 왜냐하면 전기는 들어왔지만 대지진으로 가스 공급망이 크게 파손된 데다 설혹 정비되었다고 하더라도 여진으로 당분간 가스 공급을 할 수 없기 때문이다. 결국 온수가 나오지 않아 목욕을 못한 지가 꽤 됐다. 온천 생각이 더욱 간절해질 수밖에 없다.

    1995년 1월의 고베대지진 때 이재민들에게 "지금 이 순간 제일 하고 싶은 것이 무엇이냐?"고 물은 적이 있었는데 대부분이 "온천에 들어가 목욕하고 싶다"고 말했다. 온천이란 물질적인 피로가 쌓인 몸만 씻는 곳이 아니다. 주변의 아름다운 풍광을 음미하면서 세파에 지치고 인간관계에서 비롯된 애증의 마음을 정화하며 다가올 미래를 준비하고 타인에 대한 배려의 여유를 가지도록 하는 매력이 있다.

    내가 동경의 주일대사관에 근무할 적에 잔설殘雪이 남아 있는 2월 말경 인근의 가나가와 현 소재 나나자와(七澤)온천이라는 작은 마을에서 히가에리(하루에 갔다가 돌아오는) 온천욕을 한 적이 있었다. 노천온천 옆에서 매화梅花가 엄동설한에도 바위틈에서 기품 있게 하얀 꽃을 피우기 시작하는 것을 보고 내 자신의 행동에 옷깃을 여민 적이 있다.

센다이 시내 조젠지도오리(定禪寺通)

사람도 저 매화처럼 초봄에 피는 것과 같이 전성기를 빨리 구가하고 지는가 하면 늦가을의 국화와 같이 대기만성형도 있다는 것을 느낀 적이 있다.

남자가 바라보는 여자의 모습도 2월 매화와 같은 사람, 4월 벚꽃이나 5월 난초와 같은 사람이 있는가 하면 화사한 6월 모란과 같은 유형도 있듯이, 세상은 모두가 다양하게 어우러져 부조화 속에 균형감 있는 아름다움을 연출하고 있는 것이다.

그러나 내 개인적으로는 여성은 어느 정도 기품이 있어야 섹시하게 보이는 것 같다. 주말이 되면 정갈하게 옷을 입는 일본의 중년 여성들을 볼 수가 있다. 화려한 아름다움은 없지만 품위가 있음을 부정할 수 없다.

3월 20일(일). 제10일째 원전사고 수습을 위한 사투가 시작되다

후쿠시마 제1원전의 사고수습을 위해서 당사자인 동경전력을 비롯해서 자위대·경찰·소방관 등이 방사성 피폭의 위험에 노출하면서도 소위 목숨을 내놓고 사투를 벌이고 있다. 결사대 지원자가 예상 이상의 인원이 몰렸다고 한다. 가족이 있는 젊은 사람은 배제하고 자식이 없고 다소 나이든 사람을 우선적으로 선발했다고 한다.

나는 이들의 모습에서 에도(江戸)시대 주군의 복수를 위해서 적의 목을 베고 전원이 할복을 했던 47명의 지금의 히로시마 현에 소재한 와코한(赤穂藩)의 무사들의 모습이 떠올랐다. 동경에서 근무 시 자택 인근에 센가쿠지(泉岳寺)라는 절이 있었다. 이곳에서 이들 47명의 넋을 위로하고 있었다. 당시 고이즈미(小泉) 수상은 이곳을 방문하여 한 명 한 명 그 이름을 호명해서 화제가 된 바 있다.

보름이 지나면 그곳에도 벚꽃이 필 것이다. 아침 출근 때 바라본 센

자위대自衛隊의 구조활동

가쿠지 정문의 벚꽃의 풍광은 아름다웠다. 현대 일본인들은 '추신구라(忠臣藏)'라는 가부키(歌舞技)로 부활하여 300년 전의 와코한(赤穂蕃) 무사들의 주군에 대한 충정을 기리고 있다.

일본 열도에서도 직접적으로 방사능 위험의 영향권에 들어 있는 동북지방과 관동지방의 수도권 시민들은 초조하게 가슴 조리며 이들의 핵 연료봉을 냉각시키기 위한 살수작업과 냉각펌프를 돌리기 위한 전력선 복구 작업을 지켜보고 있다.

나 역시 이들의 목숨을 건 작업을 전하는 방송을 보면서 눈물이 저절로 흘러나온다. 일본 전체를 숙연하게 하고 있다. 이들의 작업 여하에 따라서 90킬로미터 밖에 위치한 총영사관은 물론, 이곳에서 일하고 있는 나 자신의 생사 여부와 건강 상황이 결정되기 때문이다.

오늘은 일요일이다. 내일(3월 21일)은 '춘분의 날'로서 가족끼리 단란한 연휴를 보낼 수 있는 3일간의 연휴가 이어진다. 가족과 함께 봄날을 만끽할 수 있는 참으로 좋은 계절이다. 그러나 동쪽의 태평양 연안부 주민들은 엄청난 대지진과 뒤이은 쓰나미로 인해 사랑하는 가족들과 생이별을 하게 되었다.

총영사관의 1층에 내려가니 민원실의 입구에 한국 가수와 곡에 대한 글귀가 적혀 있었다. 밤에 한국의 인터넷뉴스를 보니 가수 김창완 씨가 신촌의 홍대 라이브하우스에서 이번 대재앙을 아파하면서 시를 지어 거기에 곡을 붙여 'Why on Earth'라는 노래를 불렀다고 한다.

> 땅은 말이 없이 저기 누워 있고/ 바다도 말이 없이 저기 철썩인다/ 원통한 소리 들어주는 귀 없고/ 흐르는 눈물 닦아주는 손 없다/ 친구야 내가 너를 안아줄게/ 울어라 내가 너를 안아줄게

정말 가슴을 저미는 시구이다.

오늘은 점심때를 놓쳐 오랜만에 센다이 시내를 자전거를 타고 나가 보았다. 저 멀리 남쪽에서 사고수습을 계속하고 있는 후쿠시마 제1원전의 방사능 피해를 우려해 외출을 자제하고 있었으나 점심을 먹을 겸해서 외출했다.

동서를 가로지르는 시내의 아케이드상점가는 15% 정도 개점한 상태이며 식당은 대부분 철시하여 점심을 먹기 위한 식당을 찾기가 무척이나 힘들었다. 아케이드의 남쪽 끝인 동북대학 본관 근처에까지 내

려가니 센다이 명물인 규탕(소 혀 요리)을 팔고 있었다. 이상하게 시민들의 장사진도 없었다. 곧바로 자전거를 세우고서 내가 먹을 것과 민원 담당 여직원들이 먹을 것을 함께 사가지고 돌아와 사무실에서 혼자 점심을 먹었다. 오랜만에 소고기를 먹었다. 매우 맛있었다.

센다이는 지형 상 동남쪽에는 이번 쓰나미로 큰 피해를 입은 바다(태평양)가 있고 배후지에는 산과 농지로 둘러싸여 예로부터 물산이 풍부한데다, 여름철에는 시원하고 겨울철에는 주변보다 따뜻하여 사람이 많이 몰려드는 곳이다.

나는 특히 빵과 파스타 등 면류를 좋아하여 일주일에 몇 차례씩 먹곤 한다. 둘째 녀석의 대학입시 준비로 가족과 떨어져 단신 부임한 나는 일주일을 마무리하는 금요일 저녁에는 일부러 파스타를 먹는다.

센다이 시민들의 물건 구입 모습

이탈리안 식당에서 좋아하는 재즈를 들으면서 유리잔 속에 춤추는 촛불을 옆에 두고 맛있는 요리를 혼자서 먹는 것도 그런대로 운치가 있다. 경우에 따라서는 와인을 한 잔 곁들이기도 한다. 그렇게 나 혼자 즐길 수 있는 꺼리를 만들면서 외로움을 달래곤 했다.

그러나 대재난을 맞은 센다이에는 아쉽게도 지금은 맛있는 빵과 파스타 요리를 파는 가게가 모두 문을 닫은 상태이다. 가스공급이 중단되어 식재료가 있다고 해도 가열할 수 없기 때문이다. 지금 이 순간에 내가 가장 원하는 것은 목욕과 갓 구워낸 마늘빵 두 조각과 파스타이다. 그리고 여성 보컬가수가 읊조리는 재즈의 선율이다.

지금 글을 쓰고 있는 이 순간에도 센다이의 대지는 물 위의 배와 같이 출렁인다. 지진이다. 하루에도 여러 차례 강한 여진이 계속되고 있는 게 현실이다. 머지않아 봄은 반드시 찾아오듯이, 나의 이런 작은 욕심이 다시 센다이에서 이루어지리라 믿는다. 값싸고 신선한 생선, 풍미가 곁들인 서양요리, 그리고 쌀밥과 된장국만 먹어도 맛있는 음식은 일본의 동북지방에서만 맛볼 수 있는 자연의 선물이다.

나는 오늘 센다이 시내 아케이드상점가에서 두 봉지의 빵을 발견하고 그것을 사기 위해 그곳으로 달려갔다. 그런데 조용한 게 좀 이상하다고 느끼고 주변을 살펴보니 시민들이 길 모퉁이에서 20여 미터 정도나 긴 줄을 서고 있지 않는가. 큰 낭패를 볼 뻔했다. 오랜만에 발견한 빵에만 눈이 가고 주변 사람들을 의식하지 않았던 것이다.

현재 이곳은 물자가 턱없이 부족하다. 그러나 시간이 흐를수록 라이프라인이 복구되면 물건은 유통될 것이며 나의 욕구를 충족시켜 줄 것이다. 그날이 올 때까지 참고 기다려야 할 것이다.

3월 21일(월) 춘분. 제11일째 총영사관의 민원담당 직원들도 체력이 고갈되어가고 있다

대지진 발생 11일째의 날이다. 1995년 9월의 고베대지진 당시에는 행방불명자가 51명에 불과했으나 이곳 동일본대지진은 1만 3,000명이 넘어서고 있다. 가족들의 생사를 애타게 확인하려는 이재민들의 초조한 마음을 헤아려보게 된다.

어제 늦은 오후에 미야기 현의 공공분야에 종사하는 관계자로부터 전화 한통을 받았다. 그 관계자는 모두가 이번 사태의 수습을 위해 정신없이 뛰고 있는데 점차 체력이 떨어지고 있다면서, 센다이 시내 어디에서도 도저히 김치를 구할 수 없는데 개인적으로 창피한 이야기이지만 김치를 구할 수 없느냐는 하소연을 하였다. 오히려 내가 의아해서 왜 김치를 구하려고 하냐고 묻자, 김치를 먹어야 기운을 낼 것 같다는 대답이었다. 나는 모처럼 부탁을 한 일본인이 평소 업무상으로도 관계가 있는 점 등을 고려하고 어려울 때 도와주어야 진정한 친구라고 생각하여, 어제 밤늦게까지 불 꺼진 시내를 돌아다니면서 김치를 파는 곳을 찾았다. 안면 있는 한국식당을 겨우 찾아 김치를 구해 그에게 전달해주었다.

우리 총영사관에도 민원담당 창구의 여직원들은 밀려드는 재외국민들에게 신속한 행정서비스를 제공하느라 지난 10일 동안 불철주야 일했다. 그녀들은 머리를 감을 시간은 물론 옷을 갈아입을 시간조차 없었다.

어제부터는 후쿠시마 제1원전의 방사능 유입을 우려해 난방용 히터를 켤 수도 없어 기온이 뚝 떨어진 밤을 지내야 했다. 기침을 하는 직원들이 늘어나기 시작했다. 나는 민원창구 담당 여직원들의 건강을 챙겨야겠다는 생각을 했다. 미야기 현 민단의 정규태鄭圭泰 고문에게 부탁하여 돼지고기를 구해 집에서 김치찌개를 끓여놓고 여직원들에게 들어가서 먹으라고 하였다. 이곳에서 고기라고는 전혀 구할 수가 없었는데, 다행히 정규태 고문이 신선한 돼지고기를 보내주어 여직원들의 입맛을 돌게 하고 다시 일할 수 있게 기분전환을 하게 해주었던 유쾌한 하루였다.

3월 22일(화). 제12일째 후쿠시마원전 사고의 파급영향이 나오기 시작하다

아침부터 날씨가 흐린 가운데 오후에는 비가 내렸다. 동경에도 대지진 및 후쿠시마원전 사고 이후 처음으로 비가 내리고 있다고 한다. 요즈음 관동지방에서는 인사가 "다가올 첫 비를 맞지 마시기 바랍니다"라고 하였듯이 긴자 등 중심가에는 오고가는 인적이 드물었다고 한다.

사실 동경전력의 제한송전으로 인해 동경에도 저녁때가 되면 일찍 귀가하는 일본인들이 늘어나고 있다고 한다. 덕분에 아직까지 교통문제에서 큰 불편은 발생하지 않고 있다. 동경 외곽의 오미야(大宮) 시에서 사는 샐러리맨이 동경까지 자전거로 통근하는 경우도 생겨날 정도로 일본인들은 정부의 비상조치에 매우 협조적이었다.

오늘의 초점은 후쿠시마원전이 외부전력 공급을 위한 설비가 구축되는 가운데 내부의 냉각장치 등의 점검을 서두르는 등 수습국면을 향해 나가고 있으나, 원전 주변 지역에서는 방사성물질이 과다 검출되고 있다는 점이다.

1호기부터 4호기에 이르는 후쿠시마 제1원전 사고의 수습을 위해서는 불가피한 측면이 있을 것이나 인근 지역민들에게는 매우 유감스러운 일이다.

3월 21일(월요일)에 후쿠시마 현을 비롯해 남동쪽의 도치기 현·이바라키 현·군마 현 등 4개 현에서 시금치와 '가키나' 라고 불리는 채소에서 방사능 수치가 과다 검출되었으며 일본정부는 시장출하 중단을 결정했다.

또한 후쿠시마 현 일부 지역에서 사육되는 젖소에서 생산한 우유에서도 방사성물질이 검출되어 축산 농가는 생산한 우유를 폐기함으로써 유제품 가공 산업에도 악영향이 파급되고 있다. 한편 원전 주변의 해수海水도 법정기준치를 초과한 요오드 및 세슘이 검출되어 동북지방의 태평양상에서 잡힌 해산물도 안심할 수 없는 상황으로 확산되고 있다.

일본의 주부들은 호르몬 등에 대한 환경의식이 매우 높은 편인데, 이번 사고로 인해 동북지방에서 생산한 농산물 소비를 당분간 기피할 것으로 보이며 외국에서도 일본산 농수축산물에 대한 방사성물질 검사를 시행하기 시작하여 일본에서 수출하는 농수축산물은 적지 않은 영향을 받을 것이다.

예로부터 동북지방은 쌀·채소·과일은 물론 해산물이 풍부하여 동경과 수도권의 인구 집중지역을 먹여 살리는 식량기지로서의 역할을 다하고 있었다. 나 역시 수년전 동경에서 근무한 후 다시 몇 년 부터 센다이에서 근무하면서 물산이 풍부하면서도 신선하고 값싼 것에 놀랐었다. 니가타 현의 코시히카리, 야마가타 현의 쓰야히메, 미야기 현의 히토메보레, 아키타 현의 코마치 등은 밥맛이 좋기로 유명하고 일본에서도 비싸게 팔리는 쌀의 유명 브랜드이다.

점심때 자전거를 타고 센다이 시내를 나가면 센다이 시청 앞의 시민공원에서는 야마가타 현 물산전이 열리는 경우가 많았다. 한여름의 무더위를 견딘 후 풍성한 가을의 수확을 맛볼 수 있었다. 특히 9월 초순에 맛본 야마가타 현에서 생산된 포도는 얼마나 맛있는지 모른다. 여름방학 때 일주일 정도 방문하고 다녀간 아내 생각이 난다. 아내가 포도를 좋아하기 때문이다. 소포로 보낼 수도 있겠지만 바로 수확해서 맛보는 이곳의 포도 맛을 보여주지 못하고 혼자서만 맛 볼 수밖에 없는 것이 안타깝다. 맛있는 것을 먹을 때 생각나는 사람이 있으면 그 사람을 사랑하고 있다는 증거라고 했던가. 대학 1학년과 대학입시를 준비하고 있는 거친 두 아들을 돌보고 매일 직장에 나가느라 고국에서 고생하는 아내에게 늘 미안한 마음이다.

우리 공관이 소재한 센다이 시는 인구 100만 이상의 정령도시政令都市이며 미야기 현청이 소재하고 동북지방 6현의 중심지로서 자리매김하고 있다. 원전 사고지점으로부터 반경 90킬로미터 지점에 위치하고 있는데도 아직까지 야채 등에서 방사성물질이 검출되지 않은 것은 겨울바람의 영향으로 볼 수 있다. 원전사고 후 지난 3월 12일, 15일, 20일에 방사성물질이 과다 방출된 것으로 알려져 있는데, 이때 바람이 북쪽에서 부는 강한 북동풍이었다. 그로 인해 관동지방에서 가까운 이바라키 현과 도치기 현 등 남쪽지방이 피해를 입은 것으로 보인다. 당시에 우리 직원들은 가능한 공관 밖으로 나가지 않고 추운 실내에서 난방용 에어컨을 켜지 않고 마스크를 쓴 채 방사능 피해에 대비하고 있었다.

3월 23일(수). 제13일째 방재훈련에도 불구하고 자연의 재앙 앞에서는 속수무책이다

봄을 예고하듯이 화창한 날씨이다. 아침에는 영하 0도의 기온이었으나 쾌청하다. 피해지역에서는 피해자 확인과 병행하여 복구의 기운

이 솟아나고 있다. 중앙정부와 지자체는 구호품을 전달하는 보급라인을 급속히 복구해가고 있다. 그러나 사고 12일째에 접어들어 아직도 행방불명자가 1만 3,000명을 넘고 있다. 고베대지진의 경우 51명만이 행방불명자로 남아진 것에 비하면 너무나 큰 피해이다.

이번 동일본대지진과 쓰나미에 대해 일본에서는 명치시대 이후 최악의 쓰나미 피해였으며 10만 명의 희생자가 나온 1923년의 '관동대지진關東大地震'에 이은 두 번째 규모의 막대한 피해가 될 것으로 보고 있다.

1896년에 발생한 '메이지 산리쿠지진(明治三陸地震)'에서 쓰나미로 2만 2,000명의 희생자가 나왔는데, 태평양 상의 산리쿠(三陸) 지방에서 사는 사람들은 수시로 재난대피훈련을 해왔음에도 불구하고, 주민들은 자연의 대재앙 앞에서 속수무책으로 당할 수밖에 없었다.

2010년 초의 칠레대지진 당시에도 지도상으로 대척점에 있는 곳이 산리쿠(三陸)해안이다. 양식업 등에서 많은 피해를 보았으며 1년이 경과한 지금에야 겨우 어장이 복귀되어가고 있는 상황인데, 이번에는 인근 앞바다의 대지진으로 순식간에 어장이 완전히 쓸려가 버렸다.

특히 칠레대지진 때의 쓰나미 등을 교훈삼아 기초 지방자치단체와 학교 당국은 수시로 방재훈련을 하였으며 이런 훈련 속에서 부족한 미비점을 보완해 나가는 작업을 해왔다. 그러나 생각 밖의 대재앙 앞에서 인간은 무력한 존재에 불과했다.

참고로 이번 대지진은 1900년 이후 기록된 칠레내륙지진(1960년 5월 22일, M9.5), 알래스카지진(1964년 3월 28일 M9.2), 인도네시아 수마트라섬지진(2004년 12월 16일, M9.1), 러시아 캄차카지진(1952년 11월 4일, M9.0)에 이어 4번째로 규모가 큰 지진으로 기록되는데 대부분이 환태평양지진대에

위치하고 있다는 점이다

2010년의 아이티(2010월 1월 2일, M 7.0)·칠레(2010년 2월 27일, M 8.8)·뉴질랜드(2010년 9월 4일, M 7.0, 2011년 2월 22일, M 6.1) 지진 그리고 2011년 3월 11일 동일본대지진에 이르기까지 환태평양지진대가 활발히 움직이고 있다는 것을 보여주고 있다

앞으로 북미 대륙의 '캘리포니아대지진'과 동경과 오사카를 잇는 일본의 대동맥에서 '도카이(東海), 도난카이(東南海), 난카이(南海) 지역의 연동형 대지진'의 발생 가능성도 일부 전문가들 간에 제기되고 있다.

3월 24일(목). 제14일째 4월의 벚꽃이 그립다

점점 봄이 다가오고 있음이 느껴지는 날씨다. 저 멀리 바라보이는 눈이 쌓인 야마가타 현의 자오연봉(藏王連峰) 산등성이에도 눈이 녹아 내리고 있음을 알리고 있다. 그러나 재해지역은 복구에 여념이 없었다. 어디에서부터 손을 대야 할지 난감하고 지루한 복구 작업이었다. 나는 새롭게 교대된 우리정부의 신속대응팀과 함께 미야기 현 이시노마키(石卷) 시市를 다녀왔다. 이시노마키 시는 센다이 시에서 쾌속열차로 40분 이내에 갈 수 있는 미야기 현에서는 두 번째로 큰 어항으로 번창한 도시이다.

나에게는 이번이 두 번째의 방문인 셈인데, 히요리야마(日和山) 공원에서 바라다본 남쪽 바닷가의 도심지는 몇 개의 병원과 학교 등 콘크리트 건물만 남아 있고 나머지는 자취를 감추었다. 저 멀리 푸른 태평양 상에는 큰 배들 만이 접안을 기다리고 있었다.

시내는 고지대를 제외한 대부분이 쓰나미 피해를 받았음을 확인할 수 있었다. 어렸을 때 겪었던 홍수 피해를 입은 것과 비슷한 모습이었

벚꽃이 활짝 핀 센다이 시내 니시키(錦)공원

는데 바닷물과 함께 염분성 진흙인 검은 개펄의 모래들이 수북이 쌓여 있었다. 그곳에서 삶의 터전을 일구고 살아가는 주민들은 20~30센티 미터 정도 쌓인 개펄의 진흙과 모래를 치우고 침수된 시커먼 가재도구 를 치우느라 여념이 없었다.

그러나 피해지역이 방대한 나머지 어디에서부터 시작할 지 난감할 지경이었다. 도심의 가로수는 가옥과 함께 검게 불타 남았고 지상의 도로에는 큰 배들이 쓰나미로 밀려와 자동차와 얽혀 있는 처참한 광경 이 자주 보였다. 쓰나미가 할퀴고 간 시내는 강한 바람 탓에 뿌연 먼지 로 자욱하였다. 잠시 차에서 내려 쓰나미의 상흔을 둘러보았는데도 눈이 충혈 되고 목이 따끔거려 침을 삼키는 것이 고통스러웠다.

현장에서 구슬땀을 흘리는 주민들의 고생을 짐작할 수 있었다. 잠시 동안 머무는 것도 참기 힘들 정도인데 이곳 사람들은 마음의 아픔은 차치하고라도 육신의 고통이 얼마나 심할까 하는 안타까운 마음이 들 뿐이었다.

이시노마키 시내에서도 피해를 받지 않은 고지대에는 매화가 피어 있었다. 4월에 화사하게 피어날 벚나무는 꽃망울을 준비하고 있었다. 일본인들의 세시풍속의 하나가 봄날의 꽃구경이다. 일본에서는 하나미(花見)라고 하는데 벚꽃이 만개하는 시기에는 평일에 회사에서 반나절을 야외에서 보내고 주말에는 가족들과 함께 어머니가 정성스럽게 마련한 도시락을 먹으면서 만물이 소생하는 봄날의 기운을 만끽한다.

다음 달 4월이면 작년(2010년)에 방문했던 시오가마 신사(鹽釜神社, 센다이 시에서 20여 분 거리)의 벚꽃도 어김없이 필 것이다. 혼자서 방문했던 그곳의 벚꽃은 아름다웠다. 특히 즐겁게 뛰어놀던 어린 아이들, 벚꽃나무 아래서 정을 나누던 단란한 가족들의 모습들, 신사 경내를 산책하던 노부부의 여유롭던 광경들이 어우러져 봄의 정취를 더해주고 있었다. 그러나 고지대의 신사를 제외한 주변의 시오가마(鹽釜) 시도 쓰나미로 침수되어 어려움이 크다고 한다. 금년에도 시오가마 신사의 벚꽃을 볼 수 있을까.

나는 개인적으로 꽃에 대한 추억이 많은 편이다. 2월부터 피기 시작한 눈이 쌓인 동백을 볼 때면 내가 다녔던 국립전남대학교의 중앙도서관 앞에 짚더미로 쌓여 있던 동백꽃들이 생각나고 이미자의 동백아가씨 노래가 떠오른다.

3월 하순의 목련은 대학 교정에서의 첫사랑의 추억을 불러일으키고 4월의 벚꽃은 고등학교 시절에 고향(광주광역시 송정리)의 공원의 돌계단

벚꽃이 활짝 핀 미야기 현청 앞 고토다이(匈當台)공원

에 피어 있는 화사한 모습이 영화의 한 장면처럼 떠오른다.

　중고등학교 시절 봄날 휴일 아침 일찍 도서관에 가기 위해서는 공원의 돌계단을 올라가야 하는데 벚꽃이 만발한 꽃의 터널을 지나가게 된다. 고개를 들어 몇 번이나 쳐다보았던가. 그 벚꽃의 터널을 빠져나올 적에는 아쉬워서 고개를 돌려 다시 쳐다보곤 했다. 며칠이 지난 후 아쉽게도 공원의 벚꽃이 시샘하는 바람에 날리어 떨어지고 돌계단에 수북이 쌓인 꽃잎들이 두세 달 전에 내린 하얀 눈을 연상하게 한다.

　밤새 돌계단에 쌓인 꽃잎들은 마치 눈과 같아서 내가 처음으로 하얀 눈과 같은 꽃잎을 밟고 계단을 오를 때면 몇 번이고 벚꽃 위에 새겨진 나의 발자국을 뒤돌아보곤 했던 기억들이 생생하다. 금년의 벚꽃은 하얀 슬픔을 연상시키지만 내년에 꽃이 필 때면 아픈 기억들도 점차 엷어져갈 것이다. 그리고 수년 후에는 다시는 되풀이되지 말아야 할 역사 속으로 남게 될 것이다.

3월 25일(금). 제15일째 피해지에서는 우울한 졸업식이 이어지고 있다

대지진 발생 2주째가 되었다. 후쿠시마 제1원전 사고의 수습이 불투명한 가운데 일본정부와 동경전력 등 관계자들의 목숨을 건 사투가 이어지고 있다. 어제는 작업원 3명이 발밑에 고인 고밀도의 방사능에 피폭되었다는 우울한 소식을 접했다. 일본정부의 관방장관과 경제산업성 산하 원자력안전보안원은 매일 기자회견을 하고 있는데 작업원의 침수된 발이 피폭되었다는 소식에서 후쿠시마원전으로부터 다량의 고밀도 방사성물질이 유출되고 있다는 점을 일본 국민은 물론 전 세계인에게 알리는 계기가 되었다.

이제는 후쿠시마원전에 관한 처리문제가 국제적인 문제로 부상하고 있다. 유출된 방사성물질은 물과 함께 흘러서 태평양으로 유입될 것이다. 그리고 이것은 5대양을 순환할 것이다.

한편, 쓰나미 피해지역은 여전히 대혼란의 와중에 있다. 현재까지 확인된 사망자가 1만여 명에 육박하는 가운데 이중에서 95% 정도를 시신안치소에 수용하였고 나머지 5%는 노천에 방치된 상태라고 한다. 신원이 확인되어 유족에게 인계된 것이 64%에 불과한 실정이다. 시신을 찾지 못한 유족들이 조그마한 단서라도 찾기 위해 사고 현장을 정처 없이 헤매고 있는 모습도 방영되고 있다. 신원이 확인된 시신은 화장을 해야 하지만 태울 연료가 부족하고 부패 등으로 시간이 없는 관계로 토장土葬을 허용한다는 소식이다. 내가 어제 방문했던 이시노마키 시의 공원 인근에서도 포클레인이 땅을 파고 있었다. 우선은 토장을 한 후 어느 정도 시간이 지난 후 화장을 할 것 같다.

지금 일본은 졸업시즌이다. 4월부터 신학기가 시작되므로 축하를 받으면서 정든 학교를 떠나야 할 학생들이다. 그러나 당사자가 졸업식에는 참석하지 못하고 부모가 대신하여 졸업장을 받는 경우마저 생겨나고 있다. 당연히 식장에 있어야 할 귀여운 자식이, 자랑스러운 형과 누나 그리고 동생들이 쓰나미에 쓸려나간 것이다. 심지어 학교마저 쓸려나간 피난지에서는 간소하게 졸업식을 하는 경우도 있다. 후쿠시마원전 인근의 학교에서는 긴급피난 명령으로 인해 졸업식을 언제 할 지 기약할 수 없는 상태이다. 자식을 잃은 부모가 대신하여 졸업장을 받는 모습에서, 그리고 졸업장을 받아야 할 학생들이 기억에 남을 행사를 치루지 못하는 모습을 보고 목이 메었다.

3월 26일(토). 제16일째 그간 추위로 움츠렸던 센다이에도 온기가 돌기 시작하다

아침에 일어나니 밤새 내린 눈이 수북이 쌓여 있다. 이른 아침까지 눈이 내린 듯하다. 미야기 현청 앞에 서 있는 빨간 동백꽃은 밤새 내린 하얀 눈을 맞은 채 아침 햇살을 받아 더욱 빨갛게 빛나고 있다. 한국에서는 3월 하순인데 무슨 눈이냐고 할 지 모른다. 그러나 작년에 후쿠시마 현의 미하루초(三春町)에 있는 일본에서도 유명한 1,000년을 지켜온 벚꽃나무를 보러 가려고 했던 때가 4월 하순이었는데 눈이 많이 와서 도호쿠(東北)자동차도로를 진입할 수 없었던 기억이 새롭다. 일본 동북지방에는 4월에도 눈이 많이 내리고 있음을 의미한다.

오늘은 토요일이다. 평상시 같으면 센다이 시내에는 추위에 겨우내 움츠렸던 가족들이 오랜만에 외출하여 쇼핑을 하고 외식하는 모습이 많이 눈에 띠는 휴일이다. 대지진이 발생하고 보름이 지난 오늘에야 시내에는 사람들로 생기가 돌고 있다. 24시간 편의점도 문을 열기 시작하였고 개점하지 못한 가게는 물건을 입고하는 모습이 눈에 띤다. 다음 주부터는 도시의 기능이 제 모습을 찾아가는 시기가 될 것이고 4월에 접어들면 센다이는 동북지방의 중심지로서 면모를 회복할 것이다. 자동차가 달릴 수 있는 고속도로는 급속히 회복되어 어느 정도 물건의 공급이 원활해지고 있어 쓰나미 피해지역의 어려움도 점차 개선되어 갈 듯 하다.

봄철의 센다이 시는 아름답다. 신칸센과 재래선의 승객으로 붐비는 역전 주변 지역과 더불어 조젠지도오리(定禪寺通)는 제일 먼저 봄을 느끼는 곳이다.

조젠지도오리의 가로수는 일본에서도 100대 거리의 명소 중 하나에 선정될 정도로 아름다워 4계절의 변화를 시민들에게 선물하고 있다. 특히 3월 하순 봄의 초입에 들어서면 가로수가 심어진 거리에는 아지랑이가 피어오르고 4월이면 새록새록 연둣빛 새잎이 나오고 바로 5월의 신록에 접어든다. 그러면 '숲의 도시, 센다이'(杜都, 仙台)의 의미를 비로소 알게 된다.

센다이 시는 2차 대전 종반에 접어든 1945년 7월 10일, 미군 폭격기 (B29) 120기에 의한 대공습을 받아 사망자가 1,000여 명, 가옥 1만 2,000채가 소실되는 등 도시 중심부가 많이 파괴되었다고 한다. 그 당시에는 '센다이 사막'이라고 불릴 정도로 살풍경이었으나 건설국장이었던 야마키 요시오(八巻芳夫)를 중심으로 1950년경부터 가로수의 식목

봄철 센다이 시내 중심지에 있는 조젠지도오리(定禪寺通)

이 대대적으로 이루어졌다. 느티나무와 은행나무 등 7,000여 본 정도를 가로에 심었다고 한다. 전화(戰禍)를 입은 센다이 시의 부흥시기에 시민생활의 의식주와 직결되지는 않지만 야마키 요시오(八卷芳夫) 국장의 가로수 식목에 대한 집념이 없었다면 오늘의 '숲의 도시, 센다이'는 탄생하지 않았을 것이다. 아마 일본의 대도시 가운데 조젠지도오리만큼 거목이 가로수를 장식하고 있는 곳을 본 적이 없다. 아울러 군데군데 놓인 조각상들은 시민들에게 마음의 여유를 선사하고 있다.

　동경·오사카·나고야 등 일본의 도시는 여름을 나기가 무척 힘들다. 고온다습의 지루한 여름 날씨 때문이다. 그러나 센다이는 하늘을 뒤덮는 조젠지도오리의 가로수 터널을 거닐면서 서쪽의 히로세(廣瀨)

강가에서 불어오는 시원한 바람을 맞으면 신선이 따로 없을 정도이다. 이런 가운데 거리 곳곳에서 봄이 왔음을 알려주는 아마추어 그룹의 재즈 및 록음악 연주 소리를 들으면 주말의 여유를 더욱 느끼게 한다. 어서 빨리 그런 음악을 다시 들었으면 좋겠다.

미야기 현청 앞의 고토우다이 공원(匈當台公園)에 있는 어머니가 어린 자식의 양손을 잡고 돌리는 동상과 같이 모자의 단란한 모습이 그립다. 벤치에 앉아 중절모를 쓰고 온갖 폼을 재는 할아버지의 어깨에 기대인 할머니의 모습도 다시 보고 싶다.

그러나 신칸센을 비롯한 철도와 공·항만이 복구되는 데는 4월 중순 이후에나 가능할 것이다. 센다이 공항에 매일 취항했던 아시아나 항공은 6월 말까지 운항중지를 결정했다. 하루라도 빨리 재취항하고 싶으나 공항 관제실까지 침수되어 공항 기능의 복구에 많은 시간이 소요될 것으로 예상했던 것 같다.

여담이지만 아시아나항공도 대지진으로 인한 쓰나미 피해를 볼 뻔했다고 한다. 대지진 발생 당일(3월 11일) 인천행 아시아나 항공기의 이륙시간이 오후 1시 40분이었다. 그로부터 1시간 6분 후에 거대한 쓰나미가 공항으로 몰려와서 1층 청사의 천장 바로 밑까지 쓸려 들어왔다. 에어차이나는 2시 40분에 이륙하였는데 6분 후 쓰나미가 몰려왔다. 일촉즉발의 순간이었다.

항공관계자와 출영했던 시민들은 공항청사의 2~3층으로 피신하여 수일이 지나 물이 빠진 후에야 구출되었다.

3월 27일(일). 제17일째 권철현權哲賢 주일대사가 센다이를 방문하다

화창한 일요일이다. 모처럼 센다이 시내도 봄날의 기지개를 펼 준

비를 하고 있는 모습이다. 새로운 한 주가 시작되는 내일 월요일이 되면 한층 더 활기를 되찾을 것으로 보인다.

오늘은 동경에서 권철현 대사가 5명의 특파원과 함께 센다이에 들어왔다. 새벽에 동경을 출발하여 11시경에 도착한 직후 김정수 총영사로부터 브리핑을 받은 후 고생이 많았다며 격려의 말씀을 하였다. 피해지역 3개 현 민단지방본부 단장 및 총영사관 직원들과 오찬을 한후 센다이 역에서 40여 분 걸리는 시오가마(鹽釜) 시 주변의 쓰나미 피해현장을 둘러본 후 오후 7시경에야 돌아갔다. 귀경길도 5시간 남짓 소요될 것이므로 적지 않은 행로이다. 일요일에 쉬지도 못하고 짬을 내서 센다이까지 방문한 대사님의 일행에 감사드린다.

쓰나미 현장을 방문한 권철현 대사

대사님을 비롯하여 동경에서 온 사람들도 피해현장을 둘러보고 난 후에야 재해의 참혹함을 실감한 듯 돌아가는 모습은 매우 착잡하고 무거워 보였다.

당관이 지난 보름 동안 재외국민들의 귀국 편의를 제공하면서 본국으로부터 정부를 칭찬하는 여론이 높아진 것은, 당관 직원들의 재외국민에 대한 귀국편의 제공 등 서비스가 돋보였겠지만 본국 정부와 주일대사관의 신속한 지원에 힘입은 바가 컸다.

가령 대사관에서 사용하는 버스 2대와 기사를 함께 보내주어 니가타 공항과 아키타 공항까지 무료로 귀국 편의를 제공하였으며 그 숫자가 600여 명에 이른다. 아쉽게도 내일 새벽 2시 니가타 공항으로 출발하는 편이 마지막이다. 이제부터 귀국을 희망하는 재외국민은 자력으로 공항까지 가야 한다.

대사님의 센다이 방문에 동행했던 차학봉 조선일보 동경특파원의 방문 소감이 2011년 3월 28일(월) 오전 3시경에 인터넷에 게재되었기에 독자의 이해를 돕기 위해 옮겨본다.

'3 · 11 대지진'으로 가장 큰 피해를 본 도호쿠(東北) 지방의 중심도시 미야기(宮城) 현 센다이(仙臺) 시. 3월 27일(일) 센다이 시내는 복구 작업이 빠른 속도로 진척되고 있었다. 도심에는 버스와 택시들이 운행되고 꽃가게와 식당들도 일부 문을 열기 시작했다.

가고시마 · 동경 등 전국에서 구호품을 싣고 온 차량들도 늘어나고 있다. 센다이 항구에 지난 25일 식량과 의약품 등 생필품 1,400톤을 실은 대형 여객선이 도착하면서 이 지역의 생필품 부족 현상도 해소되기 시작했다.

그러나 센다이 시 중심부에서 20분 정도 교외로 달려 나가면 분위기가 시내와는 완전히 다르다. 여전히 전쟁터를 방불케 한다. 가스 · 수도 · 전기가 복구되지 않은 곳이 대부분이다. 자위대원들과 자원봉사자들이 복구 작업에 투입됐지만 당장 할 수 있는 일은 쓰레기를 치우는 정도다. 피해 범위가 워낙 넓은데다 불도저 · 덤프트럭 등 중장비와 전문 복구인력이 부족해 본격적인 작업은 엄두도 내지 못하는 실정이다. 미야기 현 민단 이근출 단장은 "집과 가게를 잃은 동포들이 많지만, 워낙 피해가 커서 어디서부터 어떻게 복구를 해야 할지 가늠하기 어려운 상황"이라고 말했다.

해안가 대부분의 쇼핑센터와 편의점들도 쓰나미 피해로 영업 재개가 불가능한 상태다. 주유소에는 차량들이 수백 미터씩 줄을 서 있을 정도로 석유부족 현상도 여전히 심각했다. 센다이 인근 시오카마 지역에선 물탱크 차량이 나타나자 수십 명이 길게 줄을 서서 물 배급을 받았다. 동경에서 친척을 만나기 위해 센다이를 찾은 마쓰모토(45) 씨는 "대피소에서 생활하는 친척을 위해 쌀과 과일, 속옷 등 생필품을 준비했다"고 말했다. 기름통에 휘발유를 가득 채워 오기도 했다. 하지만 여진이 계속 이어지는 데다 후쿠시마원전 방사선 누출사고까지 겹치면서 재해복구 과정은 더디고 힘들다.

센다이는 후쿠시마원전에서 80킬로미터 떨어져 있어 방사선 공포도 심각하다. 한국 센다이총영사관 관계자는 "유학이나 사업 목적으로 온 한국인들은 방사선 누출사고 이후 대부분 한국으로 대피했다"고 말했다.

센다이와 동경을 연결하는 도호쿠(東北)고속도로는 후쿠시마원전과 50킬로미터 가까운 거리에 있다. 이 근처의 방사성물질 농도가 동경의 30배 정도다. 이 때문에 도로가 개통된 이후에도 구호차량 외에는 통행을 꺼리는 실정이다.

3월 28일(월). 제18일째 미츠코시백화점의 커피 향기는 그윽했다

센다이 시에서 80~90킬로미터 떨어진 후쿠시마 제1원전 사고 수습

의 가닥이 전혀 잡히지 않은 상황에서 금주에도 긴장된 나날이 시작되었다.

아침 6시 40분경 사무실에 출근하여 업무를 보고 있었다. 그런데 7시 24분경 진도 5약(매그니튜드 M 6.5)의 강한 지진이 사무실을 뒤흔들기 시작했다. 곧바로 책상 밑으로 몸을 숨긴 채 숨을 죽이며 지진이 가라앉기만을 기다렸다. 미야기 현의 쓰나미 피해지역에서는 재차 피해가 우려된다면서 주의를 환기시키는 경고방송이 흘러나오고 있었다.

오늘 아침 지진의 여파 때문인지 오후에는 일손이 잡히지가 않았다. 오후 5시경 민원실의 여직원들에게 먹고 싶은 게 무엇이냐고 묻자 모두가 빵이 먹고 싶다고 한다. 일본 생활 가운데 즐거움의 하나는 맛있는 빵이 많다는 점이다. 특히 센다이는 싸고 맛있는 빵이 많다. 기분 전환도 할 겸 자전거를 타고 시내로 들어갔다. 퇴근하는 사람들의 귀가를 재촉하는 발걸음만 보일 뿐 아직도 대부분의 가게는 문이 닫혀 있었다.

나는 시내 중심가, 조젠지도오리에서 외로이 불을 밝히고 있는 2층의 커피숍에 들어가서 커피 한 잔과 토스트를 주문하였다. 갓 구워낸 토스트는 먹고 싶은 빵의 대용이었다. 여직원들의 눈망울이 떠올랐으나 어쩔 수가 없었다. 대지진 이후 지금까지 센다이 시내에서 커피숍이 문을 여는 경우는 거의 없었다. 다행히 이틀 전부터 일부 커피숍에서 문을 열기 시작했다.

7년 전 동경의 주일대사관에서 근무할 때도 무척 바빴다. 커피를 마신다는 것은 마음의 여유가 있다는 의미이다. 그래서 당시에도 나는 혼자서 짬을 내서 마음의 여유를 찾으려고 그리 좋아하지 않는 커피를 마시려고 노력하였다. 커피를 마시면서 마음속으로 지나간 날의 부족한 점을 정리하고 다가올 현안에 대한 해결방안을 모색할 수가 있었다.

3일 전이었다. 센다이를 대표하는 상점인 미츠코시백화점(三越百貨店)이 어렵게 생활하는 시민들의 식료품 구입 편의를 제공하기 위해서 재난 이후 처음으로 지하 식품매장의 문을 열었다. 많은 사람들이 줄을 서서 기다렸다. 나는 빵을 구하려고 대열에 합류하려고 했으나 기다리는 줄이 너무 길어 빵을 구하지는 못했다. 나는 낯익은 지하매장 쪽으로 발걸음을 재촉하였다. 그런데 오랜만에 커피향기가 달콤하게 다가왔다.

가족과 떨어져 혼자 사는 관계로 저녁 약속이 없으면 가까운 이곳의 백화점에서 찬거리를 준비하기 위해 자주 오는데 그때 무심코 지나치던 커피 판매점에서 발산하는 향기였다. 나는 방사능을 우려해서 착용하고 있던 마스크를 벗었다. 그리고 걸음을 멈추고 커피향기를 흠뻑 들이마셨다. 그 순간 내 귓가에는 루이 암스트롱의 고즈넉한 재즈의 선율이 흐르고 있었다. 아주 잠시였지만 모처럼 대지진으로 겪고 있던 불편함을 잊게 해준 행복한 순간이었다.

이번 재난이 수습되고 나면 비록 혼자이지만 테라스에 마련된 의자에 앉아 서쪽의 야마가다 현의 자오연봉(藏王連峰)으로 지는 석양을 바라보면서 턴테이블에 조용필의 '킬리만자로의 표범' LP판을 올려놓아야겠다. 그리고 부드러우면서도 절제감을 잃지 않는 '킬리만자로'의 커피향기에 취하고 싶다.

– 나중에 안 이야기이지만 쓰나미의 피해가 극심한 미야기 현 게센누마(汽仙沼)시의 피난소에서도 가나자와(金澤) 시에서 온 자원봉사자들이 커피와 과자를 무료로 나누어주는 봉사를 하고 있다는 뉴스(2011. 7. 17)를 접한 적이 있다. 그때 어느 할머니는 4개월 만에 처음으로 커피 맛을 보았다며 행복해했다. 아마 커피의 향기

와 더불어 주변 분들과 힘든 경험담을 나누면서 다소나마 마음의 여유를 가졌던 시간은 아니었을까 하는 생각을 해본다.

3월 29일(화). 제19일째 일기 없음

3월 30일(수). 제20일째 재난 초기 총영사관에 도움 준 고마운 분들을 잊을 수 없다

지난 '3.11대지진' 발생 이후 센다이 총영사관에 재외국민들이 한 명씩 몰려들었다. 초기 일주일 동안은 매일 200여 명에 달했다. 끼니 때가 되어 공관 내 임시피난소에 대기하던 사람들에게 간단한 식사라도 대접을 해야 하는데 취사도구와 연료는 물론 쌀ㆍ김치 등 식재료를 구할 수가 없었다.

피난 온 재외국민들은 보통 때 같으면 시내의 식당에서 해결할 수 있겠지만 상황이 상황인지라 갑자기 전기가 나가고 취사에 필요한 가스가 끊긴 상태여서 오도 가도 못하게 된 것이다. 편의점도 지진으로 물건이 넘어진데다 정전으로 계산도 할 수 없는 상황이 되어 대부분 철시한 상태였다. 센다이 시내는 컵라면 등을 구하기 위해 슈퍼 등지에 시민들이 장사진을 섰으나 두세 시간 기다린 후에도 구할 수 있는 물건은 없었다. 이미 바닥이 난 것이었다. 이때 제일 먼저 도움을 주었던 사람은 민단民團 야마가타 현 지방본부의 주제규 사무국장이었다.

이번 대지진과 쓰나미로 태평양에 인접한 동북지방의 3개 현이 큰 피해를 입었으나 다행히 야마가타 현과 아키타 현 그리고 아오모리 현 등 3개 현은 큰 피해를 입지 않았다. 대지진 발생 초기에 센다이 시에서 가장 가까운 곳에 있는 야마가타 현 민단의 주제규 사무국장과 야마가타 시의 한인교회에서 식재료를 구할 수 있는 대로 구입하여 자동차로 수송해주었기에 재외국민들에게 주먹밥이라도 제공할 수 있었다.

다음으로는 아키타 시 역전 인근에서 한국식당 '대가大家'를 운영하는 최대인崔大仁 사장 내외가 두 차례에 걸쳐 먼 곳임에도 불구하고 직접 차를 운전하여 가스통(LPG)과 다량의 김치를 가져다주어 상당한 도움이 되었다.

특히 김치는 많을수록 좋았는데 센다이 시에서 한국식당 '부여夫餘'를 운영하는 이강복李康福 사장도 많은 양의 김치를 제공하여 주었고, 오사카 시 이키노구(大阪市 生野區)에서 '김치의 고향'이라는 김치공장을 운영하는 김해윤金海允 사장, 그리고 동경의 최상의 사장 등은 식재료의 부족함을 해결해주었다.

한편 후쿠시마원자력발전소 사고 지점으로부터 수십 킬로미터 떨어진 곳에서 골프장 '대하大河'를 운영하는 최경진崔炅津 사장도 자동차에다 생수·라면 등을 비롯해 각종 구호물품을 실어 적시에 제공해주었다. 사업장이 피해우려 지역에 있음에도 불구하고 남을 배려하는 모습에서 숙연해짐을 느꼈다.

한편 대량의 물자지원은 처음으로 삼성텔레콤(일본법인)이 해주었다. 3월 15일 새벽 2시 10분경에 2.5톤 트럭 1대 분의 구호물품을 싣고 와서 당관의 물자부족을 일거에 해결해주었다. 삼성텔레콤(서형원徐亨源 전무)은 구호품을 싣고 동경에서 사이타마 시로 들어가서 사이타마 현으로부터 긴급수송차량 운행 허가증을 받아 센다이 시로 밤새 달려올 수 있었다고 한다. 이 물품은 우선적으로 3개 현 피해지역 민단에 배부되었다.

공관에서는 구호물품을 피해 입은 3개 현의 민단에게 배부하여 피해지역의 재외국민들에게 전달되도록 하고 있다. 또한 한인교회나 개인적으로 먹을 것이 부족한 재외국민들에게도 작으나마 구호물품을 배부해오고 있다.

일부 국민들 가운데는 고국에서 모금된 성금이 직접 재외국민들에게 전달될 수 있느냐고 문의하는 사람도 있는데, 동 모금액은 우리나라의 대한적십자사가 일본적십자사에 전달하거나 우리 정부나 지자체가 직접 일본 지자체에 전달하는 절차를 밟고 있다고 설명하며 양해를 구하고 있다.

한편 우리나라에서 모금된 금액의 일부는 피해를 당한 재외국민들에게 유족사망(행불자 포함), 가옥(사업장)의 전파 및 반파 등으로 구분하여 위로금을 지급할 예정이다.

3월 31일(목). 제21일째 재난 발생 3주째, 센다이 하늘은 검은 먼지로 덮여 있다

아침 일찍부터 봄을 재촉하는 가랑비가 내렸다. 정오경에는 활짝 개었다가 오후 들어서 재차 비를 뿌렸다. 요즈음 센다이 시내에 나가보면 먼지가 매우 많아 사무실로 돌아오면 눈이 충혈이 되어 점안액을 넣지 않으면 고통스럽다.

원래 센다이는 매우 깨끗한 도시이다. 이곳에 있다가 인천공항에 도착하면 하늘의 공기가 다름을 실감할 수 있다. 특히 센다이는 3월 하순이면 봄내음을 물씬 풍기면서 생명의 약동감을 느낄 수 있는 곳이기도 하다. 신선한 공기는 말할 것도 없고 도심 주변에 아름드리나무가 매우 많아 기나긴 겨울에서 봄의 길목에 들어서면 신록의 내음을 완연히 느낄 수 있다.

그런데 어찌된 영문인지 최근 들어 시내의 공기마저 이렇게 탁하고 고통스러운 도시로 변해버렸다. 도심으로부터 15킬로미터 이상 벗어나면 주변 해안도시에 대지진과 쓰나미로 검은 개펄 진흙이 그대로 남아 있는 상태에서 햇볕을 받아 굳어진다. 그 후 해안에서 도심 쪽으로 강한 바람이 불어오면 개펄의 미세먼지가 공중으로 치솟아 시내로 날아들어 시민들의 눈과 피부를 괴롭히고 있는 것이다. 이런 피해는 단지 신체적인 것뿐만 아니라 정신 건강에도 지대한 영향을 끼치고 있다. 대지진 이후 3주가 지나면서 피난소에서 생활하는 주민들은 물론 시내를 오고가는 시민들도 시내의 탁한 공기와 같이, 신경이 날카로워지고 있다.

　이번 재난에서도 일본인들은 전 세계가 놀랄 정도로 무한한 인내심을 보여주었다. 개인 각자의 심경은 이루 말로 다 표현할 수 없을 것이다. 특히 3주가 지나면서 정신적인 불안정이 깊어지고 있는 듯하다. 거리를 달리는 자동차의 속도가 빨라지고 난폭해지는 느낌이다. 클랙슨 소리도 간간히 들린다. 어제는 택시기사와 젊은이가 멱살을 잡고 싸우는 모습도 보였다. 정말 이런 광경은 일본에서는 흔치 않는 모습이다. 설혹 상대방이 잘못했더라도 피해를 입은 자신이 미안하다고 사과하는 것이 일본인의 습관이었다.

　어서 빨리 임시피난소에서 생활하는 이재민들에게 중앙정부와 지방정부는 복구의 비전을 제시하고 지금 고통을 겪고 있는 사람들이 절실하게 필요로 하는 것이 무엇인가를 살펴서 생활의 불편을 덜어주는 노력이 절실한 시기가 아닌가 싶다.

4월 1일(금). 제22일째 일본정부는 재난 극복을 위한 대책을 제시했다

일본정부와 여당인 민주당은 3월 31일(목)에 이번 '동일본대지진 재해의 복구 및 부흥을 위한 기본법안基本法案'을 4월 국회에서 제정하여 전 정부각료가 참가하는 재해복구부흥전략본부災害復舊復興戰略本部와 사무집행기관인 부흥청復興廳 등을 창설하여 시행할 것임을 밝혔다.

동경대지진(1923. 9. 1)과 고베대지진(1995. 1. 17) 당시의 복구부흥대책을 참고하여 대지진과 쓰나미로 피해를 입은 동북지방 연안지역의 실정에 맞는 부흥대책이 마련되어 시행될 것으로 보인다.

'재해복구 · 부흥기본법안災害復舊 · 復興基本法案'은 아래와 같은 내용이 담겨질 것으로 예상된다.

향후 5년간을 대지진과 쓰나미로 큰 피해를 입은 지역에 대한 집중적인 복구 및 부흥기간으로 설정한다. 그리고 필요한 재원財源은 특별세特別稅 도입(법인세 · 소비세 · 소득세 등의 증세) 및 복구부흥기금復舊復興基金 창설을 검토하고 재해국채災害國債를 발행하여 재해에 강한 부흥마을을 조성하거나 도로 · 하천 · 하수도 등 인프라정비 등에 사용될 것이다.

정부차원의 대응체제로는 신속한 복구부흥대책을 실현하기 위한 체제정비를 위해 수상을 본부장으로 전 각료가 참여하는 '동일본대지진 재해복구부흥전략본부災害復舊復興戰略本部'를 내각부에 설치한다.

그리고 전략본부 밑에 부흥대책의 일원적 집행기관인 부흥청(가칭)을 신설하여 지진복구부흥담당대신(전략본부의 부본부장)을 둔다. 또한 전략본부 차원의 대응방안 마련 시 전문적인 자문역할을 수행하도록 지진복구부흥위원회(가칭)를 설치하되 민간 전문가 · 해당 지자체장 · 국회의원 등으로 구성할 예정이다.

경제전문가들 사이에는 일본 경제가 2008년 가을의 금융위기로부터 겨우 탈출하여 경제회복의 징후가 보인 시점에서 대지진의 재해를 맞아 국채 발행 등 적자재정이 불가피함으로써 상당기간 일본 경제는 어려움에 봉착할 것으로 우려한다.

일본은 이미 GDP의 200%를 초과한 정부부채를 보유하고 있어 국가 신용등급이 하락하고 있는데 이번의 피해복구를 위한 국채발행 등은 일본의 국가재정의 부실화를 가속화시키고 정부의 경제정책 운용의 폭을 제한시킬 것이다. 중장기적으로는 일본 경제의 성장 모멘텀을 약화시킬 것이며, 단기적으로는 후쿠시마 제1원전(1~4호기) 사고로 인해 동경전력은 총 전력공급 능력의 25%를 상실함으로써 수도권 일원의 전력 공급 부족을 초래하고 향후 2~3년간에 걸쳐 제조업과 서비스업이 큰 타격을 받을 것으로 보여 일본의 GDP 하락은 불가피할 전망이다.

설상가상으로 후쿠시마 제1원전의 방사능 유출 문제가 초래할 직간접적인 피해는 측정이 불가능할 정도로 천문학적인 규모에 이를 것이다. 당장은 방사능 오염지역 및 인근지역의 농축산물 및 가공품은 물론 수산물까지 국내소비자들의 구매 기피현상을 유발하고 있으며 국제적으로도 일본산 농수산물의 수입규제가 강화되고 있다.

4월 2일(토). 제23일째 일기 없음

4월 3일(일). 제24일째 4주째 만에 일요일의 휴식을 갖고 재즈를 듣다

오랜만에 가진 일요일의 여유였다. 몸도 마음도 지친 가운데 대지진 관련 공관의 민원도 급감하여 평상시의 분위기로 돌아가야 하지만

주변사정이 그렇지 못해 토요일과 일요일에는 당직과 일직 제도를 두면서 운영하기로 하였다. 덕분에 오랜만의 휴일을 가질 수 있었다. 일요일인 오늘 오전에는 일찍 사무실에 나와 업무를 점검한 후 오후에는 집에 돌아가서 여유로운 휴식을 가졌다. 점심을 먹은 직후에는 낮잠을 청했다.

최근 들어 감기로 인해 콧물과 재채기가 계속 나와 휴지만 낭비하고 있었는데 휴식 덕분에 코를 푸는 횟수가 줄어들었다. 센다이에서의 생활 2년 만에 처음으로 감기에 걸렸다. 나 자신이 어느 정도 체력관리를 해왔다고 생각했는데, 쉬지 못한데다 부실한 영양섭취가 원인이었던 것 같다.

대지진으로 자주 듣던 오디오를 청취할 기회가 없었는데 오늘은 여유롭게 들을 수가 있었다. 방 안의 석유난로의 따스한 온기를 느끼면서 의자에 앉아서 바하의 브란덴브르크협주곡과 피아노 반주에 여성 보컬리스트의 목소리가 어우러진 재즈 LP판을 들었다.

언제 들어도 바하의 음악은 어릴 적의 아버지의 품안을 연상시켜주곤 한다. 지금 광주광역시에서 어머니와 해로하시는 아버지는 젊어서 술과 여자를 좋아하시어 어머니를 꽤나 힘들게 하셨다. 어머니의 마음고생이 이만저만이 아니었다. 그럼에도 아버지는 어린 자식들에게는 언제나 따뜻한 분이었다. 아니 어머니에게는 엄했으나 자식에게는 거리감이 없는 친근한 아버지였다.

지친 심신을 위로해주는 데 음악이 특효약이라는 말은 틀린 말이 아니다. 출장에서 돌아온 후 3월 13일(월) 오후 늦게 집에 들어오니 대지진으로 방안의 온갖 물건이 어지럽게 널려있는 등 말이 아니었다. 다행히 선반 위에 올려 놓았던 스피커 1조가 넘어져 있는 것을 제외하고

오디오 기기는 온전했다. 아마 바퀴가 달린 '오디오 랙'이라 불리는 박스형 보관함에 깊숙이 들어있었던 탓에 보존할 수 있었던 듯하다. 나는 진공관 앰프는 LP를 듣는데 이용하고 트랜지스터 앰프는 튜너와 CD를 듣는데 활용하고 있다. 다소 긴장감을 가지고 전원을 넣은 후 조작하였을 때는 진공관은 음질이 지지 끓고 트랜지스터의 튜너는 방송이 도중에 끊길 때가 많았다. 고장이 났다고 생각했는데 오늘은 모두 음질이 완벽해졌다. 아마 전력회사의 전원 공급의 불안정과 NHK 센다이방송국의 송출상의 문제가 있었던 것으로 보인다.

　이곳 센다이는 재즈로 유명한 도시이다. 시내에는 록은 물론 재즈를 전문으로 하는 라이브하우스가 적지 않으며 재즈만을 틀어주는 커피

숍도 10여 군데에 달한다. 커피숍과 양식집에는 언제나 재즈의 선율이 흐르고 있으며 이용하는 시민들도 당연하게 여긴다. 특히 9월 첫째 주의 금요일 밤부터 일요일의 밤까지의 2박 3일간에는 700개 이상의 그룹이 시내 곳곳에서 재즈연주를 한다. 금년은 '21회 센다이재즈페스티벌' 이 열릴 예정이다. 개인적으로 가장 기대하는 축제인데 이런 대재난을 맞아 어떻게 준비해나갈 지 의문이다. 정말로 슬픈 분위기의 연주가 많을 것이다 그러나 재기를 다짐하는 노래도 연주될 것이다. 재즈에는 슬픔과 희망이 함께 묻어 있기 때문이다. 다시 말해 미국의 남부도시 뉴올리언스는 재즈의 탄생지로 유명하다. 사랑하는 부모형제나 친구, 연인의 장례식을 치르고 장지로 갈 때는 슬픈 음악을, 돌아올 때는 산 자의 삶의 의지를 북돋는 활기찬 음악이 재즈가 아닌가 한다.

쓰나미를 당한 게센누마(氣仙沼) 시市·오후나토(大船渡) 시市 등지에서도 재즈를 연주하거나 음악을 틀어주는 재즈 바가 피해를 입었다고 한다. 그러나 일본 전국에서 동호인들이 LP를 보내주는 등 자선을 베푸는 움직임이 일고 있는 듯하다. 재즈의 선율과 같이 대재난을 겪고 있는 동북지방의 해안지역 항구들은 반드시 일어설 것이다.

4월 4일(월). 제25일째~4월 5일(화). 제26일째 일기 없음

4월 6일(수). 제27일째 우리는 당신들을 잊을 수 없습니다

어제는 센다이 시 경찰관의 희생정신으로 한 시민과 한 살짜리 아이가 무사히 쓰나미를 피했으나 정작 경찰관 본인은 쓰나미를 피하지 못한 사실이 한 시민의 제보에 의해 알려지는 사연이 있었다.

센다이 시 남쪽에 있는 이와누마 시에 살고 있는 회사원 스즈키(鈴木

和美) 씨는 대지진 발생 당일 센다이 시 와카바야 구에 소재한 보육원에 한 살배기 장남을 데리러 가는 도중 센다이 남南경찰서 아라이(荒井)파출소의 와타나베 경부警部(58세)로부터 빨리 고가도로로 올라가도록 유도를 받아 눈앞에 쓰나미가 덮쳐오는 상황에서도 생명을 구할 수 있었다. 스즈키 씨는 와타나베 경부가 근무했던 파출소를 찾아 헌화하고 '당신으로부터 구해진 생명, 후회 없는 삶을 살아가겠다'고 다짐했다.

센다이 시로부터 동쪽으로 2시간 남짓의 거리에 있는 미야기 현 미나미산리쿠초(南三陸町)의 위기관리과에 소속된 여성 직원 엔도 미키(遠藤未希, 24세)의 봉사정신도 감동적이다.

그녀는 대지진이 나자마자 2층의 방재무선防災無線 방송실로 들어가 방제무선 마이크를 잡고 "6미터의 쓰나미가 예상되고 있습니다. 이상한 바닷물이 들어오고 있습니다. 빨리 높은 곳으로 피하시길 바랍니다"라고 계속 방송했다. 3월 11일 오후 2시 46분 대지진 발생 후 50분만인 오후 3시 34분에 거대한 쓰나미가 순식간에 들이닥쳤다.

미나미산리쿠초(南三陸町)의 주민 1만 7,700명 가운데 대부분이 피난하여 목숨을 건졌다. 3층 건물의 방제대책청사防災對策廳舍마저 처참하게 쓰나미의 피해를 입은 것처럼 1,500여 명만이 사망 또는 행방불명이 되었는데, 엔도 씨의 방송 덕분이었다. 본인은 쓰나미에 휘말리는 최후의 순간까지 방재무선방송 마이크를 쥐고 주민들의 대피를 호소했던 것이다. 물론 안내방송에 따라 생명을 건졌던 마을 주민들은 엔도 씨의 어머니에게 눈물로써 고마운 마음을 전하고 있다.

그녀는 2010년 7월부터 부모의 곁을 떠나 전문학교에서 만난 남성(24세)과 결혼생활을 하고 있었으나 정식으로는 2011년 9월 10일에 미야기 현 마쓰시마초(松島町)의 호텔에서 결혼식을 올리고 친지들을 불

쓰나미가 몰려오는 당시의 모습(이와테 현 미야코 시)

러 피로연을 올릴 예정이었다. 부모가 '미래의 희망'이라는 의미로 이름을 지어준 미키(未希) 씨는 많은 사람의 생명을 구한 큰일을 했다(엔도 씨의 시신은 한 달 보름 가까이 지난 후인 4월 23일(토) 발견되었으며 5월 4일(수) 장례식이 엄수되어 유체는 화장되었다. 어머니(美惠子)는 화장한 유골을 당분간은 집에 두고 싶다고 말했다).

당시 방제대책 청사에 남아 있던 직원 30~40명 중 생존자는 10명 뿐이었다. 왜냐하면 쓰나미가 와도 건재할 줄 알았던 3층 건물의 방제대책청사가 쓰나미로 모두 파괴되었기 때문이다. 마니미산리쿠초(南三陸町)의 직원 46명 중 엔도 씨를 포함해서 36명이 쓰나미로 사망했다. 사토(佐藤) 정장町長 등 직원은 사무소에서 인근의 방제대책센터

쓰레기 더미 속의 미나미산리쿠초의 방재대책청사

로 일단 피신하였고 갑자기 물이 차 올라오자 3층 옥상에 있는 2개의 안테나에 각각 3명과 7명이 올라가서 목숨을 부지했다.

한편, 아쉽게도 지자체의 방제무선이 고장 나서 다수의 희생자가 발생한 경우도 있다. 사망·행방불명 730명을 낸 미야기 현 남부의 야마모토초(山本町)에서는 방제무선을 조작하는 전화교환실의 문이 지진으로 파괴되고 안테나마저 파손되어 주민들에게 알려야 할 경보체계가 무너진 것이다. 행정기관은 홍보차량 4대를 동원하여 주변을 돌면서 확성기로 주민들에게 피난을 호소했으나 2대가 쓰나미에 휩쓸려 직원 4명이 순직하였다.

야마모토초의 방제경보가 울리지 않음으로써 다수의 주민이 희생되었다. 가령 (사립)후지유치원의 경우 직원이 51명의 유치원생을 버스에 태우고 피난하던 중 탁류에 휩쓸려 버스 속에 물이 가득 차기 시작하자 직원 1명이 결사의 각오로 버스 지붕 위로 올라가 유치원생을 1명씩 건져 올렸으나 7명의 어린이는 구할 수 없었다. 나중에 그 직원은 "경보가 울렸으면 재빨리 버스에 태워 피난했을 것이다"라고 아쉬워했다.

참고로 센다이 거주 키쿠다(菊田郁) 시인은 미나미산리쿠초(南三陸町)의 방재대책청사에서 피난유도 방송을 하던 중 순직한 엔도 미키(遠藤未希) 씨를 다음과 같이 기리고 있다.

기도 : 그날에

그날 밤
눈이 내렸다.
세차게 내리치는

눈보라가 마구 불어
여진이 계속되던 중
촛불 하나 들고
이불을 뒤집어 쓰고
빈터에 몸을 맞대었다.

새벽이 되어 눈이 멈추고
푸르딩딩한 밤 하늘에
유난히 많은 별이
속삭이듯
빛났다.

그날
많은
수많은 영혼이
하늘로 올라갔다.

갈매기가 되어
"주민 여러분 쓰나미가 옵니다.
어서 대피하여 주십시오."
"주민 여러분 급히
높은 곳으로 대피하여 주십시오."

오로지

주민이 무사하기를 바라며
소리 지르기를 계속하였다.

몇 번이고 몇 번이고
목이 찢어져라 소리 질렀다.

고마워라.

쓰나미가 밀려오기 직전의 시오가마(塩釜)항

당신의 목소리로
얼마나 많은 사람이 구원 받았는가.

당신의
곧은 목소리는
언제까지나
마을 사람들의 가슴 깊이
메아리처럼 들리겠지.

당신은
갈매기가 되어
미나미산리쿠초의 하늘 위를
계속
계속
날아다닐 터이니.

이밖에도 일본 지자체에서 쓰나미로부터 주민을 보호하기 위한 숭고한 희생정신을 발휘한 예는 수없이 많다.

센다이 시로부터 북동쪽으로 3시간 남짓 거리에 있는 태평양상의 이와테 현 리쿠젠타카다(陸前高田) 시의 소방대원 26명도 대지진 발생 직후 거대한 쓰나미가 몰려온다는 사실을 누구보다도 잘 알았음에도 불구하고 해안가의 방조제로 달려가 바닷물을 차단하는 수문(4곳)을 닫다가 쓰나미에 휩쓸려 사라졌다.

비슷한 사례는 이와테 현 오쓰치초(大槌町)에도 있었다. 지진이 일어나고 쓰나미가 몰려올 것에 대비하여 평상시에 열려 있는 수문을 닫기 위해 마을의 소방대원은 현장으로 달려가서 수문을 닫기 시작했다. 그러나 쓰나미 경보가 내려진 직후 몰려오는 쓰나미에 휩쓸려 대원 3명이 행방불명이 되었다.

센다이 시로부터 남쪽으로 80여 킬로미터 떨어진 후쿠시마 제1원자력발전소의 1~4호기 방사능물질의 누출사고를 저지하기 위해 현장에 출동했던 동경전력 직원들의 목숨을 건 대응도 일본열도가 핵공포에 떨고 있는 가운데에서도 이 시련을 극복할 수 있다는 믿음을 주었다. 그밖에도 고농도의 방사능 피폭의 위험을 무릅쓰고 원전사고의 수습에 총력을 기울이고 있는 경찰 및 소방대원 그리고 자위대원들의 감투정신이 일본사회를 지탱하고 있는 저력이라고 할 수 있다.

흔히 말하기를 일본사회를 관료사회라고도 한다. 오늘날 일본이 정체국면에 접어든 것이 관료주의 폐해가 작용한 결과라고도 하나, 40년 이상 세계 2위의 경제대국을 유지한 것은 관료들의 공헌이 결정적이었다. 150년 전 메이지유신 이후 관료가 일본사회를 견인하였고 국민들은 관료가 기안하고 집행하는 정책을 전폭적으로 신뢰하고 맡은 바 직분에 충실함으로써 아시아에서는 처음으로 선진국의 문턱을 넘어설 수 있었다.

이번 동북지방에서 발생한 대재해를 겪으면서 일선 피해현장에서 묵묵히 일하던 공무원들의 멸사봉공滅私奉公 · 선공후사先公後私의 자세는 빛났다. 이런 공무원들의 희생이 있었기에 다수의 주민들이 쓰나미로부터 목숨을 구할 수 있었던 것이다. 또한 일본 사회가 2차 대전 이후 최악의 대참사를 겪으면서도 현장에서 피난민들이 동요하지 않고 사회질서를 유지하는 것은 공무원들의 희생정신이 있었기에 가능했던 것이다.

4월 7일(목). 제28일째 일기 없음

4월 8일(금). 제29일째 어젯밤 11시 32분, 강진으로 또다시 시계가
멈추었다

　어제(4월 7일) 자정 무렵 진도 6강의 강한 여진이 엄습했다. 어젯밤
11시 32분경 나는 총영사관의 사무실에서 처리하지 못한 잔무를 하고
있던 중에 강진을 만났다. 생애 처음으로 강한 지진을 경험하는 순간
이었다.

　센다이 시 동쪽의 태평양 상의 산리쿠해안(三陸海岸)을 진앙지로 하는
강한 지진으로 진도 6강(매그니튜드 7.1)에 해당하는 것이었다(1995년의 고베
대지진은 매그니튜드 7.3의 직하형 지진이었다).

　지난 '3.11대지진' 당시에는 이와테 현 모리오카 시에서 아키타 현
아키타 시로 향하는 터널 속의 신칸센 열차 내에 있었으므로 그다지
대지진의 공포나 두려움을 느끼지를 못했다. 지금까지 내가 지진을
느낀 가장 강한 것은 1996년 가을 일요일 국립나고야대학 도서관에서
느꼈던 진도 5약이었다. 이번에는 30초 정도의 강진이 이어졌는데 상
하로 움직이면서 요동치는 것을 느끼면서 정말 공포 속에서 꼬박 밤을
샜다. 연안 지역에는 쓰나미 경보가 발령되었으나 이번에는 육지와
가까운 곳에서 발생하여 다행히 피해가 없었다. 그리고 진앙지에 가
까운 오나가와(女川) 원자력발전소도 일시 정전이 발생했으나 다시 정
상화되었다.

　이번 강한 여진의 여파로 인해 동북지방의 390여만 가구가 정전으
로 암흑천지로 변했다. 어두운 밤 추운 날씨 속에 두려움과 추위에 떨
었던 시민들을 생각하면 아찔하다. 지금 나도 감기가 들어 그 고통을

알 수 있기 때문이다.

　미야기 현청과 센다이 시청 그리고 당관은 경유를 이용한 비상발전기를 가동하여 유일하게 전기가 들어온 데다 집에 머물기가 위험하다고 생각한 재외국민들이 하나 둘씩 당관으로 몰려들었으나 아침이 되어 대부분 귀가했다.

　나는 3일 전에 당관의 행정원으로 근무하는 우쓰미 히로카즈(内海博和) 씨로부터 "조심하세요. 고베대지진과 니가타추에쓰(新潟中越)지진이 일어나고 나서 이후 26일째에 강한 여진이 온 적이 있습니다"라는 이야기를 들었다. 26일째 되던 날은 지나갔다. 27일째 되던 날에 말이 씨가 되듯이 강한 지진이 다시 엄습해온 것이다.

11시 32분에 멈춰서 있는 센다이 시 중심가의 콤스호텔의 벽시계

일본정부와 기상청은 강한 여진이 한두 차례 더 있을 수 있다고 경고하고 있다. 그것도 지난 '3.11대지진'의 규모가 '매그니튜드 9' 였기 때문에 매그니튜드 8급의 여진이 재발할 가능성이 여전히 남아 있다고 주의를 환기시키고 있다. 대체로 최대치의 여진은 본래의 지진보다 규모 1 정도가 작은 것이 일반적이란다.

나는 이번 지진을 느끼면서 정신적인 외상外傷이 클 수가 있음을 직감하였다. 사람마다 살아가면서 몇 차례의 트라우마를 겪는다고 한다. 갑자기 요동치는 땅의 노여움을 피하고자 자신도 모르게 책상 밑으로 숨어들었다. 그 순간은 아무 생각도 없이 삶과 죽음이 백지장 하나 차이이며 생사가 별개가 아님을 절감했다. 숨어들어간 책상 위의 천장에 부착된 에어컨은 캡이 벗겨지면서 떨어질듯 크게 흔들거리고 천장의 하얀 석고보드 가루는 눈이 내리듯 떨어지면서 책상 밑으로 날아들었다. 순간 이것을 들이마시면 폐가 위험해질 수 있다고 생각하고 최대한 숨을 멈추면서 마스크를 찾았다. 더 이상 숨을 참을 수가 없어 크게 한 번 들이마신 후 저 멀리에 놓여 있는 먼지로 뒤집어쓴 마스크를 쥐고 먼지를 털어낸 후 코에 갖다 대었다. 지진이 멈춘 이후 아래 1~2층의 사무실에서 휴식을 취하고 있는 직원들의 안부를 확인한 다음 밖으로 뛰어나가 신선한 공기를 들이마셨다.

센다이 시는 암흑천지로 변해 있었고 라이트를 켠 자동차들의 탈출 행렬이 줄을 이었다. 정전과 여진으로 집에서 잠을 청할 수 없는 시민들이 차량을 이용하여 안전지대로 피신한 후, 온풍이 나오는 차 안에서 밤을 보내려는 참이었다.

오늘은 정말 일손이 잡히지 않았다. 나뿐 아니라 공관의 모든 직원이 그랬다. 오고가는 시민들은 멍하니 표정을 잃은 채 공원의 벤치에 앉아 담배만을 피워대거나 허공을 응시하고 있는 모습이 유난히 많았다.

대지진 발생 후 거의 한 달이 다 되어가자 시민들은 점점 기억 속에서 대지진의 아픈 기억을 잊어가고 있었고 센다이 시내는 활기를 되찾아가고 있는 분위기였다. 그런데 갑자기 한 달 전의 상황으로 되돌아가버린 것이다.

이번 강한 여진으로 4명이 사망하고 141명이 부상을 당했다. 피해는 생각보다 적었다. 이번 지진은 사람에 따라서 '3.11대지진' 보다 강했다거나 약했다고 말하고 있으나 지속시간이 짧았던 게 다행이었다. 만약 30초만 더 지속되었다면 시내 곳곳의 건물이 상당수 붕괴되었을 것이라는 이야기이다. 왜냐하면 건물들이 지난달의 지진으로 내진 기반이 상당히 약화되어 있는 상태였다.

당관의 건물 피해만을 보아도 짐작할 수가 있다. 신축한지 4년 밖에 안 된 새로운 건물인데도 불구하고 한 달 사이에 두 차례의 강진으로 서쪽 계단은 두 군데의 큰 균열이 발생했다. 4층의 천정과 벽은 군데군데 상처투성이로 변했다. 첫 번째 지진에는 잘 견뎌주었는데, 이번 지진에는 견디기 힘들었던 것 같다. 내일부터는 과거에 오토바이를 탈 때 썼던 헬멧을 가져와야겠다. 머리가 다치면 더 이상 업무를 할 수 없을 정도로 나 자신이 끝장나기 때문이다.

이번 여진과 관련한 재미있는 이야기가 있다. 황성연黃聖淵 전前 문화방송 PD가 혼자서 이번 동일본대지진 사태 관련 다큐멘터리 제작을 위해 당관에 머물면서 취재활동을 하고 있었다. 이번 여진으로 2층에 기거하고 있던 황 PD에게 무사하냐고 물었더니 못내 아쉬운 표정을 지었다. 재차 다친 데는 없냐고 물었더니, 촬영기기의 건전지가 다소모되어 이번 여진을 촬영하지 못했다고 못내 아쉬워했다. 다시 한 번만 더 흔들렸으면 좋겠다는 말까지 했다. 기자로서의 직업의식을 읽을 수 있었다.

한편 1995년 고베대지진을 경험했던 최종태崔鍾泰 재일본 한국상공회의소 명예회장이 피해 입은 상공인을 격려하기 위해 방문했다가 어젯밤 센다이 시내의 호텔(18층)에서 숙박하였다. 방에 들어가 잠을 청하려는 순간, 크게 흔들리면서 정전이 되자 재빨리 지상에까지 걸어 내려와 자동차 속에서 밤을 새웠다고 한다. 날이 밝자마자 도망하여 오전 중에 오사카로 되돌아갔다. 15년 전 고베대지진을 경험한 사람다운 민첩함이었다.

센다이에서 매일 출퇴근 때문에 한 번은 볼 수밖에 없는 미스코시백화점 앞으로 콤스호텔(Coms hotel)도 붕괴위험에 처했는데, 아이러니컬하게도 그 곳의 시계가 정확히 11시 32분에 멈추어져 있다. 나는 바싹 긴장하면서 자전거를 타고 지날 때면 그 시계를 보게 되는데 4월 7일 저녁의 강한 여진이 클로즈업되곤 한다.

4월 9일(토). 제30일째~4월 10일(일). 제31일째 일기 없음

4월 11일(월). 제32일째 대지진 발생 한 달 만에 수염을 자르다

동일본대지진이 발생한 지 꼬박 한 달이 지났다. 일본 전국 각지에서는 발생 시각에 희생자를 위한 묵도가 행해졌다. 나는 한 달 동안 길렀던 수염을 잘랐다. 거울에 비친 내 모습은 5년이나 젊게 보였다. 오늘도 오후 5시 16분경 진도 6약(매그니튜드 7.1)의 지진이 후쿠시마 현 이와키 시 앞바다(태평양 상)에서 발생하였다. 일상이 긴장 속에서 이어지고 있는 것이다.

사망자와 행방불명자를 합해 2만 6,848명에 이르고 여전히 15만여 명이 피난생활을 하고 있다. 그리고 동북지방 3개 현의 총 26만 8,000여 가구는 전기가 없는 생활을 하고 있다. 이재민들의 피난소 생활은 개인의 프라이버시가 존중되지 않은데다 밤이 되면 일교차가 심해 추워지는 등 고생이 이만저만이 아닐 것이다. 아직도 피해의 전모가 파악되지 않은 상태로 부흥을 위한 여정은 멀기만 하다.

오늘 동경에서 열린 일본은행 지점장회의에서 후쿠다(福田一雄) 센다이지점장은 기자회견에서 "주택과 공장뿐만 아니라 도로와 사회 인프라의 모든 것이 소실되었다"고 피해의 심각성을 언급하였다. 또한 "재건 의지가 있는 공장에서도 확고한 복구의 전망이 서지 않은 상태로 지역경제의 재건에는 상당한 시간이 걸릴 것이다"라는 인식을 밝혔다.

그러나 폐허로 변한 재난지역에서 재기를 꿈꾸면서 삶의 터전을 일구는 것은 살아남은 자의 몫이다. 이제부터는 복구를 위한 희망의 불씨를 살려야 할 시점이다. 피해를 입은 사람들은 슬픔과 체념을 털고 일어나 부흥을 위한 굳은 결의를 다져야 한다. 그리고 피해를 입지 않은 일본인들은 물론 우리나라 국민을 비롯한 외국인들도 기꺼이 성원해야 한다.

센다이 시내에도 4월 중순에 접어들자 하얀 목련이 꽃망울을 터트리기 시작했다. 10여 일이 지나면 연분홍의 벚꽃도 만개할 것이다. 따뜻한 동경에서는 목련꽃이 흐물흐물 피는데 반해, 이곳에서는 일교차가 큰 탓에 우리나라와 비슷하게 청순하고 아름답게 활짝 피면서 봄이 왔음을 알려준다.

여전히 시내에 나가보면 발걸음을 재촉하는 시민들 모두가 긴장된 모습이다. 지난 3월 11일의 대지진에다 최근에 발생한 4월 7일의 강한 여진의 여파 때문일 것이다. 나 자신도 꼬박 하루는 일할 엄두를 내지 못할 정도로 일손이 잡히지 않았다. 다시 말해 넋이 나간 상태로 하루를 보냈다. 정말 망각이란 묘약이 없었다면 견디기 힘들었으리라. 하룻밤을 지내고 나니 지진의 공포가 아득히 멀리 느껴진다.

나는 센다이 시내에서 자전거를 타고 가는 티 없는 소녀의 모습에서 희망을 읽을 수 있었다. 여전히 쌀쌀한 날씨에 노출된 그녀의 빨간 볼에서 동북지방은 반드시 일어날 수 있다는 강한 의지를 느낄 수 있었다.

비록 현재 처한 환경은 눈물겹도록 어려우나 동북지방의 연안지역에서 피해를 당한 사람들은 기어코 일어설 것이다. 나는 그들의 저력을 믿는다. 특히 매서운 바닷바람을 견디면서 살아온 이들은 남다른 데가 있기 때문이다.

4월 12일(화). 제33일째 이번 대재난은 지옥의 묵시록인가

요즈음 조심스럽게 동북지방 사람들에게 회자되는 이야기가 있다. 과연 신은 있는가. 신이 있다면 이렇게 지옥도와 같은 시련을 인간에게 부여할 수가 있느냐는 것이다.

나는 어렸을 적에 어머니를 따라 산에 나무를 하러 가거나 논과 밭에서 경작하는 과정에서 자연의 외경심을 자주 듣고 느낄 수 있었다. 그런 탓인지 토요일이나 일요일이면 아침 일찍 센다이 시내를 산보하면서 주변의 절이나 신사를 그냥 지나치는 경우가 없다. 두 손을 모아 가족의 건강 등을 기원하는 경우가 많다. 자연재해가 드문 우리나라

쓰나미 피해를 입은 이시노마키시 전경(위), 쓰나미로 처참히 파괴된 미나미산리쿠초(아래)

쓰나미로 사라진 집을 찾아가는 모자母子

국민들은 미신이라고 할 지 모른다. 그러나 내가 어릴 적 어머니는 일을 끝마치고 집에 돌아오시는 길에 성황당이나 절을 그냥 지나치지 않으셨다. 꼭 그 앞에서 옆에 서 있는 자식의 이름을 호명하면서 합장을 하고 고개를 숙이시는데 그 모습이 낯설지 않았다. 그런 어머니의 행동은 나의 마음까지 편안하게 하였기 때문에 나 역시 두 손을 모우고 경건한 자세를 보인다.

  이번 '3.11대지진'이 땅이 상하로 흔들린 15초간의 짧은 직하형의 고베대지진과 달리, 3분간이나 옆으로 흔들린 강진이었음에도 피해는 의외로 적었다. 그러나 진앙지가 미야기 현 앞바다였기 때문에 거대한 쓰나미가 발생하여 엄청난 사망자와 행방불명자를 초래했다. 그리고 일상생활에 필요한 철도·가스·전기·오수(쓰레기) 정화시설 등이 지진으로 큰 타격을 받는 등 라이프라인의 인프라가 상당기간 가동되지 못해 시민들은 생활에서 적지 않은 어려움을 겪고 있다.

내가 살고 있는 센다이 시는 쓰나미가 와카바야시(若林) 구구(區)와 미야기노(宮城野) 구구(區) 그리고 공항이 있는 나토리(名取) 시시(市)의 연안지역에 상당한 피해를 주었다. 센다이 시 연안지역에서는 쓰나미가 육상 2~3킬로미터까지 몰려왔으나 다행히 센다이동부도로(仙台東部道路)가 방파제 역할을 하였다. 그 도로의 안쪽은 거의 3월 11일(금) 이전의 모습인데 반해, 바깥의 바닷가 쪽은 자동차가 지붕 위로 올라가 있고 많은 고기잡이 어선이 논에 나뒹굴러져 있는 광경을 볼 수 있다. 평화로웠던 촌락에 옹기종기 모여 있던 가옥들도 거의 사라졌거나 남아 있는 가옥은 그 형체를 알아볼 수가 없을 정도이다.

여전히 자위대와 경찰이 행방불명자를 찾는 모습이 군데군데 보이나 언제 끝날 지 기약할 수 없다. 한 달이 지난 지금도 시신을 찾으면 손상이 심해 여성들과 젊은 관계자에게는 보여주지 않도록 배려한다고 한다. 아직 사회경험이 적은 그들은 충격으로 구토 증세를 일으키곤 한다. 그로 인해 식사하기가 어렵거나 밤잠을 설치는 등 심한 정신적 고통이 뒤따르기 때문이다.

이번 대지진과 쓰나미가 할퀴고 간 동북지방의 태평양 연안지역은 '지옥의 묵시록'의 세계가 출현한 것이 아닌가 할 정도로 소름끼치는 충격을 주었다. 특히 쓰나미를 체험했던 어린이들은 충격이 심해 한동안 말문이 닫혔다. 눈앞에서 엄청난 현실을 보았기에 혀가 굳어 말을 할 수 없었던 것이다.

센다이 시 주변이 이 정도인데 이보다 훨씬 피해가 심한 미야기 현

쓰나미로 흔적도 없이 사라지고 집터만 남은 이곳이 내집이었다.

의 이시노마키(石卷) · 게센누마(氣仙沼) · 미나미산리쿠초(南三陸町) 그리고 이와테 현의 리쿠젠다카다(陸前高田) · 오후타토(大船渡) · 가마이시(釜石) · 미야코(宮古), 후쿠시마 현의 미나미소마(南相馬) 등지는 쓰나미로 시가지 자체가 군데군데 사라져버려 매일 출퇴근하던 자신의 집마저 찾아가기가 힘들 지경이다. 왜냐하면 이정표인 건물과 표지판이 없어져 어디가 어딘지 방향을 가늠할 수 없기 때문이다. 먼 산과 강을 바라보면서 간신히 3월 11일(금) 이전 자신의 집이 있던 자리를 추정할 뿐이다.

복구 · 부흥에 여념이 없는 미야기 현 무라이(村井) 지사는 당시 대재난을 어떻게 맞았으며, 한 달이 지난 지금의 심경은 어떤 지 다음과 같이 이야기하고 있다.

"3월 11일(금) 오후 2시 46분 현청 가까이에서 차를 타고 신호를 기다리고 있는 도중에 갑자기 땅이 크게 흔들림을 느꼈다. 신호기가 바람 속의 낙엽같이 흔들리면서 라이트가 꺼진 것을 알고서 이번 재난이 단순한 지진이 아님을 순간적으로 판단하고 서둘러 현청으로 돌아왔다.

우선 자위대에 재해파견을 요청하고 직원들에게는 초동대응 체제를 갖출 것을 지시한 후에 정보 파악을 위해 TV를 켰다. 쓰나미가 먼 해상에서 몰려오고 있다고 방송하고 있었다. 당시 내가 할 수 있는 것은 주민들이 무사히 높은 곳으로 도망가길 기원하는 것뿐이어서 정말 아무것도 해줄 수 없는 나 자신을 불쌍하게 생각했다."

이번의 대재난은 개인적으로 좋아했던 해안선에 심어진 가로수와 어항 그리고 몇 세대에 걸쳐 내려온 경작지가 일순간에 파괴되는 비참한 참사였다.

그러나 이재민들은 여기에서 주저앉을 수 없다고 생각하며, 개인적으로 존경하는 마쓰시타 고노스케(松下幸之助)의 "과거에 없었던 곤란은 과거에 없는 발전의 기초가 된다"는 말과 같이, 미증유의 사태를 극복하여 미야기 현을 발전시키는 것이 돌아가신 분들에 대한 자신의 책무라고 밝히고 있다.

미야기 현은 조기에 재난부흥계획을 마련하고 시행하여 쓰나미 피해지역에 대해서는 재난 이전의 모습보다는 새로운 마을을 조성하여 미래의 농업과 수산업의 모습을 제시하고자 한다고 부언하고 있다.

필자와 동년배로서 항상 밝은 인상에 웃는 얼굴을 보이는 무라이(村

註) 미야기 현 지사는 현민들로부터 95% 이상의 전폭적인 지지를 받고 있는 오사카 출신의 정치가로 2005년에 지사에 당선된 후 2기째 동직을 수행하고 있다.

4월 13일(수). 제34일째 후쿠시마원전 사고등급을 최악인 7등급으로 상향 조정했다

일본 경제산업성 산하 원자력안전보안원은 4월 12일(화) 후쿠시마원전의 폭발사고가 일어난 지 한 달 만에 국제원자력사고등급(INES)을 최악의 중대사고 수준인 '7등급'으로 상향 조정했다. 다시 말해 1986년에 일어난 구 소련연방의 체르노빌원전 사고의 수준에 해당된다고 판단한 것이다.

체르노빌은 원자로 1기가 폭발하여 인근지역의 수많은 사람들이 피폭되어 사망하였으며 겨우 살아남았던 어린이들은 백혈병 등에 걸려 신음하고 있음을 5년이 경과한 1990년 6월 초순 러시아를 방문했을 때 나는 실감할 수 있었다.

동경전력이 운영하는 후쿠시마 제1원전은 원자로 4기가 있으며 전문가들은 원자로의 노심이 녹아내렸다고 추정하고 있다. 일본정부는 원전에서 수소폭발이 일어난 다음 날인 3월 13일(일)에야 4등급으로 발표한 이후 3월 18일(금)에는 5등급으로 상향조정한 바 있다. 이번 4월 12일(화)에야 최악의 중대 사고를 의미하는 7등급으로 올린 것이다.

일본정부는 에다노 관방장관이 매일 두 차례씩 기자회견을 하고 가이에다 경제산업성 대신과 니시야마 원자력안전보안원 심의관이 수시로 원전사고 상황에 대해 국민들에게 브리핑을 해왔는데 한 달이 지

국제원자력 사건/사고 등급 (INES)

구분	등급	설명
사고 (Accident)	**7** 대형사고	• 방사선물질 대량 방출(수만 TBq 이상) • 구소련 체르노빌 원전사고 (1986년), 후쿠시마 제1원전사고(2011년)
	6 심각한사고	• 방사선물질 상당량 방출(수천 TBq 이상) • 구소련 키시림 재처리공장 탱크 폭발사고 (1957년)
	5 원전밖 큰 위험을 동반한 사고	• 방사선물질 제한적방출(수백TBq 이상) • 노심 중대손상 • 미국 TMI 노심용융사고(1979년), 영국 윈드스케일 원자로사고(1957년)
	4 원전밖 위험을 동반하지 않은 사고	• 방사선물질 소량 방출 • 핵연료 용융/손상 • 일본 JCO 핵임계사고(1999년), 프랑스 생로랑 원전사고(1980년)
고장 (Incident)	**3** 심각한고장	• 심각한 고장 • 스페인 반델로스 원전 화재(1989년)
	2 고장	• 고장 • 다수 사례 있음
	1 단순고장	• 단순고장 • 다수 사례 있음
등급이하	**0** 경미한고장	• 안전에 중요하지 않은 사건

원자력발전소 사고 등급

나서야 7등급으로 조정한 것은 이해가 가지 않는 구석이 많다.

일본정부는 실제로 방사능 방출량이 최악인데도 불구하고 일본의 경제사회에 미칠 사회적인 패닉상태로의 비화를 고려해 단계적으로 위험정도를 격상하였는지 모르겠으나, 직간접으로 피해권역에 거주하는 국민들은 정부의 발표를 신뢰하기 힘들게 만들었다. 정부와 동경전력이 거짓말하는 양치기 소년으로 비추어지기 시작한 것이다.

지난 '3.11대지진' 이후 15미터의 쓰나미가 해발 10미터 높이에 세워진 후쿠시마원전을 덮쳤다. 앞바다에 세워진 5.7미터의 방파제도 무용지물이었다. 쓰나미로 원전 건물의 2층까지 침수되고 비상발전기도 파괴되어 원자로의 노심 냉각장치를 가동하지 못한 결과, 원자로 내의 노심이 녹아내려 그날부터 3월 16일까지 5일간 집중적으로 방사능이 방출된 것이다.

원전으로부터 90여 킬로미터 떨어진 센다이 시내도 초비상 상황이었다. 모든 시민들은 마스크를 쓰고 외출을 자제했다. 이때 정부가 최악의 사고등급(7등급)을 발령했다면 시민들은 더욱 조심했을 것이다. 당시 일본정부는 방사능이 방출되고 있으나 인체에는 영향을 줄 정도는 아니라는 말만 되풀이했다. 대부분의 시민들은 그대로 믿고 행동했다. 나 자신은 정부 당국자의 발표내용에서 행간의 숨은 의미를 읽으려고 노력했으나 감을 잡기가 어려웠다. 일본정부의 발표보다도 미국·프랑스 등 외국 정부의 동향에 더 주의를 기울이기도 했다. 「뉴욕타임스」의 논평과 같이 일본정부가 방사능물질의 누출을 공개적으로 인정하기까지에는 1개월이나 걸렸다는 점이다.

국제원자력기구(IAEA)는 4월 12일(화) 일본의 원전 위험수준의 레벨을 7단계로 격상한데 대한 논평에서 후쿠시마원전 사고로 배출된 방사능물질이 체르노빌 사고의 7% 정도에 불과한 점을 들면서, 양측의 사고는 성격이 다른 사안이라고 강조한 점에서 그래도 다행이라고 위안을 삼는다.

일본 동북지방에서는 겨울철이라고 할 수 있는 3월에는 북서풍이 불어 북쪽에 있는 센다이 시 주변보다는 원전으로부터 남방 250킬로미터 떨어진 동경 등 수도권에서 방사능 수치가 오히려 높게 나왔다. 5월 중하순이면 여름철로 접어들어 남동풍으로 풍향이 바꾸어지므로 센다이도 피해권역에서 자유로울 수가 없다. 그때까지 원전사고가 수습될 수 있는 가닥이 잡혀지기를 기원할 뿐이다.

4월 14일(목). 제35일째~4월 15일(금). 제36일째 일기 없음

4월 16일(토). 제37일째 센다이에도 벚꽃이 만개했으나 상춘 인파는 찾아볼 수 없다

벌써 4월 중순이다. 추웠던 작년보다 1주일 정도 일찍 벚꽃이 만개했다. 그러나 센다이 시내 어느 곳에도 꽃을 즐기려는 사람들의 모습은 보이지 않는다. 그만큼 마음의 여유가 없는 것이다. 나 자신도 오랜만에 고개를 들어 맑은 하늘을 바라보았고 인근 공원에는 벚꽃이 활짝 피었음을 처음으로 느꼈다.

개인적으로 작년에는 벚꽃 구경을 자주 갈 수가 있었다. 쓰나미 피해를 입은 센다이 동쪽의 시오가마(鹽釜) 시市의 신사神社에는 가족 단위로 꽃구경을 나왔던 사람들로 붐볐던 기억이 새롭다. 그러나 올 봄에는 살아남은 사람들은 모두가 뒷수습과 복구에 여념이 없는 상황이

벚꽃이 핀 센다이 시내 공원

다. 다소 여유가 있는 가족들도 자숙하는 사회적인 분위기이다.

이곳 동북지방은 한국에서 느껴보지 못한 풍경이 많다. 그 가운데 하나가 5월 초·중순경 모내기를 할 때 먼 산을 바라보면 8부 능선에 까지 눈이 쌓여 있다는 점이다. 또한 4개월여가 지난 가을이 되어 추수를 할 때에도 이미 눈이 내린 산 능선을 보면서 수확을 하는 모습이 인상적이다. 개인적으로 동북지방이라면 언제나 산등성이에는 눈이 쌓인 모습이다.

작년(2010년) 벚꽃이 만개할 적의 기억이다. 단신부임한 관계로 혼자서 차를 몰고 센다이 시를 벗어나 교외에 있는 미치노쿠 공원의 벚꽃을 보러 갔다. 많은 인파가 도시락을 싸가지고 가족 및 회사 단위로 꽃구경을 나왔는데, 모두가 벚꽃나무 밑에서 따스한 봄날을 만끽하고 있었다. 그런데 서쪽을 바라보니 아직도 하얀 눈을 머금고 있는 야마가타 현 자오연봉(藏王連峰)이 햇볕에 하얗게 빛나고 있었다. 정말로 4월의 동북지방에는 다양한 꽃들이 만개하는 시기이면서도 높은 산에는 하얀 눈이 여전히 남아서 겨울의 매서움을 경고하는 시기로 각인된다.

보름 정도가 지나면 아오모리 현 히로사키(弘前) 시의 벚꽃을 끝으로 일본 열도의 소위 '사쿠라전선'(규슈에서부터 홋카이도까지 벚꽃의 개화시기를 묘사)도 막을 내릴 것이다. 개인적으로는 올 봄에 일본의 3대 벚꽃나무로 이름 높은 후쿠시마(福島) 현縣 미하루초(三春町)에 있는 벚꽃나무를 보러가기로 마음먹었다. 작년(2010년) 4월 23일(토) 꽃구경을 가기 위해 지인들과 함께 아침 일찍 출발했으나, 밤사이 많은 눈이 내려서 도호쿠(東北)자동차도로의 통행이 차단되어 갈 수가 없었다. 그러나 올해도 취소할 수밖에 없는 상황이 되었고 내년(2012년)에도 기약할 수 없게 되었다.

왜냐하면 천년 동안이나 만개하면 폭포수 같은 수려한 자태를 지켜온 미하루초의 벚꽃은 후쿠시마 제1원전 사고지점으로부터 40킬로미터 정도밖에 떨어져 있지 않기 때문이다. 방사능 피폭을 각오하고 가면 모를까 어렵게 되었다.

후쿠시마 현에는 각지의 유서 깊은 온천을 비롯해 육지와 바다에서 생산되는 물산이 매우 풍부한 곳이다. 그러나 이번 원전 사고로 관광은 물론 먹는 것 등이 기피 대상이 되어버렸다. 일본 국민과 전 세계인의 뇌리에서 후쿠시마원전 사고의 기억이 사라지는 데 몇 년이 걸릴지 모를 일이다.

4월 17일(일). 제38일째 피난지에서 개는 인간에게 정情이란 무엇인지를 보여주고 있다

어제도 봄 날씨였으나 서풍이 매섭게 부는 바람에 시내에는 사람들이 드물었다. 그러나 오늘은 전형적인 따뜻한 날씨로 만물을 소생시키는 약동감을 불어넣고 있다.

한일 양국 간에 연휴를 보내는 생활패턴을 살펴보면, 한국인은 토요일 일요일을 구분하지 않고 행락하는데 반해, 일본인들은 토요일에 외출하고 일요일에는 집에서 쉬면서 내주를 준비하는 경우가 많은 편이다. 그래서 우리 한국인 주재원들은 골프 등으로 교외로 나갈 경우에는 오히려 자동차 정체가 덜한 일요일을 택하기도 한다.

피난지에서 꽃피운 일본인의 강아지 사랑에 대한 이야기를 하고 싶다.

'3.11대지진'과 뒤이은 쓰나미로 동북지방에 사는 일본인들은 동물을 찾아볼 겨를이 없이 우선 가족과 함께 몸만 빠져 나왔다. 물론 그 와중에도 간혹 지갑 등 귀중품을 가지러 집에 간 사람들도 있었는데 그들의 상당수가 참변을 당했다. 따라서 함께 생활했던 강아지는 혼자서 쓰나미에 떠내려가던가, 거리에 남아서 방황하다가 붙잡혀 동물보호소에 맡겨진 후 나중에 주인과 해우하는 장면이 보도되어 눈시울을 적시게 하였다.

동북지방의 피해지역은 항구도시이거나 농촌지역으로 고령자가 상당수를 차지하고 있다. 이들은 자녀를 도회지로 출가시키고 혼자이거나 부부가 남아 강아지나 고양이를 기르면서 함께 동물과 생활하는 경우가 적지 않다. 임시피난소에서 생활하는 사람 중에는 강아지와 함께 오지 못한 경우를 아쉬워하거나 강아지와 함께 생활할 수 있는 임

시 피난소를 일부러 찾아가는 경우도 있다.

지난 4월 2일(토) 센다이 시로부터 자동차로 2시간 반 정도 걸리는 태평양에 접해 있는 항구도시인 미야기 현 게센누마(汽仙沼) 시市 앞바다에서 3월 11일 쓰나미 발생 이후 3주 동안 바다에서 표류하는 가옥의 지붕 위에서 생존해 있던 개를 수색대가 발견한 적이 있었다. 보도가 나간 직후 주인에게 인도되었는데, 주인아주머니는 TV를 보고 우리 집 개라는 것을 곧바로 알았다면서 재회 시 구출된 개가 꼬리를 치켜세우고 펄쩍펄쩍 뛰며 어쩔 줄 몰라 하는 장면이 눈에 선하다.

쓰나미로 떠내려갔던 가족의 유체를 알려준 충견도 있었다.

게센누마 시 가라쿠와초(唐桑町)에서는 쓰나미 발생 하루가 지난 3월 12일 오후에 소방단이 수색작업을 전개하는데 방해가 될 정도로 짖는 개를 발견했다. 개는 주인이 사용한 이불 위에서 하루 밤새 짖고 있었는데 유체를 주변에서 찾을 수가 있었다. 지금 그 개는 주인의 여동생이 돌보고 있다.

일본인들의 개나 고양이 등 동물에 대한 애착은 남다르다.

센다이 시 외곽의 아키유(秋保) 온천으로 가는 길목에는 개의 공동묘지가 있으며, 시내에는 고양이 카페(Cat Cafe)가 있다. 물론 장기간 휴가를 갈 경우에는 맡겨놓을 호텔도 있으며 웬만한 슈퍼에는 애완견에게 먹일 식품코너가 있음은 물론이다. 시내 중심가에는 애완견을 이발시키는 이발소도 있는데 지나가는 사람들은 그 모습을 보고서 웃지만 이발사의 표정은 진지하다.

인간은 먹는 것만으로 살아갈 수 없다. 외로우면 무언의 대화를 나눌 수 있는 상대가 필요한데 개나 고양이만한 동물은 없다고 한다. 성

공원에서 산보하는 강아지

장한 자식들이 떠나고 나이가 들면 배우자마저 이별을 고해야 하는 경우에 직면하는데 충직한 개는 자신의 고독한 마음을 달래주는 데는 특효약인 셈이다. 장기간 피난소에서 생활하는 이재민들에게 충실한 개나 고양이는 더없는 마음의 위안이 되고 있는 것이다. 피난소에는 주민들의 요망에 따라 동물병원에서 수의사가 동물들을 진찰하기 위해 순회 진료를 실시하거나 애완견 등에 대해서는 목욕을 시키는 서비스까지 시작했다.

그러나 상당수의 피난민들은 아끼던 개와 헤어져야 하는 경우가 많다. 왜냐하면 피난소에는 사람들도 생활하기 힘든데 개마저 공동생활을 한다면 불편이 이만저만이 아니기 때문이다. 그래서 개주인은 어쩔 수 없이 안전한 곳에 거주하는 주민들에게 팔거나 농촌에 거주하는 친지에게 일시 맡기는 경우도 있다. 특히 후쿠시마원전 사고 주변에 는 주인을 잃은 개나 고양이 등이 먹을 것을 찾아 배회하고 있다고 한 다. 장기간 방사능에 피폭되어 주인의 곁으로 돌아가기도 힘들 것이 다. 한편 개는 살아있으나 주인이 쓰나미로 휩쓸려가서 행방불명된 경우도 적지 않다.

  – 센다이 시는 4월 23일(금) 피난지에서 발견된 주인을 잃은 개 18두를 새로운 주인에게 분양하였다.

  나는 동물을 무서워하는 편이다. 20~30대의 성년이 되어서도 동 물이 있으면 가끔 뒤를 돌아보며 경계하곤 했다. 어린 시절이었다. 5 ~6세쯤이었는데 여름철 이웃마을에 심부름을 간 적이 있었다. 그 집의 대문을 열자마자 개가 달려 나와 반바지 차림의 내 사타구니를 문 적이 있었다. 그런 아픈 트라우마를 가지고 있기 때문인지 지금도 동물은 나에게 무서운 존재이다. 만약 센다이 시내에 있는 고양이 카 페에 들어가면 호랑이 굴에 들어가는 정도의 긴장감을 느낄 것이다. 그러나 최근 들어 아침 일찍 공원에서 개와 함께 산책하는 이곳 시민 들의 모습을 보면서 마음이 바뀌고 있다.

4월 18일(월). 제39일째 동경전력은 후쿠시마원전 수습의 공정 표를 제시하다

  동경전력은 4월 17일(일) 후쿠시마 제1원전 사고의 수습을 위한 공 정표를 발표했다. 1~4호기의 원자로를 냉온정지의 안정된 상태로 가져가는데 6~9개월 정도가 소요될 것으로 전망했다.

  그리고 일본정부(경제산업성)는 원전이 안정된 상태에 도달한 후에야 원전 주변의 직경 30킬로미터 이내에 거주하는 피난 주민들이 자신들의 집으로 돌아올 것인지의 여부를 재검토하겠다고 발표했다.

동경전력의 수습공정표에 의하면, ①원자로 및 사용후연료 풀(저장시설)의 ②냉각(冷却) ③오염수의 봉쇄 및 방사성물질 확산을 막는 억제(抑制)·방사선량의 감시(監視) 및 제염(除染)의 3분야의 대책으로 구분된다.

각 분야에서 착실히 방산선량이 감소경향을 띠는 '스텝1'에 3개월, 방사선물질의 방출을 관리하여 방사선량을 대폭 억제하는 '스텝2'에 추가적으로 3~6개월이 걸리는 일정을 목표로 제시했다.

이에 대해 피난지역 주민들은 동경전력의 수습공정표에 대해 금후의 방향성이 제시되었다는 점을 평가하고 있으나, 원전사고의 특성상 10년 또는 20년이 지나도 고향에 돌아갈 수 없지 않을까 하는 불안을 감추지 못하고 있다. 실제로 간(菅) 수상이 수일 전(4월 13일) 후쿠시마 제1원전의 20킬로미터 안팎에서는 향후 10~20년간 사람이 살 수 없을 것이라고 방사능의 위험성을 지적한 바 있듯이, 가족을 데리고 언제 돌아갈 수 있을 지, 농사 및 어로 등 생업을 영위할 수 있을 지에 대한 불안의 목소리가 적지 않은 실정이다.

그러나 1986년 4월에 일어난 체르노빌원전 사고의 후유증으로 26년이 지난 현재에도 사고원전 인근 지역의 방사능의 농도가 여전히 높아 인간이 살 수 없는 유령 도시로 변했듯이, 후쿠시마원전 주변에도 수십 년 동안에 걸쳐 감시를 해야만 하는 인내의 시간이 기다리고 있다. 또한 당면하게는 60여 개의 수습조치가 필요한 공정표가 동경전력이 제시한 대로 잘 이행될 지도 의문이다.

왜냐하면 6~7월기의 장마와 뒤이은 태풍 그리고 시도 때도 없는 강한 여진 등 많은 난관이 가로막고 있기 때문이다. 만약에 1~4호기 중

에서 원자로 냉각에 실패하여 격납용기가 폭발한다면 북쪽으로 80~
90킬로미터 떨어진 센다이도 안전하다고 할 수 없다.

4월 19일(화). 제40일째~4월 20일(수). 제41일째 일기 없음

4월 21일(목). 제42일째 신칸센은 한 건의 탈선사고도 없었다

나는 지난 3월 11일(금) 오후 2시 46분 동북지방의 모리오카 시에서
아키타 시로 가는 신칸센의 열차 속에서 동일본대지진을 맞았다. 그
로부터 22시간여 동안 600여 명이 넘는 승객들은 조용하게 차장의 지
시를 따르면서 구출되기를 기다렸는데, 나는 신칸센 열차 내부의 비
상조치 상황에 대해 흥미를 가지고 관찰할 수 있었다.

우선 처음의 4~5시간 동안은 차장이 승객들에게 조금만 기다려달
라는 안심시키는 방송을 간간히 내보냈으며, 5시간 이상이 지나자
페트병 생수 한 병과 비상용 건빵이 배급되었다. 그리고 밤이 되어
기온이 급격히 낮아지자 알루미늄용 종이로 만든 판초를 희망자에게
배급했다. 내 개인적으로는 재난에 대비하여 신칸센 내부에 이런 비
상용품이 비치되어 있으며 질서정연하게 배부되고 있는 점이 매우
놀라웠다.

동경에서 센다이로 이어지는 도호쿠신칸센(東北新幹線)은 3월 11일(금)
지진 발생일로부터 한 달 보름이 지난 4월 25일(월)부터 운행이 재개되
고 4월 말에는 신아오모리(新青森) 역까지 개통될 예정이다. 일본에서
신칸센은 교통의 대동맥이라고 말할 수 있으며 라이프라인의 대명사
라고도 불린다. 16년 전인 1995년 고베대지진을 계기로 전국에 산재
한 신칸센의 고가교량을 철판으로 감싸는 등 내진을 위한 보강공사가

강화되었고 강한 지진이 오기 전에 긴급히 정지할 수 있는 '조기검지早期檢知시스템'을 갖추었다.

그럼에도 불구하고 지난 2004년 니가타추에쓰(新潟中越) 지진에서 동경과 니가타 간의 조에쓰신칸센(上越新幹線)은 탈선사고를 일으켰다. 그 후 JR동일본은 도호쿠신칸센(東北新幹線) 연선沿線과 태평양 연안에 총계 60개소에 '조기검지早期檢知시스템'을 설치하고 땅의 진동을 검지檢知하여 열차를 멈추도록 하는 시스템을 개량하고 콘크리트로 만들어진 고가교량에 대한 추가보강공사를 하게 된다.

이번 대지진에서 센다이 시 동쪽의 태평양 연안의 미야기 현 오나가와초(女川町) 인근에 설치된 조기검지시스템이 제일 먼저 감지하여 동경의 JR동일본 사령실에 전달되자마자 운행 중이던 도호쿠신칸센(東北新幹線)의 27개 열차들에게 전파되어 긴급 정지함으로써 한 건의 탈선사고도 생기지 않았다. 다만 센다이 역에서 정지되어 있던 신칸센 차량만이 심한 흔들림으로 탈선한 바 있다.

대지진 발생 6일 전에 동경 역과 신아오모리 역을 연결하는 '하야부사'라는 신형 신칸센열차가 현재 일본에서 가장 빠른 시속 300킬로미터로 운행을 시작했던 참이었다. 속도가 빠르면 지진 등으로 입을 피해가 커진다는 것은 상식인데 인간의 예지가 발휘된 순간이었다.

그러나 이번 대지진으로 신칸센 차량에 송전하는 가선架線의 피해가 발생했다. 전화주電化柱(전신주)의 손상이 540개소 그리고 가선架線의 전기단절이 470개소에 달해 전체 피해(약 1,200개소)의 약 85%를 점했다.

앞으로 일본의 철도 당국은 이번의 대지진을 계기로 철저히 안전시스템을 분석하고 미비점을 보강해나갈 것이다.

한국과 일본 두 나라에서 각각 대형 교통사고가 발생하면 각 나라의 사고 대처 방법은 어떨까? 내 개인적인 생각으로는 다음과 같은 확연한 차이점을 보여줄 거라고 생각한다.

한국은 사고를 낸 운전자를 중심으로 지휘선상에 있는 인적 책임을 묻는 방식을 취한다. 과거 지향적이다. 피해를 입은 당사자와 친척들은 울고불고 난리일 것이다. 인간의 원초적인 슬픔의 모습이 그대로 나타난다.

그러나 일본은 사고 발생의 원인 분석에 중점을 둔다. 운전자에 대한 책임을 묻기 전에 사고를 내게 된 근본요인이 무엇인가를 찾는다. 운전자 개인에 대한 문책은 경찰조사와 검찰의 기소과정에서 밝혀지므로 우선순위에서 밀려난다. 미래 지향적이다. 또한 일본의 피해 관

다만 동북지방의 재래선이 쓰나미 피해를 입었다

계자들은 비정할 만큼 슬픔을 참으면서 사고 수습과 재발 방지에 중점을 둔다.

인간은 실패에서 배운다. 다수의 선진국은 전쟁을 겪은 국가가 많다. 전쟁은 국민과 국가의 총체적인 역량이 결집되어 나타난다. 승리자는 물론 패배자도 뼈를 깎는 반성을 통해 강대국으로 도약하기 위한 국가재건에 나서게 되는 것이다. 이런 반성이 없고 개선하지 않으면 다시 그 나라는 정복당하는 패배를 맛볼 수밖에 없다.

개인적으로 선진국과 후진국의 차이는 위기상황에 대한 매뉴얼의 존재여부로도 판단할 수 있다고 생각한다.

수년 전에 수십만 명이 사망한 인도네시아 수마트라 섬 앞바다 쓰나미(2004. 12. 26, M 9.1), 아이티대지진(2010. 1. 12, M 7.0), 칠레대지진(2010. 2. 27, M 8.8)의 경우 당사국이 피해를 최소화하기 위한 대응책을 심각하게 강구하고 있다는 이야기를 들은 적이 없다. 그러나 일본은 2만 명 이상의 사망자와 행방불명자가 발생한 이번 대지진과 쓰나미를 겪으면서 피해를 최소화하기 위한 대응책이 각 방면에서 강구되고 있다. 우리의 입장에서 보면 지루할 정도로 수년간에 걸쳐 이어질 것이며 막대한 예산과 인력이 투입될 것이다.

4월 22일(금). 제43일째 간(菅) 수상의 후쿠시마원전 인근의 피난소 방문은 너무 늦었다

오늘은 온종일 축축한 봄비가 센다이 시내를 적셨다. 따스한 봄을 재촉하는 비였다. 어제(4월 21일 목요일)는 맑은 봄 날씨 속에 간(菅) 수상이 후쿠시마 제1원전 사고로 인한 방사능 유출로 인해 원전의 30킬로미터 권역 내 살고 있던 마을 사람들이 피난해 있는 후쿠시마 현 다무라(田村) 시市 종합체육관에 있는 임시피난소와 이어서 코오리야마(郡山) 시市의 빅파레트후쿠시마에 설치된 피난소를 위로 방문하였다. 그러나 수상은 피난소에 있는 사람들로부터 "왜 이제야 방문했느냐?"는 등의 비난성 인사를 들어야만 했다. 첫 번째 방문지에서는 20분도 안 되어 자리를 뜨려고 하니까 "벌써 가시려고 합니까?", "민주당 정권의 내각의 각료와 수상이 일주일 정도 피난소에서 생활해보면 얼마나 곤란한 환경에 직면하고 있는지를 알 것이다." 등등의 야유성 목소리가 난무했다. 수상은 피난소에서 예정시간보다 더 머물러 당일의 호주 기라드 수상과의 정상회담이 30분 지연되기도 했다.

그리고 오늘은 동경전력의 시미즈(淸水正孝) 사장이 후쿠시마 제1원전 사고로 주변의 주민이 피난하고 있는 후쿠시마 현 코오리야마 시의 임시피난소를 방문하여 2시간 동안 머물면서 머리를 조아리며 사죄하였다. 그러나 주민들의 반응은 차가웠다.

"아름다운 고향을 돌려주시오, 이제는 돌아가고 싶습니다." 주민들의 절규는 끝이 없었다. 피난소에서 95세의 모친과 사별해야했던 사람은 "피난소에서 지인 8명이 죽었다. 동경전력은 살인자이다. 이제는 흘릴 눈물도 없다"고 탄식을 했고 어느 축산농부는 "일시 귀가했을 때 기르던 소 8두 가운데 4두가 죽었다"고 한탄했다.

그동안 끈끈한 유대관계를 보였던 원자력발전을 하는 동경전력과 지역주민 간의 신뢰관계가 붕괴되고 있음을 보여주고 있었다. 나 자신이 공직에 몸담고 있는 공인으로서 이런 재난에 직면할 경우 어떻게 처신해야 하고 국민들을 돌보아야 하는 지를 다시금 생각하게끔 하는 모습이었다. 특히 정권을 수임한 정치가가 위기 시에 수행해야 할 모습이 무엇인지를 새삼 일깨워주는 장면이었다.

요즈음 일본에서는 간(菅) 수상이 이번 원자력발전소의 사고 관련 초동대처가 늦었다는 비난여론이 국회를 비롯해서 제기되고 있으며, 심지어 집행력이 없는 정권은 퇴진해야 한다는 여론마저 심심찮게 제기되고 있다.

나는 과거 미국의 카터 전 대통령이 드리마일원전 사고 시 취했던 처신과 비교하지 않을 수가 없었다. 카터 대통령(당시)은 드리마일원전 사고가 나자마자 방사능의 위험을 무릅쓰고 현장을 방문하여 사고수습에 고생하는 사람을 격려하고 정부의 수습의지를 보여줌으로써 국민들을 안심시키는 강한 메시지를 남겼다고 한다. 그러나 간(菅) 수상은 너무 차분하고 냉정하게 대응한 나머지, 그런 정치적인 퍼포먼스마저 국민들에게 보여줄 기회를 놓치고 말았다. 누군가가 말했다. "진정한 정치는 국민들과 아픔을 함께 하며 그들의 눈물을 닦아주는 것이라고…."

오래 전에 이런 기사를 접한 적이 있다. 김영삼金泳三 전 대통령(2010년 10월 30일 내외분이 개인적으로 센다이 일원을 방문한 적이 있어 공관 차원에서 모실 기회가 있었음)이 젊은 비서 시절에 유석維石 조병옥趙炳玉 박사(1894~1960)와 해공海公 신익희申翼熙 선생(1894~1956) 등을 모시고 선거 유세차 천안지역의 농촌을 지나가게 되었다고 한다. 농사일을 하던 촌로가 묵사발에 막걸리를 권하는데 신익희 선생은 마시길 힘들어 하였으나 조병옥 박사는 줄곧 받아 마셨다고 한다. 당시 김영삼 비서는 장래 정치가로서 조병옥 박사를 모델로 삼았다고 한다.

역대 우리 대통령들은 모두 서민적이었다. 이번의 재난과 같은 어려움이 있으면 우리 대통령은 제일 먼저 현장을 방문하여 아픔을 같이 하였을 것이다. 한일 양국 간에 정치·사회적인 문화가 다르다고 하나, 이번 간(菅) 수상의 후쿠시마 현 임시피난소 방문을 보면서 정치가의 역할이 무엇인지, 국민에게 최선의 행정서비스를 제공해야 하는 공인의 자세는 무엇인지를 다시금 묻는 계기가 되었다.

4월 23일(토). 제44일째 일기 없음

4월 24일(일). 제45일째 오랜만에 아름다운 재즈의 선율을 듣다. 그리고 길옥윤(Kil Ok Yun) 씨의 색소폰 연주를 떠올렸다

전형적인 봄 날씨였다. 어제 토요일에는 흐리고 비가 내린 탓에 오늘은 더욱 청명하고 따스하게 느껴졌다. 겨울에도 영하의 날씨로 내려가지 않는 센다이의 기온은 서울보다 춥지 않으나 차가운 겨울철의 냉한 기운이 5개월간 지속된다. 다시 말해 지금쯤 서울은 목련과 벚꽃이 졌겠지만 이곳은 아직도 피어 있는데다 멀리 바라보이는 산등성이에는 하얀 눈이 그대로 남아 있다. 센다이 서쪽에 있는 야마가타 현에는 갓산(月山)이란 산이 있는데 6~7월 여름철이 되어야 스키를 탈 수 있는 곳이다. 겨울철에는 눈이 너무 많이 와서 개장을 할 수 없기 때문이다.

일요일 휴일에 모처럼 좋은 날씨여서 아침 일찍 사무실에 나와 업무를 체크한 후에 자전거를 타고 센다이 시내를 돌았다. 굽어진 등에 내리쬐는 햇볕은 참으로 따사로웠다. 시내를 오고가는 사람들의 발걸음과 얼굴 표정은 여전히 긴장되어 있으나, 공원에서 뛰어노는 어린 아이와 이를 지켜보는 어머니의 모습에서 맑은 봄 날씨 이상으로 희망을 찾을 수 있었다.

어디선가 트럼펫과 색소폰의 소리가 들렸다. 잠시 타고 가던 자전거

2010년 재즈 페스티벌. 비오는 무대에서 열창하는 남성보컬과 여성관객들

를 멈추고 금관악기의 선율에 귀를 기울였다. 다시 페달을 밟고 악기 소리가 나는 곳으로 따라가 보았다. 동북대학 학생들이 호른 · 바순 · 색소폰 · 트럼펫 등 금관악기를 가지고 재해를 입은 사람들의 상처받은 마음을 위로하는 곡을 골라 시민들에게 들려주고 있었다.

정말로 '3.11대지진' 이후 처음으로 듣는 거리의 재즈 연주였다. 많은 시민들이 벤치에 앉아 음악을 감상하며 어지러운 마음을 달래고 있었다. 재난의 쓰라림을 기억하게 하면서도 미래의 희망을 이야기하는 곡들이었다. 이른바 '레퀴엠'이라고도 할 수 있을 것이다.

센다이는 '동북지방의 파리'라고 불린다. 추운 겨울을 벗어나 봄기운이 느껴지면 거리 곳곳에서 음악소리가 넘쳐나는 곳이다. 내가 이곳에 부임한 첫 해째는 사람들이 일은 하지 않고 음악만 즐긴다고 오해를 했다. 그러나 긴 겨울을 나고 두 해째에 접어들면서 시민들을 이해하게 되었다. 춥고 긴 겨울로 동북지방에서는 음악과 노래를 노천에서 이렇게 자유롭게 들을 수 있는 시간이 많지 않음을 알았기 때문이다.

특히 9월 둘째 주 금요일 밤부터 일요일 밤까지 3일간에 펼쳐지는 '죠젠지(定禪寺) 재즈 페스티벌 인 센다이(Jozenji Jazz Festival in Sendai)'는 유명하다(수십 명의 운영자와 60여 명의 지원팀에 이어 1,500여 명의 자원봉사자로 구성된 실행위원회가 음지에서 고생한다).

하늘을 가릴 정도로 녹음이 우거진 조젠지도오리(定禪寺通)를 비롯해 시내의 약 50여 곳에서 재즈를 좋아하는 아마추어와 프로를 막론하고 700개 이상의 재즈밴드(총 5,000여 명의 뮤지션)가 연주하면, 산보하는 연인들이나 시민들은 재즈의 선율에 맞추어 춤을 추거나 몸을 흔들어대며 흥얼댄다. 어린아이와 함께 나온 부모, 개를 데리고 나온 시민들,

2012년 재즈 페스티벌에서 색소폰을 연주하는 참가자

그리고 선남선녀들은 편안하고 고즈넉한 분위기 속에서 시내의 가로수 길을 걸으면서 재즈를 듣고 배가 고프면 군데군데 들어선 포장마차에 들어가 맥주 한 잔으로 갈증을 풀면서…. 그러면서 재즈를 듣는 것이다.

　나는 2009년 9월의 '제19회 재즈 페스티벌' 당시 일요일 마지막 밤의 피날레를 잊을 수 없다. 옆에 대학생 풍의 젊은 남녀 한 쌍이 있었는데 다소 술에 취한 여성이 재즈음악에 맞추어 남자 친구에게 온갖 애교를 떠는 모습이 그렇게 귀여울 수가 없었다. 작년(2010년)의 '제20회 재즈 페스티벌'은 비가 내려 기대한 만큼의 재미는 없었다. 2011년은 21회째의 '재즈 페스티벌'이 될 것이다. 어떤 모습일 지 궁금하다.

또한 센다이 시내에는 팝·록·재즈 등 생음악을 연주하는 곳이 10여 개에 달하고 재즈 바만도 15개 이상에 이른다. 간혹 아케이드를 걷다가 젊은이들이 길게 줄을 서 있는 광경을 보게 된다. 저녁에 시작하는 생음악을 듣기 위해 수 시간 전부터 대기하는 젊은이들이 장사진을 이룬 경우이다.

나중에 임기를 마치고 고국에 돌아간 후에 다시 이곳 동북지방을 찾는다면 반드시 9월 초의 '재즈 페스티벌'이 열리는 시기에 올 것이다. 나는 2008년 여름 춘천에서 열리는 제5회 '자라섬 재즈 페스티벌'에 참가한 후 자동차에서 잠을 자고 다음날 아침 일찍 돌아온 적이 있다. 특히 재즈는 밤에 들어야 제격인데 쓸쓸하고 상처받은 마음에 큰 위안을 준다.

2011년 3월 11일 대지진과 쓰나미로 인해 후쿠시마 제1원전이 원자력발전을 하는 원자로의 노심이 용융되어 수소폭발을 일으키는 위험한 상황이 일주일 동안 계속된 적이 있었다. 원전 상황이 더욱 악화되면 사고지점으로부터 90킬로미터 정도 떨어진 센다이도 안전하지 못하므로 만약의 사태를 대비하여 개인적인 필수용품을 챙겨놓아야 했다. 방 안에 들어와 쭉 둘러보니 가지고 갈 것이 너무나 많았다. 물건의 하나하나에는 나의 마음이 머물러 있고 추억이 담겨져 있었다. 놔두고 가기에는 정말 서글프고 아까웠다. 그러나 모든 것을 포기하고 여행가방 한 개에만 넣을 수 있는 것으로 한정해야 했다.

그때 챙겼던 물건 가운데 하나가 한 장의 '재즈 LP음반'이었다. 가장 아끼던 음반이었다. 2007년 봄 동경의 벼룩시장에서 100엔을 주고 샀던 것으로 붉은 색의 낡은 음반이었다. 수차례 연주를 들은 후에 연주자가 누구인지를 확인해보았다. 이미 고인이 된 '길옥윤(Kil Ok Yun,

1927~1995)'으로 쓰여 있었다. 일본의 엔카(안개 낀 흐느껴 우는 밤, 키리니 무세부 요루)로 기타 반주 속에 길옥윤 씨가 색소폰으로 불어 재끼는 부분이 들어가 있는데 명반 중의 명반이다. 나는 평상시에는 이 음반을 턴테이블에 올려놓지 않는다. 마음이 심란할 때나 (어느 누구에게도 위안을 받을 수 없고) 너무 쓸쓸하다고 느낄 때만 듣는 곡이다. 이 곡이야말로 나의 마음을 쓰다듬어주면서 카타르시스를 시켜준다. 다른 모든 음반은 포기해도 반드시 이것만은 가지고 가고 싶었던 이유이다.

많은 피해지 가운데 한 곳인 미야기 현 게센누마 시에는 초등학교 5학년부터 중학교 3학년까지의 학생 24명으로 이루어진 '스윙 돌핀스'라는 주니어 재즈 오케스트라가 활동 중인데, 이번 쓰나미로 모든 것이 바다로 씻겨나가면서 아끼던 악기마저 없어졌다고 한다. 그런데

길옥윤(Kil OkYun) 씨 색소폰 음반

미국 남부의 재즈 발상지 뉴올리언스에서 새로운 악기를 보내왔다. 수년 전 뉴올리언스가 허리케인 '카트리나'로 큰 피해를 입었을 때 일본에서 재즈를 연주할 수 있는 악기를 보낸 적이 있었다. 이번에는 뉴올리언스에서 게센누마 시의 재즈그룹에 악기를 보낸 것이다. 일본 국내의 재즈 팬들도 힘을 보탰다.

게센누마의 재즈그룹에 소속한 초·중학생들은 보내준 악기로 연습하여 일요인인 오늘 피난소로 이용되고 있는 종합체육관에서 재해를 당한 이후 처음으로 재즈를 연주하였다. 마지막으로 '고향故鄕'이란 곡을 연주할 때는 피난생활을 하는 시민들은 노래를 따라 부르거나 눈물을 훔치는 사람이 많았다고 한다. 쓰나미 피해를 입은 재난지역의 재즈 바에도 이들이 재기할 수 있도록 일본 전국의 재즈 팬으로부터 음반이 답지하기 시작했다고 한다. 부디 빨리 복구되어 지친 피해지역의 주민들의 마음을 어루만져주길 바란다.

4월 25일(월). 제46일째 일기 없음

4월 26일(화). 제47일째 체르노빌원전 사고 25주년을 생각하다

지금으로부터 25년 전인 1986년 4월 26일 현재의 우크라이나에 소재하는 체르노빌에서 비상전력시스템을 점검 중이던 연구원의 실수로 인해 4호기에서 원자로의 노심이 녹아내리면서 임계점 도달로 폭발하는 사고가 발생했다. 원자력발전소 역사상 최악의 사고평가 등급인 7등급을 기록한 것이다.

폭발사고로 인해 방사성물질(요오드, 세슘 등) 10여 톤이 대기로 방출되어 사고지역인 우크라이나를 비롯해 벨라루스·러시아 등지는 물론 유럽 전역으로 확산되었다. 당시 소련 정부는 사고발생 다음 날부터 반경 30킬로미터 이내 주민 13만여 명을 소개(疏開)하였으며 군용헬기를 이용해 모래 · 붕소를 투하하면서 10일 만에 원자로 화재를 진압한 후 지하 갱도를 굴착하여 원자로의 노심에 액체질소를 주입하고 원자로를 콘크리트로 봉인하는 작업을 하였다.

그러나 방사능 노출 지역에서는 다수의 어린이가 사망하거나 암에 걸리는 빈도가 급증했으며 갑상선 계통의 질환 유발 등 후유증은 너무나 컸다. 현재에도 안전관리를 위해서 7,000여 명이 종사하고 있는 가운데 사고지역으로부터 반경 48킬로미터 이내에는 출입허가 구역으로 통제되는 등 주민 거주가 불가능하게 되었다.

불행히도 사반세기 만에 후쿠시마원전에서 체르노빌의 악몽을 떠오르게 하는 최악의 사고가 발생했다. 그간 일본의 원자력발전소만은 안전하다고 강조해왔던 안전신화가 무너진 것이다. 일본정부(원자력안전보안원)는 방사성물질의 방출양이 체르노빌의 10%에 정도에 불과하며 국민의 건강에 미치는 영향이 적다고 발표하였다. 그러나 국민들은 정부 발표를 액면 그대로 받아들이기보다는 반신반의하면서 자신과 가족의 건강은 스스로 보살펴야 한다는 자구 여론이 강한 편이다.

후쿠시마원전으로부터 1,100~1,200킬로미터 정도 떨어진 우리나라의 국민들도 걱정이 적지 않은 형편이다. 그러나 사고 발생 당시 바람의 방향이 서쪽의 중국대륙에서 동쪽의 태평양 상으로 부는 편서풍이어서 그 영향은 적을 것으로 보인다. 다만 직접적인 피해는 없다고 할지라도 간접적인 피해는 있을 수 있다. 왜냐하면 글로벌화 된 경제 활동구조에서 일본으로부터 농축수산물의 수입은 물론 선박 · 항공기 등의 입출항과 인적 교류 등이 불가피하기 때문이다.

4월 27일(수). 제48일째 총영사관에 설치된 임시피난소를 폐쇄하다

오늘에야 당관 2층의 다목적 홀에 설치된 임시피난소를 폐쇄하게 되었다. 마지막으로 남은 재일동포 두 가족 가운데, 한 가족은 친지의 도움으로 센다이 시에서 임시거처를 마련할 수 있어서 옮겨가게 되었고, 또 다른 한 가족은 일본 국적을 소유하고 있어 미야기 현이 마련한 모자母子지원 시설에 들어갈 수 있었기 때문이다.

'3.11대지진'이 발생한 첫 날부터 임시대피소를 운영한 지 47일이 지났다. 그동안 총영사관에 일시 피난해온 재외국민들이 2,000여 명에 달한 것으로 추산하고 있다. 당관은 대지진이 발생했을 때 임시대피소를 운영하리라고는 전혀 예상하지 못했다. 그러나 미야기 현에 거주하는 재외국민들이 강한 여진이 지속되는데다 관련정보 등을 얻기 위해 당관으로 발걸음을 옮겼다. 특히 전기와 가스가 끊기고 수도마저 공급되지 않은 상황에서 자택에서는 기초적인 생존이 어려울 수밖에 없었다. 이런 가혹한 환경에서 당관으로의 피난은 불가피한 선택이었을 것이다.

또한 우리 정부가 후쿠시마 제1원전 사고 이후 교민들에게 안전지대로의 이동을 위한 교통수단을 지원하고 있다는 소문이 퍼지면서 피난민은 더욱 증가하였다. 일시 피난을 온 교민들의 반응은 여전히 긴장된 가운데에서도 일본 지자체가 운영하는 피난소보다는 의사소통이 가능하고 거처하기에 편하다고 하였다. 그리고 식사 시간에는 부족하지만 따뜻한 국물에 하얀 쌀밥과 김치 등을 먹을 수 있어서 좋았다는 후문이다. 당관으로서는 피난 온 재외국민들에게 좀 더 좋은 서

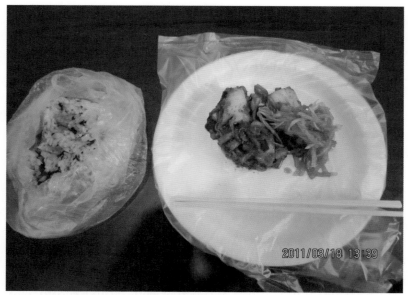

센다이총영사관에서 비상배식으로 나온 주먹밥과 김치

비스를 제공했어야 했는데 하는 아쉬움은 남는다.

한편 임시피난소가 폐쇄됨에 따라 당관의 직원들도 비상근무를 해제하고 정상근무 체제로 전환하게 되어 5월 초에 시작되는 황금연휴(골든위크) 때는 쉴 수 있을 것 같다.

4월 28일(목). 제49일째 오늘은 49제祭, 산자와 망자의 이별의 날이다

대지진과 쓰나미가 2만 8,000여 명의 생명을 앗아간 지 49일째 되는 49제祭이다. 유명을 달리하는 분들이 이승을 떠나 황천의 세계로 간다는 날이다. 피해지역에 소재하는 사찰에서는 '합동공양제'라는 이름으

로 천도제가 이루어지거나 개인적으로 절을 찾아 망자의 명복을 비는
행사가 이어졌다.

일본은 불교국가로 우리나라와 비슷하게 49제라는 천도제가 있다.
사랑하는 가족을 잃은 이재민들은 망자의 넋을 위로함으로써 비로소
떠나보냈다는 심정을 정리하면서 다소나마 심적인 부담도 가벼워질
수 있을 것이다. 그러나 현재 피해지역에서는 아직도 산 자는 쓰나미
로 행방불명된 아내나 남편 그리고 자식들의 유체나 작은 흔적이라
도 찾으려고 그들이 살았던 주변에서 흙더미 등을 뒤지면서 헤매고
있다.

오늘 아침 NHK 아침 7시 방송에서는 막내 자식을 잃은 한 어머니가
그 흔적을 찾으려고 헤매는 모습이 방영되었다. "내 아이와 관계있는
무엇인가를 찾지 않으면 앞으로 내 삶의 발자국을 내디딜 수가 없을
것 같다"는 말에 나는 혼자 아침을 먹으면서 눈물을 흘렸다.

그리고 NHK 밤 9시 방송에서는 미야기 현 이시노마키(石卷) 시(市)의
오가와(大川)초등학교에 다니던 6학년생 딸이 발견되었다는 소식을 접
한 어머니의 흐느낌이 방영되었다. 쓰나미로 사망한 초등학생들의 넋
을 위로하는 49제에 참석하고 있던 그 부모는 소식을 듣고 현장으로
달려가 유체를 확인하였다. 며칠이 지나면 중학교에 진학할 시기의
꽃다운 나이였다. 나는 사무실에서 이를 지켜보면서 다시 울었다. 화
장실에 가서 얼굴을 씻고 퇴근하지 않으면 안 되었다. '어떻게 키웠는
데…. 눈에 넣어도 아프지 않을 만큼 귀여운 자식이 아닌가…. 49제인
오늘에야 황천으로 떠나기에 앞서 그렇게도 엄마, 아빠가 보고 싶었
나 보다….'

지금 글 쓰는 시각이 자정에 가까워지고 있다. 또다시 눈가에 물기

쓰나미로 무너진 오카와(大川) 초등학교 건물

가 맺혀 컴퓨터의 자막이 흐릿해진다. 두 손 모아 쓰나미로 목숨을 잃은 이들의 명복을 빌 뿐이다.

그동안 나는 주변에서 쓰나미로 잃어버린 가족들의 유체를 찾거나 유품을 발견하는 것만으로도 다행이라는 말을 자주 들을 수 있었다. 피해자들의 절박한 심정을 대변하고 있는 것이다. 어떤 경우에는 남편이 행방불명이 된 부인의 유체를 확인했으나 검게 변해버린 모습을 자식들에게 보여주기에는 너무나도 충격적이어서 영결식장에 참석하기 직전까지 엄마가 발견되었다는 사실을 차마 말할 수 없었다는 이야기도 들었다.

다음은 쓰나미로 어린 자식을 떠나보내야 했던 어머니 두 명의 조문弔文이다. 기자들의 출입이 차단된 가운데 열린 '오카와(大川)초등학교의 49제'는 유족들의 흐느낌 속에서 치러졌다.

〈스즈키 노리유키〉

저는 여러분에게 작별의 말을 해야 합니다.

그러나 작별의 말을 하고 싶지 않습니다.

그리고 당신들의 죽음을 인정하고 싶지 않습니다.

이제는 모두의 건강한 모습을 볼 수가 없어,

그것이 현실인 것이 너무 슬픕니다.

"그날, 지진은 무서웠지. 밖은 추웠지. 쓰나미는 두려웠지.

미안해. 부모로서 보호자로서 구해주지 못해서….

그날로부터 49일이 지났지만, 지금도 억울하고 너무 억울하단다.

보고 싶구나, 너무 보고 싶구나."

〈카리노 아케미〉

"조금 더 작은 지진이었다면…

조금만 더 작은 쓰나미였다면…

조금만 더 빨리 마중 나가주었더라면…

같이 있어주지 못해서 미안하구나.

미안하구나, 지켜주지 못해서…

너희들 모두를 목숨 걸고 지켜주려고 했던 선생님에게도 감사하고 있단다."

〈스즈키〉

"지금은 너무도 슬프고 외롭지만, 즐거웠던 추억도 많이 있었지.

조그마했을 때 같이 목욕하던 일.

가족과 함께 놀러 갔던 일.

숙제를 봐주었던 일.

몇 번이고 넘어지고 연습하면서 자전거를 탈 수 있게 된 일.

학습발표회 때 언제나 즐겁게 해주어서 고마워.

1학년부터 6학년까지 모두의 진지한 연기에 매우 감동했었지.

6학년이 되어, 언제나 감동 장면에서는 모두를 울리기도 했었지.

운동회도 매년 기대했었지.

합동으로 응원하고 열심히 달리고 진지하게 춤을 추며

우리를 즐겁게 해주었단다."

〈카리노〉

"활짝 핀 벚꽃나무 아래서 같이 먹었던 벚꽃놀이 급식은 맛있었지.

힘들었어도 엄마와 아빠, 할아버지와 할머니의 응원 덕분에 끝까지 힘을 냈
던 오래달리기 대회는 자랑스러웠단다.

웃으며 받아야 할 졸업증서!

24일에 아빠, 엄마, 누나가 대신 받아왔단다.

모두 활짝 웃는 졸업앨범도 있단다.

지금은 이름을 불러도 대답이 없구나.

그 미소 짓던 얼굴도 볼 수 없구나.

오카와(大川)를 매우 좋아했습니다.

오카와 초등학교를 정말 좋아했습니다.

친구들이, 선생님이 정말 좋았습니다.

천국에 가서도 10명의 선생님과 74명의 아이들과 사이좋게 지내길.

지금까지 우리들에게 힘과 행복을 가득 주었지.

고맙다 고마워."

〈스즈키〉

"(천국으로 간) 여러분에게 부탁이 있습니다.

아직도 만나지 못하고 있는 친구들이 어디에 있는지 가르쳐주세요.

알고 있다면 가르쳐주세요.

꿈에라도 찾아와 알려주세요. 즉시 찾으러 갈 테니까.

여러분이 다 같이 있어야 할 오카와(大川) 초등학교입니다.

천국에 가서 천사가 된 여러분은 앞으로도 천국에서 모두 함께 공부하고 함께 놀고 함께 스포츠를 하고 그리고 남아있는 친구와 가족들을 높은 하늘에서 지켜주세요.

안녕이란 말은 하고 싶지 않지만, 이별이군요.

안녕…."

다음은 미야기 현에서 중학교 교사로서 쓰나미 피해가 심했던 게센누마 시(汽仙沼市), 미나미산리쿠초 시쓰카와(南三陸町 志津川), 이시노마키 시(石卷市) 등에서 8년간 근무하고 퇴직 후 센다이에서 시작詩作 활동을 하고 있는 기쿠다 이쿠로(菊田郁)씨의 시詩다. 대재앙 앞에서 쓰러진 어린 친구들을 위로하는 시인의 안타까운 마음을 소개한다.

빨간 책가방

쓰레기 더미에 깔려
진흙탕에 뒤범벅이 된
빨간 책가방.
땅이 요동칠 적에
망동하는 파도가
한 순간에
어린것들을 삼켰다.

끝까지
책가방을 벗지 못했다.

빨간 책가방

그것은

제 목숨만치 중했다.

거기에는

많은 미래가

많은 꿈이

서려 있었다.

어린 목숨의 삶과 죽음을

그 누가 알았으리.

돌아오라 한 번 더

—지 어미 품에.

돌아오라 한 번 더

—지 아비 무릎에.

그리고

옛이야기 마저 하자.

그림책 마저 읽자.

너무나 짧게 가 버린

어린 목숨이여.

한 번 더 노래를 부르자.

한 번 더 큰 소리 내어 책을 읽자.

한 번 더 개 데리다 백사장을 달리자.

아이들이여

한 번 더
책가방 메고
학교에 가자.

진혼鎭魂의 눈(雪)

쌓이고 쌓인
쓰레기 더미에 으깨진
빨간 책가방이
반은 진흙탕에 잠겼다.
—1학년

조금만 더 있으면 2학년이었거늘
빨간 책가방만 두고
어디로 가 버렸는고.

우리 아이들아.

검은 탁류에 휩쓸리며
얼마나 숱하게
아비를
어미를 불렀느뇨.
쓰레기 더미 앞에서
합장을 하는

젊은 부모들에게

눈이여

진혼하라.

진혼의 눈이여

퍼부어라.

한편 일본 전국에서 피해지역으로 몰려오고 있는 자원봉사자의 활동상을 전하고 싶다. 오늘 아침 8시경 미야기 현청 앞을 지나 출근하는데(총영사관은 미야기 현청 뒤에 있음) 오사카 및 고베 지방에서 자원봉사 활동을 하기 위해서 타고 온 대형버스 2대가 주차해 있었고 많은 젊은 남녀가 침구를 갖춘 배낭을 메고 있는 모습이 보였다. 내일(4월 29일 금요일, 쇼와천황 탄생일로 휴일)부터 5월 8일(일요일)까지 황금연휴(골든위크)인데 이 연휴기간에 피해지역에서 봉사활동을 하겠다고 자원한 사람들이다. 평일보다 3배가 늘었다고 한다. 자동차로 하루가 꼬박 걸리는 간사이 지방에서 밤새 달려온 것이다. 16년 전 고베대지진의 고통스런 경험을 맞본 사람만이 알 수 있듯이, 지금 간사이 지방의 일본인들이 도움의 손길을 보태고 있는 것이다.

총영사관 앞에 있는 미야기 현청 주변에 사회복지센터가 자리 잡고 있는데 아침부터 자원봉사자가 몰려들고 있었다. 일부 대기업에서는 피해지역의 자원봉사를 위한 휴가를 장려하기도 한다. 이번 주는 복구의 손길이 이어지는 볼런티어 활동이 주목을 받을 것이다. 특히 고베대지진 때 활동했던 NPO단체들이 경험을 살려서 효율적인 인력지원 등에 나서는 모습도 방영되고 있다.

현재 일본에서는 피해를 입은 동북지방을 도와야 한다는 분위기가 퍼지고 있다. 피해지역은 고립되어 있는 '외로운 혼자'가 아니라고 용기를 주고 있는 것이다. 인간의 옆에는 또 다른 인간이 있다. 그래서 외롭지 않은 것이다.

이경자李京子 씨가 회장으로 있는 미야기 현 민단 부인회도 오늘 오후 3시에 센다이를 출발하여 남쪽으로 40킬로미터 떨어진 이와누마(岩沼) 시市의 시민종합센터를 방문하여 피난생활을 하는 500여 명에 달하는 사람들에게 따뜻한 쌀밥과 국물, 김치를 대접했다. 보통은 점심을 제공하나 내일이 휴일이므로 보다 풍요로운 저녁을 준비한 것이다.

이번 재해에서 일본에서 태어나서 교육을 받고 성장하여 생활하고 있는 재일동포 단체인 민단의 선행에 대해서 미야기 현, 후쿠시마 현, 이와테 현 등 피해지역에서는 칭찬 여론이 높아지고 있다.

4월 29일(금). 제50일째 센다이에도 봄 날씨만큼 활기가 돌다

오늘은 '쇼와의 날'로서 쇼와시대(1926~1989년)에 전쟁을 경험하고 패전 하에서 다시 고도경제성장을 이룩했던 중년의 일본인에게는 추억이 많은 날이다. 그리고 본격적인 행락철이 시작되는 '골든위크'가 시작됨을 알리는 날이기도 하다.

이런 가운데 영국에서는 윌리엄 왕자와 케이트 미들이라는 평민출신 여성과의 성대한 결혼식이 오늘 저녁 7시 런던 웨스트민스터사원에서 거행되었다. 윌리엄 왕자는 15세 때 어머니(다이에나 전 황태자비)가 교통사고로 사망하는 불운을 겪었으나 의젓하게 성장하여 전 세계인의 축하 속에 결혼식을 올린 것이다.

이곳 동북지방에도 모처럼 즐거운 뉴스가 들렸다.

첫째는 대지진 발생 한 달 보름 만에 동경 역에서 신아오모리(新青森) 역간 토호쿠신칸센(東北新幹線)이 다시 달리기 시작한 것이다. 사람들의 이동이 자유로워진 것이다. 특히 행락철에 동북지방은 수도권 관동지방의 도시인들이 쉴 수 있는 휴식처를 제공해왔다. '골든위크'가 시작되는 이때부터 동북지방은 벚꽃을 비롯해 곳곳에서 꽃이 만발하고 아름다운 풍광이 펼쳐져 도심생활에 지친 샐러리맨들에게는 삶을 재충전하는 시기이기도 하다.

동북지방은 한국의 강원도와 같은 곳이다. 강원도가 서울 사람들의 허파 구실을 하듯이, 동북지방은 관동지방 수도권의 청량제인 것이다. 일제식민시대에 서울 동쪽에 청량리역을 만들었는데, 동경 동쪽의 우에노 역을 모델로 했다는 이야기를 들은 적이 있다. 역의 역사(驛舍)와 풍경이 유사하다.

둘째는 동북지방의 중심지 센다이 시를 기반으로 하는 프로야구팀 '라쿠텐'(樂天)의 시합이 홈경기로 처음 치러졌다. 경기장이 지진으로 인해 개장이 늦어진 것이다. 히로시마를 기반으로 하는 오릭스와의 경기였는데 3대 1로 승리했다. 호시노(星野) 감독은 인터뷰에서 야구인생에서 기억에 남을 경기였다고 말했듯이, 반드시 이겨서 이재민들에게 용기를 주어야 하는 시합이었다. 또한 프로축구팀 '베가르타 센다이'도 '일본축구 J-1 리그'에서 이겨본 적이 드문 '우라와(浦和) 렉스'를 맞아 1대 0으로 이겨 열성팬들에게 기쁨을 안겨 주었다.

동북지방 6현은 우리나라의 65%에 해당하는 큰 면적을 가지고 있으면서도 인구가 적은 탓에 센다이 시에만 프로야구팀과 축구팀이 둥지를 틀고 있는데, 열성팬과 서포터스로 일본 전국에서도 유명하다. 오늘 홈구장에서 처음으로 열린 프로야구와 축구 경기에서 이룬 승리는

일본삼경日本三景 중의 하나인 마쓰시마(松島)

재해로부터 복구에 여념이 없는 동북지방 사람들에게 용기를 주기에
충분했다.

셋째로 옛날부터 일본에서 가장 아름다운 곳을 '일본3경日本三景'이
라고 부른다. 그중에서 마쓰시마(松島)를 최고로 치는데 이곳이 다행히
이번 쓰나미에도 피해가 적었다. 바다 위에 점점이 떠있는 섬들이 방
파제 역할을 했다는 것이 정설이다(바로 동쪽에 위치한 히가시마쓰시마(東松島)
는 쓰나미로 항구와 마을의 흔적이 거의 사라졌다). 오늘부터 마쓰시마의 섬들을
돌아보는 유람선 관광이 시작되었다. 그러나 아직 센다이 역에서 마
쓰시마해안 역까지의 열차 선로(仙石線)가 복구되지 않아 접근에는 버
스를 이용할 수밖에 없다.

마지막으로 센다이 시내도 대지진 이후 처음으로 많은 사람들이 몰려들었다. 특히 젊은이들이 센다이 시를 방문하여 활기를 불어넣고 있다. 나는 이들 젊은 남녀들의 모습에서 피해를 입은 동북지방은 반드시 복구되어 부흥할 것이라는 확신을 가질 수 있었다. 언젠가 고국으로 돌아가더라도 9월 초순에 열리는 '재즈 페스티벌'을 보고 듣고 즐기기 위해 가끔 센다이를 방문할 것이다. 그때 복구되어가는 피해 지역을 한 곳 한 곳 둘러볼 예정이다.

센다이는 4월 중·하순에 접어들면 목련과 벚꽃이 피기 시작하여 비로소 긴 겨울잠에서 깨어나 봄의 날개를 편다. 이 시기에 동경이나 오사카는 초여름의 무더위를 느끼지만 이곳은 이제야 봄이 왔구나 하는 느낌을 가지게 한다. 오늘도 자전거를 타면서 가죽 장갑을 끼었다. 그 정도로 스산함을 느끼게 한다.

4월 30일(토). 제51일째~5월 1일(일). 제52일째 일기 없음

5월 2일(월). 제53일째 아시아나항공 센다이지사장의 송별회를 갖다
어제는 봄을 재촉하는 비가 내리고 강한 바람까지 불었다. 그러나 오늘은 기온이 오르면서 화창한 봄 날씨로 바뀌었다. 센다이 시내는 바람 한 점 없고 곳곳에서 꽃이 만발하고 향기가 넘치는 꽃동네로 변했다. 대재난을 당한 직후라서 그런지 봄을 알리는 꽃 색깔은 물론이고 향기도 더욱 새롭다.

센다이의 중심거리인 조젠지도오리(定禪寺通)의 가로수도 하루하루가 다르게 신록으로 변해가고 있다. 일주일이 지나면 하늘을 뒤덮을 정도로 울창한 숲으로 변할 것이고 5월 말경에는 검은 녹음이 우거질 것이다. 이때쯤이면 동경, 오사카 및 나고야는 무더운 여름이 머지않았음을 알리면서 더위에 대한 긴장감을 갖게 하지만 센다이는 봄의 가운데에 들어섰다는 기분이 든다.

2010년 4월 23일에는 도호쿠(東北)자동차도로의 통행이 반나절이나 중단될 정도로 봄에도 눈이 많이 내렸듯이, 이곳은 5월에 접어들어야 비로소 봄이 왔다는 것을, 그리고 7월이 되어서야 본격적인 여름이 다가오고 있음을 느끼게 된다. 북쪽으로 센다이에서 자동차로 두 시간 거리에 있는 모리오카(盛岡) 시市의 이와테산(岩手山) 정상에 쌓인 눈도 이때쯤이면 완전히 녹는다. 그리고 여름철이 지나고 9월 하순 이후 추수철이 다가오면 정상부터 다시 눈이 쌓이기 시작한다.

오늘 밤은 아시아나항공 영업지사장(박동면朴東勉)과 공항지사장(조대상趙大相)의 송별회가 있었다. 매월 가족 같은 분위기 속에서 센다이 시에 주재하는 지·상사원과 공관원 간의 모임이 있는데 이번에는 두 사람의 송별회 자리로 마련되었다.

지난 '3.11대지진' 직후에 덮친 쓰나미로 인해 센다이 공항이 직접적인 피해를 입어 아시아나항공(인천~센다이)이 매일 취항하는 국제선이 폐쇄되었다. 오는 9월경에야 재취항 할 것이라는 이야기가 나오는 상황에서 서울의 아시아나항공으로서는 직원을 본사로 불러들일 수밖에 없었을 것이다. 그러나 지사장 개인으로는 자녀의 학교문제 등 가정생활 등에 적지 않은 지장을 받게 되었다. 천재지변이 기업 비즈니스에 악영향을 미치고 직원들의 일상생활에까지 그 영향이 파급되고 있는 것이다.

아시아나항공은 센다이 공항(매일 1편) 이외 후쿠시마 공항(주 3편)과 이바라기 공항(매일 1편)도 이미 운항을 폐쇄한 상태이다. 대지진과 후쿠시마원전 사고의 여파로 일본과 한국 양국민의 왕래가 격감하는 사태에 이르면서 이런 어려운 상황을 맞이하게 된 것이다.

공항을 하늘의 관문이라 일컫는다. 센다이에도 아시아나항공이 21년째 취항하고 있어 동북지방의 중심지이자 국제도시로서의 면모를 갖추게 되었다며, 무라이(村井) 미야기 현 지사는 항상 우리나라 공관원들을 만나면 감사하다고 이야기한다. 그리고 관광 및 매스컴 관계자에게도 이곳의 일본인들이 한국으로 관광을 많이 가야 공항이 활성화된다고 자주 말하고 있다. 이번 대지진으로 인해 아시아나항공의 지사장 두 명이 갑자기 귀국하게 된 데 대해 무엇보다도 아쉬움이 앞선다.

오후에는 쓰나미 피해를 입은 센다이 시에서 가까운 임시피난소 한 곳을 방문하고 돌아왔다. 대부분의 사람들이 복구현장에 나가고 없었다. 다른 지자체에서 파견 나온 공무원들이 사무실을 지키면서 관리하고 있었다. 현재 피난민들에게 절박한 것은 가설주택이라도 임시로 거처할 집을 마련하는 것이고 다음은 생계를 이어갈 직업을 제공하는 것이다. 쓰나미가 할퀴고 간 이와테, 미야기, 후쿠시마 3개 현의 해안가는 모든 주민들이 바다와 관계된 일을 하고 있다고 해도 과언이 아니다. 살아남은 어민들이 배를 타고 바다로 나가 고기를 잡아오는 어업이 재개되면 항구에서 어패류를 가공하여 제품화하고 이를 전국에 배송하는 등의 제반 관련업무가 고용을 창출할 것이나 상당한 시간이 필요한 실정이다.

무라이(村井) 미야기 현 지사는 이런 상황을 타개하기 위해 범정부적 협의체인 '부흥구상회의復興構想會議'에서 다음과 같이 제안하고 있다.

"바닷가의 어민들은 살 집도, 먹고 살아가야 할 배도 쓰나미로 모두 잃었다. 항구의 인프라도 전멸이라고 할 정도로 타격을 입었다. 수십 개에 달하던 항구는 우선 몇 개로 집약하고 관련 인프라를 정비하여 항구로서 면모를 갖추고 어민들은 '공동생산 공동분배'의 방식을 4~5년 동안 지속하는 것이 필요하다."

개인적으로는 이번 재난을 통해 뱃사람으로 불리는 어민들이 세찬 바닷가의 환경에서 생업에 종사한 탓에 공동작업과 지역적인 유대가 어느 곳보다도 강하다는 것을 알 수 있었다. '가진 사람은 재산을 내놓고 모든 것을 잃어버린 사람은 열심히 일함으로써 받은 은혜에 보답한다'는 일본 사회의 동류의식을 강하게 느꼈다. 나에게는 자신이 다소 손해를 보더라도 어려운 친척, 친지에게 도움을 주어야 한다는 평범한 진리를 가르쳐주고 있었다.

한편 이곳 센다이에서 가까운 이웃 해안가에서도 쓰나미로 순식간에 삶과 죽음을 갈랐던 일이 벌어졌다. 나 자신도 거대 지진이 엄습했을 때 죽음이 바로 옆에 존재하고 일상의 삶 속에 공존하고 있음을 실감했다. 너무 안 쓰고 아끼면서 재물을 모아야 하는지에 대한 강한 의문을 가지게 되었다. '인생은 빈손으로 왔다 빈손으로 돌아간다(空手來空手去)'는 의미를 뼈저리게 실감하는 순간이었다.

5월 3일(화). 제54일째~5월 4일(수). 제55일째 일기 없음

5월 5일(목). 제56일째 간간이 눈발이 내리는 '어린이날'이다

어제까지는 화창한 봄 날씨였으나 오늘은 기온이 낮아지면서 점심 때는 진눈개비가 간간히 날릴 정도로 쌀쌀한 날씨로 변했다. 지금쯤 동경이나 오사카는 여름철의 초입에 들어서는 시기인데 말이다.

오늘은 휴일이나 제4차 한중일 정상회의(5.21~22, 동경)를 앞두고 피해지역인 센다이에 대통령께서 방문할 가능성도 있는데다, 이와 관련해서 동경으로부터 신칸센을 이용하여 외교부와 대사관 직원들이 센다이를 방문하는 관계로 바빴다.

대지진 이후 처음으로 센다이 공항의 인근을 돌아보았다. 공항은 지진 발생 70여 분이 지난 후 쓰나미가 몰려 4분여 만에 공항청사를 이틀 동안 섬으로 만들어버렸다. 당시의 처참한 상흔은 그대로 남아 있었다.

공항은 겨우 검은 개펄을 치우고 국내선을 개통시켰으나 업무가 극히 제한적으로 이루어지고 있었다. 재난이 발생한 후 2개월이 가까워지는데도 공항으로 가는 길 주변의 논에는 여기저기에 그대로 많은 자동차들이 나뒹굴어져 있었다. 하늘을 향해 날아야 할 경비행기들은 땅 속에 처박혀 있었다. 아직 치울 수 있는 손길이 미치지 못하고 있기 때문인데, 쓰나미로 인한 쓰레기를 치우는 데만 수개월이 걸릴 것으로 생각되었다. 특히 상상 이상으로 찌그러지고 망가져 버린 자동차들의 모습에서 당시 공항을 덮친 쓰나미의 무서운 위력을 어렴풋이 느낄 수가 있었다.

공항에 갈 때마다 보았던 깨끗하고 잘 정비된 농지와 농로는 흔적조차 없어졌다. 조용했던 마을도 사라졌다. 염분이 많은 바닷물이 농지를 침수시켰으므로 몇 년간은 벼를 심을 수가 없으므로 농지를 놀려야 할 것이다. 다행히 쓰나미를 피한 농지도 원래 해발 0미터로서 벼를 심기 위해서 끌어들인 물을 바다로 배수할 경우 전기펌프를 이용했으나 침수로 고장이 나서 올해는 벼농사를 지을 수가 없단다. 해질녘에 쓰나미의 잔해를 한 삽씩 떠서 리어카에 퍼 올리고 있던 할머니의 뒷모습이 안쓰러워 보였다. 이런 재난이 오기 전에는 곱게 머리를 다듬고 강아지와 함께 농로를 따라 산보를 즐겼을 시간일 텐데….

내가 15년 전 국립나고야대학 연수시절 여름방학에 기차여행을 했

피재지에서 산보하는 강아지

던 동북지방의 농촌풍경은 여유로웠다. 잘 닦아진 농로를 가로지르며 개와 함께 산책을 하던 노인들의 모습이 인상적이었다. 그 시각에 한국의 농촌은 열심히 일해야 할 시간이었는데 일본에서는 기계화로 농사일을 일찍 끝낼 수 있었던 것이다.

　오늘은 일본에서도 한국과 마찬가지로 '어린이날'이다. 금년에는 대재난으로 가족의 소중함이 새삼 더 크게 느껴진다. 시내에도 어린이들이 부모의 손을 잡거나 할아버지, 할머니의 손을 잡고 쇼핑을 하거나 산보를 하는 가족이 부쩍 늘었다. 나 역시 일을 마치고 밤늦게 퇴근하면 맞아주는 것은 늘 차갑게 불 꺼진 빈방이지만 이번 대재앙을 겪으면서 내 주변의 빈자리들이 더 깊고 크게 느껴진다. 특히나 가까이에 없는 가족의 빈자리는 늘 느끼는 거였지만 올해는 유독 더 쓸쓸하다. 비상근무로 사무실에서 보낼 때도 있지만 가끔 휴일이면 이야기라도 나눌 수 있는 상대가 있으면 좋으련만 그렇지 못한 것도 나를 매우 우울하게 만드는 요인 중 하나이다. 작은 아들이 대학입시를 준비하는 고교생인 관계로 처가 국내에 남아 있는데다 가끔 등산을 가거나 저녁에 술잔을 기울일 수 있는 친한 친구들마저 곁에 없다는 게 아쉬웠다. 다행히 오사카 시의 국내 철강기업 지사에 근무 중인 남동생이 이틀이 멀다하고 안부전화를 해 주는 것이 적지 않은 위안이 되고 있다.

그나마 내가 좋아하는 음악을 집에서 들을 수 있다는 것이 다행이다. 그날의 기분에 따라 듣고 싶은 곡을 골라 LP나 CD를 들을 수가 있다는 것만으로도 어쩌면 복일지도 모른다. 음악마저 없었다면 내가 겪었던 정신적인 고통은 상당히 컸을 것이다.

이번 재난을 이겨내는 데 도움을 준 것은 음악만은 아니었다. 또 하나가 있었다. 눈물이다. 지금도 가까운 피난소 등지에서 어렵게 생활하고 있는 이재민들의 모습을 떠올리면서 눈물을 훔치는 경우가 한두 번이 아니다. 격한 감정이 복받칠 때는 한껏 울고 나면 시원해지는 것 같다. '눈물은 감정의 보석이다'는 말과 같이 한 방울의 눈물은 천 마디의 말 이상을 대변하고 있음을 새삼 실감하고 있다.

5월 6일(금). 제57일째 동북대학이 한 달 늦게 개학하다

대재난의 영향으로 센다이에 있는 동북대학도 한 달이 늦은 오늘 입학식을 하였다. 본격적인 수업은 5월 9일(월)부터 시작될 예정이다. 동북대학도 입학 예정인 신입생 1명과 재학생 2명 등 총 3명이 쓰나미로 사망하고 대지진으로 기숙사 등이 파괴되어 학생 510명의 주거가 어려운 실정이다. 대학의 건물과 각종 실험기자재 등 설비를 포함해 총 772억 엔(추산) 상당의 피해를 입었다.

피해액이 우리나라 원화로 환산하면 1조원 이상을 넘어 그 피해가 얼마인지를 상상하기 어려운 형편이다.

동북대학은 세계 100대 대학에 선정될 정도로 대학원 중심의 이공분야에서 두각을 나타내고 있다. 가령 이제는 인터넷 등에서 일상화된 광통신光通信을 최초로 개발한 곳도 이곳이며 2002년 노벨화학상을 수상했던 다나카 고이치(田中耕一) 씨도 이곳에서 학부를 다녔다.

이번 대재난으로 동북대학은 이공분야의 피해가 막대한 것으로 알려지고 있다. 가령 생명과학분야에서 배양된 세포가 파괴되었다면 복원이 불가능할 것이며 장기간 축적해온 연구 데이터가 손실된 경우가 많을 것이다. 실험연구를 위한 시설과 기기류의 피해도 적지 않아 3월 10일 이전의 본래의 연구 환경으로 복원되기까지는 1~2년 이상이 걸릴 지도 모른다. 특히 동북대학은 금속재료분야에서 세계 최고의 연구수준을 자랑하는데, 기존의 우수한 인재들이 떠나거나 당분간 새로운 인재의 수혈도 어려워지는 게 아닌가 하고 학교당국도 우려하고 있다는 소식이 들린다.

또한 과학기술의 진보가 빠른 요즈음에 실험 기자재가 파손되거나 실험 데이터가 일실되면 연구거점으로서의 기능이 뒤지게 마련이다. 또한 대학에서 주관하는 각종 학술대회도 연기되거나 취소될 수밖에 없는 상황을 맞을 수 있다. 우리 유학생들도 210명 정도가 재학 중인데 30여 명의 학부생을 제외하고는 대부분 대학원 이상의 이공계 인력이다. 모두가 우수한 두뇌들이며 소정의 학위과정을 마치면 한일 양국의 기업이나 연구소에 취직하는 것이 일반화되어 있다.

이번 '3.11대지진'으로 인해 자식을 동북대학 등에 유학시킨 부모들의 안부를 확인하는 전화가 총영사관에 빗발쳤다. 자식들도 본국에 안부를 전하려고 해도 정전과 통신 폭주로 연락을 할 수 없었던 것이다. 총영사관에서는 유학생들 가운데 재외국민으로 등록을 마친 학생들은 쉽게 연락이 되어 한국의 부모들에게 소식을 전할 수 있었으나 등록이 안 된 학생들에게는 연락이 늦어질 수밖에 없었다. 혹시 우리 국민들이 장기간 해외 주재국에 체류할 경우에는 우리나라의 재외공관에 가서 국민등록을 하는 것이 비상시에 도움을 받을 수 있다는 점을 알았으면 하는 바람이다.

개학을 앞두고 본국으로 일시 피난했던 유학생들도 대부분 되돌아왔다. 우리 유학생들은 '3.11대지진' 당시에는 처음 겪어보는 쓰나미의 공포에다 후쿠시마원전 사고로 인한 방사능 유출의 우려마저 겹친 가운데, 부모님의 성화에 못 이겨 어쩔 수 없이 일시 피난할 수밖에 없었다. 학생들의 입장에서 귀국할 경우 항공료가 부담이 되는데다 일본인 동료와 교수들과 생사고락을 함께 하겠다는 이들도 적지 않았다. 그러나 고국에서 걱정하는 친지들에게 얼굴을 보여 안심을 시키는 것이 우선이었으므로 본인의 의지와 상관없이 일시 피난할 수밖에 없는 경우도 있었다.

이제 우리 유학생들도 마음의 안정을 되찾고 학업에 매진할 수 있는 시기를 맞이하고 있다. 동북대학 등지에서 공부하는 우리나라 유학생들의 예의바름과 열심히 공부하는 모습을 지켜보면서 우리 사회의 미래가 밝다는 것을 확신하게 된다.

5월 7일(토). 제58일째 일기 | 없음

5월 8일(일). 제59일째 해안가 주민들의 방심이 쓰나미 피해를 키웠다

일본에서도 한국과 마찬가지로 오늘이 '어버이날'이다. 아침 일찍 광주광역시에 계시는 부모님께 안부전화를 드리니 28도(섭씨)의 초여름 날씨라고 하신다. 센다이의 날씨는 처음으로 20도를 넘어섰다. 산보하기에 좋은 상쾌한 기온이다.

지난 '3.11대지진'이 일어난 후 1시간여 만에 쓰나미가 해안가를 휩쓸고 지나갔다. 5월 8일(금) 현재 사망자 1만 4,898명 그리고 행방불명자 9,922명 등 2만 5,000여 명에 이른 피해자들의 대부분은 쓰나미의 피해를 받은 것이었다.

이번 쓰나미는 12층 건물의 높이인 39미터까지 도달한 지역이 있음이 확인되었듯이 가공할 만한 것이었다. 그러나 해안가에 사는 주민들은 쓰나미가 오지 않거나 온다고 해도 낮을 것이라고 방심한 탓에 큰 피해를 입은 경우가 적지 않았다. 쓰나미에 대한 주민들의 마음가짐에 따라 피해가 극명하게 다르게 나타난 사례가 있어 소개하고자 한다.

센다이 시 남쪽에 있는 미야기 현 야마모토초(山元町)는 절반가량이 침수되어 사망 및 행불자가 740명 이상이었다. 사망자 명단에는 피난을 유도했던 공무원 4명도 포함되었다. 공무원들이 쓰나미가 온다고 마을 주민들에게 알렸으나 주민들은 올 리가 만무하다는 태도를 보여 공무원들이 한집 한집을 방문하며 설득하는 도중에 쓰나미가 몰려와 변을 당했다. 전반적으로 쓰나미가 오지 않을 것이라며 발령 경보를 믿지 않았던 주민들이 많았으며 이로 인해 피난이 늦어져 피해가 커졌다.

深沼海水浴場　防潮林

荒浜小学校

센다이 시(仙台市) 아라하마(荒浜) 지구의 쓰나미 피해 전후前後

1960년과 2010년의 두 차례 칠레지진을 경험했던 마을 주민들은 쓰나미가 수 센티미터밖에 오지 않을 것이라면서 방심했던 것이다. 그리고 마을 앞에 방파제가 있어서 괜찮다는 인식이 확산되어 오히려 쓰나미가 오는 것을 구경하러 해안가로 나온 사람도 적지 않았다. 또한 높은 곳으로 피난했던 사람들도 쓰나미는 오지 않는다고 믿고 귀가를 서두른 사람도 있었다. 첫 번째 쓰나미가 밀려 온 후 다시 오지 않거나 설혹 온다고 해도 상당시간이 지난 후에 올 것이라고 생각하고 추운 날씨를 감안해 옷을 가지러 귀가했던 사람도 적지 않았다.

그러나 이와테 현 가마이시 시(釜石市)의 시립市立 가마이시히가시중학교(釜石東中)와 인접한 시립市立 우노수마이(鵜住居)초등학교 학생들은 대처방법이 사뭇 달랐다. 쓰나미가 오기 전에 학생 570명 전원은 모두 높은 곳으로 피난하여 한 명의 희생자 없이 위기를 면했다. 모두 기적이라고 말하고 있으나 결코 기적도 우연도 아니었다.

해안으로부터 500미터밖에 떨어지지 않은 히가시(東)중학교는 3년 전부터 '흔들리면 우선 도망가라'는 방제교육을 철저히 실시하고 있었다. 쓰나미가 방파제를 넘어 학교까지 넘어올 수 있다는 점을 생생한 시뮬레이션을 통해 철저하게 교육하고 있었다. 학교 측은 '인간은 심리적으로 한 사람이 도망하면 모두가 따르게 된다'는 점에 착안하여 학생들은 지진이 오면 '솔선하여 피난자가 되어라'고 교육시켰으며 인근의 시립 우노수마이(鵜住居)초등학교와 합동으로 피난훈련을 계속했다.

대지진 당시 정전으로 피난방송을 하지 못했으나 자연스럽게 중학생들은 운동장에 모여 점호(인원수 파악)를 생략하고 제1 피난장소인 노인요양시설로 달리게 했다. 그런 모습을 보고 우노수마이초등학교 학생과 인근 주민들도 뒤따랐다. 얼마 후에 쓰나미가 중학교의 3층 건물과 인근의 초등학교 건물을 덮쳤으며 피난지였던 고지대의 노인요양 시설에도 1층 천정에까지 도달했으나 학생들 전원은 무사했다.

모두들 설마 이런 대지진이 이렇게 빨리 찾아오리라고는 생각하지 못했다. 가마이시(釜石) 시(釜石)는 사망자와 행방불명자가 모두 합쳐서 1,100여 명에 달했음에도 불구하고 학교 당국의 방제교육이 결실을 맺었던 순간이었다. 우노수마이(鵜住居)초등학교는 교사들의 신속한 피난지시에 따라 5~6학년생들은 교정에서 대지진의 공포로 울고 있는 1~2학년생의 손을 잡고 지정된 피난소로 뛰면서 쓰나미가 오기 전에 화를 면했다. 그러나 당일 결석했던 동교의 학생 3명은 쓰나미의 희생자가 되었다.

특히 이번에 괴멸적인 타격을 입은 산리쿠해안(三陸海岸)은 쓰나미의 도래가 빈번한 지역이었다. 산리쿠해안은 북쪽의 아오모리 현의 하치노에(八戶) 시市에서부터 미야기 현의 오시카(牡鹿) 반도半島에 이르는 절벽이 군데군데 보이는 리아스식 해안으로 일본에서도 들어가고 나오고 하는 복잡한 해안선으로 잘 알려져 있으며 경관이 아름답기로 소문이 나 있다. 일본의 노래방 화면에서 자주 등장하는 해안 풍경은 산리쿠국립공원 안에 있는 '정토淨土의 앞바다(淨土ノ浜)'등을 비롯하여 이 지역일 가능성이 크다.

불행히도 산리쿠해안의 앞바다는 태평양太平洋 쪽의 해양 플레이트와 일본열도 쪽의 대륙 플레이트가 만나는 지진대가 위치하고 있으며 이번과 같은 지진이 발생하면 대륙붕이 형성이 안 되어 있어 지진의 에너지가 상쇄되지 못하고 그대로 바다로 전달되어 강한 쓰나미로 이어지게 된다는 점이다.

역사상 산리쿠해안을 덮친 쓰나미로는 ①죠간대지진(貞觀大地震, 869년 7월 13일, 지진 및 쓰나미로 인한 사망·행불자가 수천 명에 달함) ②텐쇼대지진(天正大地震, 1585년 5월 14일)과 쓰나미의 습격 ③게이초대지진(慶長大地震, 1611년 10월 28일, 쓰나미로 5,000여 명의 사망 및 행불자 발생) ④메이지대지진(明治大地震, 1896년 6월 15일) 때의 대형 쓰나미 등 18건이나 일본 역사에 기록되어 있다.

산리쿠해안에 사는 사람들은 이런 역사상의 배경으로 다른 어느 지역보다도 유치원 때부터 재해방재훈련이 몸에 배어 있었다.

그러나 나이가 들수록 경험에 의지하면서 고정관념이 굳어지는가 하면 역사가 경고하고 있는 참상의 교훈적인 기억도 풍화를 겪으면서 소홀히 한 점을 부정할 수 없다. 특히 해안에 면한 지역에 사는 주민들은 쓰나미에 대한 경계감이 높아 오히려 피해가 적은데 반해, 다소 떨어진 지역에 사는 주민들이 방심한 나머지 피해가 많은 실정이다. 평소 위기대응에 관한 주민들의 마음의 준비와 즉각적인 행동의 여부가 생사를 갈랐다고 할 수 있다.

5월 9일(월). 제60일째 쓰나미로 상처받은 트라우마를 어떻게 치료해야 할까

동경 및 오사카의 기온이 28도에 접근한데 반해 센다이는 22도로 마침 좋은 날씨이다. 밤이 되면 기온이 떨어지므로 아직도 얇은 긴팔 내의를 입고 출근하고 있다.

오늘이 개인적으로는 대학 1학년을 마친 큰 녀석이 해병대 훈련소에 입소하는 날이기도 하다. 어제와 오늘은 그 녀석에 대한 생각이 많았다. 5세까지는 광주의 할머니의 슬하에서 자라고 초등학교와 중학교 때는 부모와 함께 있었으나 고등학교부터는 기숙사 생활로 부

피난소에서 망연자실해 있는 일본인(위). 피난소에서 식사 배급을 받기 위해 기다리는 일본인들(아래)

모와 떨어져야 했다. 직장일로 바쁘다는 핑계로 내 자신이 가정적이지 못한 점이 후회스럽다. 특히 인근 해안지역에서 쓰나미 피해를 입은 이재민들의 모습을 보고서 그런 회한이 컸다. 자식은 애비의 뒷모습을 보면서 자란다고 한다. 내 자신이 너무 결점 없는 아버지로서 역할을 다하려고 했고 엄격하게 키우려고 했던 것이 아닌가 싶기도 하다.

오늘은 쓰나미의 여파로 정신적인 충격을 겪은 사람들의 이야기를 하고 싶다.

미야기 현 이시노마키(石卷) 시에서 북쪽으로 조금 떨어진 곳에 오카와(大川)초등학교가 있는데 108명의 학생 가운데 74명이 휩쓸려갔으며 13명의 선생님 가운데 10명이 운명을 같이 했다. 그런데 생존한 한 명의 선생님은 혼자만이 살아남았다는 강한 죄책감과 아비규환의 참상을 목격했던 공포 등으로 인해 휴직상태라고 한다.

한편 이와테 현의 산리쿠해안에 거주하는 61세의 남성은 쓰나미 당시 산 속에 있어서 목숨을 건졌다. 그러나 아내와 큰딸은 병들어 누워 있던 모친의 곁을 지키며 쓰나미로 행방불명이 되었다. 만약에 딸이 피난해서 살아 있다면 오히려 딸은 혼자만 살아남았다는 강한 죄책감 때문에 괴로웠을 것이라면서 오히려 딸의 죽음이 감사할 뿐이라는 아버지의 이야기도 있다.

재난을 당한 초기에는 살아야겠다는 일념뿐이었으나, 이제는 어느 정도 정신을 차린 상태로서 가설주택에 입주하면 자살자가 많아질 것이라는 소문이다. 1995년 고베대지진 때도 그랬다고 한다. 이에 따라 지금 지자체에서는 자살자 예방대책을 서두르고 있다. 인간은 먹는 것만으로 살 수 없다. 이야기할 수 있는 대화 상대가 필요하며 위로하고 위로받는 사회적인 동물이기 때문이다.

임시피난소에 기거하는 이재민들은 "말을 하지 않고 묵묵히 지내면 쓰나미를 생각하게 된다. 그러나 상대방과 이야기를 하면 우울한 기분이 나아진다"고 입을 모은다. 동질성을 느끼는 다양한 사람들과 대화를 나누는 것이 치료약인 셈이다. 어떤 때는 토해내듯이 실컷 울 수 있는 시간도 필요하다. 이런 괴로운 시간이 지나가면 언젠가는 즐거운 시간이 찾아올 것이다.

나도 재난 발생 후 한동안 본국에 있는 아내와 거의 매일 통화를 한 적이 있다. 그것은 처음으로 엄청난 재난을 경험하면서 두려워하고 있는 내 자신이 누군가 혹은 무언가에 심적으로 의지해야 할 필요성을 느꼈던 것이고, 보다 본질적인 문제는 현재 내가 살아있다는 존재감을 확인하고 싶은 욕구였다. 비록 육체적으로 옆에 있지는 않지만 재난을 겪지 않은 아내와의 통화는 나의 존재확인의 몸부림이었다. 또한 나를 기억하고 있는 소중한 가족과 친지 그리고 친구들이 옆에 있다는 것, 그것을 확인하는 것만으로도 본인 스스로 절망하지 않겠다는 다짐이기도 했다.

앞에서도 잠깐 언급했듯이 센다이 시내에는 한국인 아주머니와 일본인 아저씨 가족이 단란하게 운영하는 맛있는 규탕(소 혓바닥 요리, 센다이 명물로 유명) 식당이 있다. 나는 가끔 꼬리곰탕(Tale Soup)이 먹고 싶으면 이곳을 이용하는데, 최근에 일본인 아저씨가 하는 말이 아주머니가 지진 후유증이 심한 나머지 잠시 쉬려고 한국으로 귀국했다고 한다.

어렸을 적부터 지진에 익숙하지 않은 우리 동포로서는 잦은 여진에 따른 심적 불안으로 생활하기가 쉽지 않은 실정이다. 지진멀미에다소화불량 및 우울증이 급증했다는 것이 이곳 동북지방의 분위기이다. 잠시라도 고국에 다녀오면 위안이 되리라고 생각한다.

5월 10일(화). 제61일째 쓰나미 피해지의 복구와 부흥의 방향을 생각하다

기온이 20도 이상으로 올라가는 봄 날씨이다. 아마 동경이나 오사카는 30도를 육박하는 초여름의 날씨에 접어들고 있을 것이다. 센다이에서 살아본 사람들은 봄부터 가을까지는 최고의 생활환경이라는 말을 자주 한다. 그 정도로 좋은 날씨에다 배산임수형의 도시로서 주변에서 생산하는 물산이 풍부하다는 의미이다. 봄에는 신선한 녹음방초가 돋아나고 여름에는 습기가 낮은 편으로 그렇게 무덥지 않고 시원한 편이며 가을에는 쌀, 과일 등 먹을 것이 풍부하고 맛있다. 다만 겨울이 춥고 긴 것이 다소 불편할 뿐이다.

오늘 점심 때 마스다(增田寬也) 전前 이와테 현 지사의 '동일본대지진으로부터 부흥을 향하여' 제하의 강연회를 들을 수 있었다. 일본 정부나 관계자들이 생각하는 피해지역에 대한 복구 · 부흥 방향의 편린을 알 수 있었다. 강연자 마스다 씨는 피해지역인 이와테 현 지사를 역임하고 과거 자민당 정권 때 2차례 총무대신을 역임한 관료 출신이다.

마스다 씨는 12년간 이와테 현 지사 재임시절에 지진과 쓰나미에 항상 신경 썼는데, 지진이 발생하면 우선 해안으로부터 쓰나미의 도래 여부와 원전 동향(아오모리 현 롯카쇼무라의 히가시도오리원전, 미야기 현 오나가와 원전)을 체크하였다. 한편 이와테 현은 메이지 29년(1894년), 쇼와 35년(1960년) 등에 발생한 3차례의 대형 쓰나미 규모를 고려하여 매그니튜드(M) 8.5의 지진을 상정해서 방재防災대책을 세워 훈련을 거듭해왔다고 한다.

그의 강연 내용을 요약해본다.

우선 동일본대지진에 대해 언급하다

이번 동일본대지진은 간(菅) 수상이 지난 3월 기자회견에서 밝힌 바와 같이 '2차 대전 이후 최대의 위기'라고 규정할 수 있다.

거대 쓰나미에다 후쿠시마원전의 폭발사고 및 그에 따른 전력공급의 상실, 풍문에 의한 농수산물 판매 피해, 그리고 대지진에 따른 서플라이 체인(공급망)의 붕괴가 발생하였다. 따라서 일본은 전반적으로 '전례가 없는 대책' 강구가 필요한 상황에 직면했다.

재해 초기에 느낀 점은 피해를 당한 지역에서 공조共助, 다시 말해 상부상조가 발휘되었다는 점이다.

개개인의 강한 인간성이 발휘되었고 공동체의 강한 유대가 나타났는데 동북지방의 기초지자체의 존재감도 간과할 수 없다. 가령 땅이 흔들리고 쓰나미가 몰려오고 눈이 내리는 추위 속에서도 인간의 생명을 구해야 한다는 시정촌市町村의 기초자치단체의 노력과 역할은 적지 않았다.

그러나 중앙정부는 초기 원전사태에 대응하는 과정에서 불안감을 보여주었고 피해지역에서는 라이프라인의 파괴를 감안하더라도 먹고 마실 식료품과 의약품 등의 도달이 너무 지연되는 혼란양상을 보여주었다.

지금도 피난소 생활자는 12만여 명에 이르고 있다.

당초에는 45만여 명에 달했으나 친척집으로 가거나 가설주택으로 이동하고 부서진 자택으로 돌아간 사람이 적지 않은 가운데, 지원물자 배급 시 피난소 이외의 자택생활자 등에 대한 배려도 중요하다.

정부는 피해지역의 복구·부흥 이전의 단계로서 지원물자를 충분히 제공할 필요가 있다. 만약 이를 게을리 할 경우에는 헌법상(13조 생명·자유 및 행복추구권의 권리, 25조 생존권)에도 저촉되는 것이다.

이재민에 대한 가설주택 입주와 생활비 확보가 최저한의 조건이다.

가설주택은 국가가 자재 등을 준비하여 제공한 후에 지자체에 맡기는 것으로 끝나서는 안 된다. 또한 잔해물의 처리 이외 피난소의 세탁 및 정신적인 고충의 청취 등 가벼운 일에도 공적인 사무로서 대가를 지불하여야 한다. 그리고 사회적 약자에 대한 대응도 중요하다. 현재는 볼런티어가 고령자·유아·장애인 등을 돌보고 있으나 정부(중앙정부와 지자체)가 나서야 한다.

지방자치단체의 행정기반의 조기 재건도 시급하다.

재난 초기에 24만여 명의 자위대 중에서 10만여 명이 재해지역에 투입되어 인명구조를 비롯해 치안 확보 및 잔해제거에 고생을 하였다. 이제는 재해를 입은 시정촌 지자체의 행정기반이 정비되어야 하나 행정청사 등이 쓰나미로 소멸되었고 직원마저 사망하거나 행방불명된 사람이 적지 않다. 따라서 타지역에서 재난 및 부흥을 경험했던 지방자치단체 직원의 장기지원 파견이 필요한 상황이다(물론 센다이 소재 미야기 현청에는 동북 3현의 부흥을 총괄하는 임시 기능이 설치되어 내각부 등 중앙관료가 파견되어 활동 중이다).

1차 산업의 재再부흥이 특히 요구되고 있으며 국가 차원의 전면적인 지원이 중요하다.

수산업을 영위할 수 있는 선박 및 어구漁具의 확보가 중요하고 어항의 집약화도 필요할 것이다. 참고로 이와테 현의 경우 총 1만 4,000척의 중소형 선박 가운데 이번 쓰나미로 97%가 없어지거나 파괴되었으며 300척만이 남았다. 그리고 해안지역에서는 수산 관계업을 하는 사람의 70%가 사라졌다. 수산가공업의 부흥을 위해서는 다양한 자금을 확보하고 이중부채二重負債의 회피 등 채무처리에도 신경을 써야 한다. 수산업 및 그와 관련된 가공업을 조기에 부흥시켜야 어민이 떠나지 않을 것이며 어항도 살아날 것이다.

농업의 경우에도 염분을 제거하고 용·배수로 등을 복구해야 한다. 또한 산리쿠해안에서 잡은 수산물뿐만 아니라 동북지방에서 생산하는 농산물도 해외 판매가 어려워지고 있는데, 후쿠시마원전 사고의 방사능 위험에 따른 풍문의 피해인 것이다. 따라서 정부는 새로운 식품안전시스템을 구축해나갈 필요가 있다.

그밖에도 피해지역의 중소기업에 대한 적극적인 지원을 전개해나가야 한다. 이들이 지역 주민들의 고용을 창출하고 있기 때문이다.

고지대로의 이전 등 새로운 마을 만들기에는 토지문제의 해결이 열쇠이다.

헌법 29조(재산권의 불가침, 공공의 복지와 정당한 보상) 및 22조(거주의 자유)와의 관계를 고려하여 조기에 방침을 수립해야 한다. 고지대로의 이전은 메이지 29년(1896년)의 지진·쓰나미 피해를 입었을 때부터 추진되어 왔다. 이번에 피해를 면한 지역들은 선인들의 지혜가 발휘된 곳이었다. 그러나 피해가 컸던 지역은 이를 무시하고 해안 지역으로 주거를 확장한 곳이었다.

'정부가 어느 정도까지 지원할 것인가'(공조公助)의 범위의 명확화도 필요할 것이다. 공적 주체에 의한 토지의 매수 및 법정임차권의 설정도 실시해야 한다. 일단 시정촌 등 기초지자체가 토지를 빌리고 주민 주체로 부흥계획을 만들어 부흥이 진행되면 서서히 주민에게 토지를 돌려주는 것도 하나의 방법이다.

복구復舊까지는 정부 주도로 하되 '부흥復興비전'이 마련되면 현지가 주도해야 한다.

험준한 산맥의 단애로 이루어진 리아스식 해안에서부터 센다이 평야에 이르기까지 피해지역은 자연조건이 다양하다. 라이프라인 및 인프라의 재건, 농림수산업 및 중소기업이 생산설비의 재건 등을 생각할 수 있으며 교육 및 의료서비스의 공급은 지자체의 역할이 크다.

정부가 마련 중인 '부흥復興비전'은 지역의 이해와 납득을 얻는데 시간이 필요할 것이다. 고베대지진은 2개월 만에 도시부흥계획이 세워졌으나 동북지방은 피해지역이 광범위하여 많은 시간이 필요할 것이다. 가령 주거지를 고지대에 지을 것인지, 이전과 같은 장소에 지을 것인지 등의 문제가 선결되어야만 '부흥復興비전'에 담을 수가 있는 것이다. '부흥復興비전'은 각 현마다가 아니고 동북지방 전체에 공통하는 그랜드디자인을 그려야 할 것이다.

실행주체로서 '동북부흥원東北復興院'(가칭)이 필요하다.

지방자치체가 주최가 되고 운영기간을 한정하되 현지에서 결정하는 구조이어야 한다. 국가의 권한과 재원의 대폭적인 이양이 필요하다. 또한 지역주민의 대표기관인 지방의회의 역할도 중요하다. 지방의원은 지역 내 여론을 집약하는 역할을 해야 하며 정부지원을 창출해내는 선도역이 되어야 한다.

'부흥구상회의'(의장: 이오키베 마코토(五百旗頭眞), 위원: 저명인사·전문가 등 14명)는 가능한 빨리 복구·부흥에 관한 제언을 제출해야 한다.

고베대지진 때는 1개월 후에 제언이 나왔었다. 그러나 이번 동일본대지진 관련 제1차 제언은 6월 말까지 제출될 예정으로 늦은 감이 있다.

논의가 폐쇄적으로 밀실에서 이루어지거나 피해현장과 유리되어서는 안 될 것이며 시정촌 및 주민의 의향을 정중하게 수용하는 자세가 필요하다. 또한 고베대지진도 3년째 들어서는 국민들의 관심과 지원의 열기가 냉각되었다는 것을 기억하여 피해지역에 바싹 다가갈 필요가 있으나 미래지향적인 관점에서 때에 따라서는 비정한 판단을 내려야 한다.

다음으로 이번 대재난과 원전 사태에 따른 파급영향과 시사점에 대해 언급하다

첫째, 국토정책을 들 수 있다.

중앙정부와 동경은 수도 기능의 분산 논의가 이루어질 공산이 크다. 동경은 일극집중으로 표현되듯이 정치 · 경제 · 사회 · 문화가 집중되어 있는데 1923년의 동경대지진과 같은 상황이 전개되거나 동경-나고야-오사카에 이르는 도카이(東海)지진이 발생하면 국가기능의 마비를 초래할 수가 있다. 따라서 다중多重의 백업체제를 확립할 필요가 있다.

둘째, 에너지정책의 변화이다.

일본은 '에너지기본계획'에서 30년 후에 원자력발전의 비중을 50%로 높이겠다고 밝힌 바 있는데, 이번 후쿠시마 제1원전 사고로 인해 원전 중심의 에너지정책을 수정할 수밖에 없게 되었다. 지금까지의 정부 주도의 국책사업으로서의 원자력정책을 검증할 필요가 있을 것이다.

또한 태양광 · 풍력 · 바이오매스 등 자연에너지를 최대한 활용하는 것이 불가결한 상황으로 전개될 것이며 국민들의 의식도 달라지고 있다.

셋째, 산업정책에도 변화를 보일 것이다.

동북지방의 복합적인 재해로 전력부족에 직면하고 있는 기업들은 서일본지역으로 이전하려는 움직임이 가시화되고 있다. 재난을 당한 동북지방은 주요 산업을 재건해야 하며 새로운 전략산업의 육성 문제가 대두될 것이다. 아마

전력부하가 적은 산업이 우위성을 가질 수 있을 것이다.

넷째, 재정정책의 방향성이 문제가 될 것이다.

동북지방의 부흥·복구를 위한 재원 확보가 현안이 되고 있다. 국가의 부채가 높은 일본으로서는 재정건전성(재정규율)과의 양립 및 밸런스를 모색해야 할 것이다. 증세를 통해 재원을 마련할지 아니면 국채를 발행할지 등 앞으로 논의가 활발해질 수밖에 없다.

끝으로, 외교정책에서 신뢰감을 회복하는 것이다.

일본은 후쿠시마 제1원전 사고에 따른 저농도의 방사성물질이 포함된 오염수를 태평양 상에 투기함으로써 근린국가들의 반발을 초래하는 등 외교적인 실례를 범했다. 그리고 원전사고 수습과 관련해서도 정확하고 신속한 정보공개를 요구받고 있다. 금후 국제사회에서 일본에 대한 신뢰 회복이 급선무이다.

5월 11일(수). 제62일째 대재난 2개월째를 맞이하다

어떻게 지나갔는지 모르겠다. 나뿐만 아니라 총영사관의 직원들도 영화의 한 장면과 같이 하루하루가 지나갔다고들 말한다. 여전히 하루에도 피해지역인 동북지방 3현을 중심으로 여진이 이어지고 있어 조금만 흔들려도 대지진이 오는 것이 아닌 지 바싹 긴장하는 경우가 많다. 신체 건강의 밸런스가 깨지고 있는 것이다.

개인적으로는 며칠 전부터 새벽 4시 전후에 잠을 깨고 있다. 어젯밤도 그랬다. 오늘 출근하여 이런 증상을 직원에게 말하니 여진의 영향이라고 한다. 최근 들어 새벽에 자주 여진이 오고 있다면서 자연스럽게 신체가 반응하여 그런 것일 거란다. 나는 눈을 붙이면 다음날 6시경에 일어나는 것이 보통이었다. 새벽녘에 깬 잠을 다시 청하기가 다소 힘든 상황이다. 눈을 붙이지 않으면 다음날 업무를 하는데 지장이 생길 수 있기에 잠을 자두어야 하기 때문이다.

특히 이곳 재해지역에 살고 있는 사람들이 호소하는 것이 '지진멀미'라고 표현되는 징후이다. 내 경우에도 저녁에 잠을 청할 때 침대가 흔들리는 경우가 많다. 실제로는 지진이 없었는데도 배멀미와 같이 지진이 온 것처럼 느끼고 있는 것이다. 대낮의 사무실에서 업무를 볼 때나 심지어 걸어가는 경우에도 몸이 기우뚱하게 균형을 잃는 것을 느끼는 것이다. 정말 지진 걱정이 없는 고국이 그립다.

'3.11대지진' 발생으로부터 2개월이 지났다. 이번 대지진에 이은

미야기(宮城) 현 민단 부인회의 봉사활동

쓰나미 그리고 후쿠시마 원자력발전소의 수소폭발 등 3중의 복합재해로 인해 1만 5,000여 명의 사망자와 1만여 명의 행방불명자가 나왔다. 아직도 피난소에서 지내는 사람이 12만여 명에 달한다(초기에는 45만 명에 달했는데, 현재 원전사고의 피난자가 5만 9,000여 명이며 나머지는 쓰나미 피난자이다). 그리고 피해를 입은 동북 3현에서만 현재 필요한 가설주택은 총 5만 8,000호(이와테 1만 8,000호, 미야기 3만 호, 후쿠시마 1만 호)로 일본의 추석(8월 15일)까지는 건설을 완료할 예정이다.

큰 피해를 입은 동북지방은 초기의 망연자실한 모습에서 이제 정신을 차리고 소진되었던 기운도 다소 회복되어 재기의 기운이 감돌고 있는 듯하다. 이런 복구와 부흥의 분위기가 생각보다 빨리 찾아오고 있는 것은 추운 겨울을 지나 5월부터 시작되는 본격적인 봄기운의 탓도 있을 것이다. 그러나 나는 동북지방에서 뿌리내리고 사는 인내심 많은 동북인의 기질도 간과해서는 안 된다고 생각한다.

옛날부터 동북지방은 한발·냉해·태풍 등 자연재해로 인한 기근에다 이번과 같은 대지진과 쓰나미 등 가혹한 자연재해를 다른 어느 지역보다도 자주 겪었다. 지금 동북인들은 이런 고난을 극복하기 위해 한 발씩 힘겹게 내디디고 있다. 일본 국민들도 힘을 합칠 것이며 국제사회도 지원하면서 언젠가는 동북지방이 반드시 소생하리라 믿는다.

5월 12일(목). 제63일째 일기 없음

5월 13일(금). 제64일째 자주 이용했던 정겨운 한국식당도 속속 떠나고 있다

어제는 저녁 찬거리와 오늘 아침에 먹을 빵을 사러 미스코시백화점

의 지하 식품매장에 내려갔다. 그곳에서 파는 빵이 맛있는데 그중에서도 버터식빵이 최고이다. 어제도 버터식빵을 사기 위해 잠시 빵집에 들렀다.

그런데 한동안 안보여서 걱정했던 한국인 아주머니가 내 눈에 들어왔다. 그 빵집 옆에는 예쁜 한복을 입고 김치·깍두기·콩나물 등을 파는 한국음식 판매코너가 식품매장의 모퉁이에 자리 잡고 있었다. '3.11대지진' 이후 지금까지 그곳의 판매대에서 자리를 지켜야 할 키가 큰 30대 후반의 한국인 아주머니를 발견할 수 없었다. 쓰나미로 수많은 사상자가 났으므로 불길한 예감에 내심 걱정도 되었다. 그런데 어제 처음으로 아주머니의 모습을 볼 수가 있었던 것이다.

그동안 어떻게 지냈는지 소식을 물으니 센다이 시 남쪽의 공항 인근에 위치한 해안도시에서 사는데 자택까지 쓰나미가 들어오지 않아 다행이었지만 센다이 시내로 나오는 교통편이 두절되고 쓰나미의 잔해가 남아 있어 그간 출근하지 못했다고 한다.

가끔 나는 한국음식이 먹고 싶을 때는 꼭 이 아주머니가 있을 때에만 구입한다. 왜냐하면 같은 가격인데도 덤으로 주는 인정미가 있기 때문이다. 그래서 빵집에 가면 곁눈질로 계시는지를 확인하곤 한다.

한편 센다이에도 우리 재외동포가 운영하는 한국식당 몇 군데가 폐업하거나 장기간 휴업 중이다. 지진으로 매장이 피해를 입은 데다 지진이 무서워 장사를 하기가 겁난다며 귀국하신 분도 있다. 단신으로 부임한 관계로 가끔 어머니의 손맛이 그리워질 때는 꼭 한국음식점을 찾았다. 그럴 때마다 어머니 또는 아내처럼 살갑게 맞아주면서 친절하게 대해주셨던 분들이었는데…. 아쉬울 뿐이다.

일본인 노부부가 저녁때부터 문을 여는 일본식당에도 가끔 발걸음을 옮긴 적이 있는데, 아직까지 그곳도 문을 열지 않고 있다. 외관상으로는 지진의 피해가 없고 주변 상점들도 모두 문을 다시 열었는데 이곳만 아직 열지 못한 것은 혹시 자택이 쓰나미 피해를 본 것이 아닌가 하는 불길한 생각이 들게 한다. 꼭 돌아와서 재개장을 하였으면 하는 바람이다. 언제나 살갑게 맞아주던 노부부였다.

최근 센다이 시내는 집을 구하기가 힘들어지고 있다. 관저가 지진으로 피해를 본 총영사와 새로 부임한 영사도 한 달이 넘었는데도 가족이 살 집을 구하지 못하고 있다.

심지어 호텔도 방을 잡기가 어렵기는 마찬가지이다. 센다이에는 42개의 호텔이 있는데 지진으로 11개가 폐쇄되거나 공사 중이어서 31개로 줄어든 상태이다. 또한 피해지 복구를 위해서 외지로부터 많은 사람들이 몰려들어 이곳을 거점으로 한데다 이재민들의 임시 거처를 가설주택을 신축하기 보다는 호텔이나 비어있는 집에서 수용하도록 지자체에서 나서고 있어 초과수요가 발생하고 있는 것이다.

본의 아니게 총영사와 영사도 장기간 피난민과 별반 다름없는 생활을 하고 있다. 소위 인간 생활의 기본인 의식주 가운데 먹는 것(한국음식)과 주거에서 불편을 느끼고 있는 것이다.

5월 14일(토). 제65일째 민단 부인회와 함께 이재민들에게 저녁식사를 제공하다

대지진과 쓰나미의 피해를 입은 동북지방 3개 현의 민단民團지방본부는 부인회가 중심이 되어 피난생활을 하는 일본인들에게 점심이나 저녁을 제공하고 있다. 나는 센다이에서 자동차로 40여 분 떨어진 다

카조(多賀城) 시市 문화센터에서 미야기 현 민단 부인회가 오후 5시부터 하는 저녁 배식에 참석할 수 있었다. 2시간 동안 걸린 배식에 부인회를 비롯해 민단 단장·의장 및 청년회 등 40여 명이 수고해주었다. 약 500여 명분의 따뜻한 밥과 떡국 그리고 불고기에 김치, 깍두기를 준비하여 피난소의 일본인에게 제공하였다. 도중에 밥이 떨어져 긴급히 마련하는 등 피난민 모두가 맛있는 저녁 별식을 즐겼다.

나는 며칠 전부터 개인적으로 피난민들을 위해 할 수 있는 것이 없을까 고민한 끝에, 개인적으로 사용하고 있는 오디오를 가지고 가 시름에 찬 피난생활을 하고 있는 사람들에게 추억어린 일본의 인기가요 등을 들려주기로 마음먹었다. 모두 야외에서 배식을 받기 위해 순서를 기다릴 때 일본인들이 좋아하는 쇼와시대의 추억어린 가요를 들려주었다. 턴테이블 위에서 돌아가는 이시하라 유지로(石原裕次郎)의 빨간 손수건(아카이 한카치), 존 덴버의 고향(Take Me a Home to the Country Road) 등을 들으면서 나이가 지긋한 연장자들은 연신 기분이 좋다는 표정들이었다. 나의 예감이 틀리지 않았음을 느끼는 순간이었다.

태양이 서쪽의 센다이 방향으로 기울면서 어두워지기 시작하자, 이재민들에게 서글픈 이별이나 잃어버린 고향의 노스탤지어(鄉愁)를 자극하는 재즈를 틀어주었는데 이것도 반응이 좋았다. 식사를 마친 나이든 남성들은 다시 밖으로 나와 의자에 앉아서 나의 음악을 들으며 연신 담배를 피웠다. 오랜만에 찾은 여유로움의 모습들이었다.

토요일 오전에 사무실에서 근무를 마친 후 오후부터 민단 부인회와 함께 봉사하러 가는 길이 그렇게 쉬운 일만은 아니었다. 그러나 짧은 시간의 봉사활동을 마치고 집에 돌아와 무거운 스피커와 앰프들을 다시 정리하면서, 작으나마 피난민들에게 마음의 위로가 되었을 거라는 생각을 하니 뿌듯한 성취감이 차올랐다. 오랜만에 기분 좋은 잠을 청할 수 있었다. 50여 년 가까이 살아온 경험을 통해서 얻은 생활방식 중의 하나는 '내가 조금 더 고생하면 나의 가족과 부모가 편하다. 손해를 보면서 살아가는 것이 결국에는 이익이다'는 점이다.

나중에 온 총영사는 내가 야외에서 스피커와 앰프 등을 설치하고 소위 '음악다방의 DJ' 노릇을 하고 있는 모습을 보고 깜짝 놀란 표정이었다. 이근출(李根茁) 미야기 현 민단 단장도 내게 살짝 다가와서 방금 전에 틀었던 이시하라(石原)의 '빨간 손수건'을 다시 듣고 싶다며 신청하기도 했다. 개인적으로 지난날의 아련한 추억이 떠올랐을 것이다.

피난소의 어린 꼬마들은 턴테이블 위에서 불안정하게 흔들거리며 돌아가는 LP와 그 위에 얹어 놓은 바늘에 의해서 아름다운 소리가 나오고 있는 것을 신기하다며 쳐다보면서 음악에 맞추어 몸을 흔들기도 했다. 할아버지, 할머니를 비롯한 연장자들은 오랜만에 듣는 가슴 저미는 곡들이라면서 듣기에 좋다고 연신 고개를 끄덕였다.

단순히 줄을 서서 배식을 받는 것보다, 쓰나미를 당하기 전에 단란했던 집이나 마을의 찻집에서 즐겨들었던 쇼와시대의 엔카와 재즈의 선율을 듣게 되어 훨씬 좋아하지 않았을까 싶다. 정말 가혹한 피난소 생활을 하고 있는 일본인들에게 잠시라도 시름을 잊게 하고 기분을 전환시킬 수 있는 위로의 시간이었다고 생각한다. 인간은 음악 등을 통해 오늘을 마무리하면서 휴식과 여유를 가지게 되고 미지의 내일에 도전하는 힘과 영감을 얻는다.

다시 한 번 피해를 입은 3개 현의 민단 부인회의 봉사정신에 감사드린다. 자신들은 물론 주변의 친지들도 심대한 피해를 입었음에도 불구하고, 나보다 더 어려운 사람을 돕겠다며 그동안 일주일에 한 번

꼴로 피난소를 방문하여 식사를 제공한 그녀들의 마음과 행동에 저절로 고개가 숙여졌다. 인간사회라는 공동체는 자기 혼자만이 살아가는 것이 아니며 살아갈 수도 없는 것이다. 다소 여유 있는 사람이 베풀고 돕는 것이 필요하다는 것을 느낄 수 있는 시간이었다. 또한 사회적 약자를 배려하는 사회가 건강하다는 것을 확인하는 계기이기도 했다.

5월 15일(일). 제66일째~5월 16일(월). 제67일째 일기 없음

5월 17일(화). 제68일째 도움 받은 재외국민들이 총영사관에 감사
의 말을 전하다

센다이도 성큼 여름을 향해 다가서고 있다. 가로수의 잎들이 하루가 다르게 굵어지고 짙어가고 있다. 그래도 동경 등에 비하면 여전히 이곳은 봄의 기운으로 충만해 있다. 어젯밤도 가볍게 난방을 켜고 잠을 잤다.

최근 들어 여진이 지속되고 있는데 여간 신경이 쓰이는 게 아니다. 지진의 공포를 경험한 사람의 두려움이리라. 특히 퇴근 후 집에서 저녁밥을 먹거나 신문을 볼 때 흔들리는 증상을 느낀다. 그때는 눈앞에 놓인 플라스틱에 담겨 있는 물병의 수위를 바라본다. 흔들림이 없다. 그렇다면 지진은 아니다. 그럼에도 불구하고 어지러움이나 긴장감을 느끼는 것이다. '지진멀미'이다. 나는 대학시절 차멀미를 심하게 한 적이 있어서 무거운 책가방을 들고 꽤 먼 거리까지 걸어가서 버스를 타고 집에 돌아오곤 했다.

이번 쓰나미에 미야기 현 이시노마키 시에서 굴양식을 하던 일본인

남편(오카베 유우키(大壁勇喜), 49세)과 시아버지를 잃고 시어머니와 슬하의 자녀 3명과 함께 피재지의 피난소 생활을 전전했던 여성이 있었다. 이곳저곳 전전하던 그녀는 그 후 며칠간 총영사관에 마련된 임시피난소에서 기거했고 도중 당관이 알선해준 센다이시민병원에서 한 달 전(4월 21일, 목요일)에 건강한 사내아이를 출산했다. 그녀, 홍경임(洪京任, 일본이름은 오카베(大壁) 리리, 6년 전 귀화) 씨가 어제 당관에 감사인사차 방문하였다.

출산한 아이는 몰라보게 부쩍 성장해 있었다. 그녀는 이번에 출산한 아이까지 포함하여 자녀가 모두 4명이고 일본 국적을 가지고 있어서 현재 일본의 지자체가 마련한 모자보건센터에서 생활하고 있다고 한다. 앞으로 일본의 지방정부가 모자가정의 배려 차원에서 작은 아파트를 마련해줄 것이라는 소문도 있다고 한다.

당관으로서는 본래 한국인 여성으로서 일본인 남성과 결혼하여 일본으로 귀화한 재외국민에 대해서 국가로서 보호할 수 있는 범위가 어디까지인지를 생각하는 계기가 되었다. 총영사 이하 직원들은 일본 국적의 한국인들은 재외국민에 준하여 대우하자는 방침을 정하고 공관에 마련된 임시피난소에서 일시 기거할 수 있도록 배려하였다. 앞으로 피해를 입은 재외국민 지원에서도 한국인으로 일본인과 결혼하여 귀화한 사람들에 대해서도 사망자 및 행방불명자에 준하여 지원하는 방향으로 검토되고 있다.

또한 홍경임 씨와 친분이 있는 한국식당을 하는 아주머니 등 우리 동포(뉴커머)들은 따뜻한 위로의 말과 산후조리를 위한 미역국 등을 마련해주는 등 힘이 되어주었다. 물론 일본의 지방정부와 센다이국제교류센터 등 NPO단체도 약자를 배려해야 한다는 차원에서 대재난의 경황 중에도 많은 관심과 배려를 보여주었다.

쓰나미로 목이 떨어진 석가여래와 어린아이 석상(이와테 현 오쓰치초 절에서)

이와 같이 대지진과 쓰나미로 공포에 떨고 여진으로 흔들리는 집에 들어가지도 못하는 곤경에 처한 재외국민들이 총영사관으로 발걸음을 옮겨 일시적으로 피난하거나 고국의 가족, 친지들의 독촉으로 일시 귀국했던 분들이 다시 일본으로 돌아와 공관을 방문하고 있다.

그들은 당시 우리 공관의 배려로 시내 어디에서도 구하기 힘들었던 먹을거리를 해결하거나 곳곳에서 교통이 두절되었음에도 불구하고 인근 공항으로 가는 무료교통편을 마련해주어 무사히 귀국할 수 있게 해주었다는 감사의 말을 전하러 왔다며 찾아오는 사람들이 있다. 오히려 우리 공관원들이 감사할 일이다. 경황이 없던 위기 상황에서 재외국민 각자에게 잘 응대하여 주지도 못했던 점에 대해 이해를 구하고

있다. 그리고 이와 같은 위기상황이 또 발생하면 더 잘 모시겠다는 말
도 잊지 않고 있다.

일상의 바쁜 생활로 돌아온 재외국민들이 총영사관을 다시 방문하
는 것은 쉽지 않은 일이다. 그럼에도 불구하고 일부러 방문하여 감사
의 말을 전하는 것은 어려울 때 자신들의 뒤에는 든든한 조국이 있다
는 사실을 재확인하는 과정일 지도 모른다. 이곳 동북지방에 거주하
는 재외국민들은 한결같이 우리 정부와 국민이 일본을 돕고 재외동포
들을 걱정해준 데 대해 한국인으로서 긍지와 자부심을 느꼈다고 말하
고 있다.

또한 우리 정부의 신속하고 적극적인 지원활동과 우리 국민들의 구
호성금 모금 등은 일본 국민들에게 가장 가까운 이웃나라가 진심으로
돕고 있다는 사실을 각인시켰다. 이것은 향후 일본사회의 재일한국인
에 대한 인식 제고에도 크게 기여할 것으로 보인다. 나이든 재외국민
들은 1923년 9월의 동경대지진 당시와 비교하면 격세지감을 느낀다고
입을 모은다.

5월 18(수). 제69일째 일기 없음

5월 19일(목). 제70일째 이번 재난으로 가족의 소중함을 새삼 느 끼다

대재난이 발생한 지 70일이 지났다. 모레(2011. 5. 21, 토) 이명박 대통
령이 도착할 예정인 센다이 공항과 인근의 쓰나미 피해지역인 미야기
현 나토리(名取) 시市는 잔해 정리에 급피치를 올리고 있다. 사전답사를
위해 자동차를 타고 돌아보면 주변이 하루가 다르게 변하고 있다.

대지진과 쓰나미가 발생했을 때 제일 먼저 생각나는 것은 가족이다. 이것은 대부분의 경험자들이 이구동성으로 하는 이야기이다. 따뜻한 부모의 사랑을 받으며 성장하였고 가족을 부양하는 등 책임을 느끼는 위치에 선 사람이라면 당연한 것이다. 동경 등 수도권에서도 '3.11대지진' 발생 당일 퇴근 시 수많은 샐러리맨들이 정전으로 교통이 두절된 선로 위를 걸어서 집으로 돌아가는 장면을 보았을 것이다. 심지어 겨우 귀가하여 가족을 보기까지 5~6시간이 걸리는 경우도 있었을 것이다. 정전과 더불어 전화 통화가 어려워지자 가족의 안부가 더욱 걱정이 되어 직접 걸어가서 눈으로 확인하고 싶었던 것이다.

그렇다. 인간이라면 비상의 위기상황을 맞았을 때 지금 자신에게 무엇이 중요한 것인가를 생각하게 될 것이다. 대답은 사랑하는 사람이며 그 중심에는 어머니, 아버지 그리고 남편과 아내와 자식 등 가족이 자리 잡고 있다는 것이다. 이번 재난을 겪으면서 독신남녀들은 지금부터 어떻게 살아갈 것인지에 대해 생각하게 되는 계기가 되었을 것이다.

사람에 따라 다소 차이가 있을 수 있으나 쓰나미로 일순간에 모든 것이 사라지는 광경을 보면서 가족의 소중함을 그 어느 때보다도 더 절실하게 느꼈으리라고 생각한다. 그리고 고향에 가면 '이랏샤이마세(어서오세요)'라고 정겹게 맞아주던 친지, 친구들의 모습을 이제는 볼 수 없게 되었다.

최근에 동경 등 대도시에서는 젊은이들이 결혼상담소 등을 찾는 비율이 30% 정도 증가하고 연애 이상의 안심할 수 있는 결혼을 서두르는 싱글족들도 늘어나고 있는 추세라고 한다. 가족의 중요성이 반영되는 세태라고 할 수 있다.

대지진과 뒤이어 쓰나미가 발생했던 지역에서 자녀를 유치원이나 초등학교에 보낸 어머니들은 안부 확인을 위해 얼마나 초조해했는지 죽을 때까지 잊지 못할 것이라는 말을 자주 한다. 당일(3월 11일) 오후 2시 46분, 그 시각은 유치원생이나 초등학교 1~2학년생들이 집으로 돌아오는 시간이기도 해서 더욱 그랬다. 정전으로 휴대전화마저 불통이어서 안부를 확인할 수 없는 상황에서 그때의 애타는 부모의 심정을 겪어보지 않고는 알 수 없다.

쓰나미로 자녀를 잃어버린 부모의 쓰라린 심경의 하나는, 아침에 어머니가 차려준 밥을 먹고 가방을 메고 등교할 때 "잇테 마이리마스(다녀오겠습니다)", 그리고 수업을 마치고 집에 들어올 때 "타다이마(다녀왔습니다)"라는 소리를 들을 수가 없다는 점이라고 한다. 매일 아침저녁으로 당연하게 들을 수 있었던 씩씩하고 정다운 목소리를 '3.11대지진'과 쓰나미 이후에는 들을 수 없는 어린 자식의 목소리가 그렇게 그립다는 것이다.

5월 20일(금). 제71일째 일기 없음

5월 21일(토). 제72일째 이명박李明博 대통령이 센다이 시를 방문하다

아침 일찍 잠을 깼다. 오늘은 아침 7시까지 공관에 출근하여 대통령의 재해지역 방문을 맞이하기 위해 각자 정해진 위치로 가야 하기 때문이다. 나는 먼저 방안의 커튼을 걷고 밖의 하늘을 바라보았다. 순간 환히 밝아 있어야 할 하늘이 어두컴컴했다. 테라스 아래의 아스팔트를 보니 젖어 있었다. 분명히 오늘의 날씨 예보는 맑다고 했는데 착잡했다. 그러나 다행히도 대통령이 기착할 1시간 전부터 밝아지면서 하늘이 개기 시작했다. 마음속으로 쓰나미 피해지를 방문할 때 먼지 등이 날리면 어쩌나 걱정했는데 촉촉이 젖은 땅이 오히려 돌아보기에는 좋겠다고 생각하며 안도했다.

이명박 대통령은 오전에 센다이 공항에 내려 공항에서 가까운 쓰나미 피해현장인 미야기 현 나토리(名取) 시(市) 소재 유리아게항(港) 주변을 돌아보았다. 쓰나미가 몰려올 때 어항에서 일하거나 인근의 주민들이 피난했던 주민회관(공민관)을 둘러보고 인근의 폐허 앞에서 하얀 백합과 장미로 장식된 꽃을 헌화하고 묵념을 했다. 이틀 전에 사전답사 차 방문했던 유리아게항(港) 주변은 쓰나미가 얼마나 빠르고 강한지를 보여주었다. 피해의 처참함에는 말문이 닫힐 정도였다. 다만 이시노마

센다이 시를 방문해 민단간부들을 격려하는 이명박 大統領

키나 미나미산리쿠해안도시에 비해 피해범위는 적은 편이었다.

두 번째 방문지는 서쪽으로 25분 정도 떨어진 다카조(多賀城) 시市에 있는 문화센터였다. 이곳에는 쓰나미 피해를 받은 이재민들이 생활하고 있는데 마침 점심때가 되어 배식을 받으려고 줄서 있는 사람들과 일일이 악수를 했다. 특히 어린아이들이 겪었을 충격에 많은 관심을 보이면서 어린아이를 안아 입맞춤을 하는 등 위로와 격려의 모습을 보여주었다.

정오로부터 1시간 정도 지나서 총영사관에 도착한 후 동포대표들과의 오찬간담회에서 나는 대통령의 말씀을 배석하여 들을 수 있었다. 그동안 대지진 이후 동포들이 겪은 어려웠던 상황을 잘 알고 있었다. 민단이 피해현장을 돌면서 이재민들에게 점심이나 저녁을 대접하고 있는 사실을 격려하고, 앞으로도 서로 돕고 살아가는 상부상조의 미덕을 일본사회에서도 실천해주길 당부했다.

한편으로 일본이 크지 않은 섬나라임에도 불구하고 일찍이 근대국가를 구축한 후 세계 경제규모 2위를 달성하고 이를 장기간 유지해온 저력 있는 국가라고 전제하고 이번 재난도 온 국민이 힘을 합치면 반드시 극복할 것이라고 말했다. 참석한 동포대표들에게는 어려운 상황이나 전화위복의 계기로 삼고 극복해줄 것을 당부했다.

그 자리에서 나는 대통령의 말씀을 듣는 순간 역경에 굴하지 않고 극복해온 당신의 인생 역정을 느낄 수 있었다. 그리고 위기를 기회로 삼자는 당부의 말씀에서 쓰나미에서 살아남은 사람들이 복구에 매진해야 하는 것은 죽은 사람들에 대한 위로와 경의라는 것을 알 수 있었다.

대통령은 오후 3시 후쿠시마 시에서 예정된 '제4차 한중일 3국 정상회의'에 참석차 떠났다. 전용차에 타기 전에 대통령은 로비에서 마주친 행정원들과 일일이 악수하면서 다음과 같이 말했다. "지난번 고생했던 분들이군요." 공관원들에게는 그동안 방문 준비 등을 위해 애썼던 피로가 한순간에 녹는 순간이었다. 나는 공관 2층 테라스에서 동포대표들과 함께 떠나는 대통령을 배웅하였다. 전용차에 타기 전에 손을 흔드는 모습이 대통령을 보는 마지막 기회라는 생각이 들었다.

당 공관은 1965년 9월 개설되었으나 현직 대통령이 방문한 것은 이번이 처음이었다(1999년 10월 중순 이희호李姬鎬 여사(前 김대중 대통령 영부인)가 출판기념회를 계기로 센다이를 방문한데 이어, 2009년 10월 말 김영삼金泳三 전 대통령 내외가 개인적으로 쓰나미 피해를 입은 마쓰시마(松島)를 방문한 적이 있다).

이번 대통령의 방문으로 동북지방에서 유일한 외교공관으로 자리잡고 있는 당 공관은 물론, 1만 2,000여 명에 달하는 재외동포들의 자긍심도 한층 높아질 것이다. 앞으로 이번 대통령의 재해지역 방문을 시작으로 고국으로부터 센다이 일원을 찾는 발길이 이어질 것으로 예상된다. 우리기업 관계자들은 복구를 위한 비즈니스를 찾기 위해서 방문할 것이며 각계 전문가들은 재해 현장을 직접 보면서 재난예방책 등을 보완할 것이다. 한편 일부 매스컴 관계자들도 피해지 위로 공연을 위해 방문할 것이다.

하루빨리 센다이공항의 아시아나항공이 재개설되는 등 예전과 같이 한일 양 국민 간의 교류가 활발해졌으면 하는 바람이다. 센다이에서 관광업으로 생계를 영위하고 있는 일부 동포들은 대지진과 원전사고 이후 갑자기 관광수요가 끊어져 보기에도 안쓰러울 정도이다.

5월 22일(일). 제73일째~5월 23일(월). 제74일째 일기 없음

5월 24일(화). 제75일째 재일동포 가운데 뉴커머와 올드커머의 재난대처가 다르다

이번 '3.11대지진'으로 센다이총영사관에는 1965년 9월 공관 개설 이래 단기간에 이렇게 수많은 사람이 방문한 적이 없다. 전혀 경험하지 못한 대재난의 위기가 닥치자 자연스럽게 재외국민들이 공관으로 찾아들었다. 공관으로 발걸음을 옮기는 동포들을 맞이하면서 뚜렷한 흐름을 발견할 수 있었는데, 이번에 찾아온 동포들은 대부분이 뉴커머들이었다.

이들은 한국에서 태어나서 교육을 받고 성장하여 일본으로 건너와 생업에 종사하거나 유학 온 사람들로서 고국과는 친지가 있는 등 인연이 깊은 사람들이다. 따라서 고국에 있는 친척들의 걱정과 귀국을 독촉하는 성화에 못 이겨 본의 아니게 일시 귀국하는 사람들도 적지 않았다. 따라서 대지진 발생 후 2주일 동안은 뉴커머들의 귀국 편의를 제공하는 것이 공관의 주요임무의 하나가 되었다. 고국에서의 관심도 뜨거웠다. 사건 발생 3일째부터는 최대 40여 명에 이르는 기자들이 센다이에 들어와 취재경쟁을 벌이면서 한국말이 통하는 뉴커머를 중심으로 취재한 후 고국에 타전했다.

한편 공관은 제한된 인원으로 거대한 쓰나미 재해를 입은 지역에서 고생하는 재외국민들에게 관심을 보일 여력이 미치지 못했다. 설사 관심을 가질 수 있는 행정인프라가 구축되었다 하더라도 재해지역으로 접근할 수 있는 도로망이 차단된 데다 마을이 흔적도 없이 사라진 현장에서 어려움에 처한 동포들을 찾기도 힘들었을 것이다.

이런 공백을 메워준 것이 3개 피해지역의 민단民團 지방본부였다. 미야기 현·후쿠시마 현·이와테 현의 민단 지방본부는 해안지역에 거주하는 동포들의 안부를 확인하는 작업을 차근차근 진행해 나갔다. 사태 발생 후 일주일 동안 공관의 올드커머에 대한 배려의 공백을 민단에서 메워주었다.

물론 민단 지방본부(사무국)는 공관과 긴밀히 협조하면서 고립된 재외동포가 있거나 어려움에 처한 경우에는 알려주어, 공관의 행정력이 미칠 수 있게 하였으며 재외국민의 사망·행방불명자에 대한 집계 및 올드커머의 소재 확인 등에서 공관을 많이 도와주었다.

그러나 올드커머들은 거의 공관을 찾아오지는 않았다. 이들은 할아버지 또는 아버지 대에서부터 본인 의사와 관계없이 일본에 들어온 동포들을 선조로 하고 있는 소위 '재일동포 2~3세'라고 불리는 사람들이다. 재해 발생 4일 후에 김성의金盛義 이와테 현 민단 단장이 공관을 방문하였다. 총영사가 단장에게 고국으로 피난을 가야 하지 않느냐고 물어보자, "내가 왜 가느냐. 죽어도 이곳에서 죽고 살아도 이곳에서 살지"라는 대답이었다. 옆에서 그들의 대화를 듣고 있던 나는 충격을 받았다. 일본에서 태어나서 일본에서 교육받은 올드커머들의 인식의 편린을 알게 해주는 순간이었다. 올드커머들에게는 엄청난 재해를 당한 상황에서 자신이 태어나고 자란 고향인 피해지역을 떠난다는 것은 생각할 수 없는 것이었다.

최근에 '재일在日'이란 용어가 등장했다. 일본에서 태어나서 자라고 교육받은 한국인의 피가 흐르고 있는 이들의 생각이나 의식을 표현하는 말이다. 이들에게는 한국과 일본 모두가 고향이라고 할 수 있으며 남북한 어느 편에도 속하지 않은 일본사회의 관습이나 정서에 가까운 한국인이라고 할 수 있을 것이다.

한편 재외국민들이 대지진을 맞아 공관을 찾아온 순서도 흥미롭다.

제일 먼저 공관의 문을 두드렸던 사람들은 한국 출신의 동북대학 유학생과 일부 대학교수 등 뉴커머들이었다. 아마도 이들은 단기체류의 성격이 강하고 일시 피난의 목적이 컸다고 할 수 있다. 두 번째로 공관을 찾아온 이들은 장기간 체류 중인 뉴커머들이었다. 이들은 일본 사정을 잘 알고 비즈니스로 일본을 방문한 사람들로 일본인들과의 거래관계 등을 고려하는 그룹이라고 할 수 있다. 끝으로 매우 드문 경우이나 일부 올드커머들이 대재난을 계기로 고국의 친지 방문을 겸해서 일시 피난하는 분들이었다. 정신적인 안정과 친지방문 등의 목적이 컸다.

5월 25일(수). 제76일째~~5월 27일(금). 제78일째 일기 없음

5월 28일(토). 제79일째 원전사고 수습과정에서 일본정부와 동경 전력은 신뢰를 손상하다

센다이에는 철쭉이 피기 시작했다. 이곳에 오기 전에 살았던 경기도 분당·죽전에서는 4월 하순이면 철쭉이 만발했던 기억이 새롭다. 이곳은 고국과 20~30일 정도의 시차를 두고 뒤늦게 꽃이 피고 있다. 최근에는 여름 날씨가 다가오나 싶더니 이틀 전부터 추워져 4월 초순의 기온을 보이고 있어 밤에는 방에 난방을 해야 할 정도이다.

아직도 8만여 명의 이재민들이 피난생활을 하고 있는데 참으로 안타까운 심정이다. 대지진과 쓰나미의 피해를 입은 지역은 복구에 여념이 없는 가운데 일본의 중앙정부와 지방정부(縣)는 부흥계획을 마련하는데 분주한 모습이다. 이런 가운데, 최근 이슈가 되고 있는 후쿠시마 제1원전의 1, 2, 3호기의 원자로의 노심이 녹아내린 사고의 원인 등을 규명하는 차원에서 냉각기능의 정지 여부가 초점이 되고 있다.

대지진과 쓰나미의 여파로 1,2,3호기 안으로 담수 주입이 어렵게 되자 원자로의 노심을 식히기 위해 원전 가까이 있는 태평양 상의 해수를 주입하고 있었지만 그 역시 불가능하게 되었다. 3월 12일(토) 오후에 55분간 해수 주입이 정지되었다는 내용을 둘러싸고 국회에서 수상의 지시가 있었는지를 두고 논란이 일었다. 그런데 정작 사고 현장에서는 동경전력의 현장소장(요시다, 吉田昌郎)의 독자적인 판단으로 해수의 주입이 정지되지 않고 계속되었다고 동경전력이 5월 27일(금) 수정 발표했다.

국민들의 입장에게 정부·동경전력·원자력안전보안원 등 관계기관의 누구의 말을 믿어야 할 지 모르는 상황으로 비화되었다. 그리고 정부로서는 동경전력의 말을 어떻게 검증할 것인지에 대한 신빙성의 문제에 직면하게 되었다.

이번 일련의 소동을 보면서 일본정부와 동경전력의 관계자 간에 충분한 의사소통이 없었으며, 엄청난 사고를 당해 수습하는 상황에서 정부는 물론 동경전력도 내부 의사결정 과정에서 의사록 등 사실관계의 기록이 빈약한 결과, 참가자의 기억에 의존하고 있다는 점이 속속 밝혀지고 있다.

한편 3월 12일(토)에 처음으로 수소폭발이 발생한 후부터 3월 15일(화)까지 동경전력이 측정한 방사성물질의 농도가 아직 발표되지 않은 가운데, 시중에 관련 자료가 유포되고 있다는 소문마저 퍼져 당시의 관련정보에 대한 정확하고 신속한 공표의 필요성이 제기되고 있다.

현재 원자력전문가 20명(12개국 파견)으로 구성된 IAEA 조사단이 5월 24일(화)부터 일본을 방문하여 6월 2일(목)까지의 일정으로 원전 사고의 경위와 수습과정 등을 조사하고 있는 가운데, 국제사회에 원전에 대한 일본 측의 안전신화에 대해 의문을 갖게 하는 구실을 제공하고 있다. 6월 20일(월) 오스트리아 빈에서 개최될 IAEA 각료급회의에서 일본정부가 마련하고 있는 원전 사고의 원인·대응책 및 시사점 등을 기록한 보고서와 IAEA 자체의 조사보고서가 제출되면 후쿠시마원전 사고 관련 제반사항이 상당부분 해명될 것으로 보인다.

원전으로부터 90여 킬로미터 떨어진 센다이에서 생활하고 있는 나는 매일 방사성물질이 신경 쓰이는 부분이다. 외출 시에는 모자를 쓰고 마스크를 하거나(대부분 시민들은 마스크를 하지 않고 돌아다니고 있다) 먹는 물을 비롯해 오염수의 다량배출로 인한 감염을 우려하여 회유성 어패류 등 음식물의 섭취에 주의하고 있다.

일본정부와 동경전력은 관련 자료를 주민들에게 신속하고 정확하게 전달해야지 그렇지 못할 경우에는 '양치기 목동의 거짓말 우화'로 변질되어 일본 국내는 물론 국제사회에서 신뢰를 상실할 수 있다는 점이다. 그동안 개인적으로 나는 일본이 신뢰도가 높은 사회라고 생각해왔다. 상거래에서도 상대방을 속이지 않는 관습이 에도시대부터 성립될 정도로 신뢰관계가 정착되어 있다. 개인적으로 만났던 일본인들은 항상 약속을 지켰고 나의 기대를 저버렸던 사람은 한 명도 없었다.

그런데 이번 원전 사태를 지켜보면서 일본정부와 동경전력 등이 국민들에게 공식적으로 발표한 사항을 번복하는 등 갈팡질팡하는 모습을 보면서 의문을 제기하게 되었다. 국민의 입장에서 누구를 믿어야 하는지, 어느 정도까지가 옳고 그른 지를 판별하는 것이 어려워지고 있다. 앞으로 일본정부와 전력회사가 국책사업으로 에너지 공급을 위해 불가피하게 원자력발전소를 추가 건설할 경우 해당 지역민들로부터 동의를 얻기가 힘들어진다는 점 등을 고려했으면 한다.

우리나라에서 이러한 상황이 벌어지면, 신속히 전문가로 구성된 제3의 검증기관을 설치하거나 국회 차원의 특위를 구성하여 국민들의 의구심을 해소하려고 노력한다. 물론 일본도 5월 24일(화) 각료회의에서 후쿠시마원전 사고의 사고원인을 검증하는 제3자 기관인 '사고조사 · 검증위원회(위원장: 하타무라 요타로(畑村洋太郎), 동경대 명예교수)'를 설치하여 규명하려는 태세이나 추진 속도가 느리고 국민적인 관심이나 기대감도 높지 않은 것 같다.

5월 29일(일). 제80일째 센다이 분위기도 변하고 있다. 장례 및 건설업체가 호황이다

오키나와에서 북상중인 태풍이 올해 처음으로 발생하여 동북지방도 가랑비가 내리기 시작했다. 내일부터는 태풍이 접근함에 따라 빗발이 세질 것이며 피해지역의 복구에도 지장이 적지 않을 것 같다. 특히 이번 지진으로 지반이 상당히 내려앉아 바다보다 80센티미터 정도 낮아진 곳이 많은 미야기 현 이시노마키 시 등에는 만조시간과 겹칠 경우 침수 피해가 우려되고 있다.

이번 대지진과 쓰나미로 인해 센다이 시내의 풍경도 은근히 바뀌어가고 있다. 우선 장례 관련업체가 호황이다. 수많은 사상자가 발생하여 장례와 관련된 업종이 바빠지고 있다. 지진으로 많은 주택이 파손되어 보수 및 건설업체도 활황이다. 목수 · 페인트공 등 일손이 절대부족한 실정이다. 호텔도 지진피해 부흥을 위해 외지로부터 작업자와 자원봉사자가 센다이에서 둥지를 틀고 있어 객실이 절대적으로 부족하고 숙박비도 20% 정도 상승했다. 지진 이전에 센다이에는 42개 호텔이 있었는데 11개가 파손되어 시설보수 중으로 남은 31개 호텔은 만원사례이다

주택도 품귀상태이다. 이재민들이 가설주택에 입주하는 대신에 도심의 빈집에 입주할 수 있는 '주택임차료 보조제도'를 이용하려는 사람들이 도시로 유입되어 주택품귀 현상이 발생하고 있다는 이야기이다.

또한 음식점과 주점은 밤이 되면 때 아닌 호황을 누리고 있다. 피재지에서 복구 작업으로 땀 흘린 사람들이 밤이 되면 센다이로 돌아와 주점 등지에서 술잔을 기울이기 때문이다. 다만 생선회를 내놓는 일식집은 연안의 방사능 오염을 우려하여 손님이 뜸한 편이다.

피해지역은 밤이 되면 암흑천지로 변해버리는데 반해, 센다이는 밤늦게까지 사람들로 붐비는 도시로서 활기를 띠어가고 있다. 아마 센다이는 피해지역의 부흥수요를 상당기간 누릴 것으로 보인다. 또한 주말이면 해안지역 등지에서 거주하는 젊은이들이 도심의 다양하고 자유스러운 분위기를 즐기려고 센다이로 몰려드는 진풍경이 벌어진다. 쓰나미로 정들었던 도시가 파괴된 데다 피난생활의 답답함을 해소하고 친구들을 만나기 위해서인 듯싶다.

대형 유통매장에서는 홋카이도 및 규슈 등지에서 생산한 우유·치즈·버터 등 유제품을 비롯하여 야채, 생선 등이 잘 팔려나가고 있다. 한국의 제주도산 생수도 일본의 대형매장에 입점했는데 잘 팔린다는 소식이다. 아마도 대지진·쓰나미와 원전 등의 복합재해가 파생시킨 소비생활 패턴의 변화라고 할 수 있다.

그러나 미야기 현의 경우 학교급식을 제공하는 업체가 시내에서 떨어진 해안지역에 위치하여 이번 쓰나미 피해를 입었다. 신학기가

시작되었으나 관내 학교급식이 원활히 이루어지지 못하고 주먹밥 등으로 대체하는 경우도 적지 않다. 그리고 여전히 센다이는 남쪽으로 90킬로미터 떨어진 후쿠시마원전 사태가 진행 중인 점을 감안할 때, 시민들은 매일 방사능 수치와 풍향 등에 주의하면서 긴장감을 가지고 일상을 보내고 있는 것이 현실이다.

5월 30일(월). 제81일째~5월 31일(화). 제82일째 일기 없음

6월 1일(수). 제83일째 피해지역인 동북 3현에 구직자가 급증하다

엊그제의 태풍에 이어 오늘 저녁부터 다시 비가 내리기 시작한 탓인지, 센다이는 밤이 되자 10도 이하의 스산한 날씨이다. 아침에 출근할 때는 이상한 생각까지 들었다. 이미 여름의 초입에 들어섰음에도 4월 초순경의 날씨로 돌아가는 것을 보면서 이상기온이 오거나 다시 대지진이 엄습해오는 것이 아닌가 하는 불길한 생각이 들었다. '3.11대지진' 당시 무척 추웠고 드물게 강한 바람에다 많은 눈이 내렸기 때문이다.

동북지방에서도 미야기·이와테·아키타·아오모리 등 4개 현의 여름은 7월부터 본격화된다. 6월에 접어드니 센다이 시내에서 바라본 북쪽 너머의 산들의 정상에 남아있던 눈도 거의 녹아 조금밖에 남아있지 않았다. 이렇게 시간이 흐르면서 피난소에서 생활하던 이재민들이 가설주택에 입주하거나 도심에 남아 있는 빈집으로 이사하는 경우가 많아져 피난소도 점차 비워져 가고 있다.

일단 피난소를 떠나면 의식주 해결을 위해 이재민의 가장은 수입원을 찾아야 한다. 그러나 정든 항구에 있었던 수산 관련업종의 직장과

일들은 쓰나미 피해로 복구가 장기화될 수밖에 없어 결국 수도권 등지로 직장을 찾아 떠나야 한다. 대부분의 가장들은 어쩔 수 없이 정든 가족을 남겨두고 떠나야 하는 이별의 고통을 겪을 수밖에 없다.

쓰나미가 엄습했던 동북지방 3현의 해안도시에는 사람들이 속속 떠나고 있어 복구가 되더라도 얼마나 돌아올지 모를 일이다. 가령 5월 31일(화) 공표된 4월 중 미야기 현의 유효구인배율이 0.44배로 대지진 이전과 비교하여 0.06포인트가 낮아지는 등 실업문제가 사회적인 현안으로 부상하고 있다. 취업을 앞둔 대학·고교 졸업자도 연고지역에서 직장을 잡으려고 해도 예년과 달리 사업장이 쓰나미로 없어지고 도시 자체가 사라진 탓에 어쩔 수 없이 고향을 떠나 타지로 나갈 수밖에 없는 실정이다.

일본 후생노동성은 7월 15일(금)에 2012년 3월에 졸업하는 고교생의 구직동향을 발표했다. 일본 전체적으로는 현외縣外 취직을 희망하는 고교생이 전년 동기 대비 3.0%인 2만 6,721명이 감소했는데, 피해지역인 미야기 현은 30.3%(637명), 후쿠시마 현은 35.2%(1,397명)가 증가하였다. 다시 말해 대지진과 쓰나미로 양현兩縣은 기업들의 구인이 크게 감소하여 직업을 구하려는 고교생들이 고향을 떠나 타 지역에서 직업을 구하려는 수가 증가했음을 의미한다.

동경 우에노(上野) 역 인근의 우에노공원 초입에는 '아, 우에노 역'이란 엔카의 노래비가 서있다. 1970년대 초반의 고도 성장기에 동북지방 출신의 젊은이들이 동경 등 수도권 기업들에 취직하기 위해 탔던 도호쿠혼센(東北本線)의 종점이 우에노 역이었고 그래서 만들어진 이 노래는 당시의 애환을 담고 있다.

당시의 수도권에 절대적으로 부족했던 노동력을 동북지방 출신의 젊은이들이 보충했던 것이다. 이전에 경험하지 못한 최악의 복합재해를 맞아 동북지방 사람들은 생계를 위해 사랑하는 가족과 헤어져 타향에서 직장을 찾아야 하는 경우가 재차 일어나고 있는 것이다. 앞으로 동북지방을 떠나는 인구이탈 현상이 가속화될 가능성이 크다.

중앙 및 지방정부가 마련 중인 피해지역의 복구·부흥계획에는 고용창출이 무엇보다도 시급함은 말할 것도 없다. 기업들은 리스크 분산을 위한 거점배치 차원에서 동북지방에도 기업을 세우는 배려를 하고, 정부는 미래형 산업을 중점 배치하되 다수의 노동력을 고용할 수 있도록 정책적인 배려가 시급하다.

우에노 역에 있는 '아, 우에노 역'이란 제목의 엔카 노래비

6월 2일(목). 제84일째 일기 없음

6월 3일(금). 제85일째 오랜만에 일시 귀국길에 오르다

센다이에 부임한 지 2년 만에 휴가를 받아 일시 귀국하는 길에 올랐다. 평상시라면 센다이 공항에서 인천공항으로 입국하는데 공항에서 동쪽으로 1킬로미터 정도 떨어진 태평양으로부터 몰려든 쓰나미의 피해를 입어 동경(하네다 공항, 나리타 공항) 또는 니가타 공항이나 아키타 공항을 경유해야 하는 불편이 있다.

나는 하네다-김포 간 항공노선을 이용하기로 하고 6월 2일(목) 밤 8시 20분발 대한항공(KAL) 비행기를 예약하고 공항으로 출발했다. 센다이 역에서 승차 후 남쪽으로 달리는 신칸센 열차의 차창에 비친 동북지방의 주변 풍경은 여름으로 접어드는 탓인지 녹음이 짙어가고 있다. 강한 지진으로 깨어진 지붕 위의 기왓장들은 여전히 보수를 기다리고 있었고 임시로 비닐을 씌우는 등 다가올 장마에 대비하는 모습들도 간간히 보인다.

원전으로부터 반경 50킬로미터 정도 떨어진 후쿠시마(福島) 시와 코오리야마(郡山) 시市 주변에 있는 강변의 둔치나 학교 운동장에는 청명하고 시원한 날씨임에도 뛰노는 학생들이 한 명도 보이지 않는다. 초여름인데도 하교하는 학생들에게서 짧은 반팔의 교복을 입은 모습은 찾아볼 수가 없다. 특히 신칸센 역 주변 등에서는 어린아이를 거의 찾아보기 힘들다. 그리고 많은 사람이 떠난 탓인지 조용하다. 항상 많은 인파로 붐볐던 예전과는 판이한 광경이다.

동북지방은 일본열도 중에서도 추운 지방에 속해 벼를 일찍 심고 수확도 빠른 편이다. 따라서 5월 초가 되면 벼의 모종인 모를 심기 시작하는데 이미 심어져 있었고 일부 논에서는 보리이삭이 누렇게 익어가고 있었다.

1996년 여름 나고야국립대학에서 연수했던 시절, 홋카이도에서부터 기차로 동북지방을 여행한 적이 있었다. 농촌의 나이 드신 분들이 석양녘에 강아지를 데리고 산보하는 광경을 본 적이 있었다. 우리나라와 달리 일본 농촌의 여유로움이 묻어나는 풍경이었다. 그런 동북지방의 농촌이 후쿠시마원전 사고로 각종 농산물에서 규제치 이상의 방사능이 검출되어 출하제한을 받고 있는 어려운 상황을 겪고 있다. 한편 동경 등 수도권의 식량창고 역할을 했던 동북지방으로부터 풍부한 농수산물을 안심하고 섭취할 수 없는 시민들의 고통도 크지 않을수가 없다.

6월 4일(토). 제86일째~6월 6일(월). 제88일째 일기 없음

6월 7일(화). 제89일째 고국에서 심신을 회복하고 다시 임지로 돌아오다

2년 만에 찾은 고국의 정서는 부모 형제 그리고 아내와 자식 등이 반갑게 맞아주어 따뜻한 가족애를 새삼 절감했다. 부모님을 찾아뵙고 성묘를 하기 위해 찾은 광주시의 모습은 몰라보게 건물들이 많이 들어서고 도로 등의 인프라가 잘 정비되고 있었으며 영산강 주변은 4대강 하천정비사업의 일환으로 분주했다.

그러나 중간층이 엷어진 탓인지 사회경제적인 격차가 확대되고 있다는 분위기를 감지할 수 있었다. 특히 우리나라 사람들의 인상이 전투적이라는 점에서 놀라웠다. 8년 전 동경에서 근무할 당시에는 느끼지 못했는데, 생활이 다소 여유로운 시골풍의 센다이에서 근무하면서 찾은 고국의 도시 분위기는 긴장감이 강했다. 그만큼 삶이 치열하고 스트레스가 많다는 증거일 것이다. 한편으로는 센다이 시민들의 생활 환경이 여유롭고 풍요롭다는 반증이 아닐까 싶다.

개인적으로 임지에서 고국으로 돌아오면 우리 사회에 적응하는 데 몇 개월이 걸리는 경우가 적지 않았다. 비단 나뿐만 아니라 외국에서 비즈니스 등으로 생활했던 사람들도 별반 다르지 않을 것이라고 생각한다. 이번에 가장 실감한 것은 한국의 에너지 사용이 여유롭다는 점이었다. 일본의 관동 및 동북지방은 후쿠시마원전 사고와 대지진의 여파로 발전시설이 파괴됨으로써 전력공급이 원활하지 못한 편이다. 다행히 우리나라는 여유로운 편이어서 시내의 밤거리가 밝고 목욕탕 등에서 전혀 불편이 없었다.

이번 동일본대지진을 바라본 우리나라 국민들은 일본인들의 높은 질서의식과 위기극복의 시민정신을 칭찬하였다. 쓰나미가 할퀴고 지나간 폐허와 굶주림의 추위 속에서도 전혀 동요하지 않고 절제 있는 소비생활과 남을 배려하는 모습에서 참된 인간미를 느꼈다는 여론이었다. 성남의 택시운전기사는 절체절명의 위기상황에서도 차분하고 냉정하게 대응하는 것을 보고 선진시민의 자세가 무엇이며 국가와 사회에도 품격이라는 것이 있음을 알았다고 말하였다.

'3.11대지진' 이후 80일 이상이 지나고 여전히 간헐적인 여진이 지속되고 있는 가운데, 나는 몸이 지친데다 마음의 긴장감도 쉽게 풀어지지 않아 절실히 재충전이 필요했다. 이번 거대한 쓰나미의 엄습을 가까이서 보고 겪으면서 가족, 친지 그리고 친구와 정담을 나누는 것이 얼마나 소중한 것이며 생활의 활력소임을 절감할 수 있었다. 쓰나미를 당한 피해 현장에서도 남는 것은 물질적인 부가 아니라 따뜻한 가족애와 지역 간 유대가 아니었던가.

휴가를 떠나기 전에 괴롭혔던 지진멀미가 거의 없어졌다. 당분간 강한 여진이 없다면 잊혀질 것 같다. 고국에 있는 수일 동안 일본에 비해 자연재해가 드문 곳에서 가족들이 생활하고 있다는 것이 얼마나 다행인지를 절감했다.

대지진과 거대한 쓰나미를 겪은 후, 얼마동안 당연시했던 전기와 수돗물의 공급이 차단되고 추운 겨울에 방안을 덥힐 석유와 자동차를 움직일 가솔린을 구할 수가 없었다. 또한 원자력발전소의 사고로 공기와 수돗물마저 마음대로 숨 쉬고 마실 수가 없는 경우에 직면하였다. 자신이 직접 그런 고통을 겪지 않고서는 생활이 얼마나 불편하고 공포스러운지 알기 힘들다. 나는 혼자 생활하면서 겪었기에 다행이지 어린 자식을 부양해야 하는 경우에는 심적인 불안이 더욱 컸을 것이다.

6월 8일(수). 제90일째~6월 9일(목). 제91일째 일기 없음

6월 10일(금). 제92일째 재난을 당한 동북지방 3현마다 분위기는 다르다

그동안 시원하던 센다이의 날씨도 섭씨 20도를 넘는 여름 날씨로 접어들기 시작했다. 그러나 여름이 일찍 찾아온 서울에 비하면 이곳은 (원전 방사능의 경계감을 늦출 수는 없지만) 청명한 하늘에 공기도 상쾌하고 밤이면 가벼운 난방을 하고 잠을 자야 할 정도이다.

나는 2년 가까이 센다이에서 생활하면서 관할 동북지방의 6현을 돌아볼 수 있는 기회를 가질 수 있었다. 규슈 및 관서 지방에 비해서 동북지방은 한국과는 역사적으로 인연이 적은 편이다. 한반도와 일본 열도 간에 넓은 바다가 놓여 있는데다 거리상으로도 멀어 인적 교류가 뜸했기 때문이다.

　동북지방에 거주하는 재일동포 수도 1만 2,000여 명에 불과하다. 올 드커머의 후손들은 일제시대 후쿠시마 현(이와키 시)과 아키타 현(오타테 시), 이와테 현(가마이시 시, 마쓰오무라) 등지에 산재한 광산 및 철도(센잔센 仙山線) 건설 등으로 강제징용을 당해 온 사람들의 후손이 적지 않으며 이들도 직업을 찾아 동경 등 수도권으로 다수가 옮겨갔다.

　동북지방은 에도막부를 지키려는 수구세력과 새롭게 부상하는 천 황 중심의 개혁세력 간 전투인 보신(戊辰)전쟁에서 수구세력이 패배함

8월 초순 열리는 센다이 타나바타(七夕) 축제의 동일본대지진으로부터 희망을 노래하는 종 이학들

으로써 중앙정계로부터 소외되었다(동북지방의 아이즈한(會津藩)은 수구세력의 편에 섰다). 따라서 규슈 및 관서 지방 출신들이 정권을 잡은 메이지(明治) 시대부터 동북지방은 멸시를 받는 처지로 전락하게 된다. 당시 유행했던 것이 '후쿠시마 현에 있는 시라카와(白川)의 북쪽지방은 산 하나가 100푼에 불과하다(白川以北一山百文)'라는 말이다.

그러나 일본은 메이지(明治)시대와 짧은 다이쇼(大正)시대를 지나 2차 대전 이후의 쇼와(昭和)시대의 고도 성장기를 거치면서 동북지방은 수도권인 관동지방의 물산을 공급하는 기지로 부상하고 60~70년대 고도 성장기에는 부족한 노동력을 보충하는 곳으로 중요해진다.

그동안 동북지방에 머물면서 외국인으로서 느낀 피해지역 3현에 대해 언급해본다.

미야기(宮城) 현縣

이곳은 센다이(仙台)와 후루카와(古川), 오사키(大崎) 주변의 넓은 평야지대를 품고 있어 식량이 풍부하고 서쪽 배후지에는 야마가타 현이 소재하여 그곳에서 산출되는 과일, 산나물 등 농산물을 공급받을 수 있다. 또한 동쪽에는 세계 3대 어장이라는 태평양 상의 미나미산리쿠(南三陸) 앞바다에서 풍부한 수산물을 채취할 수 있다. 해산물은 이와테 현 및 후쿠시마 현도 별반 다름이 없다.

이처럼 육지와 바다에서 물산이 풍부하다 보니 민심이 양순하고 신사적이다. 시민들은 말수가 적고 조용하며 매사에 행동이 조심스럽고 인내심이 강한 편이다. 또한 외지인을 수용하는데도 개방적이다.

인구 100만 명 이상의 센다이 시 중심의 일극집중 현상이 심하고 두 번째 도시인 연안지역의 이시노마키(石巻) 시市는 상대적으로 인구도

적은 편이다. 따라서 주민생활과 행정이 중앙 집중적일 수밖에 없으며 주말에 센다이 시는 유동인구로 넘쳐난다.

이와테(岩手) 현縣

미야자키 겐지(宮崎賢治)의 소설에도 나오는 이와테산(岩手山)이 말해주듯이 지형이 산악지역으로 둘러싸여 있는 이곳은 독립적인 성격이 강한 지방자치가 다른 어느 곳보다 굳게 정착되어 있다고 생각한다. '3.11대지진'과 쓰나미를 거친 후 복구·부흥의 과정에서 순발력 있게 속도를 내고 있는 모습에서 알 수 있듯이 독립적인 지방자치 성격이 강하다. 이런 성격은 주민들의 지역 유대가 끈끈한데서 연유한 것이 아닌가 한다.

중심도시는 모리오카(盛岡), 하나노마키(花卷), 키타가미(北上), 이치노세키(一關)로 이어지는 내륙지역의 도시와 이번에 쓰나미의 타격을 받은 미야코(宮古), 가마이시(釜石), 오후나토(大船渡), 리쿠젠다카다(陸前高田)로 이어지는 태평양 상의 산리쿠(三陸)해안에 면한 항구도시들이다.

인구가 적은 과소지역인데다 주민들은 다소 터프하면서도 강한 유대감을 가지고 있다. 중앙정부에 의지하기보다는 우선은 자신들이 지역에 밀착하여 눈앞에 직면한 위기를 타개해 보려는 독립심이 강한 지역이다. 이런 사람들의 속성이 이번의 대재난에서도 그대로 드러나 가장 복구·부흥의 속도가 빠른 편이 아닌가 한다.

나는 1년 전(2010년)에 자동차로 이와테 현의 내륙부의 이치노세키(一關), 미즈사와에사시(水澤江刺)와 태평양 상의 가마이시(釜石), 리쿠젠다카다(陸前高田) 등지를 여행한 적이 있었다. 처음 방문하는 이방인에게 무언가 에너지를 불어넣어 주는 정기를 느낀 적이 있다. 또한 업무 차

이와테산의 눈 덮인 모습

신칸센을 타고 모리오카 시를 방문하곤 하는데 그때마다 눈에 들어오는 것은 중·고등학생들이 대합실이나 커피숍에서 책을 펴놓고 공부하는 모습이었다. 자신들이 살고 있는 곳이 척박하다 보니 열심히 공부하는 것이 생존의 지름길이라고 느끼고 있는 지도 모른다.

사실 이와테 현은 일본의 역대 수상으로 5명을 배출하였고 고토신페이(後藤新平) 등 걸출한 인물들을 배출하였다. 모리오카 시는 고장을 빛낸 선인기념관(先人紀念館)을 세워둘 정도로 후학 양성에 공을 들이고 있다. 일본 속담에도 '기름진 땅에서 자란 사람은 쓸모가 없다(沃土の民は用いず)'라는 말이 있듯이 이런 척박한 자연환경이 그곳에 발붙이고 사는 사람들을 강하게 만들고 있는지도 모른다.

후쿠시마(福島) 현縣

원자력발전소 사고로 어려움을 겪고 있는 이곳은 지형적으로 태평양 상의 연안지역을 제외하고는 산악으로 둘러싸여 있다. 산악지형이다 보니 지방분권이 발달할 수밖에 없는데 서쪽 내륙분지의 아이즈와카마쓰(會津若松)를 중심으로 하는 산간부(야마도오리)와 후쿠시마(福島), 코오리야마(郡山)를 축으로 하는 중앙내륙부(나카도오리), 이와키, 소마(相馬)를 중심으로 하는 태평양 연안부(하마도오리)로 삼분하여 볼 수 있다. 이번 원전 사고로 연안부와 중앙내륙부가 피해를 보고 있으며 산간부인 아이즈 지역의 관광산업도 적지 않은 피해를 입고 있다.

후쿠시마 현은 에도시대부터 산간내륙부의 아이즈와카마쓰(會津若松)

신칸센 후쿠시마(福島) 역

지역이 중심이다 보니 보신전쟁(戊辰戰爭) 당시 지역의 젊은이들이 최후까지 항전하여 자결한 백호대白虎隊나 에도막부 체제를 옹호한 수구세력이었던 신센구미(新選組)의 다수가 이곳 출신임을 말해주듯이, 인접한 니가타(新潟) 현과 더불어 반골기질이 두드러지며 고향에 대한 애착이 강한 편이다.

지난 2011년 4월 21일 간(菅) 수상이 원전사고로 인해 피난중인 주민들을 위로 차 이곳을 방문한 적이 있었다. 수상이 다음 일정을 위해 얼마 후 그곳을 떠나려고 하자 이재민들이 "벌써 떠나시려고 합니까. 이곳에서 생활해보세요"라며 야유 섞인 불만을 터뜨린 적이 있었다. 나는 NHK TV뉴스를 통해 이 모습을 보고 평소 보아온 동북지방의 모습과 다른 데 놀랐다.

아마 이재민들이 아이즈와카마쓰라면 반발심이 더욱 심했을 것이다. 왜냐하면 간(菅) 수상은 2010년 6월 수상 취임 후 일성으로 "민주당은 기병대奇兵隊가 되어야 한다"고 언급한 적이 있다. 이것은 간 수상이 자신의 고향인 야마구치(山口) 현縣 출신으로 기병대를 창설하여 에도막부에 반기를 든 다카스기 신사쿠(高杉晉作)을 염두에 두고 한 것임을 일본인들은 알 만한 사람은 다 아는 코멘트였다.

보신전쟁(戊辰戰爭)에서 패배한 후 오랜 기간 은인자중했던 아이즈와카마쓰 시민들에게는 비위에 거슬리는 표현이었다. 아이즈 지역에서는 몇 년 전만 해도 야마구치 현 출신이라면 자녀의 결혼도 재고할 정도였으며, 야마구치 현 출신의 승객은 택시를 타기도 어려웠다는 소문이 있다.

지금 가장 어려움을 겪고 있는 이재민들은 태평양 상 연안부(하마도오리)에 거주했던 사람들이라고 생각한다. 쓰나미 피해를 입었음에도 불구하고 방사능 수치가 높아 행방불명자에 대한 수색은 물론 잔해물 철거도 할 수 없는 상황이다. 물론 원전 주변에 살았던 사람들은 정든 고향을 떠나 언제 돌아갈 수 있을지 모르는 상황에 놓여 있다. 특히 어린 자녀를 둔 젊은 세대들이 떠나가고 있으며 남은 주민들은 연장자들이 주류로서 고령화로 인해 지역공동화를 우려하는 여론도 나오고 있다.

6월 11일(토). 제93일째 대재난 발생 3개월째를 맞다

오늘은 동일본대지진 발생 3개월째가 되는 날이다. 6월 10일(금) 현재 사망자가 1만 5,405명, 행방불명자가 8,095명, 모두 합해서 2만 3,500명에 달한다. 사망자 가운데 13%에 해당하는 약 2,000여 명의 신원은 판명되지 못한 상태이다. 행방불명자에 대한 수색도 계속되고 있으나 시간이 경과함에 따라 발견하기가 더 힘들어지고 발견해도 신원확인이 어려워지고 있다. 일본정부는 행방불명자가 3개월을 경과하면 일정한 수속을 거쳐 사망으로 간주하는 조치를 취했다.

아직도 부자유스러운 피난생활을 하는 사람이 9만여 명에 달하며 후쿠시마 제1원전 사고로 인한 피난민까지 합치면 15만여 명에 달한다. 쓰나미로 유실되거나 원전사고 반경 20킬로미터 권역을 제외하고는 전기와 도시가스는 거의 복구되었으나 아직도 피해지역 3현의 5만 7,900호는 단수상태에 놓여 있다.

미야기, 이와테, 후쿠시마 등 피해가 심한 3개 현은 부흥계획을 책정하기 위한 작업에 착수했으나 아직 지역재생을 위한 구체적인 미래상은 제시되지 않고 있다. 또한 후쿠시마 제1원전 사고의 수습도 본격화되지 못한 채이다. 간(菅) 민주당 정권은 참의원의 과반수를 야당이 차지한 어려운 정치상황에서 지지율마저 20% 이하에 머물고 야당의 퇴진 요구로 인해 재난극복을 위한 정치지도력이 의문시되고 있다.

대지진의 피해를 입은 내륙지역은 원상회복이 빠른 편이나 쓰나미의 피해가 심한 해안지역은 생활터전을 잃어버린 이재민들이 적지 않아 직업을 찾아 다른 곳으로 떠나야 하는 경우가 늘어나고 있다. 또한 피난소 생활이 장기화되다 보니 심신이 약화되어 생활재건을 위한 의욕마저 상실되는 상황에 직면하고 있다.

쓰나미로 발생한 잔해는 10% 정도밖에 처리되지 못한 상태이다. 최대 쓰나미 피해지역인 미야기 현 이시노마키 시에서는 폐렴 환자가 평상시보다 4배나 증가하였는데 잔해 철거과정에서 발생한 먼지 등이 원인으로 보인다. 본격적인 여름으로 접어들면 모기 등 여름철 곤충에 의한 질병 확산도 우려된다. 5만 2,500호에 달하는 가설주택假設住宅이 8월경까지 대부분 완성되면 다소 여건이 개선될 것이다.

그러나 1995년 고베대지진의 경우와 같이 가족, 친척, 친구 등의 죽음으로 대화의 상대가 없어짐에 따라 고독사孤獨死하거나, 심지어 앞으로 살아갈 길이 막막하여 자살하는 경우가 200명 이상에 달했던 것을 생각하면 향후 피해지역에서의 공동커뮤니티 형성도 과제이다.

그러나 동북지방은 쓰나미로 할퀴고 간 자리에 앉아서 절망만 할 수는 없다. 산 자는 죽은 자를 대신하여 잔해를 치우고 죽은 자의 명복을 위로하면서 스스로 재기의 각오를 다져야 한다. 피해지역은 하루가 다르게 라이프라인과 교통망이 급속히 복구되어 가고 있으며 잔해들도 치워지고 있다. 또한 어민들은 흩어진 배를 모으거나 지붕 위로 올라간 배를 끌어내려 수리하여 다시 바다에 띄우고, 농가는 모내기철을 맞아 모를 내거나 염분을 치우는 제염작업을 하고 시내의 상점가도 문을 열기 시작하였다. 지역재생을 위해 한걸음씩 무거운 발걸음을 내딛고 있는 것이다.

센다이에서는 6월 11일(토)과 12일(일) 양일간 제11회 '재즈 프로므나도 인 센다이(Jazz Promenade in Sendai)'가 열리고 있다.

나는 개인적으로 집에 돌아오면 매일 밤 재즈를 즐겨듣는 편이어서 매년 9월 둘째 주의 주말의 휴일에 열리는 '재즈 페스티벌'과 더불어 은근히 기다리는 축제였다. 작년과 비교하여 연주 참가자가 상당히 줄었고 청중들도 조용하고 숙연한 모습이었다. 이번 재난으로 희생된 사람들에게는 추모의 정을, 살아 있는 사람들에게는 희망을 전달하려는 메시지가 강했다.

오전까지 가랑비가 그치고 정오부터 화창하게 갠 탓에 재즈를 듣는 2~3시간이 순식간에 지나갔다. 시내 주변에 곱게 핀 철쭉과 장미꽃을 바라보면서 오랜만에 가져보는 여유였다. '3.11대지진' 이전에는 센다이의 휴일은 추운 겨울 기간을 제외하고 항상 재즈의 선율이 흐르는 넉넉한 여유를 가진 아름다운 숲의 도시였다.

6월 12일(일). 제94일째~6월 14일(화). 제96일째 일기 없음

6월 15일(수). 제97일째 전력부족으로 이번 여름은 더욱 무더울 듯하다

아직 센다이는 본격적인 여름이 오지는 않았다. 지난 6월 초 잠시 고국에 들어갔을 때 서울은 초여름 날씨로 더웠다. 그러나 그늘에 들어가면 시원한 감이 있었다. 일본의 동경·요코하마·나고야 및 오사카로 이어지는 일본 열도의 동해안 지역은 여름이면 우리나라와 비교가 되지 않을 정도로 매우 덥다. 고온에다 끈적끈적하게 느끼는 습기

가 많기 때문이다.

현재 일본은 동경전력의 후쿠시마 제1원전 사고의 여파로 지난 3월 11일부터 제1원전(1~6호기)과 제2원전(1~4호기)가 가동이 중지된 데 이어 중부전력의 하마오카(浜岡)원전도 지진 발생 시 쓰나미를 우려하여 가동을 중지(2011월 5월)하였다. 게다가 간사이전력(關西電力)도 전체 11기의 원전에서 4기가 정기검사를 위해 정지 상태인데다 8월까지는 추가로 2기가 정지될 예정이어서 전력부족 상태가 현실화되고 있다.

동경전력과 동북전력은 오는 7월 1일부터 관할지역을 대상으로 전기사업법 27조에 따른 '전력사용제한령'을 발동하여 전력소비가 큰 대기업에게는 작년 여름철 대비 전력 사용량의 15% 감축의무를 실시하고 각 가정에게도 전력사용 절약을 요청할 예정이다. 제1차 석유위기가 발생한 1974년 이래 37년 만에 발동한 전력사용 제한조치이다. 그리고 간사이전력도 여름철이 본격화되는 7월부터 9월까지 절전 15%를 내걸고 산업계에도 평상시에 사용하던 전력보다 아끼도록 요청하고 있다.

일본은 케이힌(京浜)·한신(阪神)·주부(中部)·기타규슈(北九州) 공업지대가 대표하듯이 제조업을 기반으로 하는 세계적인 공장지대를 가지고 있다. 전력을 많이 소비하는 철강·반도체·액정패널 등은 24시간의 공장 운영이 필요한 실정이다. 만약 전력이 일시 중단되면 재가동하는데 며칠이 걸리는 경우가 생기는 것이다.

동북 및 관동 지방에 소재하던 기업들이 후쿠시마원전 사고 이후 다소 전력의 여유가 있던 관서지방으로 공장이전을 검토하고 있었는데 그곳마저 전력이 부족할 것이라고 전해지자 당황해하고 있다. 심지어는 일본산업계의 일각에서는 일본 국내의 공장들이 전력사용상 여유가 있는 외국으로 이전하는 소위 '산업공동화'를 우려하는 여론도 나오고 있다. 금후 일본의 국내기업이 제품 증산을 위한 설비투자 시에는 국내의 전력인프라가 어려운 점을 감안하여 해외투자를 고려하는 경우도 나올 듯하다. 한편 이번 전력부족 사태는 기업뿐만 아니라 일상생활에서도 많은 영향을 미칠 것으로 보인다.

제지·화학기업 등 전력사용이 많은 기업들은 자가발전소를 풀가동하거나 설비를 보강하는 것을 검토하고 있다. 자동차를 제조하는 대기업들은 다소 전력사정이 나은 휴일인 토요일이나 일요일에 조업하고 평일인 목요일이나 금요일을 대체휴무로 돌리는가 하면, 하계휴가를 종래의 2~5일간에서 2주일간으로 대폭 연장하되 국경일은 근무하게 하는 경우이다.

대기업들의 근무시간이 변화하면 관련 중소기업들은 물론 자금 융통을 도와야 할 금융기관의 근무형태도 변화할 수 있으며 탁아소 등 보육시설의 근무시간도 변화할 수 있을 것이다. 다시 말해 사회시스템 전반에 영향을 미칠 수밖에 없을 것이다. 주말에는 아빠, 엄마가 출근하고 초등학생 자녀는 집을 지켜야 하는 경우도 발생할 것이다. 우리가 늘 보던 단란한 가족의 모습을 여름철에는 찾아보기 힘들지도 모른다.

장시간 전기를 사용하는 편의점 등 유통업체나 가로등을 관리하는 지자체 등은 LED 등 절전형 전구로 교체하고 있다. 또한 공공분야 및 기차역 등지의 다중이용시설인 엘리베이터나 에스컬레이터 등의 가동을 제한하는 것을 검토하거나 시행 중에 있다.

다수 기업들이 근무시간을 아침 9시에서 7~8시로 당기는 서머타임을 실시하는 경우도 늘어나고 있다. 어두워지면 전기를 켜야 하기 때문에 퇴근시간을 앞당기는 경우가 적지 않다. 공무원과 샐러리맨들은 출근 시 여름철 간편 복장을 입도록 권장하고 실내 적정온도를 예년보다 섭씨 1도 정도를 올리는 경우가 많아져 섭씨 28도로 설정되고 있다. 작년보다 덥다는 느낌을 지울 수 없다.

현재 일본의 전력공급량의 29%를 차지하는 원자력발전소에서 발생한 사고와 정기점검에 따른 가동 중단이 민간기업의 생산 활동에 막대한 차질을 초래하는 것은 물론, 시민들의 일상생활에도 큰 여파를 미치고 있는 것이다.

– 동경전력 니시자와(西澤俊夫) 사장은 2011년 9월 26일(월) 기자회견에서 일본사회 전체의 여름철 절전에 감사를 표명했다. 동사는 정부와 일체가 되어 안정적인 전력공급에 주력했으며 폭염에도 불구하고 제한송전을 피할 수 있었던 것은 수요자의 협력이 컸다면서, 특히 전력사용 절감 의무 대상인 대형업체가 의무화된 15%를 훨씬 넘은 절전에 협력해주었다고 부언했다.

6월 16일(목). 제98일째 피해지역의 복구 작업이 더디다

6월 20일(월)에야 대지진과 쓰나미로 피해를 입은 동북지방의 부흥과 복구를 위한 제도적 기반이 되는 '부흥기본법안'이 국회를 통과하고 6월 24일(금)부터 공포 · 시행될 예정이다. 고베대지진(1995년 1월)에는 '부흥기본법안'이 재난 발생 1개월여 만에 제출되어 5일 만에 성립된데 비하면 상당히 지연된 느낌이다. 물론 고베대지진과 비교할 수 없는 복합재난인 점을 감안한다고 해도 더디다는 느낌이다.

7,700여 명에 달하는 행방불명자의 수색작업도 지속되고 있으며 피난민도 원전사고를 포함하여 13~15만여 명에 달한다. 피해지역의 간선도로 및 전기 · 가스 · 통신 등 기본적인 생활에 필요한 라이프라인

은 복구되어 가고 있으나, 주민들이 체감할 수 있는 본격적인 복구 작업은 아직 보이지 않고 있다.

피재지의 복구 작업을 강력하게 지원할 간(菅) 민주당 정권의 정치리더십의 부재로 인해 부흥재원이 될 제2차, 3차 추경예산 편성 법안의 제출이 늦어지고 있으며, 부흥계획의 청사진을 제시하는 '부흥구상회의'가 재원 확보를 위해 소비세 등의 증세 방안을 제언하였으나 정책으로 반영될 지는 미지수이다.

한편 후쿠시마 제1원전 사고 이후 원자로 냉각에 사용되는 오염수의 방사성물질 제거작업 등 사고수습의 진전이 답보상태인 가운데, 동경 등 수도권 인근과 동북지방에서는 규제치 이상의 방사성물질이

복구활동을 하는 자위대(自衛隊)

간혹 발견되고 있다. 또한 원전 가동중단으로 일본열도 전역의 전력 공급난은 무더운 여름 날씨 속에서 시민생활의 불편은 물론, 기업들의 생산 활동마저 차질을 초래하고 있다.

이런 가운데 동북지방은 물론 다른 지방에서도 대지진·쓰나미 그리고 원전사고라는 3중의 복합적인 대재난를 맞아 사회 전체적으로 절제 분위기가 확산되어 소비심리가 위축되고 결국 일본경제의 회복이 지연될 것이라는 우울한 사회적 분위기마저 짙은 실정이다.

피해지역에 살고 있는 외국인의 시각으로 봐도 이번 재난을 극복하려는 데 정부의 의지와 스피드감이 부족하다는 점을 지울 수가 없었다. 아마 이것은 관행화되어 버린, 일본사회의 합의형성을 위한 과정과 절차를 중시하는 사회적인 분위기와 무관하지 않다고 본다. 이에 더하여 여소야대의 정치상황(참의원은 야당이 다수)에다 민주당 정권의 정치적 리더십이 발휘되지 못한 데서 찾고 싶다.

6월 17일(금). 제99일째 후쿠시마원전 주변 거주 민원인에게 보낸 우편물이 돌아오다

오후 늦게 1층 민원실에 내려가니 매일 우편물을 전달하는 택배회사 직원이 민원담당 여직원에게 다가왔다. 그는 며칠 전에 총영사관이 발송했던 여권과 동봉한 편지를 수신인에게 전달할 수 없다고 했다. 옆에서 지켜보고 있던 나는 "도대체 일본에서 우편물을 전달하지 못하는 곳이 있느냐?"고 반문했다. 그는 "수취인의 주소가 '후쿠시마 현 후타바(雙葉) 군郡 000' 이므로 전달할 수 없다"는 대답이었다. 나는 순간적으로 수취인의 거주지가 '후쿠시마 현 후타바 군' 이라는 말에 아차 싶었다. 후쿠시마 제1원전으로부터 반경 20킬로미터 권내의 '경계구역'에 속해 있으므로 사람의 접근이 통제되고 있었던 것이다.

이번 원전사고 이후 가장 힘든 피난생활을 보내고 있는 곳이 후쿠시마 현이다. 사고 초기에는 방사성물질의 방출로 인해 농축수산물의 출하가 제한되었고 출하제한이 해제된다고 해도 이미 후쿠시마 산 브랜드는 치명적인 손상을 입었다. 게다가 관광도시 아이즈와카마쓰(會津若松) 등지에서는 방문객들의 발길이 뜸해지고 있고 이런 현상은 동북지방의 온천지역 등으로 파급되고 있다.

개인적으로 늦여름이 되면 후쿠시마 현에서 생산되는 과일을 자주 사먹었다. 이곳의 복숭아·사과·포도 등은 당도도 높은데다가 크기도 커서 가격에 비해 질이 좋다. 가을에는 감과 곶감이 명물이다. 후쿠시마 산 농산물이 제값을 받고 판매되기까지 몇 년이 걸릴지 모르겠다.

사실 동북지방 6현 가운데 가장 풍족한 곳이 후쿠시마 현이라고 할 수 있다. 지리적으로 동경 등지에 가까워 수도권의 직장으로 출근하는 주민이 적지 않은데다 농축수산물이 풍부하여 경제적으로 다른 현에 비해 비교적 윤택한 편이었다. 복(福)으로 넘쳐야 할 후쿠시마(福島) 현(縣)이 원전 사고와 쓰나미의 재난을 당해 큰 어려움을 겪고 있다. 심지어 3~4월에는 원전 사고로 피난하던 후쿠시마 현 주민의 일부가 방사능에 오염되었다며 타 지역민으로부터 입주를 거부당하는 해프닝까지 일어났다. 개인적으로 이런 모습을 보면서 아이들이 성장해서도 결혼 등에서 차별을 받지 않을까 하는 의구심이 일었다.

아버지는 직장을 찾아 수도권 등지로 떠나고 어머니는 방사능을 우려하여 가능한 원전에서 먼 곳으로 자식을 데리고 피난생활을 하는 경우가 적지 않다. 특히 평온한 농촌지역에서 살던 고령자들이 겪을 고통은 훨씬 더 클 것이다. 돌아가고 싶어도 갈 수 없는 고향이 저 너머

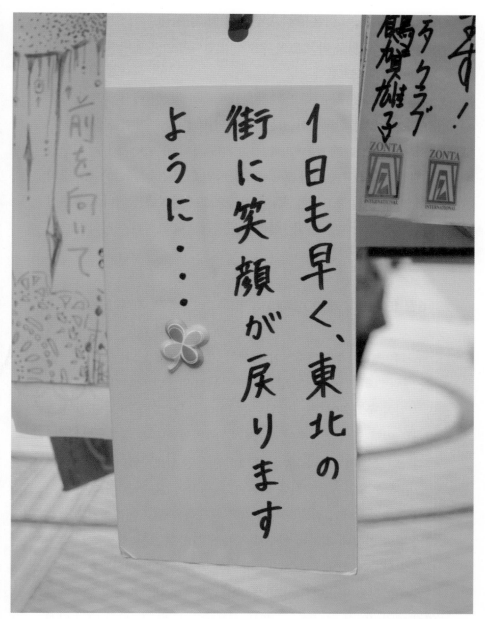

복구를 기원하는 글씨(丹册)

에 있다는 사실이 마음을 아프게 할 것이다. 지금도 이곳저곳을 전전하면서 피난생활을 하고 있을 후쿠시마 현 주민들에게 어떤 위로의 말을 해야 할지 모르겠다.

고오리야마 시 동쪽 주변은 겨울철에도 녹색 잔디에서 골프가 가능하여 매년 많은 한국인이 방문했던 곳인데 지금은 자취를 찾아볼 수 없다(2010년에 후쿠시마 현을 찾은 외국인 관광객 중 한국인이 절반을 넘었다). 하루빨리 원전 사고가 수습되어 후쿠시마 공항의 한일 간 국제선이 재개장되기를 기원한다. 중고등학생들이 한국으로 수학여행을 떠나고 후쿠시마 현의 골프장과 온천에는 한국인 관광객으로 붐비던 예전의 모습이 그립다.

6월 18일(토). 제100일째 부모형제 그리고 처와 자식이 보고 싶다. 정말 꿈에서라도 보고 싶다

오늘은 3.11동일본대지진이 발생한 지 100일째가 되는 날이다. 불과 3개월 그리고 10일이 지났는데도 아득히 멀게만 느껴진다. 나 자신의 기억이 풍화되어가고 있다는 증거이다. 나는 오늘 아침 휴일의 습관대로 일찍 일어나 녹음이 우거진 집 주변의 공원을 돌고 나서 시내 중심가인 조젠지도오리(定禪寺通)를 1시간 동안 산보하였다.

그런데 토요일 오전 7시쯤 되는 이른 시각이었는데 30대 초반의 여성이 검은 정장에다 검은 구두와 검은 핸드백을 들고 머리까지 정성스레 손질한 가운데 지하철 입구로 서둘러 향하는 드문 광경을 보았다. 분명히 상갓집에 가는 모습인데 왜 이른 아침에 가는 것일까? 집에 돌아와서 아침을 먹으면서 다시 생각하니 쓰나미 피해지에서 위령제가 열릴 예정이었던 것이다. 이 행사에 참석하기 위해서 아침 일찍 나선

것이었다. '아, 그 여성도 사랑하는 가족을 잃었구나. …'

오늘 센다이는 오전에 흐리더니 오후에는 가랑비가 조용히 내렸다. 이와테 · 미야기 · 후쿠시마 현 등 피해지 곳곳에서는 희생자를 추도하고 복구와 부흥에 대한 결의를 다지는 위령제가 열렸다. 사망 · 행방불명자를 합해 약 5,800여 명에 달한 미야기 현 이시노마키 시에서도 위령제가 열렸다.

쓰나미로 부모와 자식을 잃은 어느 유가족은 "3개월 이상이 지났어도 가족을 잃었다는 것을 믿을 수가 없으며 마음에 남아 있는 상처는 일생동안 치유될 수 없을 것이다. 그럼에도 장래에 희망을 가지고 우리들의 인생을 열어가지 않으면 안 된다"고 말했다. 어느 유족은 "100일이 지났으나 어머니가 아직 발견되지 않아 실감이 나지 않고 복잡한 심정이다. 앞으로 나아가기 위해서는 어머니의 죽음을 인정해야 하는데…"라고 입술을 깨물었다.

미야기 현 와쿠야초(涌谷町)의 어느 사찰에 있는 스님의 말씀이 기억에 남는다. "미야기 현 히가시마쓰시마(東松島) 시市에서 사랑하는 딸이 쓰나미로 눈앞에서 휩쓸려 떠내려갔다. 딸을 잃은 어머니의 비통한 심정을 무엇에 비하리요. … 자책自責 · 회한悔恨 · 상실감喪失感…. 이런 깊은 슬픔을 간직한 사람에게 위로가 될 수 있는 말이 과연 있을까…." 스님은 어머니를 위로하였다. "당신이 오랫동안 사는 것이 가장 큰 공양이다"라고. 고인을 생각하고 기리는 것이야말로 삶의 의미가 있다는 것일 게다.

대재난 100일째를 맞은 동북지방에서는 다양한 행사가 치러지고 있었다. 피해를 입은 각 지역과 사찰에서는 합동위령제가 개최되었다. 참석한 이재민들은 쓰나미로 잃은 가족을 현실로 받아들이면서 복구와 부흥을 위한 각오를 다지는 계기로 삼으려는 모습들이었다.

한편 가랑비가 내리는 센다이에서는 '스즈메오도리'(참새의 흉내를 내면서 춤추는 축제) 경연대회가 있었다. 언제까지나 슬픔에 잠길 수 없고 이제부터는 새롭고 밝은 각오로 나아가자는 분위기를 조성하려는 이벤트라고 할 수 있을 것이다.

또한 후쿠시마 현에서는 제1원전 1~4호기를 냉각시키는 오염수에서 나오는 고농도의 방사능 물질을 제거하는 정화장치를 처음으로 가동했으나, 생각대로 정상적으로 작동되지 못하고 정지된다는 우울한 뉴스가 전해졌다. 매일 500톤의 오염수가 나오고 있어 이대로 일주일 후면 오염수를 저장할 수 있는 공간이 부족해 바다로 방출해야 하는 단계에 이를 지 모른다는 우려가 높아지는 상황이다. 제발 정화장치가 정상 작동되어 정화된 오염수가 원전의 냉각수로 재사용되었으면 한다. 불행하게도 오염수의 저장 공간이 넘쳐 오염수를 태평양 상으로 재차 방출한다면 맛있고 풍부한 어패류는 더 이상 먹기 힘들 것이다.

오늘 밤 8시 31분경 후쿠시마 현 앞바다를 진원으로 하는 진도 4 이상의 약간 강한 지진이 왔다. 집에서 쉬고 있던 나는 남쪽 멀리서부터 땅이 울리면서 다가오는 공포를 느낄 수가 있었다. 듣고 있던 앰프와 LP턴테이블 등의 전원을 재빨리 껐다. 곧이어 건물이 흔들리기 시작했다. 최근 보름 동안 이 정도의 지진은 드물었다. 동북지방에서는 매그니튜드(M) 8 이상의 강한 지진이 한 번 이상은 남아 있다는 게 정설이다. 지난 2004년 12월 발생한 수마트라지진도 그 여진이 1년간 지속되었다고 한다.

이곳 센다이에서 지진이 수그러들고 예전과 같은 고요한 일상이 언제쯤 돌아올지 모르겠다. 이제 지진 발생 후 100일이 지나가고 있다. 그러나 여전히 강한 여진으로 불안한 가운데 가족들이 무척 보고 싶어졌다. 고향에 계신 부모님, 형제, 아내, 두 아들, 그들이 정말 보고 싶다.

재외국민들도 각자 처한
재난 속에서 최선을 다했다

체험사례 1. 동북대학에 유학 중이던 포스코 이정문李政炆 씨와
그 가족의 이야기

내가 이정문 씨의 이름을 처음 듣게 된 것은 3월 12일(토) 오후 3시
30분경 아키타 시 신칸센 역에서였다. 나는 오사카의 국내 철강대기
업 지사에 근무 중인 동생에게 형이 무사하다는 안부를 전했다. 얼마
후 동생으로부터 다시 전화가 걸려왔다.

포스코 재팬(POSCO JAPAN)에 근무하는 이정문李政炆 씨가 센다이에서
유학중인데 부인이 10일 전에 태어난 갓난아기와 함께 주거지 인근의
다치마치초등학교(立町小學校)에 피난해 있다는 이야기였다. 총영사관
에서 어떤 조치를 취해주길 바란다고 포스코 동경지사장의 부탁을 받
았다는 내용이었다. 나는 즉시 공관에 전화해서 피난소를 찾아가 이
들을 도와줄 것을 부탁하여 이정문 씨 가족 6명(부부, 딸 2명, 장인장모)을
무사히 고국으로 귀국시킬 수 있었다.

다음은 이정문 씨가 감사의 마음을 전하면서 언급한 수기이다.

보통 때와 같이 평범한 하루가 시작되었던 2011년 3월 11일 금요일. 열흘 전에 태어난 둘째 딸의 볼에 입맞춤을 하고 언제나처럼 집을 나섰습니다. 회사에서 지원하는 1년간의 유학 기간을 혼자 지내 보내려고 생각하였으나 8년의 연애 기간과 7년여의 결혼생활에서 한 번도 1주일 이상을 떨어져 지내본 적이 없는 아내는, 임신 6개월의 몸인데도 불구하고 외국생활을 동행하길 원했습니다. 그런 아내에게 조금 미안한 마음은 있었지만 첫 해외생활에 대한 기대감으로 우리는 2010년 여름부터 센다이에서 새로운 생활을 시작하였습니다.

3월 11일 본인이 소속하고 있는 동북대학의 학위과정을 마치는 동료들을 축하하기 위해 센다이에서 1시간 정도 걸리는 야마가타(山形) 현의 자오(藏王)스키장으로 향하였습니다. 스키장에서는 오후 3시경쯤 거대한 산이 흔들리면서 중저음의 기분 나쁜 소리가 들려오기 시작했습니다. 산 정상을 바라보니 리프트와 곤돌라가 심하게 흔들리고 있었습니다. 흔들림은 쉽게 가라앉지 않아 모든 사람들을 공포 속으로 몰아넣었습니다.

전기와 통신은 일순간에 단절되었고 어렵게 구한 라디오에서는 사망자와 행방불명자가 1시간 간격으로 100~200명 단위로 늘어나고 있다는 소식을 전하고 있었습니다. 오후 5시쯤이 되자 일찍 찾아온 산 속의 어둠과 추위는 사람들을 불안과 공포로 몰아넣었습니다.

그때까지 나는 어림잡아 200여 회 정도 아내와 한국에 계신 부모님께 연락을 시도했지만, 애타는 제 마음과는 상관없이 통화불통이라는 소리만 연신 들려왔습니다. 충전도 할 수 없는 상황이었기에 무작정 통화를 시도할 수도 없는 답답한 상황이었습니다. 내가 할 수 있는 것은 묵주를 쥐고 하느님께 기도를 드리는 것 외에는 아무 것도 없었습니다. 오후 6시쯤 되어 마지막이라는 심정으로 한국의 부모님께 전화를 드렸습니다. 끊어질 듯하면서도 지속되는 착신음에 기대를 걸고 휴대전화기를 쥐고 있을 때, 멀리서 들여오는 어머니의 눈물 섞인 목소리를 지금도 잊을 수가 없습니다. 그러나 센다이에 남아 있는 아내와 두 딸, 그리고 아내의 산후조리를 돕기 위해 일본에 오신 장인·장모님과는 연락이 닿지 않은 채 시간은 흘러가고 있었습니다.

자정이 가까워지는 시각에 한국인 동료와 함께 센다이로 돌아갈 생각을 하고 교수님께 그 생각을 말씀드렸습니다. 교수님은 대지진으로 도로가 파괴되었을 지도 모르고 여진이 이어지고 있는 상황이었기에 우리들을 만류하였습니다. 어쩔 수 없이 아침이 밝아오기만 기다렸습니다.

새벽 5시경이 되었을까? 태어나서 동쪽의 센다이 쪽에서 떠오르는 태양이 그렇게 반가웠던 적이 또 있었을까요? 몸서리치게 무서웠던 지진의 공포를 아는지 모르는지 태양은 처연하게 떠오르며 아수라장이 되어버린 눈 덮인 동북지방을 밝혀주고 있었습니다. 그때 어떻게 시간이 지나갔는지 기억할 수 없을 정도로 정신없이 센다이로 돌아오는 2시간여 동안, 하느님께 가족이 무사하기를 기도하며 달려왔습니다.

10층 건물의 10층에 위치한 집으로 달려 올라가려던 순간, 계단마다에 적혀 있는 장인어른의 편지를 보고 나오던 눈물…. "우리는 무사하다네. 지진 당일 근처의 호텔에 피신했었고, 오늘 대피소로 지정된 다치마치초등학교(立町小學校)로 이동할 예정이네." 위기의 순간에 초인간적인 힘이 나온다고 했던가요. 나는 그 길로 15분 거리의 다치마치초등학교(立町小學校)로 쉬지 않고 뛰어갔습니다.

도착한 초등학교의 체육관을 보며 다시 한 번 나도 모르게 튀어나온 장탄식…. 일류 선진국임을 자타가 인정하고 있는 일본 초등학교의 체육관에서는 골판지 박스 위에 신문지 몇 장을 깔고 꽃샘추위를 피하려는 피난민들로 북새통을 이루고 있었습니다.

만약 이곳으로 피난을 온다고 해도 태어난 지 10일 밖에 안 된 둘째 딸과 장인·장모 그리고 아내와 큰딸을 쉬게 할 수 있는 공간은 될 수 없었습니다. 나는 순간 학교 양호실로 향했습니다. 그곳에는 신생아들을 돌보는 부모들이 삼삼오오 모여 앉아 있었습니다. 다행히 햇살이 드는 창가 쪽에는 꽤 넓은 공간이 비어져 있었습니다(나중에 알고 보니 창가 쪽은 지진 발생 시 창문이 떨어지거나 유리창이 깨질 가능성이 있어 위험상황을 고려하여 자리가 비어 있었던 것이었습니다). 그곳에서 처음 만난 생면부지의 일본인에게 창가 쪽의 자리를 맡아달라고 부탁한 후 나는 가족을 찾기 위해 양호실을 나왔습니다. 순간, 복도 끝에서 주변을 살피고 있는 아내를 볼 수 있었습니다. 달려가서 아내를 끌어안고 한참을 세상 모든 것에 감사하고 또 감사했습니다.

체육관에 비하면 특급 호텔과 다름없는 좋은 시설의 양호실이었습니다. 그러나 신생아를 위한 따뜻한 물과 우유, 산모와 큰딸, 그리고 어른들을 위한 식사가 문제였습니다. 시도 때도 없이 찾아오고 있는 강진, 정전으로 인한 칠흑같은 어둠, 악화되어만 가는 후쿠시마 원자력발전소의 폭발사고…. 일본어를 모르는 가족들에게 불안감을 주지 않기 위해 애써 웃어보였지만, 그때의 자괴감은 어떤 수사로도 표현하기가 어려웠습니다. 1인당 6세 미만의 어린이에게 우선적으로 지급하는 주먹밥 덩어리(오니기리)를 3개나 받아왔다며 자랑하는 큰딸의 모습을 뒤로하며(큰딸은 엄마가 아기에게 젖을 주는 장면을 손짓발짓으로 연출하며 이해시켰다고 함), 추위를 견디기 위해서는 침구류가 더 필요하다고 판단하고 다시 집으로 향했습니다. 욕심이 앞섰던 지 집에서 챙겨온 침구류를 어깨에 걸쳐 메고 10미터 정도를 걷다가 쉬기를 반복하며 피난소에 도착하자마자 탈진하고 말았습니다.

그렇게 불안과 공포의 시간은 흐르고 있었습니다. 아내와 아이들에게 이불을 덮어주고 상념에 빠져 있을 때, 어둠 속에서 들려오는 "포스코에서 오신 이정문 사마(‘氏’ 의미), 이정문 사마 계십니까?"라는 소리에 정신이 번쩍 들었습니다. "저희는 주센다이대한민국총영사관에서 나왔습니다. 총영사관으로 가족들을 모시겠습니다." 어눌한 한국어 발음이었으나 그 목소리는 구세주였습니다(나중에 확인해 보니 당시 총영사관의 우쓰미(內海博和) 행정원이 방문했음).

3월 12일(토요일) 해질녘 총영사관에 도착하여 따뜻한 쌀밥과 국으로 허기를 달래고 난 후, 나는 포스코 재팬(동경지사)으로부터 걸려온 전화 내용을 통해 회사가 저희 가족을 동경으로 피신시키기 위한 노력을 하고 있었음을 알 수 있었습니다. 그날 밤 한국에서 니가타 공항을 경유하여 센다이에 도착한 외교부(정부신속대응팀)를 통해 분유와 생수를 전달 받을 수 있었습니다. 신생아 부모라는 이유로 특혜를 받고 있어 불편한 마음도 있었으나 장인, 장모님에게 더 이상 불편을 끼치지 않을 것 같아 다행이라고 생각했습니다.

그렇게 길었던 공포의 하루가 지나고 있었습니다. 밤이 되어 잠깐 눈을 붙였다고 생각했는데 총영사관 직원이 나를 흔들어 깨웠습니다. "가족 모든 분들의 안위를 걱정해야 하는 총영사관 직원으로서 부득이 이 시간에 이동하실 수밖에 없음을 양해해 주시길 바랍니다. 바깥에 자동차가 준비되어 있습니다. 가족 분들과 서둘러 니가타로 이동하십시오." 공무집행 등 긴급차량만이 운행할 수 있던 상황에서 3.13(일) 새벽에 우리 가족은 자동차를 타고 한국으로 귀국할 수 있었습니다.

당시 다치마치초등학교(立町小學校)에서 총영사관으로 이동하기 위해 차에 오를 때, 일본어를 모르는 아내에게 신생아를 안은 일본 아주머니가 손을 잡으며 "꼭 사셔야 해요. 꼭…"이라며 흘리던 눈물을 지금도 잊을 수가 없습니다. 다치마치초등학교(立町小學校)에 피난했던 모두 분들이 무사하였기를 기원합니다.

필자는 생후 10일 되어 총영사관에 일시 피난해온 이정문 씨의 둘째 딸은 이소민(李昭旼, 2011년 3월 1일생) 양으로 건강하게 성장하고 있다는 반가운 소식을 들었다.

체험사례 2. 지진 발생 당시 김정수金正洙 센다이총영사 부인이 겪었던 이야기

부인은 여느 때와 다름없이 시장을 본 후 관저로 돌아와 잠시 식당에 들어가 정리를 하고 있던 참이었다(총영사 관저는 외부 손님을 모시는 외교적 행사가 이루어지기 때문에 식당 등 별도공간이 있다).

관저가 입주해 있는 곳이 센다이에서도 다소 높은 언덕에 위치하고 15층짜리 아파트의 최고층에 위치한 터라 대지진이 왔을 때 진동이 다른 어느 곳보다 심했다. 순간 식탁 밑으로 숨었다. 땅이 격심한 요동을 치면서 방안의 집기는 모두 튕겨나가고 떨어지고 깨지고 머리 위의 샹들리에도 떨어져 박살이 났다. 3분이 30년으로 느껴졌다.

진동이 멈추고 본인도 겨우 정신을 차리면서 집이 무너질지 모른다는 공포감이 엄습해왔다. 문 밖으로 나가려고 했으나 모든 집기가 무너져 내려 나갈 수가 없었다. 순간 전기가 나갔으므로 엘리베이터도 정지되었고 방화용 철제문도 폐쇄되고 가구와 집기류들이 넘어지고 깨어지고 뒤엉켜 있어서 항상 출입하던 문을 이용하는 것이 어렵다고 생각하여 비상계단을 이용할 참이었다. 식당 옆쪽의 베란다로 나왔다. 아래층(14층)으로 통하는 사다리 통로를 맨발로 내려갔다. 계속 아래로 내려가자 땅이 보였다.

같은 입주민들도 모두 나와 있었다. 1층 바닥까지 내려와 한참동안 대피하고 있는데 총영사관 직원이 데리러 와서 총영사관으로 이동했

다. 3월 11일 그 날 밖은 눈발이 바람에 세차게 휘날리면서 유난히도 추웠다.

한편 총영사는 집에서 지진을 맞이했을 부인이 걱정되었으나 공관의 사정이 급했다. 뒤죽박죽의 비상상황에서 책임자로서 공관원들을 지휘하고 상황에 부응하는 비상조치를 취해야 했다. 어느 정도 응급조치가 끝났을 때 직원을 관저로 보냈다.

다음 날 관저에 가보니 상상을 초월할 정도로 뒤엉켜 있었다. 정말 부인이 살아 있는 것만으로도 다행이었다. 만약 부인이 다른 방에 있었다면 집기들이 튕기면서 신체에 위해를 가할 수도 있었다.

그날부터 부인은 관저를 떠나 공관에서 피난 온 재외국민들에게 식사를 제공하는 등 임시피난소에서 숙식을 함께 하였다.

피난소에서 난로에 언 몸을 녹이고 있는 일본인

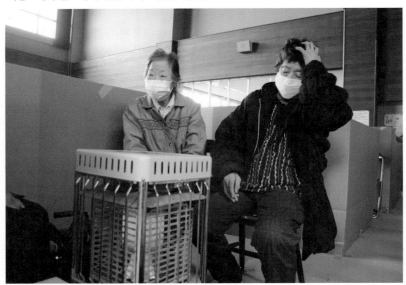

관저는 3월 11일 대지진에 이어 4월 7일의 강한 여진으로 아래층의 주요 기둥의 거푸집이 터져버리는 등 사실상 붕괴위험 건물로 판정받은 상태이다.

총영사 내외는 대지진 발생 이후 80여 일이 경과한 5월 24일(화)에 아파트를 임차하여 임시거처를 마련하였다. 센다이에서는 한 달 이상 호텔마저 전기와 가스의 보급이 늦어져서 숙박할 수 없었다. 본의 아니게 장기간 피난민 생활을 하게 된 것이다.

체험사례 3. 거대 쓰나미가 덮친 센다이 공항에서 일하던 아시아나 항공사 직원들의 이야기

3월 11일 오후 1시 40분 인천행 아시아나 항공기(보잉 767기, 좌석 수 15C235Y)를 출발시키고 한 시간이 지난 오후 2시 46분에 대지진이 발생했다. 그 후 한 시간이 더 지난 오후 3시 52분 센다이 공항에도 쓰나미가 몰려왔으며 순식간에 공항 주변을 물바다로 만들어버렸다.

지진 발생 5분이 지난 후에 쓰나미 경보가 울려서 9명의 직원들 간에는 '공항에 남을 것인지 아니면 공항을 떠날 것인지'로 의견이 양분되었다. 그때 가장 연장자로서 현지 직원인 와타나베 씨가 남는 것이 좋겠다고 제안하여 남기로 했다. 지난 일이지만 참으로 잘한 결정이었다. 만약 그때 차를 몰고 나갔더라면 쓰나미로 참변을 당할 가능성이 컸다.

잔류 결정이 내려지고 얼마 지난 후에 인근 국내선에는 항공기를 타기 위해 기다리던 일본인 장애인 30여 명이 남아 있었다. 쓰나미를 우려해 이들을 2층으로 옮기는 작업에 참가하는 직원도 있었다. 대지진 이후 정전으로 엘리베이터가 가동되지 않아 장애인들을 등

쓰나미 피해를 당한 비행기 잔해

에 업거나 두세 명이 힘을 모아 위층으로 옮겼다. 이런 이송 작업이 막바지에 이를 무렵 쓰나미가 갑자기 몰려왔다. 공항청사의 1층에 2.4미터 높이까지 물이 순식간에 차기 시작했다. 공항건물의 1층 도착로비에는 주차장에서 떠내려 온 자동차와 각종 가옥의 잔해가 밀려들었다.

당시 센다이 공항에는 1,300여 명이 있었으나 주변 마을 주민 250여 명과 항공학교 학생 등이 피난을 와서 1,600여 명이 2~3층과 옥상의 전망대로 대피했다. 공항건물은 인근의 나토리(名取) 시市와 이와누마(岩沼) 시市의 지정피난소였기 때문이다.

空港ターミナルビルに押し寄せる津波
撮　影：２０１１年３月１１日

물에 잠긴 센다이 공항터미널

　정전, 단수, 통신 불능의 어려운 상황에서 먹을 것은 공항 내 판매 코너가 있어 공급이 가능했으며 물도 충분히 있었다. 3월 12일과 13일 이틀 동안 1킬로미터 떨어진 바다로 쓰나미가 빠져 나갈 때까지 공항 청사에서 갇혀 지낼 수밖에 없었다. 미야기 현청에 구조 요청을 하였으나 현청 등 행정기관은 공항에 고립된 사람들을 신경 쓸 겨를이 없었다.

　쓰나미로 피해를 입은 태평양 연안의 해안도시는 사람들이 물속에서 아우성치는 상황에서 그곳의 구조가 급했다. 공항청사에는 사람들이 고립만 되어 있고 사망자가 발생하지 않는 등 긴급구조 순서에서 밀려나 있었던 것이다.

공항에 밀려드는 쓰나미의 참상을 보고 피난해 온 일부 사람들은 일주일 동안은 고립될 것을 각오했다고 한다. 그러나 물이 빠지기 시작한 3월 13일(일)부터 버스나 도보로 탈출을 시작하여 3월 16일(수)에는 모두 공항을 빠져나갔다.

그러나 나도 대지진 직후 첫 날은 신칸센 열차 속에서, 둘째 날은 아키타 시 피난소에서 지낸 경험이 있어 어느 정도 고충을 알 수 있는데, 이틀간 센다이 공항에서의 생활도 상당히 힘들었을 것이라 생각한다.

쓰나미가 급습할 때 가까운 승마장에서 떠내려 온 말들이 둥둥 떠다니고 주차장의 수많은 자동차와 인근 마을의 가옥이 통째로 떠다니며 해안가에서 자라던 방풍림의 큰 소나무들과 섞여 지옥과 같은 광경을 연출하고 있었다. 공항청사 3층에서 이런 광경을 바라보고 있던 아시아나항공사의 9명의 직원들에게도 죽을지 모른다는 공포가 엄습했다.

이틀 동안 밤을 지내면서 가장 고통스러웠던 점은 화장실의 이용이었다. 2,000여 명에 달한 사람들이 정전상태에서 재래식으로 변한 화장실을 이용하는 것이 쉽지만은 않다. 또 하나의 고통은 난방이 차단된 어둡고 차가운 밤에 장애인과 노약자들이 추위에 떨면서 신음하는 소리였다. 자신도 고통스러운데 옆 사람의 고통 소리는 공포를 배가시켰다.

쓰나미가 빠져나간 3월 13일(일) 오전 센다이 시내의 아시아나항공 영업소와 연락이 되어 9명의 직원들은 진흙탕으로 변한 도로를 따라 걸어 나오고 센다이영업소에서는 자동차를 몰고 마중을 나가서 이들을 이송시킬 수가 있었다. 물론 직원들이 출근 시 주차해놓은 4대의 자동차는 전부 피해를 본 것은 말할 것도 없었다.

9명의 직원 가운데 어려움을 많이 겪은 사람은 한국인 여직원이었다. 일본인 직원들은 어렸을 때부터 재난훈련을 한데다 지진 등에도 익숙해져 있었던 것에 반해 한국인 여직원은 지진을 처음 겪은 데다 특별히 훈련을 받은 적이 없어 견디기 힘들었을 것이다. 이 여직원은 센다이 시내로 들어와서도 여진이 이어지는 가운데 지진에 대한 공포감이 가시지 않아 자택으로 갈 수가 없었다. 지점장의 안내로 총영사관 2층에 마련된 임시피난소에서 휴식을 취했다.

이런 와중에 한국에서 온 기자들은 인터뷰를 하기 위해 한국인 여직원을 찾기에 혈안이었다. 그러나 해당 직원의 정신적인 안정이 중요했기에 기자들에게 알려주지 않았다. 통상 심한 충격을 겪으면 말을 하지 못하는 게 보통이다. 며칠 동안 이 여직원도 말을 할 수가 없었다고 한다.

센다이 공항에 아시아나항공사와 함께 입주해 있는 대만의 에바(EVA)항공사에 근무하는 일본인 야시마(矢島) 씨(여성)가 대지진 이후 한 달 만에 공항에 출근했다. 지사장이 그동안 무슨 일이 있었냐고 물었다. 그녀는 자택이 공항에서 가까운 나토리 시 인근의 유리아게(閖上)항(港) 근처에 위치하여 출퇴근이 편했는데 불행히도 이번 쓰나미로 집이 휩쓸려갔으며 부모님마저 행방불명이 되어 한 달 동안 피난소 생활을 하면서 부모님의 행방을 찾아 헤맸다고 한다.

나 자신도 차를 몰고 센다이 공항에 가는 경우가 적지 않은데, '유튜브'라는 동영상을 통해 순식간에 쓰나미가 공항 주변의 모든 것을 휩쓸어버린 광경을 보았을 때 어안이 벙벙할 수밖에 없었다. 쓰나미는 최대 속도가 비행기와 맞먹는 시속 700킬로미터에 이른다고 한다. 순간의 결정이 삶과 죽음을 갈랐던 경우가 적지 않았다.

3월 11일 오후 2시 40분 중국국제항공(Air China) 924편이 승객 61명을 태우고 중국 대련을 향해 이륙하였는데, 대지진이 발생한 것은 불과 6분 후였다. 더욱 다행인 것은 지진 발생 1분 전인 오후 2시 45분에 오사카(이타미 공항) 발發 일본항공(ANA) 2209편이 착륙할 예정이었으나 센다이 공항의 일기가 불안정해서 도착이 지연되고 있었다. 센다이 공항은 당일 발착을 예정하고 있던 국내선이 약 80편, 국제선이 8편에 달했으나 다행히 그 시각에는 공항에 여객기가 한 대도 없었다.

– 센다이 공항은 대지진 발생 이전에는 국제 정기편 6개 노선에 주 20편이 취항하고 있었다. 재난 이후 주일 미군과 자위대가 연대한 '토모다치(친구)작전'이라는 복구활동에 힘입어 4월 13일(수)부터 국내선의 임시편이 운항을 재개하고 7월 25일(월)부터는 전면운항이 재개되었다.

국제선도 2011년 7월 25일(월) 아시아나항공의 임시편 취항을 시작으로 9월 25일(일)부터 아시아나항공의 인천노선이 주 3편(화·목·일), 10월 2일(일)부터 유나이티드항공의 괌노선이 주 2편(목·일), 10월 30일(일)부터 대만의 에바항공의 타이페이노선이 주 2편(목, 일) 재개되었다. 2012년 3월 25일(일)부터 중국국제항공의 상해경유 북경노선이 주 3편(수·토·일), 3월 27일(화)부터 대련 경유 북경노선이 주 2편(화·금), 7.30(월)부터 중국남방항공의 장춘노선이 재개되었다.(대지진 발생 1년 4개월 만에 재해 이전과 같이 서울, 북경, 대련, 상해, 장춘, 타이페이, 괌 등 해외 7개 도시가 운항재개).

그리고 센다이 역·공항 간 악세스 철도(1일 40편 왕복)는 2011년 10월 1일(토)부터 재개되었다.

2부

역사상 유래를 찾아보기 힘든 '복합재해'가 일어났다

01

역사상 유래를 찾아보기 힘든
'복합재해'가 일어났다

1. 대지진 · 쓰나미 그리고 '원전사고'라는 '육해공 복합재해'가
발생했다

2011년 3월 11일(금) 14:46분 일본 동북지방에서 발생한 '동일본대지
진'은 세계 역사상에서도 유래를 찾아보기 어려운 자연재해와 인재가
겹친 복합재해의 성격을 띠고 있다.

이에 따라 대지진과 쓰나미로 인해 일본 동북지방을 중심으로 하는
태평양상의 500여 킬로미터에 달하는 해안지역은 괴멸적인 타격을 입
었으며, 후쿠시마 제1원전(1, 2, 3, 4호기) 사고마저 발생하여 인근 주민
들이 긴급 피난하는 사태에 직면하여 언제까지 수습기간이 이어질 지
장담할 수 없는 상황이다.

또한 일본 경제는 이번 대지진과 쓰나미로 동북지방의 많은 제조업
체가 피해를 입어 수개월간 자동차 · 전자부품 등의 생산이 두절되어
일본은 물론 전 세계의 부품소재 공급망에 차질을 초래하였다.

센다이 시민들이 하북신보사河北新報社 앞에서 '동일본대지진' 기사를 읽고 있다

　설상가상으로 후쿠시마 제1원전 사고로 인한 동일본지역의 방사능 확산으로 주변지역에서 생산한 농축수산물의 수출이 중단되거나 외국 선박이 방사능 피폭을 우려하여 주변 항구에 기항을 꺼려하는 등 사회·경제적 피해被害는 무려 16조兆 엔 이상에 달한다(동 추정액에는 원전사고 피해액은 불포함).

2. 일본 역사상 가장 큰 '대지진'이 일어났다

　2011년 3월 11일(금) 오후 14:46분 18초경 일본 동북지방에 발생한 '동일본대지진'의 대략적인 개요는 다음과 같다.

　발생 장소는 미야기 현 센다이 시의 동쪽에 소재하는 태평양상의 산리쿠해안(三陸海岸, 북위 38도 6분 12초, 동경 142도 51분 36초 지점, 깊이 24km)이며 뒤이어 1만 9,000여 명의 사망자와 행방불명자를 초래한 거대 쓰나미가 북쪽의 아오모리 현 하치노에 항에서부터 남쪽의 치바 현의 항구까지 남북 500여 킬로미터에 달했다.

이번 진앙지이기도 했던 센다이 시 앞바다의 태평양상은 남북 500 킬로미터 이상, 동서 200킬로미터 이상에 달하는 일본열도 쪽의 북미 北美플레이트와 바다 쪽의 태평양플레이트가 충돌하는 지역으로 지진 다발 구역으로 알려져 있다.

이번 지진은 태평양플레이트가 밑으로 들어가고 북미플레이트가 위로 들어 올려 지면서 진앙지인 산리쿠해안에서만 발생한 것이 아니고 연속적으로 발생하는 연동형의 극히 드문 거대지진이었다.

특히 대지진 발생 직후 40분 이내에 걸쳐 ①이와테 현 산리쿠 앞바다(M 7.5, 15:08분) ②이바라기 현 앞바다(M7.3, 15:15분) ③일본해구 인근(M7.4, 15:25분)에서 연동되어 강한 여진이 이어졌다.

그 이후 여진 활동도 2011년 4월 7일(목) 23:32분 M 7.1 규모의 강진이 재발하는 등 이번 대지진이 발생한 주변을 중심으로 태평양상 남북 수백 킬로미터에 걸쳐 1년 이상 이어질 전망이다.

일본 동북지방 지도

참고로 일본 지진학자들은 이번 대지진이 한 번 발생 후 3차례 연동형 강진이 발생한데 주목하고 동경-나고야-오사카로 이어지는 '동해(東海)-동남해(東南海)-남해(南海) 지진의 연동화' 가능성을 제기하면서 주변 해안에 산재한 주요 항구와 원전·석유화학 시설물에 대한 쓰나미 대비 필요성을 제언하고 있다.

왜냐하면 이번 대재해와 비슷하다고 지적되는 869년 죠간지진(貞觀地震)이 발생 후 18년이 경과한 887년 '동해-동남해-남해 지진'이 연동되어 거대지진이 일어났기 때문이다.

지역에 따라 즉시, 60여 분의 시차를 두고 발생한 대규모 쓰나미가 해안지역을 휩쓸어버림으로써 이와테 현·미야기 현·후쿠시마 현 등 3현의 해안가에서 삶의 터전을 둔 주민들이 다수 희생되는 비극을 초래했다.

이번 대지진의 진도는 매그니튜드(M) 9.0, 인간이 체감하는 진도는 7도로서 1900년 이후 세계에서 4번째로 강한 지진으로 기록되었다.

일본 국내에서도 1923년 관동대지진(M 7.9)과 1994년의 홋카이도 동쪽연안 지진(M 8.2)을 상회하는 관측 사상 최대 규모였다. 이번 대지진이 가진 에너지는 1995년의 고베대지진보다 1,000배 이상이었다.

이번 지진으로 지구의 자전이 약간 빨라지고 하루의 길이가 100만 분의 1.8초 단축되었다고 한다.

일본 국토지리원은 동경도 미나토구 아자부다이(東京都 港區 麻布台) 소재 일본 경·위도 원점(일명 '동경원점')이 대지진으로 27센티미터 동쪽으로 움직였고 표고조사의 기준점인 동경도 치요다구 나가다초(千代田區 永田町)가 2.4센티미터 침하하여 양 원점의 위치를 개정하는 정령政令을 각의결정(2011. 10. 18)하여 10월 21일(금)부터 시행하였다.

이것은 1910년부터 우리나라의 측량기준점의 역할을 해 온 '동경원점'이 101년 만에 바뀐다는 의미인데, 우리나라에도 지정도상의 경계와 실제 토지상의 경계 오차가 커졌을 가능성이 제기됨으로써 지적地籍 재정비사업을 서둘러야 할 실정이다.

*러시아 블라디보스토크 소재 극동연방대학은 2012.4.21(토) 동일본대지진으로 한반도는 동쪽으로 1~5cm 움직였고 극동지역은 남동쪽으로 최대 4cm 이상 움직인 지각변동이 발생했다고 발표했다.

이번 3월 11일(금) 본지진에 이어 4월 7일(목)의 강한 여진(M 7.1, 진도 6강) 등으로 지반이 액체와 같은 상태가 심해지고 건물의 내부가 성한 곳이 없을 정도로 직접적인 심한 피해를 입었다.

그리고 쓰나미 및 화재에 이은 후쿠시마원전 사고에 따른 방사능 유출과 동북 및 관동지방의 대규모 정전으로 주민생활은 물론 공급망의 마비로 기업들의 생산 활동에 피해를 주고 부품·소재를 일본으로부터 공급받고 있는 세계경제에도 2차적인 피해를 초래하였다.

이번 동일본대지진이 발생한 이와테 현과 미야기 현의 육지와 바다에 걸쳐있는 산리쿠 지방(三陸地方)은 수차례 초대형급 쓰나미의 습격을 받았다. ①1933년의 쇼와(昭和)산리쿠지진(3월 3일, M8.1, 사망·행불자 3,064명) ②1896년의 메이지(明治)산리쿠지진(6월 15일, M8.2, 사망자 1만 1,195명) ③1611년의 게이초(慶長)산리쿠지진(12월 2일, M8.1, 사망자 5,000여 명), ④869년의 죠간(貞觀)지진(7월 13일, M8.3, 사망자 1,000명 이상)에는 쓰나미로 막대한 인명 피해를 보았다.

이번 미야기 현 앞바다의 산리쿠 지방에서 일어난 '동일본대지진'의 발생 주기에 대해서는 전문가마다 의견이 갈라지고 있다. 하나는 869년 7월의 지진과 쓰나미로 인한 사망·행불자가 수천 명에 달했다는 기록이 있는 '죠간(貞觀)지진' 때와 지진 추정 진원지가 유사하며 이의 재발생이라고 지적하는 '1000년 주기설'이다.

동북학원대학 마쓰모토 히데아키 교수(松本秀明, 지형학)는 이번 대지진 이후 센다이 평야를 덮친 쓰나미는 약 2,050년 전의 야요이 시대에 일어난 것과 거의 같은 규모라고 밝혔다. 센다이 평야는 869년 죠간(貞觀)쓰나미 당시에도 피해를 입었는데 동 교수는 1000년 주기설이라고 단정할 수 없으나 결과적으로 1000년에 한 번 대형 쓰나미가 왔다고 언급했다(2011. 5. 15 동북대학 가타히라캠퍼스에서 열린 동북지리학회 춘계학술대회에서 발표).

한편 동북대학은 2011년 4월 13일(水) 재난발생 한 달 만에 개최한 세미나에서 이번 지진은 '죠간(貞觀)지진' 이후의 밀레니엄 지진이 아니고 400~500년 만에 발생한 것이라는 설을 제기했다.

그러나 2011년 6월 10일 재난 발생 3개월째 되는 날 열린 동북대학 개최 세미나에서 이마무라 후미히코(今村文彦, 쓰나미공학工學) 교수는 "3000년 전 죠몽 시대에도 거대 쓰나미가 확인되고 있어 거의 천년 주기로 쓰나미가 도래하고 있다고 말할 수 있다"고 언급하였다. 왜 '1000년 주기'인가는 연구가 필요한 실정이다.

한편, 이마무라 교수는 2011년 6월 15일(水) 강연회에서 일본의 고문서(古文書)를 검토한 결과, 미야기 현 앞바다 및 태평양상 산리쿠해안 일원의 지진(M 7.0 이상)은 ①37년에 1회 ②80년에 1회 ③400년에 1회의 빈도로 발생하였다고 언급하였다.

동경대학 지진연구소의 고케쓰(纐纈一起) 교수도 2011년 일본지진학

쓰나미로 표류하는 석유저장탱크(위), 이시노마키(石巻) 시 어느 가옥(아래)

회(10월 12~15일, 시즈오카시)에서 다음과 같이 설명하였다.

"이번 대지진은 일본 열도를 떠받치고 있는 플레이트(암판岩板)와 그 밑에서 연간 약 8센티미터 정도 가라앉고 있는 태평양플레이트와의 경계에서 그간 축적된 지각의 왜곡(비틀어짐)이 해방되면서 발생했다."

약 37년마다 발생하는 매그니튜드(M) 7급의 미야기 현 앞바다의 지진과 더불어 거대지진이 반복되는 장기간의 주기(슈퍼 사이클)가 있는데, GPS(전지구측위全地球測位시스템)로부터 산출한 연간 지각의 왜곡 추적량으로부터 판단하면 438년 간격으로 거대지진이 일어나고 있다고 추계했다. 또한 1,000년에 1회 일어난다는 대지진의 빈도는 예상 이상으로 높다고 보았다.

고문서古文書 기록에 의하면, 동북지방에서는 1611년(경장慶長 16년) 12월 2일 게이초산리쿠(慶長三陸)지진과 쓰나미가 발생하여 센다이 주변에서 사망자 1,783명이 발생하고 이와테 현과 아오모리 현의 태평양 연안부에서도 다수 희생자가 나왔다. 그로부터 400년째인 금년에 1만 9,000여 명의 쓰나미 희생자가 나왔다.

그동안 이곳 센다이에 사는 사람들에게는 소위 '미야기 현 앞바다 산리쿠지진'이 30여 년 주기로 M7.4 정도에서 발생한다는 것이 상식화되어 있으며 해안지역에 사는 주민 및 학교에서는 방재훈련이 일상화되어 있다.

3. 그리고 2만여 명의 희생자를 낸 '쓰나미'가 몰려왔다

'동일본대지진' 발생 즉시 일본의 태평양상에 면한 전체 해안에서는 쓰나미 경보와 주의보가 발령되었다.

또한 침수피해가 예상되었던 센다이 시의 미야기노(宮城野) 구區 · 타

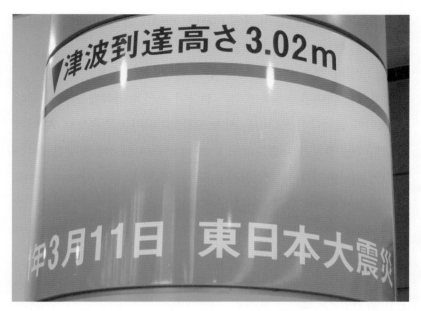

이하쿠(太白) 구區 · 와카바야시(若林) 구區와 태평양상의 북쪽 아오모리
(青森) 현縣에서부터 남쪽 치바(千葉) 현縣에 이르기까지 일본 열도의 전
국 해안 각지에서는 대피명령이 하달되었다. 이런 대응에도 불구하고
산리쿠해안의 이와테 현 · 미야기 현 · 후쿠시마 현 등의 3현의 주요
해안도시는 지진 발생 1시간 이내에 거대 쓰나미의 피해를 입는다.

쓰나미가 가장 빨리 도달했던 곳은 이와테 현 오후나토(大船渡) 시市
로 3월 11일(금) 오후 14:46분 20센티미터의 히키시오(干潮, 간조)였으며
14:50분경 최대 50센티미터 정도의 쓰나미가 동북지방의 태평양상에
서 관측되기 시작했다. 1시간이 지나자 동북지방 3현의 해안지역은
순식간에 도시의 흔적이 없어져버릴 정도의 괴멸적인 피해를 입는데,

침수피해가 400제곱킬로미터에 이른다. 한반도 남한지역의 동해안의 대부분에 해당하는 거리라고 할 수 있다.

3월 13일(일) 오후 17:58분 쓰나미 주의보가 전면 해제되었다.

동북대학 이마무라(今村) 교수는 센다이 시의 동남쪽에 펼쳐진 센다이 평야에 밀어닥친 쓰나미는 시속 20킬로미터이며 초속으로 6미터에 해당한다는 결론을 내렸다(2011. 5. 27 07:00 NHK뉴스). 이런 상황에서는 인간이 피난하기가 사실상 불가능하다는 결론이 나온다(쓰나미는 바다를 진앙지로 할 때 발생하기 때문에 육지를 진앙지로 하는 지진에서는 일어나지 않는다. 이번 쓰나미는 진앙지에서 비행기 속도인 시속 700킬로미터의 속도로 일본열도로 진행하다가 연안지역에 도달하면서 속도가 격감하였다).

그러나 2011년 4~6월(4. 7(목) 23:32분경 미야기 현 앞바다를 진원으로 하는 M7.0, 4. 11(월) 17:16분경 후쿠시마 현 하마도오리를 진원으로 하는 M7.0, 6. 23(목) 06:15분 M6.7)에도 강한 여진으로 동북지방의 태평양 연안에는 쓰나미 경보와 주의보가 발령되었다.

동경해양대학 아키오 교수에 의하면, 가장 높았던 쓰나미는 미와테 현 미야코(宮古) 시市에서 38.9미터까지 도달된 것으로 관측되었다. 이 기록은 메이지 산리쿠지진(1896.6.15,M8.2)의 최대기록(38.2미터 :이와테 현 오후나토 시)을 상회하는 일본의 재해 관측사상 최대 기록이었다.

일본의 쓰나미공학 · 지구물리학 연구자들이 만든 쓰나미합동조사 연구 그룹은 2011년 7월 16일(토) 오사카부 간사이대학에서 열린 보고회에서 "높이 20미터 이상의 쓰나미가 이와테 현과 미야기 현 등 2현의 연안부의 약 300킬로미터에 이르렀다"고 발표했다.

모리 노부히토(森信人) 교토대학 부교수는 "아오모리 현으로부터 이바라기 현까지의 430킬로미터에서 10미터 이상의 쓰나미를 기록했으며, 이와테 현 미야코 시의 아네요시(姉吉) 지구에서는 '쓰나미 최고 높이가 40.4미터'로서 메이지 시대(1896. 6. 15) 및 쇼와(1933. 3. 3) 시대의 산리쿠(三陸)지진의 쓰나미를 상회하였다. 센다이 평야에서는 높이 10미터 이상의 쓰나미가 연안으로부터 내륙 5킬로미터 이상 이동했다"고 언급하였다.

이에 따라 동 교수는 지진발생 이후 4개월 동안 전국의 대학 및 연구기관 등 148명이 참가하여 북해도로부터 오키나와까지 태평양상의 5,000지점 이상에서 쓰나미의 흔적을 추적한 결과라며, 금후 피해지역의 부흥재건은 물론 쓰나미 방어에 유효하게 활용될 것으로 보인다고 부언하였다.

참고로 산리쿠해안의 주요항구 도시에 밀어닥친 쓰나미의 높이는 다음과 같다. 홋카이도 하코다테 2.4미터, 이와테 현의 미야코 8.5미터 이상 · 오후나토 8.5미터 이상, 미야기 현의 게센누마 6미터 이상 · 오나가와 15미터, 후쿠시마 현의 소마 9.3미터 등이다.

4. 쓰나미는 어떤 파급영향을 초래했는가?

2011년 3월 11일(금) 미야기 현 산리쿠 앞바다에서 발생한 대지진 직후부터 거대한 쓰나미가 물기둥을 형성하면서 해안 도시로 밀려오자 방금 전까지 있던 천년의 유서 깊은 항구들이 순식간에 사라지는 상상할 수 없는 피해를 입는다.

이와테 · 미야기 · 후쿠시마 등 3현의 기초자치단체가 쓰나미의 피난장소로 지정한 1,653개소 가운데 15%에 해당하는 256개소가 침수되거나 도괴(倒壞)되는 피해를 보았다.

이와테 현 리쿠젠다카다(陸前高田) 시市가 피난소로 지정했던 바다로부터 1킬로미터 떨어진 시민체육관에는 지진 후 주변의 주민 80여 명이 피난해 있었으나, 결국 쓰나미가 몰려들어 체육관 천장 가까이까지 상승하여 생존자는 3명에 불과했다. 이와 비슷한 사례는 많다. 지방자치단체가 과거에 쓰나미가 도달하지 않았다는 이유로 피난지구(건물)로 지정했던 것이다.

사망·행방불명자를 합쳐 1만 9,000여 명에 달하고 거주 터전이었던 가옥의 전·반파가 수십만 호에 달한다. 가재도구 및 자동차(23만 대)·선박(2만여 척) 등이 깨지고 부서져 쓸모없이 된 것은 부지기수였다(미야기 현은 주택피해 관련 전괴全壞 8만 2,755호, 반괴半壞 12만 9,211호, 일부파손 21만 1,258호를 판정했음. 2011년 말 기준). 주민생활의 기반인 도로·철도·교량 등 교통인프라가 거의 파괴되고 복구에 몇 년이 걸릴 지를 기약할 수 없게 되었다.

또한 대지진과 쓰나미로 인해 동북지방에 소재하는 제조기업들의 피해는 일본 국내기업에만 미치지 않고 전 세계 기업들에게도 파급되었다. 다시 말해 부품·소재를 생산하는 동북지방의 기업이 대지진으로 생산이 정지되어 서플라이체인(공급망)에 이상을 초래하게 된 것이다. 기업 사정에 따라 다르겠으나 대부분은 2011년 말까지 복구할 수 있었는데 일본 국내적으로는 제조기업의 분산입지의 필요성을 절감하기 시작했으며 세계 각국에서는 일본기업으로부터 타국 기업으로 부품·소재의 도입선을 변경하거나 대체 수입 라인을 모색하려는 움직임도 보였다.

한편 쓰나미는 후쿠시마 제1원전사고를 초래하여 일본열도를 방사능 피폭의 공포에 떨게 했다. 후쿠시마원전을 운영하는 동경전력은 최대 5.7미터 높이의 쓰나미를 방어할 수 있는 비상대책을 세워놓고 있

2012/03/11

기적의 소나무(一本松) 리쿠젠다카다 시

었는데, 실제로는 14~15미터의 높은 파도와 강한 에너지를 동반한 대형 쓰나미의 도래를 예상치 못했다. 그 결과로 원자로를 냉각시키는 전력공급기반이 쓰나미에 의해 파괴되어 전력공급이 중단되자 가동 중이던 제1원전의 1, 2, 3호기의 노심이 용융(멜트다운)되고 수소폭발 등이 일어나는 비상사태에 이른다.

또한 사용후핵연료(1,331개)가 저장되어 있던 4호기(당시 원전가동은 중단 상태)도 전력공급 중단으로 수소폭발 사고로 이어지면서 20~30킬로미터 이내에 거주하는 주민들이 긴급피난을 하는 사태에 직면하고 동일본지역의 농·축·임산물과 수산물에서 규제치 이상의 방사성물질(세슘)이 검출되면서 일본 전역을 공포로 몰아넣게 되었다.

일본정부와 동경전력은 2011년 12월 16일(금) 후쿠시마 제1원전 1, 2, 3, 4호기는 섭씨 100도 이하의 제어가능상태를 유지하고 있다며 수습공정표상 2단계인 '냉온정지' 상태를 완료했다고 발표했다.

그러나 이것은 사고 수습과정에 불과하며 앞으로도 수많은 장애가 놓여 있다. 방사능 수치가 높은 오염수의 정화처리 및 정화된 오염수의 냉각수로 재사용과 오염된 토양의 제염 및 복원, 피난 중인 주민들의 귀환, 배상문제 그리고 1, 2, 3, 4호기에 남아 있는 핵연료(총 3,108개)를 꺼내어 별도 장소에 보관한 후 원전의 폐로에 이르기까지 수십 년간에 걸쳐 해결해야 할 각종 현안이 산적해 있다.

5. 거대 쓰나미 도래 시 인간은 어떻게 움직였을까?
　　　－ 미야기 현 나토리 시 유리아게항 주변 주민들의 행동양태를 중심으로

2011년 10월 2일(일) 21:00~22:10 사이 NHK에서 "이번 거대 쓰나미가 덮쳤을 때 인간은 어떻게 대응했는가"라는 제목의 방송을 청취한

적이 있다. 이 내용을 중심으로 위험이 닥쳤을 때의 인간의 행동양태와 시사점을 찾아본다.

'3.11대지진' 이후 개인적으로 미야기 현 나토리 시 유리아게항의 주변을 수차례 방문한 적이 있다. 왜냐하면 한국에서 바쁜 손님이 오면 시간관계상 센다이 신칸센 역과 공항에서 가까운 쓰나미 피해지역을 안내할 수밖에 없는데 유리아게항 주변이 적합한 곳이기 때문이다. 따라서 NHK 종합방송의 내용이 전혀 낯설지가 않았다.

이곳에는 3월 11일(금) 오후 2시 46분 대지진 발생 후 1시간 5분이 지난 3시 50분에 12미터 이상의 거대 쓰나미가 몰려와 5분 만에 시가지 전체를 덮쳐버렸다.

"지진 발생 후 쓰나미가 몰려오기까지 65분여간 유리아게항 연안부에 살고 있던 사람들은 어떤 행동을 취했을까?"

피난할 수 있는 시간은 충분히 있었다. 그러나 대지진 직후 10여 분간은 생전 처음으로 땅이 크게 흔들리는 경험을 한 지라 대부분 멍하니 있거나 넘어진 물건들을 정리하면서 긴장된 시간을 보냈다. 정전으로 인해 TV의 경고방송을 볼 수 없는데다 행정기관의 피난권고 기능이 마비되었고 지자체의 차량을 이용한 가두방송도 없었다.

얼마 후 정신을 차린 주민들 가운데 일부는 바닷가로 나와 삼삼오오 모여서 바다를 바라보며 여유롭게 담배를 피우거나 인근의 테이잔 운하(貞山運河, 400년 전 지방영주 '다테 마사무네'가 판 운하, 테이잔보리(貞山堀)라고도 함)에 나와서 경계감 없이 강물의 흐름을 지켜보고 있었다.

그러나 평상시와 다르게 거주지 주변의 도로와 앞마당에서 물이 솟아오르는 것을 보고 예삿일이 아니라고 판단하고 서둘러 가족을 데리고 피난했던 사람은 목숨을 부지했다.

그러나 대부분의 사람은 여유로웠으며 특히 거주자의 10%가 넘은 고령자들은 신체적인 부자유에다 그간에 축적된 고정관념으로 피난할 생각을 하지 않은 경우가 많았다. 주변에서 피난을 권유해도 움직이려고 하지 않았다. 태평양 앞바다의 진앙지에서는 빠른 속도로 죽음의 대형 쓰나미가 몰려오고 있는데 아까운 시간만 흐르고 있었다. 어떤 사람은 바닷가 수문 근처에서 수문을 조작하려는 사람을 발견하고 도우려고 수문 위로 올라가서 먼 태평양을 바라본 순간, 평소와 다르게 희미하나마 하얀 파도가 다가오는 것을 감지했다. 이것은 쓰나미임이 분명하다고 직감하고 죽을힘을 다해 자전거 페달을 밟으면서 서쪽으로 달렸다.

서쪽으로 가는 도중의 도로에는 자동차의 정체가 심했다. 차창의 문을 두들기며 차를 버리고 빨리 도망가라고 외쳤다. 그러나 운전하는 사람들은 괜찮다는 표정으로 관심을 보이지 않고 마냥 기다리고 있었다.

한편 또 다른 사람은 자동차를 타고 서쪽으로 이동하는 도중 '유리아게공민관'(주민회관, 이명박 대통령도 2011. 5. 21 방문하여 헌화함)을 지날 때 공민관 앞마당에 많은 사람들과 자동차가 주차되어 있는 것을 보았다. 그는 "지금 라디오에서 10미터의 쓰나미가 몰려온다고 방송했다. 빨리 피하라"고 외쳤다. 그러나 주변의 어느 누구도 관심을 보이지 않자 제발 자동차의 라디오 방송을 켜서 들어보라고 하면서 자신은 서쪽으로 향했다.

결국 이번 쓰나미의 습격으로 미야기 현 나토리 시 유리아게항 주민(2만 명 미만) 가운데 10%에 가까운 700명 이상이 사망 및 행방불명되었다. 주민들이 경계감을 가지고 초기에 적극적으로 대응했더라면 65분

나토리 시名取市 유리아게항港의 쓰나미 피해 전후前後

이라는 시간은 충분했다고 생각한다. 또한 지자체와 주민이 일심동체가 되어 매년 피난훈련을 거듭하고 미비점을 발굴하여 개선했더라면 피해는 상당히 줄일 수 있었을 것이다.

끝으로 NHK는 "거대 쓰나미가 도래하는데도 인간은 왜 움직이지 않았을까"에 대해 아래와 같이 위기 시 인간행동심리를 연구한 전문가의 견해로 결론을 대신했다.

① 인간은 '정상성正常性 바이러스'를 가지고 있다

대구지하철 화재사고(2003. 2. 18) 당시의 영상을 보면 열차 내 연기가 차오르는데도 승객은 피하려고 하지 않고 기다리고 있는 모습이 방영되었다. 이번 '3.11대지진' 때에도 쓰나미의 위험이 있음에도 불구하고 괜찮겠지 라는 평상의 모드를 생각하게 된다는 것이다.

또한 테이잔 운하와 태평양 사이에 소재한 동쪽의 지역주민들보다 테이잔 운하와 서쪽의 나토리 시 방향의 지역주민들의 피해가 컸다. 5가구당 1가구가 피해를 입었다. 이곳의 주민들은 쓰나미가 테이잔 운하까지 넘어올 리가 없다며 자신들은 안전하다는 믿음을 가지고 있어서 피난을 게을리 했던 것이다.

그러나 태평양 연안 주민들은 위험할 수 있다며 피난을 서두른 경우가 많았다. 이와 같은 여사한 사례는 태평양 이와테 현의 연안지역에서도 다수 발견되었다.

 – 센다이 시에서 거주한 필자의 견해로는 이와테 현의 리쿠젠다카다(陸前高田) 시市는 피해가 컸으나 인근의 오후나토(大船渡) 시市는 상대적으로 적었다. 미야코(宮古) 시市와 가마이시(釜石) 시市의 경우도 마찬가지이다.

② 인간은 '동조同調 바이러스'를 품고 있다

다시 말해 누군가 한 사람이 피난하면 모두가 따라서 도망가는데, 위험이 닥쳐오는데도 피난하지 않으면 모두가 이에 동조해버린다는 것이다.

태평양 연안 및 테이잔 운하 주변의 주민 일부는 주변의 사람들도 피난할 생각을 하지 않으므로 자신도 괜찮겠지 라고 방심하게 되어 피난시기를 놓쳐 희생되었다.

한편 유리아게공민관보다 서쪽에 위치한 유리아게중학교로 가는 도로상에서 다수 희생자가 발생했다. 유리아게공민관은 위험하다는 소문이 갑자기 퍼져 보다 안전할 것으로 생각한 유리아게중학교로 향하는 도중에 쓰나미에 휩쓸려버린 경우이다.

③ 인간은 위기 시 남을 구하려는 '애타성愛他性 바이러스'를 가지고 있다

다시 말해 시간을 다투는 위기상황인데도 타인이 어려움에 처해 있으면 모른 척하고 지나치지 못하고 구하려고 한다는 것이다. 아마 이것이 인지상정일 것이다. 이번에도 언제 닥칠지 모를 쓰나미를 의식하면서도 이웃에게 피난을 권고하고 피난을 가지 않겠다는 사람들을 설득하는 과정에서 귀중한 시간을 허비하여 자신이 희생당한 경우가 적지 않았다.

나는 2011년 12월, 태평양 연안에서 다년간 취재했던 하북신보 기자로부터, 이번 쓰나미 피해가 유독 많았던 지역 주민들의 의식에 대한 이야기를 들을 수 있었다.

이와테 현 오후나토(大船渡) 시市는 시민들이 매일 바다를 보면서 일렁이는 풍랑을 확인하면서 살아가고 있었다. '3.11대지진' 직후 쓰나미를 예상하고 긴급히 피난하여 다른 항구에 비해 피해를 줄일 수 있었다.

그러나 인근의 리쿠젠다카다(陸前高田) 시市는 도시와 바다 사이에 있는 마쓰바라(松原)라는 곳에 200년 수령의 7,000본 이상의 소나무 군락(2Km)이 있어서 시민들이 바다를 보지 못한 탓에 자신들은 내륙에 살고 있다고 착각하게 되었다. 미야코(宮古) 시市도 바다 앞에 총연장 2.4킬로미터에 달하는 만리장성이라고 불리는 세계 최장의 방파제가 건설되었는데 어떤 쓰나미가 닥쳐오더라도 막아낼 것이라고 안심하고 있었다. 5,000여 명의 피해자를 낸 미야기 현 이시노마키(石卷) 시市도 시민들이 쓰나미 대피훈련을 한 경우가 드물었으며 바다는 2킬로미터 이상 멀리 떨어져 있어 자신들의 집에까지 쓰나미가 올 리 없다고 착각하고 있었다. 정작 바다에 면한 항구에 살고 있으면서도 자신들은 내륙에 살고 있다는 의식이 쓰나미 도래 시 큰 피해를 주었다는 점이다.

'하루라도 바다의 풍랑을 보지 않으면 배를 타고 고기를 잡으러 가는 것이 겁난다'는 가마이시(釜石) 시市의 70대 어부의 말과 같이 바다는 변화무쌍한 존재이다. 바다는 항구에 사는 주민들에게 위험한 괴물이면서도 많은 혜택을 안겨주는 삶의 터전이자 보물이기도 하다. 위험과 이익이 공존하는 대자연의 바다라는 품에서 살아가는 우리 인간으로서는 지진과 쓰나미라는 대재난이 닥쳤을 때 피해를 최소화할 수 있는 경계심을 항상 가지고 살아가지 않으면 안 된다는 점을 가르쳐주고 있다.

미야기 현과 이와테 현의 태평양 연안의 산리쿠(三陸) 지방에는 "땅이 흔들리면 물건도 챙기지 말고 즉시 바다 멀리 높은 곳으로 도망가

라. 그리고 가족들을 생각하지 말고 각자 죽을힘을 다해 도망가라"는 '텐덴코'라는 방언이 전해오고 있다. 가족들까지 생각하다 보면 몰살을 당할 수 있으므로 자신만을 생각하면서 각자 다른 방향으로 흩어져 도망가라는 것이다. 수백 년간 빈번한 재해를 겪으면서 체득한 생존법칙이 아닐 수 없다.

이번 재해를 겪은 후 일본 동북지방에서는 대지진(쓰나미)이 발생하면 '재빨리 높은 곳으로 최선을 다하여 뛰어라'는 인식이 보편화되고 있으며 일본의 다른 연안지역 주민들에게로 확산되고 있다.

6. 오카와초등학교는 왜 피해가 컸는가?

오카와(大川)초등학교는 이번 대재난에서 가장 많은 5,000명 이상의 희생자를 낸 미야기 현 이시노마키(石卷) 시市의 북부에 위치하고 있다. 아동 108명 중 70%에 해당하는 74명이 사망 또는 행방불명되었고 당시 현장에 있었던 11명의 교직원 중 생존자는 1명에 불과했다. 교정에 피난해 있던 다수의 주민들도 희생되었다.

기타카미가와(北上川) 상류에 자리 잡은 초등학교는 지진 직후 교직원들이 아동들을 교정에 모아놓고 인원을 확인하는 점호를 취하거나 아동을 데리러 온 보호자들의 요구에 응하면서 피난처를 둘러싸고 논의하는 사이에 귀중한 40분을 허비했다. 시 홍보차로부터 '쓰나미가 몰려오고 있다'는 다급한 경고방송을 듣고서야 학생들을 기타카미가와(北上川)의 다리(新北上大橋) 옆에 있는 '삼각지대'라고 불리는 다소 높은 지역으로 이동시키던 중 기타카미가와(北上川)를 타고 역류한 거대한 바닷물에 빨려 들어갔다.

생존자 34명 가운데 대부분은 보호자가 자동차로 데리고 간 아동들

오카와(大川)초등학교의 정문

이었고 이들을 제외하고 생존자는 거의 없었다. 뒤늦게 아동을 데리러 학교로 향하던 학부모들도 도중에 재난을 당한 경우가 적지 않았다. 쓰나미를 만나 구사일생으로 생존한 학생의 증언에 의하면, 공기튜브 역할을 한 헬멧을 붙잡고 있다가 떠다니는 냉장고의 문이 열려 있어 그곳에 들어가 있다가 인근의 산언덕에 표착하여 살았다고 한다.

왜 이런 사고를 초래했을까? 이시노마키(石卷) 시 교육위원회가 2011년 3~5월간 생존교사(교무주임)와 학생 등 28명으로부터 당시의 정황을 청취한 바에 의하면 다음과 같다.

학교는 기타카미가와(北上川)의 하구로부터 4킬로미터 정도 떨어진 상류에 소재하여 설마 쓰나미가 닥쳐올 줄은 몰랐다. 아동을 데리러

오카와초등학교 희생자들을 위한 위로연주

왔던 학부모의 증언에 의하면, 교감선생이 경사가 급한 뒷산으로 어린이를 이동시키는 것이 좋겠다고 하자, 주민은 여기까지 쓰나미가 오지 않는다고 했다. 또한 학교에서 대기하는 편이 안전하다는 분위기도 있어 피난을 서두를 상황도 아니었다.

그리고 학교 바로 뒤에는 경사가 급한 산이 있는데 지진으로 나무들이 넘어지는 등 저학년 학생이 오르기에는 위험하다고 판단했다(산으로 대피할 수 있는 계단이 없어 저학년이 오르기에 다소 벅찬 상태였다). 또한 학교는 시교육위원회의 쓰나미에 대비한 위기관리매뉴얼 작성지시(2010. 2)에 따라 피난처로 근처의 공터 및 공원을 지정하였으나 5분 남짓 거리의 학교 뒷산을 생각하지 않았다.

이시노마키 시 소재 기타카미가와(北上川)의 하구에 사는 주민들은 쓰나미에 대한 경계감이 높아 곧바로 고지대로 피난했으나, 오카와초등학교가 소재한 지역은 강의 상류인데다 제방과 산으로 둘러싸인 지역이었으며 1960년 5월의 칠레지진 때도 쓰나미가 도달하지 않았다. 그러나 나중에 미야기 현의 조사에 의하면 해발 1미터에 위치한 오카와초등학교에 들이닥친 쓰나미의 흔적은 7미터 이상이었다. 10미터 높이의 2층 학교 건물의 지붕까지 휩쓸어버렸다. 비록 학교에 남아 있었더라도 희생은 불가피했다. 결국 이곳은 안전할 것이라는 방심과 땅이 심하게 움직이면 높은 데로 빨리 도망가라는 대피요령을 잊은 채 교정에서 학생들을 모아놓고 피난처를 놓고 갑론을박을 하는 동안에 강을 타고 역류한 거대한 탁류에 희생을 초래했다.

나는 2012년 1월 14일(토) 미야기 현 민단 부인회와 함께 추운 가설주택에서 생활하는 피재민들에게 따뜻한 밥과 떡국 등을 대접하고 나서 센다이로 돌아오기에 앞서 12킬로미터 떨어진 오카와(大川)초등학교를 방문한 적이 있다. 고요하게 흐르는 기타가미가와(北上川)의 제방을 타고 학교에 도착한 후 주변을 둘러보았다. 4킬로미터나 떨어진 눈에 보이지 않은 바다로부터 쓰나미가 강을 타고 올라오리라고는 생각하기 힘들었다. 당시 내가 그곳에 있더라도 뒷산으로 피난하기는 어려웠을 것이라는 결론이다.

일본 문부과학성(2012. 5. 29 발표)에 의하면, 동일본대지진으로 공사립 유치원에서부터 고등학교까지 131교가 쓰나미의 피해를 입었다. 그러나 쓰나미가 왔거나 올 것으로 예상된 149교의 절반이 대책을 수립하지 않고 있었다. 또한 69교는 지자체의 방재지도(Hazard Map)에 쓰나미를 예상하지 않았다.

금후의 대책은 시 교육위원회가 학교에 안전한 피난장소를 지정하도록 하여 매년 비상시 대피훈련을 실시하는 것뿐이라는 점이다.

7. 앞으로 지진과 쓰나미가 도래 시 대책은 있는가?

이번 동일본대지진과 쓰나미는 다음과 같은 경로를 거쳤다. ①지진 발생으로 가옥이 넘어지고 파괴되어 희생자가 발생했다. 고베대지진의 경우가 이에 해당된다. ②그 후에 넘어진 가옥과 시설물에서 인화성물질이 발화되어 화재로 이어지는 2차적 피해가 발생했다. 동경대지진의 경우이다. ③1시간 이내에 쓰나미가 발생하여 연안부에 세워진 방파제·방조제가 파괴되고 연안부의 석유콤비나트 시설물에 화재가 발생하고 주요 항구가 휩쓸려 나갔으며 대량의 희생자가 생겼다. 이번에 목격한 이와테 현과 미야기 현의 해안도시의 피해가 그것이다.

지진이 빈발한 일본열도는 바다에서 대규모 지진이 발생하면 쓰나미로 이어지므로 위와 같은 시나리오는 언제든지 재발할 수 있다.

앞으로도 일본열도의 핵심지역에서 '도카이(東海)-도난카이(東南海)-난카이(南海)'의 3연동 대지진이 발생한다면 짧은 시간에 거대 쓰나미가 몰려오는 등 별반 차이가 없을 것이다.

일본정부와 지자체는 이번 '3.11대지진'과 직후에 일어난 쓰나미를 목격하면서 방재대책을 근본적으로 재검토하기 시작했으며 대응책 마련에 고민하고 있다. 특히 연안지역의 지자체는 중앙정부의 쓰나미 대책을 기대하고 있으나, 정부로서도 마땅한 대응책이 없는 것이 사실이다. 왜냐하면 방재에는 오랜 시간과 막대한 예산이 수반되기 때문이다.

이번 동일본대지진의 충격은 서일본에도 남의 일이 아님을 느꼈다. 고우치(高知) 현縣 등 서일본의 연안 지자체는 자체적으로 동북지방의 쓰나미 피해지에 관계직원을 파견시켜 예산이 수반되는 하드웨어적인 방안보다는 소프트웨어적인 대안을 보완하는 방재대책을 찾기 시작했다. 각 직원들이 파악해가지고 온 것을 보면 개선할 점이 적지 않은 듯하다. 이것만 정비해도 많은 피해를 줄일 것으로 보고 있다.

가령 시코쿠(四國)지방의 고우치(高知) 현縣의 남서부 태평양 해안 지역(쿠로시오초/黑潮町)은 난카이(南海)대지진이 발생한다면 쓰나미가 최고 34.4미터에 이른다는 시산결과가 나왔다(2012. 3. 31 내각부 전문가회의 발표). 고우치 현의 쿠로시오초는 쓰나미 피해를 입은 미야기 현 게센누마(汽仙沼) 시市에 직원을 파견하여 쓰나미 피해를 파악하고 대책 강구에 부심하고 있다.

① 육지와 해안 지역의 사람이 들고나는 수문을 항상 폐쇄하여 피신할 시간을 벌어야 한다는 점이다. 다시 말해 이와테 현 등 피해지역에서 소방대원들이 수문을 닫으려고 가다가 피해를 당했고 열려진 수문을 통해 예상외로 빠르게 바닷물이 밀어닥쳤다.

② 위기 시에도 지자체의 행정기능을 유지할 수 있는 방안을 찾아야 한다.

다시 말해 이번 쓰나미 피해지역에서는 현장의 공무원들이 다수 사망했다. 그리고 행정청사도 휩쓸려갔고 관련서류와 컴퓨터 등이 망실되었다. 금후에는 지자체의 청사와 공무원의 피해를 최소화하여 재난 직후부터 신속히 복구업무를 수행할 수 있는 체제를 갖추는 것이 관건이다.

③ 외부에서 보내온 의약품 · 식료품 · 연료 등 구호품을 재난을 겪

고 있는 지역에 효율적으로 빨리 보내는 방안을 검토해야 한다.

예를 들어 의약품이 답지한다면 의사와 약사가 신속히 구별한 후 피재지의 구호소·병원 등에 빠른 시간 안에 배부해야 한다는 것이다.

이상과 같이 일본의 지자체는 언제 발생할지 모르는 재난을 피할 수는 없으나 사전대비와 훈련 여하에 따라서 피해를 줄일 수 있다는 감재減災 의식을 가지고 대응하는 체제를 재정비하고 있다.(중앙방재회의 전문조사회는 2011. 9. 28(수) 이번 동일본대지진 관련 지진·쓰나미 대책을 정리했음: 상세내용은 '부록3 - 참고자료(3-3)' 참조)

일본 국민들도 이번 재난을 겪으면서 현재 자신이 처한 상황을 살펴보고 문제점이 없는지를 체크한 후 보완해나간다는 노력을 하고 있다.

마을 주민들은 자체적으로 보다 높고 안전하고 새로운 피난장소를 찾아서 간이피난소를 건설하겠다는 의식 등이 높아지고 있다. 1명의 목숨을 더 구하기 위한 정부·기업·마을주민·개인들이 고민하는 계기가 되고 있는 것이다.

8. 과연 우리나라는 쓰나미에서 자유로울 수 있는가!?

이번과 같은 대형 쓰나미가 우리나라의 동해안이나 남해안에서 일어났다면 어떻게 되었을까? 동해안 및 남해안에 있는 울진·고성 원자력발전소 그리고 울산·여천 석유화학콤비나트와 포항·광양제철소 등에 거대한 쓰나미가 몰려온다면 그 피해는 상상만으로도 끔찍하다.

홋카이도에서 니가타 현에 이르는 일본 서해안에서는 북일본 등이 놓여진 플레이트와 유라시아 대륙이 놓인 플레이트의 경계가 있는 것으로 알려져, 과거부터 쓰나미를 동반한 대지진이 각 지역에서 일어나고 있다.

특히 우리나라 동해안은 일본열도와 마주보고 있는 가운데, 홋카이도 · 아키타 현 · 야마가타 현 · 니가타 현 등의 일본의 서부해안(우리나라의 동해안)에서 대지진이 일어나면 쓰나미가 한반도의 동해안 및 남해안에 순식간에 몰려들 수 있다.

왜냐하면 1983년 5월 아키타 현 근해에서 발생한 지진(M 7.7)과 1993년 7월 홋카이도 남서부의 오쿠시리 섬 해역(M 7.8, 당시 쓰나미로 인한 사망 · 행불자가 230명 발생)에서 발생한 강진으로 쓰나미가 동해안에 도달해 삼척시 임원항(1983. 5월 사망 · 실종 3명 및 재산피해 발생)과 속초항, 묵호항에서 어선 수십 척이 침몰되거나 파손된 적이 있다.

히라카와(平川一臣) 홋카이도대학 명예교수(자연지리학)가 이끄는 팀은 1993년의 홋카이도 남서부 앞바다 지진(M 7.8)으로 큰 쓰나미 피해를 받은 오쿠시리 섬(奧尻島)의 해안에서 600~700년 간격으로 쓰나미가 발생한 흔적을 발견하였다. 이에 대해서는 추가적인 조사가 필요하나 동해에서 대형 쓰나미를 수반하는 지진이 반복되는 기록으로서 주목할 필요가 있다(마이니치신문 2012. 4. 29).

따라서 일본의 서해안(우리나라의 동해안) 연안부에 위치한 홋카이도 · 아키타 현 · 야마가타 현 · 니가타 현의 지진 다발지역의 앞바다에서 동일본대지진과 같은 자연재해가 발생한다면 쓰나미는 진앙지로부터 동심원을 그리면서 비행기와 같은 빠른 속도(시속 700Km)로 육지에 접근하면서 일본 서해안과 우리나라 동해안의 도시를 궤멸시켜 버릴 수 있다.

그러나 우리나라의 동해안과 남해안의 지자체들은 쓰나미 대비 시스템을 갖추고 있지 않으며 비상대응태세도 부실하여 상당한 피해발생이 우려되는 상황이다. 이제부터 연해지역의 광역지자체는 물론 국가 차원에서 연구자를 모아 고문서의 기록을 뒤지고 지층을 조사하여 과거의 역사를 추적하는 한편, 현재의 자신이 처한 상황을 판단한 후 미래에 닥칠 지도 모를 재앙을 대비해야 한다.

이번에 피해를 본 미야기 현·이와테 현·후쿠시마 현의 해안지역의 지자체들은 쓰나미 대피훈련을 정례적으로 실시하고 있다. 지진발생 주기가 30~40년인 점을 감안하여 해안 일대는 막대한 예산을 들여 방파제와 방조제를 구축하였음에도 상상할 수 없는 피해를 입은 것이다. 더구나 칠레대지진(2010. 2. 27)에 따른 쓰나미 경험을 1년 전에 겪은 적이 있었는데도 불구하고 사망·행방불명자를 포함하여 총 1만 9,000여 명에 달하는 괴멸적인 타격을 입은 것이다.

우리나라도 2011년 7월 27일(수)~28일(목) 이틀간 서울 등 중부지방에 내린 비는 천재지변에 가까울 정도의 집중호우로서 70여 명 이상의 시민들이 사망하거나 실종되는 참변을 겪었다. 지구온난화로 인한 기상이변이 빈번해진 가운데, 도시의 경우라면 소하천과 하수관·집수정 등의 배수능력을 강화하고 폭우로 인한 산사태를 방지하기 위한 방재관리에 예산과 행정력을 증강하는 등 신경을 써야 한다.

행정 차원에서도 중앙 및 지방 정부는 방재시스템을 재점검하여 취약부분에 예산을 중점 배분하여 보완해야 한다. 그리고 해안지역에 살고 있는 주민들에게도 재난대피의 방재훈련을 정례화 할 필요가 있다. 국립방재연구원도 일상화되고 있는 자연재해에 대비한 안전을 심층적으로 연구·예측하고 행정기관이 선제적으로 관리해 나갈 수 있도록 제언기능을 강화할 필요가 있다.

이명박 대통령도 2011년 8.15 광복절 치사에서 20일 전에 발생한 7월 하순의 중부지방 폭우로 인한 우면산 붕괴사고 등을 겪으면서 국민들이 재해로부터 안심하고 살 수 있도록 재해대비기준을 대폭 강화하고 2012년도 예산을 증액시킬 것을 약속하였다.

동해안과 남해안 지역에 위치한 초·중·고등학교를 중심으로 쓰나미와 지진에 대한 방제교육을 주기적으로 실시하여 어렸을 적부터 몸에 배도록 하고 학교를 중심으로 주민들에게도 인식이 확산되도록 함이 좋을 것이다.

또한 우리나라는 재난 시 일본과 같이 기초자치단체의 문화센터와 같은 공공시설이 부족하므로 결국 학교시설로 피신할 수밖에 없는 경우가 많을 것이다(일본도 이번 재난에서 피해를 입지 않은 학교로 피신하는 경우가 많았음). 때문에 학교 건물을 건축할 때는 다른 건물에 비해 내구성 있게 짓도록 예산을 배정할 필요가 있다.

소방서가 화재의 발생 시간이나 장소를 예측하지는 못하지만 불시의 재난이 일어나면 즉각 출동할 수 있는 태세를 갖추듯이, 항상 준비하는 자만이 비상사태가 발생하면 즉각 대응할 수 있다.

특히 일선 지자체는 행정에서 유비무환有備無患의 준비가 필요하다. 이것이 없을 경우 정작 재난에 직면하면 우왕좌왕하게 되며 국민의 중요한 생명과 재산을 한순간에 잃게 된다는 점을 명심해야 한다.

이번 동일본대지진을 맞아 일본 해안에서는 일본인들이 어려서부터 재난 방재훈련을 몸에 익혀 위기의식을 가지고 피난했다. 보육원 및 유치원은 재난대피 매뉴얼대로 신속히 대피하여 피해가 매우 적었다. 그러나 과거의 경험에 의존하거나 자만한 나머지 피난시간을 놓쳤거나 위기의식이 낮아진 연장자와 외국인 관광객이 의외로 피해가 컸다는 소문이다.

9. 재난을 대비하기 위해서는 과거 역사로부터 배워야 한다

'3.11대지진'을 겪으면서 과거에도 이런 대지진이 있었느냐는 의문이 제기되었다. 869년의 죠간지진(貞觀地震) 때도 쓰나미가 이번의 경우와 같이 피해가 컸다는 학자의 경고가 있었으나 중앙정부와 지자체는 시기와 피해규모가 불확실하다면서 정책으로 반영하지 못했고 피해지역에 살고 있던 주민들도 별로 의식하지 않았다.

이번 재해를 계기로 1,100년 전에도 이와 비슷한 재난이 있었다는 기록을 확인할 수 있었으며 당시 쓰나미가 몰려온 지점의 흔적에까지 이번에도 쓰나미가 닥쳐왔음을 알게 되었다.

미야기 현 센다이 시와 카바야시(若林) 구區에는 1611년 12월 발생한 게이초산리쿠지진(慶長三陸地震) 때 쓰나미가 바로 앞까지 도달 후 머문 곳에 세워진 나미와케 신사(浪分神社)가 있는데, 이번에도 그곳에는 쓰나미가 도달하지 않았다. 이와테 현 미야코(宮古) 시市 아네요시(姉吉)지구에는 해안으로부터 수십 미터 높은 곳에는 "이곳으로부터 밑에는 집을 짓지 말라"는 석비가 세워져 있다. 주민들은 석비의 말대로 했으며 이번 쓰나미에서 주민의 대다수가 피해를 입지 않았다고 한다. 그 석비는 메이지(1896. 6. 15) 및 쇼와(1933. 3. 3) 시대에 산리쿠해안(三陸海岸)을 덮친 쓰나미로부터 큰 피해를 입은 경험을 전하고 있다.

이와 같이 이번 재난을 겪으면서 일본인들은 겸허하게 역사에서 교훈을 배워야 한다는 점을 새삼 깨닫게 되었다. 이에 따라 미야기 현은 쓰나미가 최종 도달한 311개 지점에 석비(높이 1m × 너비 15Cm)를 건립하거나, 이와테 현은 1만 7,000본의 벚나무를 심어 쓰나미의 무서움을 후세에 전할 계획이다.

가령 1703년 가나가와 현의 사가미(相模) 만(灣)으로부터 치바 현의 보소반도 앞바다(房總沖)에 걸쳐 발생한 게로쿠간토지진(元祿關東地震)에서는 당시 동경 만에 2미터의 쓰나미가 도달했다. 앞으로 이와 같은 쓰나미가 재차 도래한다면 도쿄 도심의 피해는 적지 않을 것이다. 왜냐하면 시내에는 지하철과 지하 상점가가 다수 소재한데다 항만에는 석유·가스 저장탱커와 컨테이너 등이 산적해 있어 화재 등 2~3차적인 피해가 발생할 수밖에 없다.

이에 따라 행정구역상 사가미 만을 포함하는 가나가와(神奈川) 현(縣)은 고문서 기록이 남아 있는 무로마치(室町)시대 등 수백 년 전의 지진에서 일어난 쓰나미를 검증한 후 최대의 쓰나미 피해를 예측하여 기존의 방재계획을 재검토하기로 하였다.

아직까지 현대과학으로 지진을 사전에 예측하는 것은 매우 어렵다. 지하 깊숙이 뜨거운 마그마가 꿈틀거리는 대지 위에 발붙이고 사는 우리 인간으로서는 선인들이 겪었던 기록물과 땅 위의 흔적에서 물증을 찾아내어 배우고 정보를 공유할 수밖에 없다. 그래야만 다음 재해 발생 시 그 피해를 경감시킬 수 있을 것이다.

어느 정도 시간이 지나면 쓰나미 피해의 기억도 희미해지면서 잊혀져갈 것이다. 그 기억이 잊힐 만하면 재해는 또다시 되풀이 될 것이다. 1923년 동경대지진, 1995년 고베대지진 그리고 2011년 동일본대지진 등은 결코 먼 이야기가 아니다.

우선 재해가 발생하면 현재 상황에서 취할 수 있는 최선의 방안이 무엇인지를 판단한 후 즉시 행동에 옮기려는 방재의식이 일상생활 속에 뿌리내려야 한다. 다시 말해 부단한 피난훈련과 재해의식 강화를 통해 문화 및 관습으로 이어지도록 하지 않으면 안 된다.

02

후쿠시마(福島) 제1원자력발전소에서 사고가 발생했다

1. 후쿠시마(福島) 제1원자력발전소에서 무슨 일이 일어났는가?

동경전력이 2011년 12월 2일(금) 공표한 중간보고서는 사고 발생 당시 후쿠시마 제1원자력발전소 안에 있던 작업원의 증언을 다음과 같이 소개하고 있다.

3월 11일 오후 2시 46분 거대 지진이 발생, 중앙제어실의 책임자는 책상을 강하게 잡았다. 이어서 비상용 전원의 가동 여부 등을 확인, 이런 상태로 지속될 줄로 생각했다. 그러나 거대한 쓰나미의 내습으로 상황은 일변했다. 눈앞에서 전원이 일제히 사라졌다(오후 3시 42분). 비상용 전원이 멈추고 중앙제어실의 램프도 꺼졌다. 책임자는 무엇이 일어났는지 알 수 없었으나 쓰나미에 의한 것이라고는 생각지 않았다.

중앙제어실의 조명은 비상용 한 개를 남기고 전부 꺼졌다. 전원을 상실하여

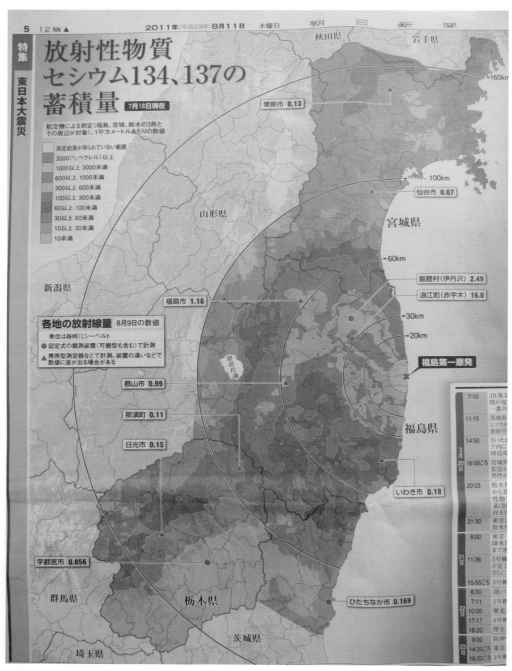

원전사고 당시의 방사능피해확산圖(아사히신문 2011. 8. 11자)

원전 폭발사고를 다룬 신문기사

무엇도 할 수 없다고 느꼈다. 작업원에게서 '조작할 수 없고 손도 발도 쓸 수 없으니 여기에 있을 의미가 없다' 라는 의견이 나오자 중앙제어실은 어수선한 분위기로 변했다. '여기에 남아 있어 주게'. 책임자는 머리를 숙여 양해를 구했다.

작업원을 기다리고 있는 것은, 원자로 내의 압력을 낮추기 위해 증기를 외부로 방출하는 벤트작업(3월 12일 14:30분 개시). 전원이 이미 상실되어 수동으로 뚜껑을 열어야 했다. 현장은 높은 방사선량 피폭의 위험이 있고 완전한 장비를 갖추었다고 해도 젊은 작업원이 들어가지 않도록 했다.

어둠 속에서 실시된 케이블 부설작업은 (쓰나미에 의한) 물속에서의 작업으로 감전의 공포조차 있었다.

2011. 12. 3(토) 하북신보河北新報에서

'3.11동일본대지진'과 직후에 발생한 쓰나미는 일본열도의 심장부인 도쿄 등 수도권에 전기를 공급하고 있는 동경전력의 후쿠시마(福島) 원자력발전소를 정지시킴과 동시에 원자로의 냉각기능이 정지되어 주변지역에 방사능을 확산시킴으로써 일본열도를 긴장상태로 몰아넣었음은 물론 전 세계의 이목을 집중시켰다.

1) 원전의 작동원리는 이렇다

원전사고 시 '운전 정지/원자로 냉각/방사능 차단'이라는 3가지 기능을 강구해야 한다. 그런데 이번 후쿠시마원전 사고는 대지진의 충격에다 쓰나미까지 몰려와서 이런 3가지 기능이 제대로 이루어지지 못했다. 그 결과 엄청난 사고로 이어졌다.

원자력발전의 핵연료는 우라늄이나 플루토늄인데 이런 물질이 중성자를 포착하면 스스로 중성자를 방출하면서 핵분열을 일으켜 다른 물질의 원자原子로 변화한다. 이때 나오는 높은 열이 원자력에너지이다. 원자로부터 뛰쳐나온 중성자가 다른 원자와 충돌하여 분열이 촉진되며 이런 연쇄반응이 계속되는 상태가 임계(연쇄적인 핵분열 반응)이다.

임계를 정지시킨다는 것은 핵연료가 방출하는 중성자를 흡수해 중성자가 다른 원자와 충돌하는 것을 막는 것으로, 중성자 흡수물질로는 제어봉이나 붕산을 들 수 있다.

＊참고로 '원자력발전'은 핵분열이 서서히 진행되면서 임계가 지속되도록 제어

되고 있으나, '원자폭탄'은 분열이 급격히 진행된 결과 임계가 한 번에 일어나도록 한다는 점이다. 가령 원전의 임계가 가스레인지의 화력이라면 원폭의 임계는 가스통의 폭발에 비유된다.

2) 다행히 운전 중이던 1, 2, 3호기의 임계상태는 차단되다

동경전력의 후쿠시마 제1원자력발전소의 사고로 돌아가 보자.

대지진 당시 운전 중이던 1, 2, 3호기는 임계상태를 정지시키는 데는 성공했다. 지진을 감지한 운전시스템이 제어봉을 자동적으로 삽입하여 핵연료의 분열을 급속히 억제했다.

＊참고로 1979년 미국의 '드리마일 섬 원전사고'는 원자로 내의 냉각수가 없어져 '냉각할 수 없는 상태'가 되어 방사능이 외부 유출되는 결과를 초래했는데 원자로는 긴급 정지되어 임계상태는 없었다. 임계상태의 도달을 차단한 측면에서 후쿠시마 제1원전사고와 공통점이 있다. 한편 1986년 우크라이나의 '체르노빌원전 사고'는 핵연료 내 임계상태를 제어하지 못해 핵폭발이 일어났다. 최악의 사태를 맞이한 것이다.

3) 그러나 원자로를 냉각시키지 못하고 방사능 유출을 차단하지 못하다

후쿠시마 제1원전의 1, 2, 3호기의 핵연료 임계는 지진 직후 정지되었으나 다음의 단계인 원자로 냉각기능이 정전(전원상실)으로 중단되었다.

＊참고로 핵연료는 임계상태가 끝난 후에도 빨리 핵분열을 멈추지 않아 열(붕괴열)을 지속적으로 발산한다. 원자로가 정지한 후에도 냉각을 계속하지 않으면 안 되는 것이다. 따라서 세계의 모든 원전은 이중의 긴급비상용 냉각장치를 갖추고

있으며 냉각수를 원자로 내에 직접 주입하는 '비상용 노심냉각장치'(ECCS)가 대표적인 사례이다.

＊일정한 양의 물이 원자로에서 가열되어 증기로 바뀌어져 터빈을 돌린 후에 복수기復水機에서 다시 물로 냉각되어 다시 원자로로 돌려진다. 동일한 물이 고압증기와 핵연료 냉각용의 냉각수라는 2가지 역할을 담당하고 있는 것이다. 이 물은 핵연료와 접촉하고 있으므로 방사능을 다량으로 포함하고 있으며 이번 사고에서 다량이 외부로 누출되어 작업자들이 피폭되고 해양으로 유출되어 문제가 되고 있다.

그러나 후쿠시마 제1원전에서는 지진으로 외부전력 공급이 두절되고 쓰나미로 원전 내의 비상용 디젤발전기마저 손상됨으로써 모든 냉각시스템이 다운된다. 이에 따라, 동경전력은 지진발생(2011. 3. 11 14:46분) 1시간 후인 15시 42분 전체의 전원 상실을 정부에 통보하고 '비상용 노심냉각장치(ECCS)'마저 주수注水 불능상태임이 추가로 확인되어 일본정부는 3월 11일(금) 19시 03분 '원자력긴급사태'를 선언한다.

이후 '대책본부'를 설치하고 방위대신은 자위대에 창설 이래 처음으로 '원자력재해대책 파견명령'(19:30분)을 발령한다.

동일 21시 23분 반경 3킬로미터 권내 주민에게 피난 지시를 발령하고, 3월 12일(토) 05시 44분에는 10킬로미터로, 18시 25분에는 20킬로미터로 피난범위를 확대한다.

4) 그 후 방사능 확산 국면으로 비화되다

후쿠시마 제1원전 1, 2, 3호기는 임계상태를 제어하긴 했으나 전원상실로 제반 냉각시스템이 가동되지 못해 원자로 내부의 핵연료봉(용

해점: 섭씨 2,800도)은 녹아내리는 열로 압력용기 내부의 남아 있는 물이 증기로 변화되어 증가함에 따라 압력용기 내부의 온도 및 압력이 상승하였다. 이 상태로는 원자로가 파괴될 수 있다는 우려에 도달한다.

＊참고로 원자로의 압력용기 안에 있는 고온상태의 연료봉(지르코늄의 피복관 안에 우라늄으로 채워짐)이 물(증기)과 접촉하면 산화반응으로 폭발하기 쉬운 수소가스가 발생한다.

따라서 3월 12일(토) 05시 46분 동경전력은 소방펌프에 의한 담수(80톤) 주입을 간헐적으로 실시하였고 06시 50분 일본정부는 법에 따라 동경전력에 1호기에 대한 원자로 내 방사능이 포함된 수증기를 빼내는 '벤트작업 명령'을 내린다. 동경전력은 10시 17분 벤트작업을 개시하였다.

그 후 여야 당수회담이 열리던 15시 36분에 1호기 원자로 건물이, 압력이 상승한 격납용기에서 새어나온 가벼운 수소가 공기 중의 산소와 화학 반응하여 1호기의 건물천정 부근에서 수소폭발을 일으켰다. 동일 18시 25분 피난 지시 범위를 20킬로미터 이내로 확대하고 19시 04분 해수 주입을 개시하였다.

이런 일련의 흐름은 2, 3호기에도 비슷하게 발생하였다. 지진 당시 운전정지 중이었던 4호기는 사용후연료(1,331개)가 풀(Pool, 저장탱크)에 보관되어 있다는 점에서 1, 2, 3호기와 다르나, 지속적으로 발생하는 열을 냉각시키는 프로세스가 중단되어 수소가스가 발생하고 결국 폭발하여 방사능이 방출된 점은 다르지 않다.

결국 3월 15일(화)까지 1, 2, 3, 4호기의 방사능 차단을 위한 건물은 동경전력의 벤트작업에 따른 수소폭발 등에 의해 망가졌다(동경전력은

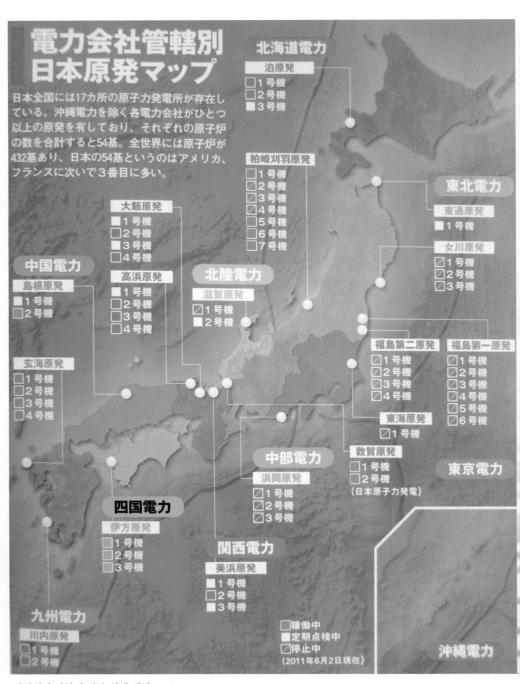

전력회사 관할별 일본 원전 위치도(圖)(출처 : 日本 雙葉社 발간, '동일본대지진')

2011년 10월 1일(토) 2호기에서 압력억제실 부근의 수소폭발이 일어난 것이 아니라 격납용기에 무언가의 손상이 있었을 가능성이 있다고 수정 발표했다).

＊일본정부는, 1호기에서 방사성물질을 포함한 기체를 원자로로부터 빼내는 벤트작업은 격납용기(파괴 시 대량의 방사성 방출 우려)를 보호하기 위해서 불가피했으나 당시 인근주민에 대한 피난 완료조치를 취하지 못했다.(2011. 6. 10 참의원예산위원회에서 간(菅) 수상 답변)

＊동경전력은 2011년 11월 30일(수) 제1원전 1, 2, 3호기의 노심용융(핵연료 용해점 섭씨 2,800도) 상태의 해석결과를 발표: 제1원전의 1, 2, 3호기의 노심이 용융되어 용융물이 압력용기의 아래 기초부분과 격납용기의 밑바닥인 콘크리트의 일부를 침식한 것으로 추정(1호기는 전원상실로부터 3시간이 지난 3월 11일(금) 19:00경 연료손상이 시작되어 대지진 발생 15시간 후에는 핵연료봉이 완전히 용융되어 낙하, 2, 3호기는 대지진 발생 100시간 전후에서 핵연료봉 대부분이 용융되어 압력용기의 하부에 낙하했다고 추정).

이후 원전 주변의 방사능 수치가 크게 높아지며 심지어 원전 부지의 일부는 물론, 부지의 외부에서까지 플루토늄이 검출되었다. 따라서 금후에는 방사능의 비산을 막기 위해 원자로 건물을 특수한 천이나 거대한 석관으로 덮는 것을 생각할 수 있을 것이다. 소위 방사능 억제를 위한 '체르노빌 처리방식' 이라고 할 수 있다.

＊방사성물질의 확산 및 건물 내로 빗물이 들어오는 것을 막기 위한 원자로 건물을 덮는 커버(덮개) 공사는 1호기가 2011년 10월 14일 완성되었고 2호기는 손상이 없는 상태이나 3, 4호기는 건물 상부의 잔해 제거가 종료되는 2012년 여름 이후부터 커버 설치공사에 착수.

나중에 안 일이지만 1, 2, 3호기는 이미 핵연료봉이 냉각수면 위로 노출되어 녹아내리는 멜트다운의 상태에 이르고 노심의 용융으로 압력용기의 하부가 고열로 구멍이 난 상황으로 악화되어, 아무리 해수를 부어도 수위가 그다지 상승하지 않고 방사능 오염수가 원자로 건물 내에서 대량 유출되는 상황을 초래한다.

다행히 압력용기의 온도 등을 고려할 때, 압력용기의 손상은 한정적이며 대규모 방사능 방출사태는 발생하지 않았을 것이라는 견해가 일반적이며, 체르노빌 원전사고와 비교하면 1/10 수준이라는 설도 있다.

노심용융을 일으켰던 후쿠시마 제1원전 1, 2, 3호기는 2011년 9월 말경부터 섭씨 100도 이하로 유지되어 제어가능 상태를 유지함으로써 일본정부와 동경전력은 2011년 12월 16일(금) '냉온정지' 상태를 선언한다.

금후에는 단기적으로 방사능 수치가 높은 고농도 오염수의 정화처리와 정화된 오염수를 냉각수로 재사용 하는 것을 비롯하여 중장기적으로 방사능 오염이 심한 지역의 제염除染, 용융된 핵연료봉을 압력용기와 격납용기로부터 꺼내는 문제 등을 포함한 폐로廢爐조치 등이 현안으로 부상하고 있다.

＊일본정부는 2011년 12월 29일(수) 후쿠시마 제1원전 1, 2, 3, 4호기의 폐로를 위한 새로운 중장기 공정표를 발표했다. ①제1기는 스텝-2 종료로부터 2년 이내를 목표로 4호기의 사용후연료 풀에 있는 핵연료를 꺼내기 시작한다. ②제2기는 동 10년 이내를 목표로 1, 2, 3호기의 원자로부터 손상된 핵연료를 꺼내기 시작하고 1, 2, 3, 4호기의 사용후연료 풀 내의 핵연료(3,108개) 꺼내기 작업을 종료한다. ③동 30~40년 후까지 폐로를 완성하여 원자로 해체에 착수한다.

5)사고 수습을 위해 어떤 과정을 밟고 있는가?

일본정부와 동경전력은 2011년 3월 11일(금)에 '동일본대지진'으로 인한 후쿠시마 제1원전의 사고 발생 직후부터 수습에 총력을 기울이면서 원자로 폭발에 대비하여 해수를 지속적으로 주입·냉각시키고 전력공급원의 복구에 주력하는 등 우선 응급처치에 주력했다.

이런 가운데 동경전력은 2011년 4월 17일(일) '사고수습을 위한 공정표(일정표)'를 발표한다.

주요내용은 3개월 후인 7월 17일(일)까지 1단계 작업인 '스텝-1'을 완료하고 2012년 1월 말까지 2단계 작업인 '스텝-2'를 완료하여 원자로를 제어가 가능한 '냉온정지상태'로 도달시키겠다는 것이었다.

＊일본정부와 동경전력은 2011년 9월 20일(화) 후쿠시마 제1원전의 수습공정표를 일부 개정하여 원자로압력용기 하단부의 온도를 섭씨 100도 이하로 하는 '냉온정지상태' 실현을 2011년 내에 달성하겠다는 의향을 표명했다.

일본정부와 동경전력은 당초 기한으로 설정한 2011년 7월 17일(일)경 '스텝-1'을 거의 달성한 것으로 판단했다.

다시 말해, 원자로 냉각에 수반되는 오염수를 정화하여 원자로냉각에 재이용하는 순환주수냉각循環注水冷却을 6월 10일(금)부터 일주일간의 시운전을 거쳐 동월 17일(금)부터 시작하였고 27일(월)부터 오염수를 재이용하여 원자로 노심을 냉각하기 시작하였다. 오염수 정화시스템은 초기에는 미국과 프랑스의 제품을 이용하여 가동하다가 도시바가 제작한 제품을 정화시스템에 추가하였다. 초기에는 고장이 빈발하고 가동률이 70% 정도에 불과했으나 개선하여 가동률을 높여 왔다.

사용후핵연료 풀의 순환냉각도 2, 3호기에서부터 시작하여 4호기

(2011. 7월 말) 및 1호기(2011. 8월 초)에도 순환냉각장치를 가동하였다. 수소폭발을 저감시키는 격납용기 및 압력용기 내 질소가스 주입도 1, 2, 3호기에서 시작되어(압력용기 내 질소가스 주입은 2011. 11. 30(수)부터 시작) 당초 목표한 안정적인 냉각상태에 도달하는 등 원전 주변지역 및 해수의 방사선량이 감소하고 있다.

일본정부와 동경전력은 2011년 7월부터 (방사성물질의 배출 억제를 목표로) 2012년 1월 말까지 시한인 '사고수습공정표'의 '스텝-2'를 추진하여 사고 발생 9개월 만인 2011월 12일 16일(금) 원자로 온도를 섭씨 100도 이하로 안정적으로 유지하는 '냉온정지상태'에 이르렀음을 선언했다.

그러나 '스텝-2'가 달성되었다고 하여 원전사고가 수습되는 것은 아니다. 우선 동경전력 등은 원자로 및 사용후연료 풀(저장탱크)의 안정적 냉각상태를 지속적으로 유지하면서 방상성물질의 방출 억제에 최우선을 둘 것이며 피난 중인 원전 주민들의 귀향 실현 등 후쿠시마 현 주민들이 안심할 수 있도록 전력을 다할 것이다.

그러나 일본정부 계획에 의하면, 후쿠시마 제1원전의 1, 2, 3, 4호기에 저장된 사용후핵연료 풀에서 연료봉(총 3,108개)을 꺼내는 것은 2014년 이후에나 가능하고 원자로 내의 핵연료봉을 제거하는 시점은 10년 후가 될 것이며 주변지역의 방사능 오염을 제염하고 원자로 건물의 해체작업 등 폐쇄에는 최대 40년이 걸리는 지루한 수습공정이 기다리고 있다.

2012년 5월 말 현재 후쿠시마 제1원전 주변 주민 약 16만 명이 후쿠시마 현 내외에서 피난 중이며 7정촌町村이 행정기능을 타 지자체로 이동하여 수행 중인데, 어쩌면 사고 원전으로부터 반경 20~30킬로미터 일부 권역으로는 수십 년간 돌아가 살 수 없을 지도 모른다.

＊일본정부(원자력재해대책본부)는 2011년 4월 22일(금) 후쿠시마 제1원전 주변 20킬로미터 권내를 주민 출입을 금지하는 '**경계구역**'으로, 방사성물질의 누적량이 높은 지역을 '**계획적 피난구역**'으로, 20~30킬로미터 권내의 대부분 지역을 '**긴급시 피난준비구역**'으로으로 지정했다.

＊그 후 사고수습의 진전으로 방사선량이 저감되자 일본정부는 2012년 3월 31일(토) '경계구역'과 '계획적 피난구역'을 주민 귀환에 5년 이상 걸릴 것으로 예상되는 '**귀환곤란구역**'(연간 피폭량 50밀리 시버트 초과), 귀환에 수년이 걸리는 '**거주제한구역**'(동 20~50밀리 시버트), 사회기반시설이 복구되는 대로 해제하는 '**피난지시해제준비구역**'(동 20밀리 시버트 이하) 등 3구역으로 재편을 결정했다.

＊일본정부는 '피난구역'으로 지정된 후쿠시마 현 내 11시정촌市町村(주민 8만 6,000여 명)에서 10년 후(2022년)에도 연간 피폭방사선량이 20밀리 시버트를 초과하는 지역이 남게 되어 18%(약 1만 5,500명)의 주민의 귀환이 곤란하다(5년 후인 2017년에는 32%가, 20년 후인 2032년에는 8%가 귀환곤란)는 예측 결과를 발표했다(2012. 6. 9).

6) 사고원인과 수습과정 상 문제점은 무엇인가?

동경전력과 일본정부는 대지진과 쓰나미가 초래할 영향을 과소평가하여 비상대책非常對策을 충분히 세우지 않았다. 그 결과, 거대한 쓰나미가 후쿠시마 제1원전을 덮쳐 원자로의 냉각冷却시스템을 가동할 전원電源 공급이 차단되어 핵연료봉이 녹아내리면서 방사성물질이 다량 배출되는 최악의 원전사고로 이어졌다.

수년 전 경제산업성 원자력안전보안원(NISA)에서는 태평양상의 거대 쓰나미가 후쿠시마원전을 덮칠 수도 있다는 논의가 있었다고 한다. 그리고 1,000여 년 전 미야기 현 인근에서 대형 쓰나미가 발생한 흔적이 있었다고 산업기술연구소의 오카무라 박사가 주장했으나 학회에서 인정받지 못했다.

또한 동경전력은 '후쿠시마 제1원전에 10.2미터의 쓰나미가 도래할 수 있다'는 시산 결과를 2008년 4~5월에 정리했으나, 구체적인 대책을 취하지 못했으며 2011년 3월 7일(월) 경제산업성 원자력안전보안원에 이런 시산결과 자료를 제출했다고 한다. 그러나 동경전력이나 원자력안전보안원은 공표하지 않았으며 4일 후에 '3.11대지진'을 당하게 된다(2011. 8. 24(수) 발표).

이런 대형 참사를 당하고 나서 일본에서는 인간능력의 한계를 벗어난 자연재해自然災害라고 보기보다는 사전에 대비하지 못한 인재人災라는 측면이 힘을 얻고 있다.

①사고 이후 수습과정에서 원자로 격납용기의 압력을 낮추기 위한 증기뚜껑을 여는 벤트작업이 늦어졌고 냉각수인 담수淡水 확보가 어려운 상태에서 태평양상에 풍부한 해수海水 주입마저 지연되었다.

＊정부, 국회, 민간, 동경전력의 4개 조사보고서에서 전문가들은 공히 원자로의 냉각기능을 강화하기 위해 ①고압주수계高壓注水系의 증강과 ②감압減壓 및 제열除熱을 위한 조기 벤트작업(원자로 격납용기에 쌓인 열(수증기)의 내부압력을 내리기 위해 밸브를 열어 열을 배출하는 것)이라고 지적.

또한 ②사고발생 초기에 현장現場의 제반 정보情報가 지휘부(내각부 등)에 잘 전달되지 못해 일사불란한 통제기능統制機能이 발휘되지 못했다. 이런 사례는 1995년 고베대지진 당시에도 수상관저에 정보 집약기능의 결여와 관계성청의 부서 이기주의(종적행정)의 폐해로 대응이 늦어진 적이 있었다.

가령 2011월 4월 4일(월) 오후 7시가 지났을 때, 수상관저의 '위기관리센터'는 후쿠시마 제1원전 현장에서 '저농도 오염수가 바다로 방출되기 시작했다'는 뉴스를 접한다. 그러나 사전에 센터의 직원들은 이를 파악하지 못하고 있었다. 곧바로 오염수 배출은 한국·러시아 등 주변국의 반발로 이어졌고 어업종사자와 소비자들에게도 큰 불안감을 파급시켰다.

사전에 중앙정부의 중추기관이 인지했더라면 외교경로를 통해 외국 정부에 사전통지하거나 주변 해역에서 조업 중인 어선 등에게도 주의환기 등 필요한 조치를 내렸을 것이다.

그리고 ③방사성물질의 확산과 직접적으로 관련된 주민들에게 정보공개(情報公開)가 늦어져 금후 국민들의 정부당국 발표에 대한 신뢰감 상실로 이어졌다. 가령 '3.11대지진' 직후 후쿠시마 현의 태평양 연안부에서는 쓰나미 피해를 당하자 일부 주민들이 (나중에 방사능 농도가 높은 것으로 확인된) 내륙지방이면서도 피난시설 등 인프라가 갖추어진 서북쪽의 이이다테촌(飯館村) 주변으로 피난했다.

'방사성물질 확산 예측시스템'(SPEEDI)에 의하면, 3월 15일(화)의 풍향이 평소와 다르게 동남풍이 불어 이이다테촌(飯館村) 주변에 고농도 방사성물질이 머물게 된다. 이에 따라 피난했던 어린이들이 갑상선 등을 유발하는 '요오드-131'을 흡입했다고 볼 수 있는데, '요오드-131'은 반감기가 8일에 불과하므로 당시 일본정부가 SPEEDI 관련정보를 공개했다면 주민들은 이곳을 피해 다른 곳으로 피신했을 것이다. 아마 관련부처 공무원도 이를 인지하지 못했던 것 같다.

필자가 1990년 6월 백러시아의 수도 민스크 시를 방문했을 때 어린이들이 갑상선암에 걸려 고생하던 모습을 볼 수 있었다. 당시 소련연방정부는 체르노빌원전 사고(1986. 4. 26)가 발생했음에도 즉시 상세한 정보를 공개하지 않아 어린이들이 4~5월 봄날에 야외에서 놀도록 방치한 결과였다.

끝으로 ④동경전력은 최악의 시나리오를 예상한 재해에 대한 충분한 준비가 부족했다. 그 배경에는 원전은 절대적으로 안전하며 어떠한 재해가 닥쳐와도 대처할 수 있을 것이라는 독자적인 '안전신화'가 자리 잡고 있었다고 전문가는 지적한다.

노다(野田佳彦) 수상은 2011년 9월 22일(목) UN의 원자력안전정상회의 연설에서 "후쿠시마 제1원전사고에 대해 쓰나미에 대한 과신이 있었으며 비상용 전원과 펌프가 쓰나미에 수몰되는 장소에 설치되어서는 안 되었다. 또한 원자로의 노심 손상에 이른 과혹한 사고를 예상한 준비도 불충분하여 벤트작업이 지연되면서 귀중한 시간을 상실했다"고 밝혔다.

동경전력은 후쿠시마 제1원전에 대한 쓰나미 도래의 예상 파고를 5.7미터로 예상했으나 3월 11일(금) 오후 3시 27분부터 14~15미터의 거대 쓰나미가 덮쳐왔다.

＊동경전력은 5.7미터 이상의 쓰나미가 몰려올 확률을 '50년에 최대 10%'라고 평가했고, 원자로의 노심용융이 일어날 가능성이 있는 10미터를 넘는 쓰나미 발생도 '50년에 최대 1% 이하'로 산출하고 있었다.

7) 원전사고는 일본열도는 물론 전 세계에 큰 영향을 미치다

후쿠시마원전 사고는 일본만의 문제가 아니었다. 원자로 내부의 노심용융 및 수소폭발이 이어지면서 전 세계가 숨을 죽이면서 방사능 확산을 우려하였고 일본 측의 수습 과정을 지켜보았다.

특히 이번 후쿠시마 제1원전 사고는 세계 각국의 에너지정책 추진에도 전환점이 되고 있다. 이탈리아는 2011월 6월 13일(월) 실시된 국민투표(투표율 54.8%)에서 국민들의 94%가 원전을 반대한다는 입장을 보여주었다. 독일도 원전을 반대해온 녹색당이 2011년 3월 27일(일) 여당의 텃밭인 '바덴뷔르텔베르크 주州'지사 선거에서 압승하면서 원전 폐쇄의 기운이 고조되고 급기야 '메르켈' 정권은 노후 원전 8기를 즉시 가동을 중단하고 나머지 9기도 2022년까지 점진적으로 폐쇄하기로 결정(총 17기의 전력비중 28.4%)하고 재생가능에너지(전력비중 17%)의 비율을 2020년까지 35%로 확대하는 내용의 '에너지로드맵'을 발표(2011.5.31)하기에 이른다. 스위스(2034년까지 기존의 원자로 5기를 정지시키기로 결정)·벨기에도 독일과 비슷한 입장을 보였다.

원전 비중이 높은 프랑스(총 58기, 전력비중 75% 이상)도 대통령선거(2012. 5. 6)에서 사르코지 대통령(당시)과 야당(사회당)의 올랜도 후보 간 원전정책 방향에 대한 논쟁이 일어났는데 대선에 승리한 올랜도 대통령은 원전정책을 재검토하여 에너지정책에 반영하겠다는 입장을 표명했다.

한편, 원전의 안전성을 더욱 강화하면서 종래와 같이 원전을 추진하는 국가도 적지 않다. 기후변화에 대응하고 에너지수요 증가에 따른 화석연료의 가격이 상승하고 있어 각국이 원전 도입을 확대하려는 흐름에는 변함이 없는 듯하다. 프랑스·미국 이외 러시아·인도·중국 등 에너지를 많이 필요로 하는 신흥국가들이 여기에 속하며 우리나라도 이 유형에 속한다.

분명히 일본은 미국·프랑스와 더불어 원자력 인프라 시장을 주도하고 있는 원전강국이나, 이번 사고를 계기로 국민여론이 원전을 근간으로 하는 에너지정책을 제로베이스에서 재검토해야 한다는 여론이 적지 않은 편이다. 안전점검이 끝난 원전의 재가동마저 쉽지 않아 2012년 5월 5일(토)부로 원전가동 제로에 직면했다(동년 6월 하순부터 관서전력 오이(大飯) 원전 3, 4호기가 재가동됨). 다시 말해 자연재해가 빈발하는 일본열도에서 과연 원전사고의 재발을 예방할 수 있느냐고 묻고 있는 것이다.

한편 이번 사고를 계기로 원전을 가동 중인 각국은 안전대책을 철저히 재점검하고 만일의 재난 발생에도 대비하면서 미비점을 개선해 나갈 것이다. 국제원자력기구(IAEA)도 원전을 가동하고 있는 국가에게 전문가를 정기적으로 파견하여 안전점검을 강화해 나갈 방침이다.

2. 일본은 원자력발전을 탈피할 수 있을까?

일본의 중장기 에너지정책은, 1970년대 2차례의 오일쇼크를 겪으면서 에너지안전보장 측면에서 과도한 석유 의존도를 줄이고 천연가스(LNG) 및 석탄 화력은 물론 원자력발전의 비중을 점차 높여왔다. 그러나 후쿠시마 제1원전 사고 이후 큰 전환점을 맞고 있다.

다시 말해 국민들은 절대 안전하다고 단정할 수 없는 원전에 대한 불신이 적지 않다. 특히 원전이 입지한 지방자치단체에서는 후쿠시마 제1원전과 같은 사고가 언제든지 자신이 살고 있는 지역에서도 일어날 수 있다는 걱정이 높아지고 있다.

이번 후쿠시마 제1원전사고를 계기로 장래에도 주요 에너지원으로서 원자력을 이용할 것인가에 대한 여론조사에서도 극명한 차이를 보여주고 있다. 다시 말해 원전을 축소하거나 폐지함이 좋다는 여론이 원전사고 이전에는 16.2%(2009. 11월 내각부 조사)였으나 사고 이후에는 74%(2011. 6월 아사히신문 조사)로 상승하였다.

더구나 원전 입지 지자체에서는 중앙정부(경제산업성대신)가 안전성을 보장하겠다며 정기점검이 완료된 원전의 재가동을 강력하게 요청한 바 있으나, 간 수상(당시)의 원전시설에 대한 내구성검사(스트레스 테스트) 실시의 필요성(2011. 7. 6 중의원 발언) 등에 따른 중앙정부 내 정책혼선 등으로 원전이 입지한 다수의 지자체장들은 재가동의 승인을 보류하는 냉담한 태도를 보인 바 있다.

후쿠시마 제1원전 사고 이전에는 일본의 총 54기 원전 가운데 38기가 가동 중이었다. 그러나 사고 이후 국민여론의 악화에다 안전대책이 강화됨에 따라 정기검사(전기사업법상 13개월마다 원전의 정기점검을 의무화하고 있음)에 들어간 원전의 재가동이 어려워져 2012년 5월 5일(토) 홋카이도 도마리(泊)원전 3호기의 운전정지를 끝으로 1966년 원전가동 이래 46년 만에 원전 제로상태에 직면해 2011년에 이어 2012년에도 일본 열도는 무더운 여름철을 절전으로 견뎌야 했다.

2011년 7월부터 9월 초까지 동경전력·동북전력 등은 관내의 기업과 가정에 대해 전년 여름철 대비 15% 절전이라는 전력사용절감 목표를 제시하는 등 여름철의 과도한 전력수요 자제를 요청하며 어려움을 극복하려고 애썼다(제1차 석유위기가 발생한 1974년 이래 37년 만에 일본정부는 동경전력(2011. 7. 1~9. 22)과 동북전력(2011. 7. 1~9. 9) 관내에 '여름철 전력사용 제한령'을 발동했다).

2012년 초의 겨울철에는 전력사용 제한령을 발동하지 않았으나, 원전의존도가 40% 이상인 관서전력(2011. 12. 19~2012. 3. 23)과 규슈전력(2011. 12. 26~2012. 2. 3)은 각각 전년 겨울철 대비 10%, 5% 이상의 절전을 요청했다.

＊동년 7~9월의 여름철에도 동경전력과 동북전력을 제외한 지역에서는 절전을 요청받았으나 기업과 가정의 협조로 무사히 넘길 수 있었다. 특히 원전 비중이 절반을 넘는 관서전력 관내는 15% 절전을 요청받았으나 오이(大飯)원전 3, 4호기의 재가동으로 절전비율이 완화되었다.

한편 간 민주당 정권(당시)은 오는 2020년까지 신규 원전 9기의 건설 (2030년까지 14기 신설계획)을 사실상 백지화하는 등 후쿠시마 제1원전 사고 이후 원전의 신(증)설이 쉽지 않은 만큼, 탈脫원전 노선을 분명히 하면서 기존의 원전과 화석연료 중심에서 재생가능에너지와 에너지절약을 골격으로 하는 '에너지 기본계획'을 재검토할 방침을 발표했다 (2011. 5. 10). 그리고 일본은 2020년대의 가능한 빠른 시기에 총발전량의 20% 이상을 재생가능에너지로 충당하겠다는 전략을 내놓았다. 구체적인 수단으로는 1,000만 호에 태양광패널을 설치하고 태양광전지의 발전비용을 획기적으로 낮추겠다는 것이다.

2011년 9월에 발족한 노다(野田) 정권은 2012년 여름까지 새로운 '중장기 에너지정책'을 수립한다는 방침 아래, 경제산업성의 '종합자원에너지조사회'(에너지 기본계획)와 내각부의 '원자력위원회'(원자력대강) 그리고 관계각료로 구성되는 '에너지·환경각료회의'(혁신적 에너지·환경전략) 등 3개 전문기관이 2011년 10월부터 후쿠시마 제1원전 사고 이후의 원전비중을 낮추어야 한다는 국민여론을 고려하면서도 에너지 안정공급을 충족시키는 공급방안을 검토했다. 그러나 '에너지·환경각료회의'에서 '2030년대에는 원전을 제로로 한다'는 점을 결정(2012. 9. 14) 했음에도 불구하고 경제·산업계의 강한 반대에다 정치리더십의 약화로 동 결정사항을 참고문서로 취급하기로 하였다(2012. 9. 19).

참고로 지난 2010년 6월에 책정된 '에너지 기본계획'에 의하면 2030년까지 14기의 원전을 신설하는 등 원전의 발전비율을 현재의 30%에서 50%를 높인다는 계획이었다. 그러나 금후 후쿠시마원전 사고를 겪은 일본사회의 탈脫 원전 분위기를 반영하여 원전의 비중이 상당히 낮아질 가능성이 높다.

1) 앞으로 일본은 원자력발전을 획기적으로 줄일 수 있을까?

기업 활동에 미치는 파급영향 등을 감안할 경우 쉽지만은 않을 것이다. 일본에너지경제연구소의 시산(2011. 6. 27 일본경제신문)에 의하면, 모든 원전을 정지하고 대체연료인 석유·LNG 등 화력발전으로 부족한 전력을 충당할 경우, 2012년도의 연료비는 2010년도와 비교해 약 3조 5,000억 엔이 증가(수요 증대에 따른 가격상승 효과 미 고려)한다고 전망했다.

이에 따라 가정용 전기요금은 18% 상승한 1,049엔(1개월 당) 인상을 비롯하여 산업용 전기요금의 36% 상승으로 산업경쟁력에 심각한 악영향을 초래할 수밖에 없다는 점이다. 물론 2012년도의 CO_2배출량도 12.6억 톤이 되어 1990년 대비 18.7%가 증가하게 된다. 가계에서 전기요금은 기초적인 지출항목으로 전기요금이 상승하면 저소득층의 부담이 증가할 것이다.

＊일본의 에너지별 전력생산 비율(2010년도 말 기준): 화석연료(석탄·석유·천연가스) 59.3%, 원자력 30.8%, 수력 8.7%(수력 포함 재생가능에너지 9.2%)

후쿠시마원전 사고가 일어난 2011년 EU 제국 가운데, 이탈리아가 국민투표에서 90% 이상의 압도적인 찬성으로 탈脫원전의 에너지방침을 결정하였고 독일도 2022년까지 원전폐기 방침을 분명히 하였다.

그러나 과거 스웨덴은 미국의 드리마일원전 사고(1979년)를 계기로 국민투표에서 가동 중이던 원전 12기의 전폐를 결정했으나 대체에너지의 부재 등으로 2011년 현재 정지된 원전은 2기에 불과한 실정이다. 원전을 대체할 만한 에너지원이 부재하다는 반증이다.

한편 일부 에너지전문가에 의하면, 원전의 최대 이점이 저렴한 전력생산이라고 인식되고 있으나 사용후핵연료의 처리비용이 과소평가되고 원전설비 이용률이 고평가되는 측면이 있으며 원전사고 발생 시 사회경제적인 파장을 감안하면 오히려 원전이 고비용의 에너지원이라는 주장이다(일본정부는 2011년 12월 13일(화)에 '에너지 · 환경각료회의'(비용검증위원회)에서 원자력발전 비용(가동률 70% 전제)을 1Kw당 종래 5.9엔(2004년 시산)에서 최저 8.9엔(2010년 기준)으로 약 54% 상승한 것으로 공표했다).

앞으로 일본은 단기적으로 에너지절약 등 수요관리를 통해 전력부족 사태를 타개하는 한편, 공급측면에서는 지자체 설득을 통한 원전 재가동과 화력발전의 비중을 확대할 것이다.

중장기적으로는 원전의 비중을 축소하면서 그 축소분을 환경문제를 유발하는 화력발전으로 대체하기보다는 태양광 · 풍력 · 지열 등 재생가능에너지의 비중을 높여 나갈 것이다.

이러한 에너지정책 기조의 변화는 가계의 전기요금 상승으로 이어지고 산업계의 가격경쟁력에도 악영향을 초래할 수 있을 것이다(2011년의 무역수지가 31년 만에 적자를 냈는데 원전 가동 감소로 인한 석유 · 가스 등 연료비 증가가 주요인으로 작용했다).

＊특히 일본정부는 2012년 7월부터 '재생가능에너지 전량매수제도'를 시행하면서 재생에너지업계의 요구 수준을 반영하여 매수가격을 결정함으로써 태양광 · 풍력 · 지열 등에 대한 기업들의 대규모 투자를 촉진했다.

2) 그러나 일본 국민은 원전 중심의 에너지정책 변화를 원하고 있다

후쿠시마 제1원전 사고 이후 일본 국민의 원전에 대한 시선이 사뭇 예전과 다르다. 원전을 축소하거나 폐지해야 한다는 여론이 높아지고 있음은 물론, 원전사고의 사회경제적인 파장을 겪으면서 과연 정부와 전력회사가 홍보해왔던 대로 전력공급원으로서 원전이 가장 저렴하다는 점에 의문을 가지기 시작했다.

＊2011년 8월 지지통신이 일본 전국의 성인 남녀 2,000명을 대상으로 개별면접 방식으로 실시한 '장래 에너지원으로 적절한 것은 무엇인가'에 대한 여론조사(유효 회답률 65.6%)에서 태양광·풍력 등 재생에너지는 84%, 수력은 48.5%, 화력(석유·석탄·천연가스 등)은 39.0%로 나온데 반해, 원자력은 21.3%에 머물렀다.

금후 원자력발전의 방향성에 대해 '서서히 감소하여 장래에는 없애야 한다'가 46.3%인데 반해 '안정성을 확보해 현재의 수를 유지/가동해야 한다' 20.8%, '원전사고의 원인과 문제점을 파악한 후 판단' 19.8%, '안전성을 확보하고 증설하여 적극 가동하자' 5.2%, '모든 원전을 빨리 폐기하자'가 4.3%를 차지했다.

후쿠시마 제1원전의 반경 20~30킬로미터 권내는 사람이 살기 어려운 폐허로 변하고 있다. 그리고 후쿠시마 제1원전에서 가까운 후쿠시마 현·이바라기 현·미야기 현에서 생산한 일부의 채소와 육류·우유는 물론이고 200킬로미터 이상 떨어진 시즈오카(靜岡) 현縣의 녹차밭에서도 발암물질인 세슘이 규정치 이상으로 검출되고 동경 인근의 치바 현의 쓰레기하치장에서도 수백 배에 달하는 방사능이 검출되는 상황에 이르렀다. 일본 동북지방 및 동경 등 수도권을 방문하는 외국인 관광객의 발길도 '3.11대지진' 이후 멎었다(2010년 후쿠시마 현 내 외국인 숙박인 수(8만 7,170명) 가운데 한국인이 50.2%(4만 5,320명)를 차지했다. 그러나 대지진 직후인 2011년 4~6월간 외국인 숙박인 수(2,510명) 중 한국인은 2.4%(60명)에 불과했다).

일본 국민들은 원전사고로 인한 사회적 비용이 너무 크다는 것을 목격하였으며 이 상태에서 원자력발전의 추진은 곤란하다는 컨센서스가 형성되고 있다. 심지어 학자와 시민단체를 중심으로 원전비용은 단순한 발전비용(우라늄 연료비+원전 건설 및 운영비)이 아니라 수백 년간 지속되는 폐기물 처리/보관비용에다 이번 사고와 같이 사회적 비용을 추가해야 한다는 논리가 설득력을 얻기 시작했다.

이에 대해 가장 먼저 반응하는 것은 정치권인 듯하다. 금후의 원자력발전 정책을 둘러싸고 탈脫원전이냐 감減원전(또는 축縮원전)이냐는 등의 논란이 일고 있다. 민주당은 이번 원전사고를 계기로 원자력발전과 화력발전 중심의 전력공급체계를 원점에서 재검토하겠다며 과도한 원전 의존을 감소시켜 나가면서 태양광·풍력 등 재생가능에너지의 비중을 확대하겠다는 입장을 보이고 있다. 자민당도 원전 위주의 종래의 에너지정책을 수정하려 하고 있다. 다시 말해 점차적으로 원전 비중을 줄여나가면서 가능한 한 재생가능에너지를 확대해 나가는 방향으로 에너지정책의 전환을 모색하기 시작했다.

그후 정치지형의 변화로 자민당이 재집권(2012. 12. 26)을 하였으나 종래와 같은 원전 중심의 에너지정책을 고수하기는 어려운 실정이다.

이렇게 여·야가 합의한 에너지 관련 법안이 태양광·풍력 등으로 생산한 전기량의 전체를 전력회사가 고정가격으로 매입해야 한다는 '재생에너지특별조치법안'(2011. 8. 26)이다. 동 법안은 2012년 7월부터 시행되어 시행 후 3년간을 '재생가능에너지 보급촉진기간'으로 지정하여 현재의 9% 수준인 재생가능에너지 비율(수력 제외 시 1%에 불과)을 높여나갈 예정이다.

동 법안은 일본의 국민들이 전기료 인상을 감내하고서라도 안전하고 환경적인 에너지원을 사용하겠다는 여론을 반영하고 있음을 의미한다. 또한 2005년에 책정된 '원자력정책대강'은 물론 2030년까지 원전 14기를 신설하여 발전량에 차지하는 원전의 비율을 53%로 높인다는 현행의 '에너지 기본계획'도 종합자원에너지조사회(경제산업성대신 자문기관) 등 정부 내 전문가의 논의와 후쿠시마원전 사고에 따른 여론을 반영하여 개정될 수밖에 없는 처지에 놓였다.

원전이 입지한 지방자치단체도 안전성이 확보되어야만 정기점검이 끝난 원전을 재가동하겠다는 입장을 분명히 하고 있다. 또한 향후 에너지원으로서 원전의 방향성에 대해서 전력회사의 각종 보조금(전원입지지역대책교부금, 전원개발촉진세, 핵연료세 등)이라는 당근이 있음에도 불구하고 신중한 입장을 보이는 경우가 늘고 있으며 심지어 자기 지역에서는 신규 원전 입지는 안 된다는 강경한 입장을 보이는 지자체가 생겨나고 있다.

3. 우리나라는 원전이 에너지원으로서 중요하다

이번 후쿠시마 제1원전 사고는 예상을 넘은 쓰나미가 몰려와서 안전 확보에 불가결한 비상용 발전기와 축전지(당시 터빈건물의 지하에 위치) 등이 침수되어 매우 높은 에너지를 내고 있는 원자로를 냉각시키지 못한데서 발생했다.

이번 사고가 시사하는 바와 같이, 하드웨어 면에서 고지대에 비상용 전원을 배치하고 비상용 발전설비를 복수로 갖추고 소프트웨어 면에서 정기적으로 과혹사고에 대비한 방지대책을 교육하고 실제상황을 상정하여 훈련한다면 피할 수 있다고 생각한다.

가령 실제상황 훈련으로서 원자로 압력을 낮추거나 격납용기의 벤트(증기배출)작업, 외부 소화설비로부터 원자로 노심에 주수(注水)하는 대체주수가 가능하면 노심손상이나 수소폭발 및 방사능물질 비산 등 과혹사고는 방지할 수 있다.

특히 우리나라는 대부분의 원전이 후쿠시마 제1원전(비등수형, BWR)과 달리 가압수형(PWR)이다. 만약 원자로를 냉각시킬 전원을 상실하더라도 원자로계통과 터빈계통이 분리되어 있어 방사능을 포함하지 않은 터빈계통의 증기의 대기방출과 증기발생기에로의 주수로 원자로 냉각이 가능하기 때문에 (후쿠시마 제1원전 사고와 비교하여) 대응이 간단하고 용이한 편이다.

한편, 국내 일각에서는 전력공급원으로서 재생가능에너지의 확대를 주장하고 있는데 그 방향성에 대해서는 동의하나, 현실적으로 원전을 대체하기에는 전력공급량이 턱없이 부족하다. 따라서 상당기간 원전, 화력발전 및 재생가능에너지와 공존하면서 점차로 재생가능에너지 분야의 에너지효율 향상 등에 따라 그 발전비율을 높여 나갈 수밖에 없다.

지난 10년간 국내의 전력소비는 경제발전과 생활수준의 향상 등으로 80% 이상이 증가했다. 이런 전력수요 추세에 대응하기 위해서는 신규 원전 건설(7기 계획 중)이 불가피한 상황이다.

필자는 후쿠시마 제1원전으로부터 90Km 정도 떨어진 센다이에서 체류하면서 일상생활에서 불편을 겪었으며 후쿠시마 현의 각지를 방문하면서 얼마나 많은 주민들이 방사능 피폭의 공포와 후유증으로 고생하고 있음을 목격했다.

물론 원전이 최선의 에너지원은 아님을 인식하고 있다.

그러나 우리로서는 원전을 대체할 마땅한 경제적인 에너지원이 없는 실정이며 원전을 제외하고는 에너지 안보를 담보할 수 없는 상황이다. 원전 건설을 반대하는 것이 능사는 아니며 이중삼중의 안전대책을 강구하고 원전 주변에 살고 있는 주민을 포함하여 사고 상황을 가정한 반복적인 훈련만이 안전을 담보할 수 있다.

만약 국내의 총 23기의 원전을 모두 화력발전으로 대체하면 전기요금이 51%(가구당 25만 원) 인상되고 산업경쟁력의 약화는 물론 전기의존도가 높은 저소득층에게 더 큰 고통을 초래한다(일본도 2030년 시점으로 원전제로 상태가 되면 2인 이상 세대의 1개월 전기요금의 평균치는 최대 2만 3,100엔이 되어 2010년 대비 요금이 2.3배가 된다고 시산).

일본은 후쿠시마 제1원전 사고 이후 2011년의 연료수입액이 전년(2010년) 보다 4조 4,000억 엔이나 증가하여 21조 8,000억 엔에 달했듯이, 원전을 화력발전으로 대체하면 전력 100Kw/1일 2억 엔의 비율로 증가하여 일본 전체로 연간 3조 엔의 손실이 발생한다.

일본정부도 후쿠시마원전사고 이후 처음으로 관서전력 오이(大飯)원전 3, 4호기의 재가동을 승인(2012. 6. 16)했다. 현재의 산업생산과 국민생활 수준을 유지하기 위해서는 전력공급의 일정부분을 원전에 의존할 수밖에 없기 때문이다.

참고로 '금후 일본은 재정과 에너지의 대응이 장래를 좌우할 것이다'면서 여전히 원전의 활용이 중요하다' 는 이오키베(五百旗頭) 전 방위대학장의 일본경제신문(2012. 8. 7. 화) 기고문의 일부(요지)를 소개한다. '(히로시마 원폭투하에 이어) 원전의 공포를 재인식한 일본인은 지금 원전을 부정하는 쪽으로 경사되어 있다. 그러나 전력공급의 대체안을 세우지 않고 원전을 폐기하려는 국가는 하나도 없다. 미국은 세일가스 개발에 주력하고 독일은 유럽내 주변국가로부터 전력을 공급받을 수 있다. 많은 공업발전국은 지금도 원전 건설을 에너지정책의 축으로 하고 있다. 이런 가운데 에너지 안전보장을 잘못하면 경제발전은 물론 국민생활의 존립을 위태롭게 한다. 일본인은 감정적으로 원전 폐기를 주장하기보다 대체안을 마련하기까지 원전의 안전성을 높이려는 노력에 주력하는 냉정함을 가져야 한다. 1941년의 미국발 석유위기에서는 미국과 전쟁을 치루었고 1973년 중동발 석유위기에서는 사회적인 패닉을 일으켰다. 원전 폐기로 석유위기가 재발해서는 안된다.'

4. 우리나라도 이번 사고에서 시사점을 찾을 필요가 있다

① 원자력발전에 대한 의존도가 34%에 달하는 우리나라로서는 기존의 원자력발전을 에너지 정책의 근간으로 한다면 안전성 확보에 한층 주력해야 한다.

최근들어 월성, 영광 등 일부 원전에서 고장이 잦은 편이다. 국제에너지기구(IAEA) 사무총장이 지적(2012. 11. 24)한 바와 같이 원전의 안전조치에는 100% 문제가 없어야 한다. 따라서 검증되지 않은 부품 사용에 대해서는 규제당국이 모든 원전을 점검할 필요가 있다.

그리고 ② 사회 일각에서의 탈 원전으로의 압력이 증대될 경우 국민들을 이해시킬 수 있도록 학교 및 사회에서 교육이 필요하다고 생각한다. 일본도 30년 전에 히로시마·나가사키 원폭피해 이후 원자력에 대한 학교교육이 행해진 이후, 이번 사고로 인해 빠르면 2011년 후학기부터 다시 원자력관련 교육을 부활시킬 계획이다.

③ 중장기적으로 에너지구조 개편을 검토해야 할 것이다. 다시 말

해 지구를 살리고 CO_2 배출이 적은 재생가능에너지의 비중을 지속적으로 높여나가야 한다는 의미이다.

이에 대해 기업들은 상용화를 위한 연구개발투자 비중을 높여 나가고 정부는 기업의 시장실패 부분을 보완할 수 있도록 재생가능에너지의 전량매입제도를 도입하거나 수요자에게 보조금 지원을 위한 예산 배정 등을 높여 사용을 촉진해야 할 것이다.

④ 수요관리 측면에서도 에너지 절약의 실천 노력이 지속되어야 한다.

2011년 여름부터 일본에서는 전력공급 부족에 직면하자 사무실 및 가정에서 LED 등 절전형 전구로 교체하고 있다. 여름철 냉방의 온도가 2도(섭씨) 정도 높아졌고 전등은 1/3 수준으로 어두워졌다. 전기가 많이 소비되는 1회용 음료자판기는 거리에서 많이 치워졌다.

일본의 절전 노력은 강 건너의 불이 아니다. 내일이면 우리에게도 불이 옮겨 붙을 수가 있다. 2011년 9월 15일(목) 한국의 동시다발적인 대규모 정전사태는 늦더위로 일시 급증한 전력의 수요가 공급량의 한계에 육박하여 당국이 불가피하게 지역별 순환단전 조치를 하였다. 자칫 국가적인 재난으로 비화될 뻔했다.

흔히 일본 내 각종 사회경제적 문제들은 가까운 시일 내 한국 사회가 겪을 내일의 문제이기도 하다. 그만큼 한일 양국은 사회경제적으로 밀접하게 연동되어 있으며 일본 사회가 한국 사회의 선행지표 역할을 하고 있다는 점을 시사하고 있다.

우리나라의 전기요금(산업용)은 일본보다 1/3 정도 저렴하다(1Kw당 일본 15.8엔, 한국 5.8엔, 2011년 기준). 지난 30년간 오직 물가가 오르지 않은 것이 전기요금이라고 할 정도이다(지난 25년간 소비자물가는 186% 상승했으나 전기요금은 11.4% 상승). 원자력발전의 덕분이었다. 다소 여유롭던 우리나라의 2011년 여름철의 전력공급 예비율이 과거 최저(5.6% 정도)를 기록하였듯이 안정공급에 필요한 예비율 10%를 밑돌았는데 최근 들어 왕성한 산업용 전력수요가 배경이다. 그리고 우리 국민 1인당 전력소비량은 국민소득이 2배나 많은 일본·프랑스·영국보다 더 높다.

필자는 이번 후쿠시마 제1원전사고로 인해 일본사회가 요동치는 모습을 현장에서 지켜보았다. 그리고 2011년에는 '3.11동일본대지진'으로 피해가 심했던 센다이 시에서 추운 겨울과 무더운 여름을 지내면서 석유·가스·우라늄 등 에너지원의 중요성을 새삼 절감하였다. 대지진 당시 얼마동안 가스단절과 정전으로 밥을 지을 수 없었고 몸을 씻을 수 없었다. 난방용 석유와 자동차용 가솔린을 구입하기 위해 추위 속에서 몇 시간을 기다려야 했다. 여름철에는 냉방 설정온도가 섭씨 2~3도 정도가 높아져 무더위로 고통을 겪었다.

인류역사 이래 많은 전쟁은 경제를 움직이는 혈액인 에너지원을 확보하기 위한 투쟁이었다는 것이 필자의 지론이다.

1945년 12월 7일 새벽(일요일, 현지 시간) 야마모토 이소로쿠(山本五十六) 일본 태평양함대사령관이 지휘하는 일본연합함대의 진주만 기습으로 시작된 미국—일본 간 태평양전쟁의 직접적인 도화선은 미국 루즈벨트 대통령의 석유금수조치(1941. 8. 10)였다. 당시 일본은 미국에 대한 석유의존도가 76.9%로 절대적이었다.

65년 이상이 지난 오늘날에도 에너지원를 안정적으로 확보하여 자국민의 국리민복을 꾀하려는 국가이익의 추구는 하나도 변하지 않았다. 미국이 중동정세의 안정을 최우선의 외교정책의 하나로 삼고 해상의 석유수송로를 장악하고 있음이 이를 반증하고 있다.

5. 이번 대재난에서 우리는 무엇을 배워야 하는가?

일본 국민들은 이번 대재난을 겪으면서도 각계 전문가를 중심으로 재난을 극복하는 과정에서 부족한 점은 없었는가, 그리고 정책 및 제도적으로 허점은 없었는가에 대해 점검하고 있다. 필자가 거주한 센다이 시 소재 미야기 현 도서관은 2011년 11월부터 시민들에게 대지진·쓰나미와 관련된 사소한 개인적인 기록물이라도 보내줄 것을 홍보하고 있다.

일본 열도와 자연환경이 매우 유사하고 일본과 인접해 있는 우리나라도 강 건너 불구경이 아니고 미래에는 우리 국민이 겪을 수도 있다는 점을 명심해야 한다.

1) 우선 자신은 물론 타인의 실패에서 배우려는 자세이다.

우리는 대구지하철 방화사고(2003. 2. 18) 직후 일본철도(JR)의 방재관계자들이 현장을 방문하여 메모하고 비디오촬영 등을 하는 모습을 기억하고 있다.

동일본대지진이 발생한 후 1년이 지났으나 고국의 일부 정치인과 관료가 방문한 적은 있으나 지자체 및 중앙정부는 물론 연구기관의 방재분야 관계자가 이곳 피해지역을 방문했다는 이야기를 들어본 적이 없다. 주센다이총영사관에도 이와 관련하여 문의해온 것이 드물다.

'실패는 성공의 어머니이다'이란 말도 있듯이 인간은 실패에서 배운다. 중고등학생도 시험에서 틀린 부분은 오답노트를 작성하여 다음에는 이를 되풀이하지 않으려고 한다. 하물며 우리 정부와 지자체는 이웃나라의 피해 현장에서 배워야할 것이 많을 것이다. 그러나 배우려는 모습을 찾아볼 수가 없어 답답하다.

일본은 지자체와 대학 등을 중심으로 다양하게 데이터를 모으고 있으며 많은 전문가의 분석 자료들이 쏟아져 나오고 있다. 동북대학은 2012년 4월부터 '재해과학국제연구'(소장: 히라카와 교수, 역사자료보존연구 전문)를 설립하고 다방면에서 동일본대지진을 분석하고 다가올 관동지역 등의 거대지진에 대비하려 노력하고 있다. 이런 결과를 중앙 및 지방정부는 방재정책에 반영하여 예산을 재배분할 것이며, 기업들도 상품화하는 등 비즈니스로 연결시킬 것이다. 또한 국민들은 각종 재해 관련 자료를 접하면서 나름대로 대책을 강구할 것이다.

2) 과거의 역사에서 배워야 한다.

인간이 문자를 만들어 역사를 기록한 것이 3,000년도 못 된다. 특히 20세기 후반에 접어들어 정보통신의 혁명으로 비약적으로 발전하고 있는 듯하지만 지진·쓰나미 등 자연재해에 대한 콘텐츠는 일천할 뿐이다. 자연 앞에서는 미약한 존재에 불과한 인간은 자연의 흐름에 순응하면서 재난이 닥쳐왔을 때 그 피해를 최소화해야 한다. 그것에 대한 답은 선인들이 남긴 역사적인 기록물과 자연이 남긴 흔적에서 찾을 수밖에 없다.

다시 말해 미국 시애틀의 지진이 300여 년 전에 있었으며 그 주기가 300년이라는 것이 학계에서 정설이라고 한다. 미국이란 국가가 설립된 지 200년 남짓 지난 데다 옛날부터 살던 인디언들은 구전설화로 대지진과 쓰나미의 공포를 전하고 있다. 지질학자들이 시애틀 인근의 지층을 조사한 결과, 300년 전에 거대 지진과 쓰나미가 있었다는 점을 확인하였으며 태평양을 사이에 두고 마주보는 일본 동북지방(이와테 현)의 해안가의 절이나 지방 세력은 당시의 쓰나미 도래를 기록하고 있다. 미국과 일본의 기록이 일치하고 있는 것이다.

이와 같이 우리나라도 전문가를 구성하여 남겨진 고문서를 분석하고 지질학자로 하여금 지층을 분석하도록 하는 등 종합적인 학제적 연구가 필요하다.

다시 말해 동해안에 원자력발전소를 입지하려고 할 경우, 수백 년 전에 쓰나미 등 자연재해를 당한 문서의 기록은 없는가, 바닷물이 밀려와 토사가 쌓인 흔적이 없는가를 판단한 후에 다음 단계로서 입지를 위한 지반구조나 지역주민의 동의 등이 필요하다는 의미이다. 이것을 게을리 했을 때 어떤 결과를 유발하는가는 동일본대지진 이후의 후쿠시마 제1 원전 사고가 일본사회에 어떤 파급을 미치고 있는가가 말해주고 있다.

필자가 살았던 센다이로부터 동쪽 50여 킬로미터 떨어진 곳에 동북전력의 오나가와(女川) 원자력발전소(비등수형 경수로 3기 소재)가 있다. 동일본대지진의 진앙지로부터 200킬로미터 이내의 거리로서 쓰나미의 피해와 원전사고 발생이 우려되는 지역에 위치하고 있다.

그러나 오나가와(女川) 원전은 쓰나미 피해를 피할 수 있었다. 당초 건설 계획 단계에서부터 주변지역이 역사적으로 지진이 빈발하여 쓰나미 대책이 필요하다는 인식을 가지고 토목공학, 지구물리학의 외부 전문가를 포함한 사내 전문위원회(위원장:혼마, 동경대명예교수)를 설치하여 죠간쓰나미(貞觀津波, 869년), 메이지 산리쿠쓰나미(明治 三陸津波, 1896년) 등의 흔적 관련 현장조사를 독자적으로 실시하는 등 논의를 거듭한 결과, '원전 부지의 높이는 해발(O.P)+15미터 정도라면 괜찮다'는 결론을 내리고 해발(O.P)+14.8미터로 건설하였다(1980년 착공 당시 상정했던 최대 쓰나미는 9.1미터였음). 이번 대지진으로 지반이 1미터 침하한데다 43분 후에 쓰나미가 13미터까지 도달했음에도 원전의 주요부분에는 해수가 들어오지 못했다. 또한 외부전원(총 5계통)과 비상용디젤발전기(총 4계통)가 강진으로 파손되었으나 다행히 각각 1계통씩을 가동할 수 있어 냉온정지 상태를 유지할 수 있었다. 만약 침수되거나 전원계통이 전부 상실되었다면 후쿠시마 제1원전 사고와 별반 다름이 없었을 것이다. 선인들의 재해에 대비하는 지혜를 엿볼 수 있는 대목이다.

＊오나가와(女川)원전이 후쿠시마 제1원전과 다른 점은 부지의 표고가 쓰나미 도래 시 불과 80센티미터를 상회했다는 점이다. 건설 당시 부사장이었던 히라이(平井無之助) 씨는 쓰나미 도래 시 최대높이를 3미터(후에 9.1미터로 개정)로 상정했던 것에 대해 고문헌의 기록을 제기하며 고지대에 건설할 것을 주장해 관철시켰다.

일본정부가 막대한 예산을 들여서 설치한 바다의 만리장성이라고 불리는 이와테 현(岩手縣) 미야코(宮古) 시市 앞바다의 방파제(수심 60m×길이 2.5Km)도 이번 쓰나미를 막지는 못했다. 오히려 이를 과신한 나머지, 연안지역에 사는 주민들의 피해가 커졌다고 일부 전문가는 평가했다.

그러나 1,000년 이상 전에 일어난 죠간지진(貞觀地震, 869년) 때 쓰나미가 몰려온 것을 감안하여 고지대에 조성된 마을은 이상할 만큼 피해를 면했다. 인간은 역사로부터 배워야 한다는 진실을 시사하고 있는 것이다.

3) 앞으로 우리나라 경찰 당국에서도 사망자 및 행방불명자의 신원 확인을 위해 개인별 치아 정보를 알 수 있는 네트워크를 구축할 필요가 있다.

국가기관(경찰)만이 아니라 재해발생이 우려되는 산업현장(기업)에서도 개인별 치아형태(齒型)를 나타내는 X레이 사진을 확보하거나 치과병원과 연계할 필요가 있다.

이번 쓰나미 발생 후 100일이 경과한 2011년 6월 24일(금) 현재 미야기 · 후쿠시마 · 이와테 등 3현에서 신원불명의 유체가 1,700명 이상에 달했다. 왜 유족들에게 인도할 수가 없었을까. 유족들마저 모두 쓰나미로 휩쓸려나가 생존하지 않는 경우도 있으나 (경찰의 감정으로는) 누구인지 신원을 특정할 단서의 확보가 어려운 측면이 있다는 점이다.

다시 말해 유체를 발견했어도 수일이 경과하여 형체를 알아볼 수 없을 정도로 팽창하거나 부패되는 등 손상 정도가 심한데다, 혈연관계자로부터 구강내세포를 제공받아 유전자(DNA) 감식을 하는데도 한 달 이상 시간이 걸리고 특정하기 쉽지 않아 신원확인이 어려운 것이다. 본인이 사용했던 전기면도기, 칫솔, 빗, 담배 파이프 그리고 제대(臍帶, 배꼽의 탯줄) 등도 쓰나미로 유실된 경우에는 신원을 확정하기가 매우 어렵다.

그런데 미야기 현 경찰본부는 유족들로부터 치료를 받았던 치과병원에서 X레이 사진 등 치료 자료를 협조 받아 감정한 결과, 2011년 7월 13일(수) 현재 650명분의 신원을 찾을 수가 있었다. 앞으로 미야기 현 경찰본부는 치과병원과 네트워크를 구축하여 유사시에 대비해 나가겠다고 한다.

이것은 우리에게도 시사하는 바가 적지 않다고 본다. 요즘처럼 테러 · 자연재해 등 대형재해가 주변에 도사리고 있는 점을 감안하면 피해자의 치아는 온전히 남아 있다는 점과 치아를 통해 신원 확인이 매우 쉽다는 측면에서 18세가 되면 주민등록 발급 시 대장에 전 국민 치형(齒型)정보를 데이터화할 것을 검토할 필요가 있다고 생각한다.

4) 학교와 가정에서 질서 있는 사회교육이 필요하다.

우리나라를 비롯하여 전 세계인은, 대재난의 와중에서도 일본인들이 질서 있게 줄을 서고 부족한 물자를 배분하는 과정에서 남을 배려하는 시민의식을 보여주는 모습을 보고 놀라움을 표시하였다. 극도의 혼란과 위기 속에서도 평온하게 대처하는 시민들의 모습은 가정교육과 학교에서의 생활지도가 큰 힘을 발휘하고 있다고 생각한다.

나는 2011년 무더운 여름밤에 지진 피해지역인 이와테 현 모리오카 시를 방문한 적이 있었다. 역 대합실에서 마지막 교통편인 센다이 행 신칸센(21:52분 모리오카 발發)을 기다리던 중이었다. 일본열도의 남단인 가고시마 현까지 3박4일간의 수학여행을 다녀온 '이와테대학 교육학부 부속중학교'의 3학년 학생들의 모습을 본 적이 있었다. 밤 10시가 가까워졌는데 20여 분간에 걸친 해산식을 하면서 300여 명의 남녀학생 중 어느 한 명도 흐트러진 자세를 보이지 않았다. 가고시마 현에서 고향 모리오카 시까지 돌아오는데 피로감이 쌓이고 주의가 산만해질 시간이었다. 그러나 놀랄 정도로 질서정연했다. 우리나라의 군대의 모습을 연상했다.

필자는 모리오카 시의 동쪽에 위치한 태평양상의 미야코(宮古) 시市의 시민들이 40미터에 달하는 거대한 쓰나미 피해를 당한 후에 산간 피난지에서 눈 내리는 추운 날씨 속에 한사발의 먹을 물을 얻기 위해 2~3시간을 줄을 서는 모습을 연상했다.

이런 재난 속의 위기상황에서 일본인들의 질서 있는 선진시민 의식은 저절로 발휘되는 것이 아니다. 이미 초등학교와 중학교에서 완성된 것이다.

이런 젊은이들이 성장하고 있는 한 반드시 피해지는 복구·부흥될 것이라고 확신한다.

흔히 일본에서도 요즘 젊은이들은 예의가 없다고 말한다. 그러나 가정에서 교육이 여전히 철저히 이루어지고 학교에서도 그러한 분위기가 이어지고 있다. 특히 인재양성에 힘을 쏟고 있는 이와테 현은 더욱 그러한 듯하다.

5) 일본열도의 지진여파로 쓰나미 피해가 우려되는 우리나라 동해안의 주요 도시에서는 방재대책을 재점검하여 보완할 필요가 있다.

막대한 예산이 소요되는 해안가의 방조제(방파제)의 조성도 중요하나, 우선 민방공훈련 시 연간 1~2회라도 쓰나미 피해를 예상한 재난대피훈련을 실시하고 쓰나미 발생 시 긴급히 피난할 수 있는 피난도로를 지정하거나 피난건물(高臺)을 설치하는 것이 효과적일 것이다.

혹시 지방의회나 언론의 비판이 있을 수도 있을 것이다. 그러나 동해안 지자체들은 만일의 위기상황을 가정하여 예산을 절감하면서도 다수의 인명을 구할 수 있는 효율적인 방재대책을 강구해야 한다.

03

주센다이총영사관과 민단은
어떻게 대응했는가?

1. 이렇게 '초기대응'을 했다

3월 11일(금) 재해 당일 평상시보다 다소 추운 날씨 속에 총영사관은 민원을 접수하는 등 정상적인 업무를 보는 중이었다. 그러나 보름 전부터 매일 땅을 흔들어대는 여진이 이어지고 있어 직원들은 상당한 긴장감을 가지고 있었다. 나 자신도 땅 위에 발을 딛고 있었으나 배를 타는 기분이어서 가끔 메스껍고 어지러웠다.

오후 2시 46분 갑자기 3분여 동안 강한 지진이 엄습했다. 3분이라고 하지만 30년의 시간으로 느껴졌다고 직원들은 입을 모았다(그때 나는 출장 중으로 모리오카 시를 출발하여 아키타 시로 향하는 터널 속의 신칸센 열차 속에 있었다). 땅이 심하게 비꼬아지면서 상하좌우로 마구 흔들어대자 모든 직원들은 책상 아래로 들어가 흔들림이 가라앉기만을 기다렸다.

대지진이 멎은 직후 긴급피난장소로 지정된 미야기 현청 앞의 공원

으로 이동하였다. 그러나 피난했던 직원들은 앞이 안보일 정도로 폭
설이 내리는데다 강한 바람으로 추위가 엄습해오자 '여기서는 도저히
견디기 어려우니 공관으로 돌아가자' 며 근무지로 되돌아왔다.

총영사관은 초유의 사태를 맞아 총영사 이하 전 직원을 중심으로 '비
상대책반'을 편성하고 우선 지진상황을 파악하여 본국에 구두로 보고
하고 관할 동북지방 내 재외국민의 체류 여부 및 여행자 확인에 나섰
다. 뒤이어 동쪽 태평양해안에서 거대한 쓰나미가 밀려와 피해가 확산
되고 있다는 소식을 접한 가운데 후쿠시마 제1원전 사고의 사태악화 동
향을 주시하기 시작했다.

지진 발생 초기에는 유선전화와 휴대폰은 물론 유선TV·유선인터넷
의 불통으로 상황파악에 애를 먹었으나, 라디오와 무선인터넷이 가능

총영사관에서 일시 피난생활을 하고 있는 재외국민들

한 노트북을 통해 피해의 전모를 파악하면서 모니터링에 착수하였다.

재난 발생 당일(3. 11, 금) 밤 9시경부터 유선전화가 가능해지고 도심지역을 중심으로 휴대폰도 개통되어 동북지방의 6개 민단지방본부 및 현청·현 경찰본부 등과도 연락을 취하면서 재외국민의 피해여부를 확인하기 시작했다. 일손이 매우 부족한 상황에서 다행히 외교통상부(대지진 발생 직후부터 비상대책본부(본부장: 2차관)를 설치)에서 비상시 현지에 직원을 파견하는 '정부신속대응팀'(팀장: 이수존, 7명)이 3월 13일(일) 01:30분경에 도착했다. '정부신속대응팀'은 3월 28일(월)까지 현지에서 활동하였는데 피해를 입은 재외국민과 여행자들을 안전지역으로 이송하는 등 긴급구조 활동을 전개하고 국내 언론기자들에게는 매일 오후 3시경 브리핑을 시작하여 위기대응에 도움이 되었다.

2. '재외국민 보호활동'에 주력했다

1) 전화민원 폭주에 직면

재해 발생 당일 밤부터 공관의 유선전화가 개통되자마자, 동북지방에 가족과 친지를 두고 있는 국내의 연고자들로부터 안부를 확인하려는 전화가 폭주했다.

3월 11일(금)~3월 25일(금)의 2주간 1,043건의 안부를 확인하는 민원이 접수되었다. 24시간 근무체제에 돌입한 민원담당 여직원들을 중심으로 1,039건의 안부를 확인하고 회신하여 주었다. 국내 연고자의 연락두절 등으로 답변이 어려웠던 4건을 제외하면 100% 확인할 수 있었다.

공관에서 1건의 전화민원을 접수하면 대상자의 성명·생년월일·연락처 등을 문의하고 여권발급 및 재외국민등록의 기록 여부 등을 확인한 후 대상자에게 연락하여 안부를 확인하여 민원인에게 결과를 통보하는 절차를 거친다. 이런 비상상황에서는 민원 1건당 3~10여 차례의 통화를 시도하여 확인하는 경우가 보통이었다.

2) 공관 내 임시피난소 설치 및 재외국민 이송

후쿠시마 제1원전사고로 인해 시시각각으로 방사능 유출 위험이 보도되는 가운데 지진발생 다음 날(3월 12일, 토) 오전부터 본국으로 귀국하거나 안전지역으로 이동을 희망하는 재외국민들이 급증하여 숙식이 가능한 총영사관 내 '임시피난소'를 설치하지 않으면 안 되었다.

대재난을 당한 재외국민들 사이에서는 센다이 등 도심지에서는 먹을 것과 난방유 등 생필품을 전혀 구입할 수 없는데다, 이대로 집에 있으면 취사는 물론 난방마저 불가능하여 굶어서 얼어 죽을 지도 모른다는 공포감이 확산되고 있었다.

'임시피난소'는 4월 27일(수)까지 47일간 운영되었는데, 유학생·체류자 등 총 2,000여 명이 일시 머물다가 본인들이 희망하는 지역으로 돌아갈 수 있었다. 당시 공관에서는 최대 체류인원이 하루에 200여 명에 달한 적이 있었는데, 추위를 피할 모포·담요 등을 숙박자에게 제공하는 것과 총영사 및 영사의 부인을 비롯해 재외동포 자원봉사자를 중심으로 3끼의 식사를 마련하는 것이 가장 큰 문제였다. 재난 초기에 공관직원이 피난중인 재외국민의 먹을거리를 구하기 위해 슈퍼 앞에서 2시간여 동안 줄을 섰으나 냉동식품 약간(4~5인분)밖에 구할 수 없었다.

이때 도움을 주었던 우리 정부 및 기업과 재외동포들을 잊을 수가 없다. 주일대사관과 니가타총영사관은 언제나 든든한 후방보급기지 역할을 해주었다. 그리고 삼성텔레콤일본법인(동경)·농심(센다이)·대하골프장(후쿠시마 현) 등 우리 기업체와 한국식당(센다이 시의 '백제', 아키타 시의 '대가')에서 생수·소고기·식품 등 식재료와 프로판가스·취사도구 등을 제공해주었다.

공관은 나중에 임시피난소에서 사용하고 남은 구호품들을 약 120여 회에 걸쳐 피재 3현의 민단지방본부와 센다이 소재 한인교회 및 인근의 일본인 피난소 등에 지원하였다. 또한 공관은 배고픈 일본인이 공관 앞에서 기웃거리면 들어오라고 하여 식사를 제공했으며 필요한 물품(생수·쌀·컵라면 등)을 요청하면 가능한 범위에서 지원을 아끼지 않았다.

공관은 '정부신속대응팀'과 협조하여 3월 13일(일) 새벽부터 생후 10일밖에 안 된 딸을 출산한 이정문 씨(포스코 직원, 동북대학 유학중) 가족 6명을 우선 본국으로 이송했다. 3월 28일(월)까지 총 642명의 재외국민을 니가타 공항(339명, 18회)·아키타 공항(289명, 10회)·동경(14명, 3회) 등지로 이송하였다. 센다이 공항이 쓰나미 피해를 입은 데다 도호쿠(東北)신칸센도 지진으로 운행이 중단된 상태에서 정부가 취할 수 있는 최선의 조치였다.

또한 최대 사망자를 낸 미야기 현 이시노마키 시 지역을 여행하다가 피난소에서 며칠간 고립된 우리나라 여행객(노인 6명)을 구출하여 희망하는 지역으로 이송하는 등 3월 말까지 총 38명(23건)에 대한 구조신청을 받아 17명(7건)에 대해 긴급구조 및 출국지원 활동을 전개하였다(나머지 21명(16건)은 본인 의사로 구조요청 취소).

3) 후쿠시마원전 사고와 관련해서 재외국민에게 대피 권고

우리 정부는 2011년 3월 17일(목)부터 후쿠시마 제1원전으로부터 80킬로미터 이내 지역에 거주하거나 여행을 하고 있는 국민들에게 80킬로미터 이상 떨어진 지역으로 대피하거나 대피가 불가능한 경우에는

외출을 삼가하고 실내에 머물러 있을 것을 권고하였다

4) 기타 지원활동

한국은 다른 어느 나라보다도 먼저 일본에 '긴급구조대'를 파견하였다. 3월 12일(토) 구조대원 5명과 구조견(2두)이 입국하고 3월 14일(월)에 구조대 102명이 들어와 3월 23일(수)까지 쓰나미 피해를 입은 미야기현의 센다이 시·시오가마 시 일원에서 구조 활동을 전개하여 유체 17구를 수습하였다.

공관으로서는 해당 지자체와 구조 활동을 할 지역을 사전교섭하거나 교통수단 확보 등에서 불편이 없도록 지원하였다. 그 후 구조대가 떠나면서 공관에 남기고 간 연료와 비상식량·생수 등은 유효하게 활용하였다.

또한 원전사고대응과 복구에 필요한 비상발전기·LNG·붕산 등을 신속히 제공하였으며 생수·모포·식료품 등 상당량의 구호물품을 일본정부와 기업·일본적십자사 등에 전달하였다.

한편 지진발생 다음 날인 3월 12일(토) 저녁부터 국내 언론사의 대규모 취재단이 도착하였다.

공관은 1층 민원실 옆에 '임시 프레스센터'를 설치하고 각종 취재편의를 제공하였다. 쓰나미 피해지는 통제구역으로 지정되어 들어갈 수 없었으나 통행허가증을 발급받을 수 있도록 협조하고 차량 이동에 필요한 연료를 확보해주는 등 취재 편의를 제공했다. 아울러 정부신속대응팀장은 매일 오후 3시에 일일상황을 취재단에게 브리핑하였다.

국내 취재단은 후쿠시마 제1원전사고로 인한 방사능유출 위험이 높아짐에 따라 3월 15일(화) 아침부터 철수하기 시작하여 대부분 니가타 시와 동경으로 철수하고 3월 17일(목) 오후 한국일보와 연합뉴스가 마지막으로 철수하였다(후쿠시마 제1원전 1, 3, 4호기는 3월 12일(토)~3월 15일 (화)간 수소폭발이 일어나 다량의 방사능이 바람을 타고 센다이 시 등 인근 지역으로도 비산되었다).

3. 대처 과정에서 미비점은 없었는가?

전반적으로 주센다이총영사관은 이번 재해에 잘 대처했다는 평가를 받았으며 우리 국민들의 여론도 상당히 좋았다(영산재단(이사장: 이홍구 전 총리)은 2012년 2월 28일 '올해의 외교인상'에 당관을 선정하였다).

그러나 당시의 대처상황을 회고하면 개선할 사항도 적지 않았다.

1) 공관에서는 현실적인 '비상대비계획'이 마련되어 있지 않았다.

공관은 지난 2008년 6월의 '미야기 현·이와테 현 내륙지진'을 겪은 이후 '재해발생대비계획'을 수립하고 있었다.

그러나 동 대비계획은 재난 발생 시 긴급피난과 피해상황 파악에 중점을 둔 나머지, 이번의 대재난을 맞아 임시대피소 운영·재외국민의 안전지대 이송 등 적극적인 대비계획이 없었고 비상시 점검사항과 구체적인 행동요령이 미비하여 적용하는 데 한계가 있었다.

또한 공관이 비상대피소의 기능을 수행할 것이라고는 전혀 예상하지 못했으므로 대피공간은 마련되었으나 비상식량·차량용/취사용 연료·담요·생수 등을 확보하는데 애를 먹었다.

2) 공관 자체적인 통신 및 모니터링 시스템의 구축도 부족했다.

재난 발생 초기에 민원전화가 폭주하다 보니 본부와 전화통화 등에서 애를 먹었는데, 비상시를 대비한 예비전화회선의 확보가 필요했다. 또한 정전으로 유선TV와 인터넷망을 통해 초기의 재해 상황을 파악하는데 어려움을 겪었다. 공중파 수신 안테나 및 무선인터넷 장비의 필요성도 느꼈다.

또한 공관은 신축된 지 4년여 밖에 안 되었으나 수차례 강한 여진으로 내부에 균열이 많이 발생하고 각종 설비가 파손되는 등의 문제점에 직면했다. 따라서 중요 장비는 가장 안전한 곳에 배치하고 내진 설비를 갖추어 피해를 최소화할 필요가 있다.

3) 재외국민에 대한 비상연락 체계가 미흡했다.

임의신고사항인 재외국민등록률이 낮아 유학생·상사맨 등 현지 체류자에 대한 비상연락망이 미비하였다. 민단지방본부와의 연락망도 사무국과 간부급 정도에 한정되어 초기에 관할지역 내 재외국민의 피해상황을 파악하고 구호정보를 전파하는데 애로를 겪었다.

4) 부족한 인력의 충원 및 직원 간에 정보공유 체제가 원활하지 못했다.

재해 초기에는 피난민이 공관으로 몰려들고 민원전화가 폭주하는 가운데 담당직원들은 피로가 누적되어 갔다.

그러나 직원들의 일손을 도와줄 지원인력을 확보하는데 시간이 걸렸다. 나중에 동북대학에 유학 중이던 공무원들이 며칠 동안 고국으로 일시귀국 하기 전에 도와주었다.

또한 직원들 간에도 후쿠시마 제1원전사고 등에 대한 상세정보가 공유되지 않아 자신들이 방사능에 피폭되는 것이 아닌가 할 정도로 상당히 불안감을 느낀 적도 있었다. 나중에는 매일 전체 직원들에게 현재의 원전사고 상황과 주의할 점 등을 전파하여 안심시켜 나갔다.

4. 앞으로 보완할 점은 무엇인가?

1) 재해발생 시 초기대응이 매우 중요하며 공관장의 신속한 결단과 임기응변적 대응이 재외국민들을 안심시킨다.

재난 초기에는 관련정보의 공백상태에 직면한 피재지에서 물자와 인력이 부족하여 예상치 못한 돌발 상황에 직면한다.

특히 재해발생 직후 1~3일간의 효율적인 초기대응이 무엇보다도 중요하므로 공관장은 관련정보가 부족하더라도 신속한 의사결정을 내리고 현장의 담당자에게 권한을 위임하여 능동적이고 적극적으로 행동하도록 유도해야 한다.

차량을 움직이는 연료는 물론 비상발전기용 연료 등이 부족한 상황에서 공관은 어떻게 해서든지 연료를 구할 수가 있었는데, 직원들의 임기응변적인 기지에 힘입은 바 컸다.

2) 관계자들 간에 의사소통과 효율적인 네트워크 가동은 중요하다.

공관 내 임시피난소에서 피난 온 재외국민들 간에 본국에서 전세기를 지원해야 한다는 불만여론이 높아진 적이 있었다.

이에 따라 공관에서는 피난 국민들에게 정부가 전세기를 띄우는 것은 어렵다는 점을 설명하고 가용차량을 이용하여 재외국민들을 안전지역으로 이송할 것을 약속하였다. 무료로 전세기 이용을 기대했던 일부 교민들은 일시귀국을 포기하고 귀가하기도 했다.

또한 공관의 임시피난소에 있는 사람들에게 후쿠시마 제1원전사고로 인한 방사능 피해가 우려된다며 춥더라도 온풍기를 틀지 말 것을 권유하는 등 피난민들의 건강을 돌보았다. 또한 임시피난소 내부의 정리정돈 및 화장실 청소와 식사 후 설거지 등은 자발적으로 봉사할 수 있도록 분위기를 조성해 나갔다.

이런 노력들에도 불구하고 앞으로 더 보완해야 할 것들이 있다. 공개적인 장소에 라디오·TV 등 정보매체를 배치하여 필요한 정보를 실시간에 접할 수 있도록 배려해야 한다.

또한 관할지역 내 교민단체는 물론 아국 진출기업·유학생회 등과 비상연락망을 갖추어 비상시 재난상황을 전파하고 상호 공조하는 체제를 구축한다면 많은 도움이 될 것이다. 그리고 공관의 가용인원으로 비상업무 수행이 어려울 경우에는 정부파견 연수생·유학생(유학생회) 등에게도 자원봉사를 요청한다면 더 효율적인 대처를 기대할 수 있을 것이다.

3) 피해지역 유관기관 등과의 긴밀한 협조체제 구축도 게을리 해서는 안 된다.

평소에 주재국 유관기관과의 협조관계를 돈독히 해놓아야 위기상황에서 적시에 도움을 받을 수 있을 것이다. 재난을 당한 미야기 현·후쿠시마 현·이와테 현 등 동북지방 지자체들은 바쁜 와중에도 공관의 협조 요청에 기꺼이 응해주었고 지원을 아끼지 않았다.

4) 재외공관이 복합적인 기능을 수행할 수 있도록 전환해야 한다.

재외공관이 없는 지역에서는 현지에 진출한 우리 기업이 그 역할을 할 수도 있을 것이다. 갑자기 재난이 발생하면 현지의 교민들은 위험을 피하고 정보를 얻기 위해서라도 자연스럽게 공관이나 우리 기업(공관이 없을 경우)으로 발걸음을 옮길 수밖에 없다.

반기 또는 연간 1회 정도는 재해대비 훈련을 할 필요가 있으며 미비점을 보완하는 것을 게을리 해서는 안 된다.

따라서 금후 재외공관을 신축할 때 일본과 같이 자연재해가 많은 지역에서는 보다 튼튼하게 건축해야 하고 다소 여유 공간을 확보해 임시 피난소로 운영하거나 임시취사 등을 할 수 있도록 고려해야 한다.

그리고 주요 설비는 가능한 쓰나미를 피하면서도 지진 피해를 가장 적게 받는 층에 배치하고 비상용 예비전화회선을 확보하거나 공중파(위성)TV방송 청취 시스템을 마련하여 재난상황을 모니터링하도록 해야 한다. 또한 재해 다발지역에서 근무하는 공관원이나 회사원들은 비상용품이 들어간 배낭을 가까이 두어야 하며 최소한의 필수휴대품목 등을 늘 생각하고 있어야 한다.

이번 동일본대지진 직후 쓰나미의 제1파가 지나간 후에 귀중품 등을 챙기려고 자택에 들어갔다가 제2파, 제3파의 쓰나미로 희생당한 사례가 적지 않았다.

참고로 '3.11대지진' 이후 내 사무실 책상 밑에는 라디오 · 비상용 배낭과 안전모 · 마스크가 갖추어져 있었다. 2011년 4월 7일(목) 23:32분에 발생한 매그니튜드(M) 7.4의 강진(센다이, 진도 6) 당시 사무실에서 근무 중이었는데, 천장에 붙어 있는 하얀 석고보드가 눈 내리듯이 떨어졌다. 당시 가까운 곳에 놓여 있던 마스크를 착용해서 다행이지 그렇지 않았으면 폐(肺)의 손상이 불가피했을 것이다. 일부 직원은 건강진단에서 이상 징후가 나타났기 때문이다.

5) 재난 초기에 신속한 구호물품의 확보와 본국 정부의 빠른 지원이 중요하다.

대재난이 일어나자 전기·수도·가스의 공급 중단은 물론 물류가 유통되는 도로망마저 파괴되어 현지에서 자체적으로 숙식을 해결할 방법을 찾아야 했다. 그러나 공관에는 비축되어 있는 냉동식품이나 유류 등의 비상용품이 없었다.

센다이 시 소재 한인식당에서 식재료를 지원받는 한편, 동경(주일대사관)·니가타 시(총영사관)·야마가타 시(민단지방본부)로부터 도움을 받아 차량공간이 허용하는 한 최대한의 석유·빵·생수·라면·쌀·야채·마스크·수건·장갑 등 생필품을 공급받을 수 있었다. 이는 인접 공관이나 동포단체(아국진출기업·지방민단·한인교회 등)와의 상시 협조체

총영사관에서 비상배식으로 나오는 밥과 반찬

제 구축의 중요성을 시사하고 있다.

나중에 본국에서 지원된 구호물품(모포 · 햇반 · 컵라면 · 양념 김 · 생수 · 여성용품)을 일본인들이 머물고 있는 피난소에도 보낼 수 있었다. 초기 1~3일간이 중요하므로 자체적으로 버틸 수 있는 비상용품을 준비하고 외부에서도 도움을 받을 수 있는 응급지원체제를 생각해야 한다.

6) 끝으로 철저한 준비가 피해를 최소화한다는 점을 명심해야 한다.

그동안 일본사회는 지진과 쓰나미를 상시적으로 겪고 있어 나름대로 준비하고 대비해왔다. 그러나 정작 사상 초유의 대재난이 닥쳐오자 속수무책일 정도의 큰 피해를 입었다.

해외에 진출한 현지의 우리 기업이나 공관으로서는 가용자원을 활

총영사관이 준비 중인 재난대비용품

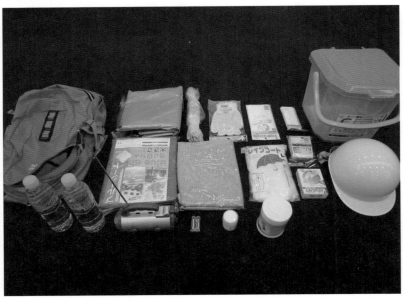

용할 수 있는 방안에 기초하여 '비상재해대책'을 재검토하고, 어느 정도의 생수·간이식량·연료 등 초기대응을 위한 비상용품과 조기에 조달이 가능한 인적 네트워크를 구축해 놓을 필요가 있다.

'예방 차원에서 사전준비는 재난 시 큰 힘이 된다'는 점을 꼭 알았으면 한다. 가령 센다이 시는 동북지방의 중심지인 탓에 호텔 등 숙박시설이 매우 많은 편이다. 그중에서 신칸센역 앞에 메트로폴리탄호텔이 자리 잡고 있는데 이번 재해에서 다른 호텔보다 피해가 적어 조기에 재개장할 수 있었다는 후문이다. 왜냐하면 수년 전에 지진에 대비한 보강공사를 한 덕분이었다. 나중에 필자가 곤노(紺野純一) 총지배인에게 문의한 바에 의하면, 호텔 측의 사전 재난대비와 재난 직후 건설회사의 신속한 후속공사가 도움이 되었다고 한다.

총영사관이 방사능 피폭을 대비해서 준비했던 간이 화장실

5. 민단의 구호활동은 '국적의 벽'을 뛰어넘었다

'3.11대지진'으로 심한 피해를 입은 미야기 현·이와테 현·후쿠시마 현 소재 3개 민단지방본부는 매우 바쁜 나날을 보냈다.

아울러 도쿄의 민단중앙본부도 1995년 고베대지진의 경험을 살려서 3월 12일(토) '긴급대책본부'를 설치하고 교민피해를 파악하는 한편 3월 15일(화) '재일한국인 자원봉사단'을 발족시켜 임직원을 중심으로 피재현장에 신속히 지원인력을 투입하고 구호물자를 보내주는 등 지원을 아끼지 않았다.

대지진이 일어난 3월 11일(금) 오후부터 민단지방본부에는 많은 전화가 답지하고 제외국민들이 찾아왔다. 강한 여진으로 집에 머무르기가 어려운데다 평소 친하고 안면 있는 동포들과 서로 격려하면서 어둡고 추워지는 공포의 밤을 보내려는 리스크 회피의 심리도 있었을 것이다.

3현 민단지방본부는 단장을 중심으로 사무국 직원들이 신속히 움직였다. 몰려드는 동포들이 큰 불편 없이 민단에서 지낼 수 있도록 배려하면서 부족하나마 음식과 물을 제공하였다. 다음 날부터는 통화하기 힘든 전화통을 붙잡고 피재지 동포들의 안부를 한 명씩 한 명씩 확인해 나갔다. 쓰나미로 육지에 몰려든 바닷물이 빠지고 나서 4~5일 후에는 휘발유를 겨우 확보하여 자동차 운행이 가능해지자 라면과 생수 등을 싣고 피재현장에 살고 있는 단원들의 자택을 하나씩 방문하면서 안부를 확인하기 시작했다.

이와테 현 민단(모리오카 시 소재)은 미야코(宮古)와 가마이시(釜石)·야마타초(山田町) 일원을 중심으로 단장 이하 사무국 직원들이 확인에 나섰다. 미야기 현 민단(센다이 시 소재)은 가장 피해가 심했던 이시노마키(石卷)와 히가시마쓰시마(東松島)·다가조(高賀城)·미나미산리쿠초(南三陸

町)・나토리(名取)・이와누마(岩沼) 일원을 중심으로, 후쿠시마 현 민단(고오리야마 시 소재)은 방사능 위험을 무릅쓰고 다수 동포가 거주하는 이와키・소마(相馬) 등을 중심으로 매일 방문하였다.

연료공급이 원활해지고 구호품이 답지하자 후쿠시마 현 민단 전상문錢相文 사무국장과 이재창李在昌 사무부국장은 자동차를 이용해 4월 초에 미나미소마(南相南) 시市를 찾아갔다. 그러나 이곳은 후쿠시마 제1 원전으로부터 25킬로미터밖에 떨어져 있지 않은 탓에 인적이라곤 찾아볼 수가 없었다. 혹시라도 동포들이 남아 있을 수 있다고 생각하고 지진으로 처참하게 무너지고 쓰나미로 초토화된 잔해를 헤집고 동포의 집을 방문했으나 아무도 없었다. 허탈한 나머지 둘이서 부둥켜안고 엉엉 울었다.

한편 가옥이 하루아침에 지진으로 파괴되고 쓰나미로 침수되거나 유실된 동포들은 민단 간부의 위로방문에 목이 메었다.

당시 먹을 물 한 방울이 귀한데다 취사연료와 식량이 턱없이 부족하고 절박했던 때였기에, 민단에서 난방용 등유와 차량용 휘발유는 물론 간이 취사도구(휴대용 가스버너)까지 마련하여 구호품을 제 때에 제공한 배려에 눈물겹도록 감사해 했다.

2주일간 가장 어려웠던 시기를 넘긴 후에는 3현 민단지방본부는 부인회를 중심으로 활발하게 움직이기 시작했다. 한국에는 예로부터 이웃이 어려움을 당할 때 도와주는 상부상조의 전통이 있다. 그 전통 그대로의 모습이었다.

부인회는 쓰나미 피해가 심한 항구도시를 중심으로 일본인 피난소를 방문하여 김밥과 떡국은 물론 불고기와 김치・깍두기 등 한국요리를 준비하여 이재민들에게 제공하였다.

대지진 발생 1개월여가 지난 2011년 4월 7일(목) 오전 미야기 현 민단 부인회는 이시노마키 시 소재 가도노와키(門脇)중학교에서 피난하고 있는 일본인에게 900명분의 점심으로 밥과 곰탕을 제공하였다. 이재민들은 오랜만에 먹어본 따끈따끈한 밥과 곰탕국물이었다. 이들은 학교 정문 앞에서 일제히 줄을 서서 눈물을 흘리며 연신 감사하다는 말을 하며 떠나는 부인회를 배웅했다.

재해현장, 그곳에서 '재일한국인'이라는 국적은 아무 의미가 없었다. 먹을 것 자체를 해결하기 어려운 상황에 직면한 일본인이나 재일한국인 상관없이 인간 그 자체를 돕는 인류애적인 행동이었다.

부인회가 피난소를 방문하기 위해서는 400~700명분의 식사를 준비해야 하기 때문에, 3일 전부터 시장에서 식재료를 구입하여 당일 아침 일찍부터 준비해야 하는 어려운 작업이다. 그러나 3현 민단지방본부 부인회는 거의 2주일에 한 번꼴로 묵묵히 이 힘든 일을 실천하였다.

한편 이들 민단지방본부 부인회가 어려움에 처하면 야마가타 현·아키타 현·아오모리 현 그리고 홋카이도 민단지방본부 부인회에서도 도움의 손길을 보태주었다. 재일한국인의사회(회장: 조자연)도 민단중앙본부의 안내로 2011월 4월 16일(토)부터 3주간 주말을 이용하여 도쿄에서 3인 1팀의 의사단을 파견하여 쓰나미 피해지역인 미야기 현 나토리 시의 피난소를 순회하며 진료활동을 전개하였다.

일본에서 태어나서 성장한 재일동포는 한국어를 모르는 사람도 적지 않으나 고국(한국)에 대한 애국심이 남다르다는 점을 센다이에서 생활하면서 느낄 수 있었다.

이번 대재난을 겪으면서 고국으로부터 일본 동북지방에 대한 신속한 구호물자 지원 및 모금활동이 전개되기도 했지만 피해지 현장에서 지방민단의 고통이 따르는 헌신적인 자원봉사가 이어짐으로써 한국인에 대한 이미지는 물론 일본 사회에서 재일민단의 위상도 높아졌다.

민단중앙본부는 2011년 7월 말 센다이에서 '전국 지방본부단장과 중앙산하단체장회의'를 개최하여 피해를 입은 동포들에게 민단에 답지한 의연금(2억 8,700만 엔, 2011. 6월 말 기준)을 우리 국민의 성금 구호와 별도로 이중으로 지급하기로 결정했다. 또한 재난을 당한 일본 동북지방 4현을 비롯해 이바라기 현 · 치바 현 · 나가노 현 등 7현 지방자치단체에게 총 9,100만 엔을 전달하였다. 이는 일본 사회에서 재일한국인과 일본인이 함께 살아가고 서로 돕고 있다는 공존의 증거이기도 하다.

일본에서 대표적인 외국인 결사조직으로 자리매김해온 재일민단의 재난 극복을 위한 각종 지원활동은 동북지방의 일본인들에게도 신선한 자극을 주었으며 일본 동북지방의 지역사회도 이를 알고 매우 감사하게 생각하고 있다.

또한, 이와 같은 미증유의 재난을 당한 동북지방에서 민단의 헌신적인 활동은 앞으로 재일한국인의 활동공간을 넓히고 한일 양국 간의 우호관계를 더욱 심화시켜줄 것으로 기대한다.

끝으로 미야기(宮城) 현縣 이시노마키(石卷) 시市에 살고 있는 김순애金順愛 씨가 미야기 현 민단에 보내온 편지(2011. 11. 17)를 소개한다.

"저는 국제결혼을 해서 일본에서 생활하고 있습니다. 남편 그리고 중학생인 자식과 조부모 등 5명의 가족이 생활하고 있습니다. 지난 3월 11일 동일본대지진의 쓰나미로 전복 양식장이 전부 쓸려나가고 살고 있던 자택도 절반이 파괴되는 등 심대한 피해를 입었습니다.

대한민국 국민과 민단에서 보내준 의연금은 정말 재기에 도움이 되었습니다. 마음으로부터 감사하고 있습니다. 11월부터 가족 모두가 힘을 합쳐 전복 양식을 재개할 수 있었습니다. 힘을 내서 열심히 하겠습니다. 조만간 오실 기회가 있으시면 방문하여주십시오."

아울러 이와테(岩手) 현 야마타초(山田町)에서 수십 년간 살면서 쓰나미 피해를 입은 박명자朴明子(70세) 씨가 이와테 현 민단에 보내온 편지 (2011. 5. 19)를 소개한다.

"많은 사람과 친구들이 쓰나미로 휩쓸려갔습니다. 재난을 당한 후유증으로 설사와 구토로 고생하고 있을 때 민단지방본부 단장을 비롯한 간부들이 연이어 지원 물자를 싣고 달려왔습니다. 그 광경은 일생 잊을 수가 없을 것입니다. '돌아가신 아버지와 어머니가 걱정하여 보내준 것이다'고 생각했습니다. …(중략).

저에게는 이와테 현 민단을 비롯해 일본 전국의 각 민단, 그리고 고국인 대한민국이 일제히 재난을 당한 저에게 베풀어준 온정은, 저 자신에게도 거대한 쓰나미와 같이 믿을 수 없을 정도의 충격이었습니다. 쓰나미로 자식도 저도 생활의 터전을 모두 잃었습니다만, 이대로 주저앉으면 이것이야말로 도움을 준 모든 분들에게 실례라고 생각합니다. 86세의 남편을 중심으로 자식과 함께 한걸음씩 재생의 길을 걸어가고자 합니다. 정말로 여러분들의 따뜻한 지원에 감사드립니다."

04

일본의 지자체와 자위대는
이렇게 대처했다

3개 지방자치단체와 자위대를 중심으로

1. 미야기 현은 초기에 많은 애로사항에 직면했다

'3.11동일본대지진'으로 일본 전국의 피해규모에서 인적 피해가 약 57%를, 가옥피해가 약 55%를 차지하여 가장 많은 피해를 입은 미야기 현을 중심으로 재난발생 직후 대처 시 무엇이 긴급 과제로 부상했는지를 알아보자. 왜냐하면 이런 분석을 통해서 다음의 재난에서는 보다 효율적인 대처가 가능하기 때문이다.

아래 사항은 무라이(村井) 미야기 현 지사가 2011년 8월 2일(화) 강연회에서 언급한 내용 등을 중심으로 정리한 것이다.

1) 정보 부족에 부딪혔다

재난발생 이전에는 현청과 시정촌(市町村) 및 현의 지방(출장)기관과는 방재행정무선에 의한 전화와 팩스로 정보전달이 이루어지고 있었다.

참고로 주主회선은 위성계통을 이용하고 부副회선은 지상계통을 이용했으며, 대설 및 호우 시에는 위성계통에서 지상계통으로 대체된다.

방재행정무선의 배치상황을 살펴보면 35개 시정촌市町村에 각 1대씩, 현의 지방기관(7개 지방진흥사무소+1개 지소)에 각 1대씩 배치되어 있었고 위성휴대전화도 현의 지방기관(7개 지방진흥사무소)에 각 1~2대씩 배치되었다.

대지진 발생 후부터 현의 3개 합동청사(게센누마, 이시노마키, 미나미산리쿠)와 5개 시정市町(이시노마키 시, 오사키 시, 야마모토초, 오나가와초, 미나미산리쿠초)은 지진 및 쓰나미의 피해로 통신선이 파괴되거나 회선의 정체로 전화 및 팩스의 정보전달 체계가 어려워지는 상태에 직면했다.

이에 따라 지진 직후에는 개인 및 행정기관이 소유한 휴대전화로 통화가 어려운 가운데서도 연락을 취했다. 그 후 통신체계의 강화를 위해 3월 13일(일)부터 3월 15일(화)에 걸쳐서 방재행정무선(전화·팩스)과 위성휴대전화를 항공 및 육로로 수송하여 피해를 입은 가설행정청사에 전달하는 등 통신수단을 확보하였다.

시사점으로는 ①위성행정전화를 현의 지방기관 이외의 피난소 등 수개 소에 배치할 필요가 있고 ②발전기와 연료 등 전원공급원의 확보도 중요하다.

2) 피해지에 접근하는 도로가 파괴되었다

지진과 쓰나미로 격심한 피해를 입은 태평양상 연안지역의 주요도시로 접근하는 루트인 도로(국도 4호선: 남북축, 국도 45호선: 동서축 및 남북축)가 상당히 파괴되었다.

미야기 현은 국토교통성 동북지방정비국과 협조하여 우선 동북자

이와테(岩手)·미야기(宮城) 현 내륙지진(2008. 6. 14. M7.2)으로 반동강이 난 다리

동차도로와 국도 4호선의 종축라인을 확보하였다. 그 후 남북방향의 종축라인에서 연안지역(이와테 현의 오쓰치·미야코·가마이시·오후나토·리쿠젠다카다, 미야기 현의 게센누마·미나미산리쿠·이시노마키 등 해안도시)으로 진입하는 동서방향의 횡축라인을 확보해 나갔으며 태평양 상에 면한 종축라인의 국도 45호선까지를 3월 18일(금)까지 통행이 가능할 수 있도록 하였다. 그 이후부터 쓰나미 피해현장에 대한 응급복구 작업에 착수하였다.

한 달 남짓 지난 후 필자가 센다이 시에서 이시노마키 시로 가면서 자동차에서 바라본 광경은 쓰나미로 인한 처참한 상흔이 그대로 남아 있었고 도로변에는 자동차가 나뒹굴어져 있는 데다 각종 쓰레기는 통행에 장애가 되고 있었다.

3) 심각한 연료 부족이다

지진과 쓰나미 발생 직후 제유소 및 유류저장소(탱크)는 물론 원유를 운반하는 탱크롤리자동차가 재난을 입었다. 특히 관동지방 이북에 소재하는 중요 제유소와 유류저장소 18개소 중 센다이제유소·치바제유소·시오가마유류저장소 등 7개소가 화재 등의 재난을 입었다.

이에 따라 피해지역에 긴급물자 및 생활물자의 수송을 위한 트럭을 움직이는데 필요한 가솔린이 부족하게 되고, 복구공사에 투입된 중기重機의 연료부족과 일반 차량의 가솔린 공급부족, 일반 가정은 물론 병원·복지시설 등의 난방연료 부족에 직면하게 된다.

당시 필자의 눈에 비친 센다이 시는 기능불능의 도시였다. 주유소 인근에는 자동차들이 연료를 구하기 위해 추운 아침부터 수 시간씩 장

쓰나미 피해를 입은 미나미산리쿠초(南三陸町) 방재대책청사

사진을 이루었다. 혼란을 방지하기 위해 경찰이 출동하여 교통질서를 유지하기도 하였다.

미야기 현의 연료부족을 타개하기 위한 대책으로는 ① 피해지역에 우선적으로 연료가 공급되도록 중앙정부 · 자위대 · 대형 석유업체로부터 경유와 등유를 제공하도록 요청하고, 자위대와 미야기현트럭협회의 협력을 얻어 드럼통을 피해지에 배송하였다(지진 직후 5일 동안 경유 · 등유 포함 드럼통(200L) 약 850개, 등유 통(20L) 약 8,500개분을 병원(복지시설) · 피난소에 배송).

또한 ② 연료공급 루트를 확보하였으며(서일본은 야마가타 현의 사카다항으로, 관동은 동북지방 각 현에 철도수송으로, 홋카이도는 아키타 현의 아키타항으로 해상 및 육로 수송 협조) ③ 3월 21일(월) 재난 후 처음으로 소형 탱커가 센다이항에 입항한데 이어 3월 27일(일) 대형 탱커가 입항하여 공급이 재개됨으로써 3월 29일(화) 이후 연료부족이 해소되었다.

미야기 현의 전화조사에 의하면, 재난발생 일주일째인 3월 16일(수)에 영업 중인 주유소는 2.8%(702점포 중 20점포)에 불과했으나 시간의 경과에 따라 서서히 개선되어 3월 22일(화)에는 11.0%(동 77점포)로 높아져 무라이(村井) 지사는 현민들에게 소위 '안전 · 안심선언'을 하여 얼마동안만 견디면 본래의 일상생활로 돌아갈 수 있다는 희망의 메시지를 전달한다.

4) 식료품의 부족이다

지진발생 직후 이재민들은 각 기초지자체(市町村)에 소재한 피난소로 몰려들었다. 3월 11일(금) 당일 4만 1,200명이었으나 3월 14일(월)에는 32만 명(최대 피크)까지 달한 가운데, 먹을 식료품을 확보해서 제공해야

식료품 부족 등으로 센다이 시를 벗어나려는 시민들의 행렬

할 상황이었다.

미야기 현은 우선 피난소에 제공할 식료를 생협生協(유통업체) 등과 '재해 시 응원협정'을 체결한 상태에서 조달받거나 중앙정부 및 타 현으로부터 조달하거나 시장에서 구입하는 방법으로 1일 수만 명의 끼니를 제공하는 체제를 확보해 나갔다(배송은 연료부족 등을 감안하여 자위대와 트럭협회의 협력을 받음).

한편 피난소로 피난하지 않은 시민들도 식료를 구하는 것이 매우 곤란했다. 센다이 시의 도심은 재해 피해가 적었는데도 대부분의 점포가 휴업하여 식료 확보가 곤란한 상태가 지속되었다. 시민들 중에는 바나나 1개를 사기 위해 5시간을 기다릴 정도로 어려움이 이어졌다.

식수를 구하기 위해 편의점 앞에 줄을 서 있는 시민들

미야기 현은 슈퍼체인업체에게 영업재개를 촉구하여 3월 13일(일) 최초로 영업을 일부 재개하였으나 차량연료가 부족하고 간선도로의 단절로 물자수송이 원활하지 못해 곤란을 겪었으며 겨우 문을 연 대형 유통업체(다이에)와 백화점 등지에는 물건을 구입하려는 시민들이 수백 미터의 장사진을 치는 경우가 적지 않았다.

당초에는 빵·김밥 등의 간단한 식품의 확보가 최대 과제임을 실감하였으며 재해가 장기화됨에 따라 단백질원이 풍부한 식품과 야채의 확보 등 영양 개선도 과제로 부상되었다. 또한 도로가 파괴되고 도서 지역의 선박교통편(便)이 단절되어 배송이 곤란한 지역에는 헬기 등 비상수송의 활용도 필요하였다. 그리고 전력·수도·가스와 더불어 슈퍼 등의 소매점도 라이프라인의 하나임을 실감하는 계기가 되었다. 물류창고를 안전한 내륙부에도 확보할 필요가 있다.

5) 재해폐기물災害廢棄物의 처리이다

이번 대지진과 쓰나미로 미야기 현에만 이미 1,500~1,800만 톤의 폐기물이 발생하였다(동 현의 재해폐기물의 발생량은 후쿠시마 현(228만 톤)의 8배, 이와테 현(583만 톤)의 3배 규모). 이 규모는 미야기 현에서 1년 동안 배출되는 일반폐기물의 23년분에 상당하는 양이다.

기존의 처리시설이 상당한 피해를 입은 가운데, 복구와 함께 현 내 4개 지역(게센누마, 이시노마키, 미야기 현 동부, 와타리/나토리)으로 나누어 각 지역에 처리시설을 건설하여 금후 3년 이내에 처리 완료할 계획이다.

6) 볼런티어의 유효한 활용이다

미야기 현은, 1995년 1월의 고베대지진과 2004년 10월 니가타주에 쓰(新潟中越)지진의 경험에서, 전국에서 몰려드는 볼런티어를 일손이 달리는 행정력이 관여하면 정작 필요한 재해구호활동이 등한시될 수 있다는 점을 고려하여 재해대처에 경험이 많은 볼런티어가 직접 볼런티어를 효율적으로 관리해 나가도록 하였다.

우선 미야기 현으로 들어오는 동북자동차도로의 이즈미PA(泉 Parking Area) 부근에 재해대처 경험이 풍부한 효고 현 및 효고현사회복지협의회·효고볼런터리프라자로 하여금 '볼런티어 인포메이션센터'를 개설하도록 하였다.

'동북자동차도로·볼런티어 인포메이션센터'는 타지에서 들어오는 볼런티어들에게 필요한 정보를 제공하였다. 피재지의 기초지자체(市町

村)볼런티어센터 정보(장소·연락처·접수시간·주요활동상황)·피재지 정보
(라이프라인·공공교통정보·피난소 장소)·도로 정보(통행가능 여부)·볼런티어
활동상 유의점 등 기초정보 및 일시적 휴양 장소의 정보 등이었다.

볼런티어의 수용체제는 다음과 같다. 개인볼런티어의 경우, 피재지
볼런티어센터(주로 NGO가 운영)에서 피재시민의 수요와 개인볼런티어를
매치시켜 현장으로 안내하는 방법이다. 단체볼런티어의 경우는 피재
지 볼런티어센터에서 몇 개의 분야로 나누어서 구호활동을 할 수 있도
록 안내한다. 취사, 의료, 휴식, 심리안정, 어린이 관리, 수송, 청소,
생활지원, 부흥심리 케어, 피난위생개선 등의 분야가 있다.

이러한 볼런티어 활동을, 행정기관의 재해대책본부·자위대와 연
계하고 재해를 입은 시민의 수요에 부합되고 중복 없이 효율적으로 지
원할 수 있도록 단체 간에도 조정했다. 또한 정보공유를 통해 세세한
지원이 가능하도록 하였다.

참고로 필자는 대지진 1주년이 되어가는 2012년 2월 미야기 현청
간부에게 재해사령탑의 역할을 톡톡히 해낸 현청의 건물구조에 대해
문의한 적이 있었다. 그는 다음과 같이 말했다.

"건물은 25년 전인 1987년에 완성되었는데 당시 건축할 부지로 지진
에도 강한 암반으로 이루어진 지반구조를 찾았다. 그래서 현재의 장소
에다 신축공사를 했는데 지지대를 땅 속 깊이 박지 않아도 되었다. 48
시간 비상발전이 가능하도록 구축하여 이번 재난 시 전화·컴퓨터 등
작업이 가능하였고 4층에 마련된 사령탑을 중심으로 즉시 재난대응을
할 수 있었다. 또한 현청에는 음용수 및 화장실에 사용할 물을 지하의
저수조에 비축하고 있었고 수도가 파괴되어도 옥상으로 지하수를 끌어
올릴 수 있는 시스템을 갖추고 있었다. 그리고 겨울철 난방도 평상시에

는 가스로 이루어지나 가스 공급 중단 시 기름으로 대체할 수 있는 시설을 갖추고 있었다. 따라서 대재난 시 미야기 현청이 피난소로 지정되어 있지 않았으나, 난방은 물론 취수 및 화장실 이용 등이 가능하여 센다이 시민들이 자연스럽게 몰려들어 임시피난소가 형성되었다.”

미야기 현청이 26년 전에 이런 비상대응구조를 갖추게 된 계기는, 1978년에 미야기 현 앞바다 대지진(M7.4, 최대진도 5, 사망 28명·부상 1,325명, 가옥 전·반파 6,757호)을 경험한 이후, 빈번한 지진에도 견딜 수 있고 비상시 사령탑 역할을 할 수 있는 시설을 구축해야 한다는 인식에서 출발했다.

이번에 대지진과 쓰나미로 타 연안지역의 행정청사가 없어지거나 피해를 입은 것에 비하면, 이곳은 당시 선인의 재해대응에 대한 지혜가 효과를 발휘했던 것이다.

2. 이와테 현 토오노 시는 조기에 지원활동을 전개했다

이번 대지진과 쓰나미로 일본 동북지방의 태평양 연안이 괴멸적인 타격을 입었을 때 미야기 현의 도메이 시(登米市), 야마가타 현의 야마가타 시(山形市), 후쿠시마 현의 고오리야마 시(郡山市) 등 내륙지역의 지방자치단체가 피재지역의 지원에 거점 역할을 수행했다.

그 가운데서도, 일본인에게 민화民話의 마을로 널리 알려진 이와테 현 토오노(遠野) 시市는 '3.11대지진' 직후부터 쓰나미를 당한 해안도시를 지원하는 후방지원거점으로서 큰 역할을 수행했다.

토오노 시는 지리적으로 쓰나미를 당한 태평양 연안의 6개 시정촌(미야코 시, 야마타초, 오쓰치초, 가마이시 시, 오후나토 시, 리쿠젠다카다 시)과 반경 50킬로미터 권내에 있었다. 그리고 물류 대동맥인 도호쿠(東北)자동차

도로를 타고 북상한 후 이와테 현 하나노마키(花卷)JCT를 경유하여 토오노 시까지 1시간 남짓에 들어올 수 있는 부채꼴 형태의 중심지역에 위치해 있다.

옛날부터 토오노 시는 태평양연안지역과 내륙지역을 이어주는 결절점結節点으로서 도로망이 잘 정비되어 있는데, 북쪽의 미야코(宮古) 시市에서 남쪽의 리쿠젠다카다(陸前高田) 시市에 이르기까지 각각 자동차로 1시간(헬기로 15분)의 거리에 자리 잡고 있다.

이러한 지리적 이점을 일찍 간파하고 준비한 혼다(本田敏秋, 66세) 시장의 노력으로 토오노 시는 이번 재해에 큰 역할을 하게 되었다. 그가 이와테 현청에서 소방방제과장 재직 당시 고베대지진이 일어나 효고(兵庫) 현縣에서 현지조사를 한 적이 있는데 그 후 4,000여 페이지에 달하는 현의 방재계획을 전면 개정하였다. 이후 2002년부터 동직에 재임하면서 과거의 문헌으로부터 최악의 재해는 쓰나미라는 점을 재인식하고 토오노 시의 지리적인 이점을 살리면서 태평양상의 지진 및 쓰나미가 발생할 경우 긴급히 지원할 수 있는 태세를 정비해왔다. 특히 토오노 시는 2007년부터 '후방지원거점시설 정비추진구상'을 진행하여 같은 해 태평양연안지역 7개 시정市町과 협의회를 설립하고 임시 헬기장 및 후방지원건물의 확보 등을 중앙정부와 이와테 현에 요청해왔다.

혼다 시장은 대지진 이전 이와테 현의 해안지역에 과거 100년 동안 3번의 대형 쓰나미가 몰려왔음을 현청 소방방제과장 시절에 알고 토오노 시를 후방지원거점으로 조성할 필요성을 가졌었다는 후문이 있다.

토오노 시의 재해 지원활동은 다음과 같다.

2011월 3월 11일(금) 대지진 발생 후 불과 14분이 지난 15:00시 경 시市종합운동공원을 개방하기로 결정하고 조명설비와 발전기를 설치하여 자위대, 경찰, 소방, 의료팀 등의 외부지원인력을 수용하는 준비에 들어갔다. 당일 밤까지 자위대원 약 1,800명이 집결하고 아키타 현, 이와테 현 경찰본부 소속 경찰도 도착하여 연안지역으로 향했다.

다음 날 3월 12일(토) 홋카이도와 아키타·아오모리·이와테 현 주둔 자위대가 집결하고 경찰 및 소방대가 전국에서 몰려들기 시작했다. 재해 발생 초기에는 1일 최대 6,000~7,000여 명의 자위대와 경찰·소방대 등이 일시에 몰려들었는데도 혼란 없이 지원인력을 배치시킴으로써 즉각적인 후방지원활동을 가능하도록 했다.

졸지에 거대 쓰나미를 당한 연안지역의 지자체들은 외부에 지원을 요청할 겨를이 없었다. 그때 토오노 시는 자체적으로 피해현장에 직원을 파견하여 지진으로 도로가 두절되고 눈이 쌓인 고개를 넘어가서 정작 피재지에서 무엇이 필요한지를 먼저 파악하여 적극적으로 재난 극복에 도움이 되는 인원과 물자를 지원했다.

시민들이 총출동하여 3월 12일(토)부터 50일간 피해지역으로 보낸 주먹김밥만 14만 2,000개에 달했다. 그리고 플라스틱 생수(2리터) 10만 6,000개, 식료 11만 상자, 연료(18리터) 3,500개, 쌀 3.8톤 등을 보냈다. 토오노 시를 거점으로 볼런티어 활동을 한 사람은 6만 2,076명(2011년 12월 말 현재)에 달했다. 이와 같이 시의 사전준비로 조기 지원활동을 전개할 수 있었다는 평가이다.

3월 13일(일) '후방지원활동본부'를 설치하고 연안지역 피해지에 지원활동을 본격화하였다. 3월 16일(수)에는 시민을 대상으로 자원봉사자를 모집하기 시작하여 이재민들에게 식사를 제공하거나 생활용품의 반송 및 이재민의 행정수요 등을 시 직원과 시민이 일체가 되어 처리해나갔다.

이와 같이 토오노 시가 조기에 대응체제를 갖출 수 있었던 것은 2007년 시민들이 총출동한 이와테 현의 쓰나미를 가정한 대규모 종합 훈련에 이어, 2008년의 육상자위대동북방면대 재해대처훈련에서 모두가 토오노 시를 거점으로 이용하면서 경험을 축적할 수 있었기 때문이다. 그 후에도 동 시의 관계기관은 쓰나미를 가정하고 후방지원활동의 훈련을 거듭해왔다.

이번 재난에서 시는 커뮤니티센터 등 144개의 시설을 개방하고 자위대 · 경찰 · 소방대 · 의료진 · 자원봉사자 등을 포함하여 250여 단체가 토오노 시를 거점으로 지원활동을 하도록 하였다. 이와 같은 토오노 시의 지원활동은 각종 시설이 갖추어진 하드웨어와 시장을 중심으로 한 직원과 시민이 하나가 되어 움직이는 소프트웨어가 잘 작동된 결과라고 할 수 있다. 이에 따라 이와테 현은 태평양연안지역의 쓰나미 피해의 참상이 처참했음에도 불구하고 어느 지자체보다도 가장 빨리 복구에 착수할 수 있었으며 부흥의 기반을 닦을 수 있었다.

혼다 시장은 이번 재난의 경험을 살려 미야코 시는 모리오카 시가 후방에서 지원하고, 오쓰치초와 가마이시 시는 토오노 시가, 오후나토 시와 리쿠젠다카타 시는 이치노세키 시와 수미타초가 지원하는, 지리적인 인접성을 살리면서 지원하는 이와테 현 내의 새로운 '광역 후방지원네트워크'를 구축하면 보다 효율적일 것이라고 제언하고 있다.

3. 이와테 현 가마이시 시는 방재훈련으로 쓰나미 피해를 최소화했다

이와테 현의 태평양에 면한 항구들은 쓰나미로 큰 피해를 입었다. 지형이 리아스식으로 쓰나미의 파고가 높은데다 진앙지마저 가까운 탓에 도달 시간이 빨라 피해가 클 수밖에 없었다.

가마이시(釜石) 시市(3. 11 이전 인구는 4만여 명)도 사망·행방불명자가 1,114명에 달했는데 격심한 쓰나미 피해를 입은 다른 항구도시에 비해 상대적으로 적은 편이었다(피해자의 65%는 쓰나미가 오지 않을 것이라는 '침수상정구역외(浸水想定區域外)'에서 거주한 사람들이었다).

특히 기적에 가까울 정도로 당일 학교에서 공부하고 있던 초등학생과 중학생 약 3,000여 명 전원을 무사히 피난시켰는데 평소 가마이시 시의 방재교육의 결과라는 것이 중론이다.

동 시(교육위원회)는 쓰나미의 기억이 엷어져 가는 가운데 성인들을 대상으로 방재교육을 하면 시간이 걸릴 것으로 보고 어린이들을 대상으로 교육을 실시한다는 방침을 세우고 전체 14교를 '방재교육추진교'로 지정했다. 2009년부터 군마대학(재해사회공학연구실)의 지도를 받아 '쓰나미방재교육의 입문서'를 만들어 수업시간에 활용했다.

방재교육 시 학생들에게 '쓰나미 피난 3원칙'을 강조하고 몸에 배도록 했다. ① "해저드맵(지진·쓰나미 등 자연재해 시 피해가 미치는 범위를 지도화한 것)을 믿지 말라." 왜냐하면 해저드맵은 메이지(明治)시대 산리쿠(三陸)쓰나미를 근거로 작성한 것으로 그 이상의 쓰나미가 도래 시 위험하다는 것을 강조했다. ② "어떤 위험한 상황에서도 최선을 다해라." 피난 도중에 간발의 차이로 참변을 당한 경우가 적지 않은 점을 고려한 것이다. ③ "솔선하여 피난자가 되어라." 사람은 심리적으로 누군가 먼저 도망하면 따라서 도망하는 경우가 많다는 점이다.

바다에서 가까운 '우노수마이(鵜住居)'지구에 소재한 우노수마이(鵜住居)초등학교와 가마이시히가시(釜石東)중학교의 학생 570명은 지진 발생 직후 쓰나미를 피하고자 학교로부터 500미터 떨어진 피난장소인

지정된 복지시설에 도착했다. 그러나 이곳도 위험하다고 판단하고 중학생들은 초등학생들의 손을 잡고 더 높은 곳에 위치한 기능훈련디자인센터로 뛰었다. 오후 3시 20분경 자신들의 학교는 물론 처음 피난했던 복지시설도 쓰나미에 휩쓸리게 된다. 쓰나미는 디자인센터 바로 앞에서 멈추었다.

당일 결석한 3명의 희생자를 제외하고 전원이 목숨을 건진 양교兩校는 4년 전부터 군마대학 등과 협력하여 '쓰나미방재교육'을 수업시간에 도입했고 2년 전부터는 연간 1회 대피훈련을 실시한 결과가 결실을 맺었다는 후문이다(동 시市에서는 초중학생 총 2,926명 가운데 결석 등의 이유로 학교에 없었던 5명이 희생된 것 이외 전원이 신속히 피난했다).

쓰나미 피해가 심했던 산리쿠해안(三陸海岸) 지방에는 "쓰나미가 오면 꼭 필요한 물건도 챙기지 말고 가족의 생사마저 확인하지 말고 반드시 각자 도망가라"는 '텐덴코'라는 말이 전해오고 있다. 몸에 배게 하고 실천하는 방재의식의 중요성을 일깨워주는 말이다.

　＊ 이와테 현은 2012년 6월 추경예산에 사업비 700만 엔을 계상하여 학생들의 신속한 피난의 기적을 낳았던 가마이시 시를 '방재교육 모델지역'으로 정비하기로 하였다. 금후 동 시市는 방재교육의 지도방법의 확립 및 보급에 힘쓸 계획이다.

4. 자위대는 적극적인 구난활동으로 호평을 받았다

자위대는 지진발생 직후부터 피해를 입은 국민의 안전과 생활안정을 확보하기 위해 매일 10만여 명이 총력지원 태세를 갖추고 각종 재난구호 활동을 전개하여 일본 국민들로부터 많은 칭찬을 받았다.

＊2012. 3. 10(일) 일본내각부가 발표한 '자위대·방위문제에 관한 여론조사'에서

자위대에 대해 좋은 인상을 가지고 있다고 회답한 사람이 91.7%로 1969년 조사개시 이래 최고였음.

자위대는 2011년 3월 11일(금) 지진발생 직후인 14:50분 방위성에 '재해대책본부'를 설치함과 동시에 항공기 등을 이용한 정보 수집을 시작했다. 15:30분에는 제1회 '방위성재해대책본부회의'를 개최하고 18:00분에 방위대신이 자위대에 대규모 '대지진재해파견명령'을, 19:30분에 '원자력재해파견명령'을 하달하였다.

이에 따라 자위대는 육상자위대 동북방면대東北方面隊의 다카조(多賀城)주둔지와 항공자위대 마쓰시마(松島)기지 등이 쓰나미 피해를 입었음에도 불구하고, 지진발생 당일부터 약 8,400명의 인원과 장비를 투입하여 이재민 인명구조 등 신속한 초동대처를 하였다.

가령 미야기 현 다카조 시 주둔지에 소재하는 부대는 쓰나미 피해를 입었음에도 불구하고 고무보트로 주민구출 활동을 철야로 전개해 다수의 피재자를 구출했다.

자위대는 피재지에서의 활동을 강화하기 위해 3월 14일(월) 육상자위대의 동북방면총감東北方面總監(기미즈카 에이시 君塚榮治)의 지휘 아래 해상자위대의 요코쓰카 기지총감 및 항공자위대의 항공총대사령관이 포함된 '재해통합임무부대'(JTF)를 편성하여 육·해·공 자위대의 통합운용 아래 6월 30일까지 활동했다. 그리고 원자력재해 파견에는 육상자위대의 중앙특수무기방호대를 중심으로 해상·항공 자위대 요원을 포함해 500명이 활동했다.

자위대는 일본정부의 각종 대책본부와 관계부처·지방자치단체 등과 밀접히 연계하면서 과거 최대 규모의 인원·장비를 동원함과 동시에 훈련 이외 처음으로 자위대법에 따라 즉응예비자위관即應豫備自衛官

지진발생 당일부터 신속하게 대처하는 자위대自衛隊

및 예비자위관을 소집하여 피재민의 안전과 생활안정의 확보에 주력
했다.

　자위대는 수상의 지시에 따라 3월 18일(금)부터 대원 10만 명(즉응예비
자위관 및 예비자위관 포함)을 비롯하여 항공기 약 540기, 함정 약 60척이라
는 지원태세를 유지하였다. 이것은 1995년 고베대지진의 파견규모(최
대 시) 2만 6,000명을 훨씬 초과한 것이었다.

　방위성에 의하면(2011. 12. 26 발표), 3월 11일(금) 대지진 발생 직후부터
12월 26일(월)까지 미야기, 이와테, 후쿠시마, 아오모리, 치바 현 및 홋
카이도 등 7개 지자체에 자위대원 연인원 1,066만 명이 동원되어 약 1
만 9,300명의 인원을 구조했고 급식지원(연延 약 500식), 입욕지원(연延 109

만 명) 등 각종의 생활지원을 실시하였다

이와 같은 대응체제 하에서 피재지에서 가까운 기지와 주둔지에서는 파견부대의 원활한 활동을 지원하기 위해 부대의 숙영 등을 받아들이거나 부족한 식량·의복·장구 등의 긴급 및 대량조달을 포함한 대규모 후방지원 업무가 이루어지도록 하는 등 중요한 역할을 수행했다.

자위대가 피재지에서 펼친 구체적인 활동은 다음과 같다.

① 지진이 발생하자마자 자위대는 피재자의 수색 및 구조에 주력했다.

파견부대는 경찰청·소방청·해상보안청 등과 협력하여 지진·쓰나미에 의해 고립된 지역 및 무너진 가옥으로부터 다수의 피재자를 구출하였다. 특히 수몰되어 고립된 장소에는 구난용 헬기와 수송용 헬기를 활용하여 수십 명에서 수백 명에 이르는 피재자의 피난을 지원했다. 쓰나미 피해를 입은 주변 해역에서는 항공기와 함정을 동원하여 수색 및 구조 활동을 펼쳤다. 이러한 활동으로 자위대는 전체 구조자의 약 70%에 해당하는 약 1만 9,300명의 피재자를 구출했다.

그리고 행방불명자의 수색활동을 지속했다. 지진발생 후 시간 경과에 따라 자위대의 활동은 행방불명자의 수색활동으로 옮겨갔다.

파견부대는 피재지에 잔해가 많아 차량 및 중기의 진입이 어려운데다 여진 등으로 2차 피해가 우려되는 가운데 수색활동을 계속했다. 침수지역에서는 고무보트를 이용하고 수심이 낮은 곳에는 직접 들어가 수색했다. 여진이 지속되고 지반이 침하되어 만조 시에는 물이 차오르고 간혹 눈이 내리는 추운 날씨 속에 행방불명자 수색활동은 매우 힘들었다. 심지어 대지진으로 행정지원체제가 약화된 지방자치단체의 요청으로 유체를 매장 장소로 이송하는 작업을 돕거나 유체안치소의 행정접수 업무지원까지 하였다.

기타자와(北澤) 방위대신은 2011년 3월 14일 센다이 시 피해지를 방문했을 때 자위대원들에게 "유체를 죽은 사람(死者)이라고 생각하지 말고 가족에게 인도되기까지는 살아 있는 사람을 구조하는 것과 같이 정중히 다루어주길 바란다"고 당부했으며, 대부분 동북지방 출신자로 구성된 자위대원들은 유체 한 구 한 구를 신경 써서 수색하여 나갔다.

② 수송지원 활동을 전개했다.

자위대는 피재지의 다양한 물자지원을 신속히 수송하고 각 피난소의 수요에 대응하여 배분할 필요성을 느꼈다. 이에 따라 자위대는 방위대신의 지시로 전국으로부터 답지한 구원물자를 각지의 주둔지 등에 모은 후에 통합막료감부(統合幕僚監部)의 통제에 의해 육·해·공 자위대가 동북지방의 하나노마키(花卷) 공항과 후쿠시마 공항 및 마쓰시마 항공기지까지 수송하여 미야기 현·이와테 현·후쿠시마 현의 집적소를 경유하여 피재지로 수송하는 운송시스템을 구축하였다.

해상·항공 자위대가 보유하고 있는 함대와 항공기를 활용하여 전국으로부터 답지한 대량의 구원물자를 신속히 피재지로 수송하는 태세를 정비해나갔다. 대형 민간선박의 접안이 곤란할 경우 헬기를 동원하여 물자를 수송하거나 에어쿠션 선박을 이용했다. 이러한 자위대의 지원활동에 힘입어, 피재지에서 부족한 연료(등유·경유·가솔린)를 비롯하여 물·식량·모포·식료품 등 피난소에서 필요한 구호물자의 신속하고도 효율적인 수송이 가능하게 되었다.

③ 기타 생활지원 활동을 전개했다.

물 탱크로리 등을 이용하여 피재민들의 일상생활에 필요한 음료수 및 생활용수를 제공하였다. 나중에는 피난소 및 피재지에 급수소를 설치하여 정기적으로 급수하는 체제를 갖추어 나갔다.

지진 발생 직후에는 피재민들에게 통조림·건빵 등을 제공하다가 야외취사도구를 준비하여 따뜻한 식사를 제공하려고 노력했다. 그리고 섬에 거주하는 피재민들에게는 수송함정 등을 활용하여 선상에서 급식을 지원했다.

또한 초기에는 피난소의 난방에 필요한 등유와 차량을 운행할 가솔린이 매우 부족했다. 이에 따라 자위대는 방위대신의 지시에 따라 주둔지 및 기지에 비축한 연료를 피재지의 피난소는 물론 행정기관·병원 등에 무료로 제공했다.

또한 피난소에 야외 목욕시설을 설치하여 이재민들이 목욕할 수 있도록 배려했다. 육상자위대 센다이 시 병원과 해상자위대 하치노헤(八戸) 시市 의무실을 개방하고 피재지에 응급구호소를 개설하여 군의관 등에 의한 진료를 하거나 전염병 예방을 위해 쓰나미로 파괴된 가옥 및 지표면에 소독을 실시하였다.

④ 응급복구 작업을 지속했다.

도로와 공항, 항구의 정비작업은 피재지의 복구활동을 원활히 하기 위해서 우선적으로 복구되어야만 하는 사회인프라이다.

자위대는 쓰나미 등으로 파괴된 잔해를 치우고 집적지까지 운송하는 작업을 통해 막혔던 도로를 뚫는데 기여했으며, 센다이항(仙台港)·미야코항(宮古港) 등 쓰나미로 피해를 입은 항구의 기능회복을 위해 응급지원 활동을 했다. 임시로 부교를 설치하여 주민통행을 가능하게 하고 배수구 작업 등 굳은 일을 마다하지 않았다.

⑤ 끝으로 후쿠시마원전 사고 수습 활동을 들 수 있다.

일본정부의 '원자력긴급사태선언'(3. 11 19:03)이 발령되고 원자력재해대책본부의 요청에 이어, 방위대신으로부터 '원자력재해파견명령'(3. 11 18:00)이 떨어지면서 이에 따라 육상자위대의 '중앙특수무기방호대'를 중심으로 자위대는 사태 수습에 나섰다.

자위대는 헬기와 소방차·함정을 이용하여 공중 및 지상·해상에서 원자로 및 사용후연료 풀의 냉각을 위한 급수작업을 하였다.

그리고 육상자위대의 화학부대가 원전 주변의 주요지역에서 방사선량을 계측하거나 모니터링하고 작업종사 인원 및 차량 등의 방사성 물질 오염제거 작업을 실시했다.

또한 후쿠시마 제1원전으로부터 반경 20~30킬로미터의 권내에 거주하는 주민들의 피난을 돕거나 방산선량 계측 및 제염 등을 실시하고 옥내에 피난 중인 주민들에게는 필요한 물자(생수·식료품·연료·의약품 등) 수송을 지원했다.

그 후 후쿠시마 제1원전이 제어 가능한 상태에 접어들자 4월 18일(월)부터 제1원전으로부터 반경 30킬로미터 권내의 행방불명자 수색을 시작한데 이어, 5월 1일(일)부터 반경 20킬로미터 권내, 5월 3일(화)부터 반경 10킬로미터 권내에서 방사선에 주의하면서 수색활동을 전개하였고 12월 7일(수)~12월 26일(월)간에 걸쳐 후쿠시마 현의 제염작업에 투입되기도 했다.

이상과 같이 자위대의 구난활동은 대지진 발생 직후부터 12월 26일

미야기 현 이시노마키 시에서 구조활동

(월)까지 9개월 이상 지속되었으며 피재지 주민들로부터도 아낌없는 감사와 칭찬을 받았다.

재해 당시 육상자위대 동북방면총감東北方面總監이었던 기미즈카 에이시(君塚榮治, 59세) 씨는 요미우리신문(2012. 3. 9자) 인터뷰에서 다음과 같이 술회하고 있다.

"대지진 발생 6분 후에 이와테 현으로부터, 16분 후에 미야기 현으로부터 '재해파견요청'을 받았다. 인명구조는 시간과의 승부이다. 구출할 수 있는 가능성은 최대 72시간 이내이며 동북방면대東北方面隊의 자위대원 2만 명을 어떻게 현장에 투입시킬 것인가에 집중했다. 정보수집도 필요하나 시간을 너무 허비하면 명령도 내릴 수 없다. 그 밸런스를 찾는데 고심했다. …최초 구출활동은 동북방면대 2만 명, 3월 14일 통합임무부대가 편성되었던 때는 5만 명 정도였다. 그것이 1주일 동안 10만 명이 넘었다. 10만 명 대응태세는 사전 계획에도 없었으나 효율적으로 구출하고 복구활동을 하는 것만을 생각했다. … (대원들에게) 고민되는 경우가 발생하면 먼저 처리하고 나중에 보고하도록 지시했다. 평일이라면 법적 검토 등으로 수일이 걸린다. 그럴 경우 생사의 상황에서 대응할 수 없다. 인명구조 시 건물을 철거하지 않으면 안 될 경우에는 사후승인이라는 형태로 처리했다. 유체를 발견하는 경우에도 경찰관이 없으면 (검시檢屍를 기다리지 않고) 자위대가 운반할 수밖에 없다. … 대원들에게 '최선을 다하여 옳다고 생각하는 방향으로 행동해라. 그것이 선인가 악인가는 후세에 맡기자' 고 항상 말했다. 대원들의 행동에 자부심을 느끼고 있다."

　필자와 친분이 있는 센다이 거주 일본인에 의하면, 지진 발생 이후 봄이 가고 여름철로 접어들면서 재해현장에서는 악취가 심해졌다고 한다. 자위대원들은 수색활동에 많은 고생을 하였으며 젊은 대원들 중에는 갑자기 위액이 넘어와 식사를 제대로 할 수 없는데다 악몽을 꾸는 등 정신적인 피해도 적지 않았다고 한다.

　필자는 개인적으로 4월부터 쓰나미 피해가 심한 미야기 현 이시노마키 시·다카조 시·나토리 시 등지를 가끔 갈 기회가 있었다. 그때마다 피해지 곳곳에서 자위대원들이 구슬땀을 흘리며 복구하고 있는 모습을 볼 수 있었다. 센다이 공항 근처의 나토리(名取) 시市 유리아게 항을 지나가는데 논의 배수구에서 자위대원이 기어 나오는 모습을 보았다. 추운 초봄의 날씨임에도 불구하고 검은 진흙탕 물을 뒤집어 쓴 채로였다. 30년 전의 젊었을 때 나의 군대 생활을 생각했다. 그리고 5월에 해병대 입대를 앞두고 있는 대학 2년생인 큰 아들의 모습이 떠오르지 않을 수 없었다.

끝으로 55년 전 '방위대학교 1기생 졸업식'에서의 요시다 시게루(吉田茂) 전 수상의 훈시를 되새기고 싶다. 전후 최대의 국난이라는 '3.11 동일본대지진'에서 자위대의 활동은 빛났다.

그러나 요시다 시게루(吉田茂) 전 수상의 훈시와 같이 자위대의 지원 활동이 필요 없는 시기가 평화롭고 행복한 사회임을 잊지 말았으면 한다.

"여러분들은 자위대 재직 중에 결코 국민으로부터 감사하다거나 환영받는 경우가 없이 자위대를 끝마칠지 모른다. 분명 비난이나 비방만 받는 일생을 보낼 지도 모른다. 어려울 것이다. 그러나 자위대가 국민으로부터 환영받고 대접받는 사태라는 것은 외국으로부터 공격을 당해 국가존망의 시기이거나 재해 파견의 때이거나 국민이 곤궁하여 국가가 곤란에 직면하고 있을 때일 뿐이다. 다시 말하면 여러분들이 음지에 있을 때 국민과 국가는 행복한 것이다. 아무쪼록 견뎌주길 바란다. 평생 동안 힘든 일이긴 하나 국가를 위해 꾹 참고 견뎌주길 바란다.

자위대의 장래는 여러분들의 양 어깨에 달려 있다. 잘 부탁한다."

1957년 3월 26일 방위대학교 제1기 학생 졸업식에서
요시다 시게루(吉田茂) 전 내각총리대신 훈시

05

대지진이 일본 사회 및 경제에도
큰 영향을 미쳤다

1. 일본인의 의식이 변하고 있다

'3.11 동일본대지진'과 쓰나미 그리고 원전사태라는 복합재해로 인해 일상생활에서도 일본인들의 의식이 변하고 있다.

1) 가족의 소중함을 깨닫게 해주었다.

동일본 지역에서는 이번 재난을 겪으면서 자신의 안부를 제일 먼저 걱정해 주는 존재가 가족임을 새삼 확인하였다. 아버지는 직장에서, 어린 자녀들은 학교에서, 어머니는 집에서, 가족 구성원의 각자는 맡은 바 일을 하다가 대지진을 맞았다.

지진이 일어난 후 쓰나미가 몰려와 각자는 고지대로 피난을 하면서 춥고 배고픈 공포의 밤을 지새우면서 서로가 피를 말리도록 가족의 안위를 걱정하였다. 나중에 이것은 농밀한 가족애로 발전되었다.

단란한 모습의 모자상(母子像)

젊은이들은 그동안 당연한 것으로 여겼던 가족공동체에서의 부모의 자식에 대한 두터운 애정을, 이번 쓰나미로 부모를 잃고 홀로 남은 자녀의 모습을 보면서 새삼 알게 되었다(2012년 2월 말 현재 부모가 사망하거나 행방불명된 18세 미만의 고아는 피해가 큰 동북지방 3현에 240명이고 부모 한쪽을 잃은 자녀는 1,360명에 달함). 또한 매일 아침 부모님이 싸주시던 도시락이 얼마나 소중한 것인지를 깨닫게 된 것이다.

동경에서는 어느 샐러리맨이 대지진 발생 당일에 정전으로 전철 등이 끊겨 걷고 걸어서 집에 도착한 시각이 다음날 아침이었다고 한다. 이 실화에는 '가족을 만나서 안부를 확인해야 한다'는 절박함이 배어 있다. 치열한 삶을 살고 있는 현대생활에서 함께 생활하고 있는 가족들 간에도 마음의 상처를 받는 경우가 적지 않은 것이 현실이다. 그렇지만 정작 재해를 당했을 때 제일 먼저 안부가 걱정되는 것이 가족이다. 가족이라는 것은 서로에게 때로는 상처를 주면서도 언제나 애정을 주는 존재이기 때문이다.

결혼하지 않은 일본 여성들은 배우자의 경제적인 능력이나 학력보다도 본인이 정작 필요할 때 옆에 있어주고 의지할 수 있는 믿음직한 남성을 찾는 경향이 강해졌다.

최근의 여론조사에서도 "미루어놓았던 가족여행을 예정대로 가야겠다. 보너스가 나오면 제일 먼저 가족과 함께 여행을 하겠다"는 응답이 높아졌다. 그리고 휴일에 가족단위의 외식 회수가 급증하는 것도 단란한 가족의 소중한 추억을 만들겠다는 의미일 것이다.

대지진 당시 이와테 현 리쿠젠다카다 시의 중앙공민관에서 근무하던 어머니(당시 58세)를 쓰나미로 잃은 장녀(32세)가 그곳을 방문하여 어머니에 대한 추억과 그리움을 벽에 적어놓은 낙서 형태의 글을 소개한다.

"꿈에 보이는 엄마도 언제나 변함없는 자상한 미소의 엄마이어서 천국에서 모두들과 친하게 잘 지내시는구나 ~라고 안심하고 있어요. 뭘 하시든 언제나 열심히 하시고 적극적으로 가족들 모두를 제일 (먼저) 생각해주시는 자상한 엄마이었죠. 앞으로도 모두를 천국에서 지켜보아 주세요."(동 내용은 일본 각지로부터 보존을 요구하는 여론이 높아 리쿠젠다카다 시는 공민관 해체공사를 하면서 벽을 떼어내어 역사적 자료로서 보존하기로 함)

2) 고향의 소중함을 일깨워주었다.

자신이 태어나고 자란 정든 고향은 언제나 변함없이 그대로 있는 줄 알았다. 그러나 이번 쓰나미로 부모님이 살고 있던 집과 친구들과 함께 뛰놀던 추억이 어린 학교 그리고 학교를 오가거나 산보를 하던 길이 한순간에 자취를 감추어버린 광경에 아연실색할 수밖에 없었다.

이제부터는 고향에 계신 부모님은 물론 친척·친구 등의 존재감을 새삼 실감하면서 살아가지 않으면 안 된다는 점을 각인시켜 주었다. 고향의 잔영을 쓰나미로 잃어버린 어떤 청소년은 그간 민요나 향토색이 짙은 노래를 싫어했는데, 이제는 그것을 들으면 눈물이 날 것 같다는 이야기를 들은 적이 있다.

눈으로 고향의 모습을 볼 수 없는 장님도 마음속에는 쓰나미가 휩쓸고 간 고향이 있었을 것이다. 왜냐하면 그는 항상 오고가면서 걸었던 울퉁불퉁한 골목길과 유치원 놀이터에서 노는 아이들의 웃음소리, 초등학교의 종소리, 시장과 이발소에서 나오는 쾌쾌한 냄새들, 그리고 공중목욕탕의 수증기와 비누냄새 등을 느끼면서 큰 어려움 없이 자신의 집을 찾아갈 수 있었기 때문이다.

그러나 대지진과 쓰나미로 인해 이런 모든 것들이 사라져버린 지금,

눈이 부자유스러운 사람도 일반인과 마찬가지로 슬픈 심정으로 한동안은 자신이 어디에 있는지 알 수 없게 되었다.

3) 일상의 행복에 감사하는 마음이 강해졌다.

대지진 발생 2주가 지난 후 이와테 현의 어느 가족에게 지금 이 순간 무엇을 하고 싶은지 물었다. "4명의 가족과 함께 따뜻한 밥을 먹고 싶다"고 어머니는 말했다. 그동안 당연하게 여겼던 일상이 재난을 당한 후에는 얼마나 소중한 것이었는지를 알게 해주는 대목이었다. 행복은 먼 데 있지 않고 가까운 곳에 있음을 절감했다.

나는 원전사고 후 방사능 피폭 우려로 마음대로 수돗물을 먹을 수 없

급수중단으로 학교 수영장의 물도 소중했다

었다. 생수를 사야 하는데 센다이에서는 구할 수가 없었다. 쓰나미가 할퀴고 간 재난지역에서는 더더욱 그랬다. 동경에서도 1인당 2리터들이 생수 2개를 한정 판매하기도 하였다. 방사능 공포로 공기도 마음대로 들이 마실 수가 없었다. 모두가 마스크를 착용하거나 외출을 자제할 수밖에 없을 정도로 일상의 행동이 제약되었다.

정말 행복이라는 것은 행복한 사람에게는 보이지 않는다. 다만 불행이 찾아왔을 때에서야 비로소 행복이 보이는 것 같다.

4) 일본 국민들은 에너지의 중요성을 새삼 절감했다.

일본 열도는 이곳 동북지방과 홋카이도를 제외하고 아열대 기온으로 6월의 여름철 우기로 접어들면 고온다습의 무더위가 9월까지 이어진다.

2011년 12월 말 현재, 일본의 에너지공급의 30% 정도를 점유했던 원자력발전이 후쿠시마 제1원전사고 이후 총 54기 가운데 48기가 운전정지 상태였다. 그 후 2012년 5월 초부터 전체 원전이 정지되어 전력난 속에서 무더운 여름철을 지내야 했다(동년 6월 하순부터 관서전력 오이 (大飯)원전 3~4호기만 재가동되고 52기가 정지되었다).

따라서 주요 대기업들은 여름철 전력공급난을 피하기 위해 '휴일 2일간 조업 · 평일 2일간 휴업'이라는 새로운 근무시스템을 도입하기 시작했다. 기업의 이러한 시스템 변화는 일상생활에서 큰 변화를 초래한다. 가령 보육원은 토 · 일요일에도 문을 열어야 할 것이며 기업의 운전자금이 돌아야 하므로 일부 은행도 영업을 해야 한다. 노동자를 운송하는 교통수단 역시 휴일에도 평일과 마찬가지로 달릴 수밖에 없다.

5) 주요 에너지원으로서 원전을 재검토해야 한다는 여론이 형성되었다.

원전에 대한 재검토와 함께 에너지를 전력회사에게만 의존하지 않고 어느 정도 지역별·마을별로 자급할 수 있는 '분산형 전원공급시스템'을 구축할 필요성도 높아졌다.

후쿠시마 제1원전 1~3호기의 노심용융(멜트다운) 사고는 후쿠시마 현과 인근의 동북지방뿐 아니라 인구가 집중한 도쿄 등 수도권을 공포로 몰아넣었다. 그동안 에너지원으로서 원전만한 것은 없다고 할 정도로 각광을 받아왔다. 그러나 사고로 이어져 방사능이 유출되면 상상을 초월하는 기회비용을 지불하게 된다는 것을 이번에 깨달았다.

이런 이유로 일본 국민들은 종래의 환경 친화적인 원전 사용에 대한 지지여론이 급랭하고 다소 불편하고 에너지비용 상승을 각오하더라도 태양광발전 등 자연계 에너지를 이용하자는 여론이 높아지고 있다. 결국 일본정부는 '중장기 에너지기본계획'까지 제로베이스에서 재검토하기에 이르렀고 원전의 비중을 축소하기로 했다.

원전사업을 주력으로 하는 도시바·히타치제작소 등 대기업도 중장기 경영계획을 수정할 수밖에 없었으며 세계적으로도 원전을 도입하려는 국가들은 반대여론에 부딪치게 되었다.

6) 재생 가능한 자연에너지의 이용이 힘을 얻고 있다.

한편 일본에서는 산림자원을 이용하는 바이오매스(생물자원), 해안가의 바람이 강한 곳에 풍력발전을 증가시키고 햇볕을 이용하여 발전하는 태양광발전 등 재생이 가능한 자연에너지를 보다 더 많이 이용하자는 여론이 힘을 얻고 있다.

후쿠시마 제1원전 사고로 인한 오염지역에서는 상당기간 농업이 불가능하므로 태양광발전시스템을 설치하는 '메가 솔라' 계획이 제기되거나, 미야기 현 등 쓰나미 피해 지역에서도 신규 주택 건설 시 지붕에 태양광패널 설치 등 '에코타운'을 구상하고 있다.

경제산업성은 2011년 5월 23일(월) 태양광발전시장을 2030년까지 지금의 15배로 확대시키기 위한 '선라이즈 계획'을 발표하는 등 이번 원전사고를 계기로 태양광 · 풍력 · 바이오매스(생물자원) 등 자연의 재생가능에너지를 중시하는 정책으로 전환하기 시작했다

간(菅) 수상(당시)도 2011년 5월 25일(수) 경제협력개발기구(OECD, 파리) 창설 50주년 기념포럼에서 일본은 화석연료와 원자력에 의존하는 에너지를 획기적으로 줄이는 정책을 추진할 계획이며 2020년까지 태양에너지 · 풍력 등 자연자원을 이용한 에너지의 비중을 20%로 올리겠다고 언급했다.

손정의孫正義 야후 재팬 사장도 2011년 7월 신재생에너지에 동조하는 지자체장들과 함께 '자연에너지추진협의회'를 결성하는 등 탈脫원자력발전을 주장하고 후쿠시마 현의 원전사고 지역에 들어설 대규모 태양광발전 시설에 투자하겠다는 '메가 솔라' 계획을 추진하고 있다.

한편, 일본 국민들은 대지진이라는 위기상황에 직면하자 전기 공급이 끊어지면서 전기에 의존하는 도시의 기능이 마비되어 큰 불편을 겪었다.

이에 대한 개선점으로 공동체 단위로 어느 정도 전력을 자급할 수 있는 '분산형 전력공급체제' 구축을 절감했다. 그런 대안으로 재생가능에너지를 이용한 소형전력을 공급받고 축전시스템을 갖추자는 논의가 일어나고 있으며 기업들도 상용화를 서두르고 있다.

7) 일상생활에서 불가결한 통신수단도 이번 재해에서 위력을 발휘했다.

대지진 당시 정전 등으로 유·무선 전화가 불통이었다. 나도 22시간 터널 속의 신칸센열차 안에 갇혀서 연락수단 두절로 당황한 경험이 있다. 그러나 여타 재해지역에서는 트위터·인터넷 등은 연락을 취할 수가 있어서 긴급연락 및 정보수집에 큰 역할을 하였다.

하나의 사례로서 미야기(宮城) 현 나토리(名取) 시에 거주하는 아라카와(荒川洋平, 당시 30세)씨는 쓰나미가 휩쓸고 간 '유리아게' 지역의 참상과 복구상황을 자신의 브로그에 게재하여 1일 열람건수가 20만 건에 달했다.

2011년 3월 11일 14:48분에 발신한 방재 속보

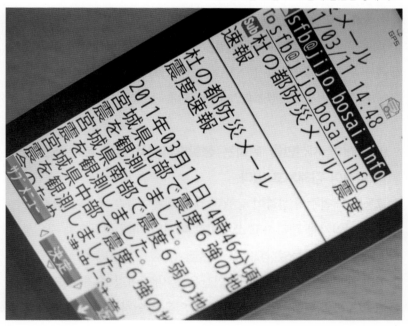

단순히 통신만 가능한 휴대폰보다 인터넷 등 쌍방향통신 등이 가능한 입체적인 정보를 제공하는 스마트폰 등이 이번 재해에서 위력을 발휘했는데 트위터·페이스북 등 소셜미디어(Social Media 또는 Social Network Service)가 급속히 확산되는 계기가 되고 있다.

이번 재난을 겪은 시민들은 지진·쓰나미 경보를 실시간에 알려주는 부가적인 통신서비스를 신청하거나 인터넷이나 트위터가 가능한 정보통신을 찾기 시작했다.

SNS(Social Network Service)가 새로운 소통의 패러다임으로 부상하면서 의사소통의 네트워크로 활용되는 사례가 급속히 증가하는 계기로 작용했다. 일본의 84개 지방자치단체도 '에리어메일AreaMail'로서 재해 시 주민에게 긴급연락수단으로 SNS를 사용하고 있는데 이중에서 36개 지자체가 동일본대지진 이후 도입(2011. 7월 말 현재)한 것이라고 한다.

한국에서도 2011년 7월 27일(수)~28일(수)간 서울 등 중부지방에 내린 폭우로 서울시 소재 우면산 일대에서 산사태가 발생했을 때도 시민들은 트위터나 페이스북 등 SNS로 피해정보나 구조요청 신호 등을 공유하며 정부나 관계기관보다 피해 대응에 신속한 움직임을 보였다.

8) 종래의 자신만을 위하는 생활방식에서 남을 배려하는 공생 의식이 강해지고 있다.

그동안 개인주의 성향이 강했던 일본 젊은이들은 자신이 할 수 있는 일이 무엇인가를 생각하고 쓰나미로 피폐된 재해 현장으로 자원봉사를 하겠다고 몰려들었다.

이번 재난은 일본인들에게 '인간은 혼자 살아갈 수가 없으며 서로 돕고 의지하며 살아가는 사회적 존재'임을 각인시켜 주었다.

현재 자신이 어려움에 처한 사람들을 위해 할 수 있는 것이 무엇인지를 생각했다. 어떤 사람은 피해지역에 격려의 편지를 보내고 어떤 이는 직접 현장에서 자원봉사활동을 하기도 했다. 서일본 지역에서는 5월 초순의 골든위크나 여름휴가 때 가족과 함께 재해현장을 찾아와서 자녀들에게 생생한 현장을 보여주기도 했다.

그리고 쓰나미 피해지역에서 고생하는 사람들의 모습을 보면서 자신의 생활이 너무 사치스럽지 않은 지, 조금 더 절제하고 일상에 감사하는 자세를 가져야겠다는 인식이 일어나고 있다.

이런 분위기를 반영한 탓인지 2011년 일본 사회의 세상世相을 한 자로 나타내는 '금년의 한자'로 '기즈나(絆)'(한글 표현으로 정情을 의미)가 선정되었다(2011. 12. 12 교토 시 기요미즈테라(淸水寺)에서 발표). 그밖에도 재災, 진震, 파도(波) 등의 한자가 다수 응모되었다.

9) 미래를 위한 저축보다 현재의 소비를 중시하는 경향이 강해졌다.

이번 쓰나미로 장롱이나 금고에 보관했던 현금, 보석 등 재물은 모두 유실되었다. 2011년에 재난을 당한 센다이 시는 물론 동경 등 대도시에서도 여성들을 중심으로 루이비통·구치·샤넬 등 명품가방 등이 잘 팔려나갔다고 한다.

심지어 파리에 본사를 둔 루이비통(동사는 2~3년 전부터 판매 감소 경향을 띠고 있었다) 사장이 2011년 초여름 센다이 시 백화점 내 매장을 방문하여 자사제품의 판매가 증가한데 놀랐다는 후문이다.

나는 쓰나미를 통해서 인간의 삶은 짧으며 현재를 하루하루 충실하게 살아가야겠다는 점을 새삼 재인식하게 되었다. 그래서 대지진 이후 나는 먹고 싶은 것이 있으면 주저 없이 사먹는다. 아내는 집을 마련하는데 빚이 적지 않다고 걱정이나 나는 염려 말라고 위로한다. 이번 재난을 겪으면서 인생은 결코 길지가 않다는 점을 알았기 때문이다.

10) 사상 초유의 원전사고를 계기로 '과연 일본은 안전한가' 라는 의문을 제기하는 사회여론이 조성되었다.

그동안 일본인들은 '안전대국 일본, 경제대국 일본'이라는 강한 자존심을 가지고 살아왔다. 그러나 이번 원전사고에 직면하여 중앙정부와 동경전력이 초동단계에서 보여준 모습을 보고서 강한 실망감과 불신감을 가지게 되었다. 원전사고 후 상당기간 정부의 말을 그대로 믿는 사람은 거의 없게 되었다. 앞으로도 상당기간 정부와 전력업체들은 원전이 안전하다고 설명을 해도, 일본사회는 안심하지 못하겠다는 분위기가 이어질 것으로 보인다. 특히 원전사고 초기의 방사능 확산 관련 정보공개의 지연 및 농축수산물의 피해 확대로 일본 국민들의 식탁마저 위협받는 상황에서 자존심에 큰 상처를 입었다.

이에 따라 국민들 스스로가 대지진이 발생할 경우에 대비하여 커뮤니티 단위로 에너지를 자급자족할 수 있는 '분산형 전원電源' 시스템까지 모색하기 시작했으며 가정과 사무실에 비상구호물품을 준비해 두거나 재난보험에 가입함으로써 리스크를 조금이라도 회피하려는 의식이 높아졌다. 특히 재난을 당한 동북지방에서는 재해보험 가입률이 매우 높아졌다.

후쿠시마원전 이외의 정기점검에 들어간 원전의 재가동을 둘러싸고 원전 입지 주민들은 이전보다 강한 안전성 검사와 안전대책 강구를 요구하기 시작했으며 아울러 지자체와 NPO 단체도 감시체계를 강화하는 등 안전의식이 높아졌다.

11) 금후 국민들은 국제문제보다 국내문제에 관심을 더 가지게 되고 일본 사회는 내향적인 보수화 경향이 심해질 수 있다.

혹자는 1854년 안세이(安政)대지진이 에도막부의 종말을 촉진했고 1923년 9월 관동(關東)대지진이 군국주의의 발호를, 1995년 1월 고베(神戸)대지진이 전후 경제부흥기의 종말을 가져왔다고 말한다.

그러나 이번 재난을 계기로 일본 사회는 근본적인 변화를 추진하기보다는 재난 수습에서 취약성을 들어낸 사회·경제적 시스템을 점검하고 점진적으로 개선해 갈 것이다. 왜냐하면 현재의 일본사회는 변화에 대한 저항감이 적지 않다고 보기 때문이다.

일본경제는 대내외적으로 어려운 처지에 직면해 있다. 세계 2위 경제대국의 지위를 중국에 내준데다 국내총생산(GDP)의 2배를 넘는 국가채무 비율과 고령화·저출산 문제에 직면해 있으며 지난 20여 년간 정치적 리더십이 약화된 상황에서 삶의 질이 저하되고 있다고 느끼고 있는 사회의 일각에서는 국수주의적 편협한 태도가 나타나고 있다.

조지프 나이(Josep S, Nye Jr) 하버드대학 교수는 파이낸셜타임즈 기고문(2012. 11. 28)에서 '일본의 온건한 민족주의가 제어를 통해 정치개혁으로 이어질 수 있다면 좋겠지만 국수주의적 분위기가 상징적이고 대중영합적인 입장으로 귀결되면서 주변국들의 적대감만 불러일으킬 위험이 있다'고 보았다.

이번 '3.11동일본대지진'이 발생한 점을 감안하면, 금후 일본으로서는 국제사회에서 적극적인 역할에 대한 외향적인 관심이 줄어들고 국내 현안의 해결에 치중할 수밖에 없을 것이다.

또한 현재의 어려움을 극복하기 위해 사회 내부적으로 강한 위기의

식을 가지고 결속을 다지는 등 국민성향이 보수화되면서 내부지향의
보통국가화 노선이 강화될 가능성도 높아졌다. 금후 아시아 역내에서
중국의 존재감이 증대되고 있는 가운데 국내적으로도 폐색감이 짙어
져 감에 따라서 헌법개정이나 정치개혁을 바라는 여론이 강해질 것이
다.

2. 일본 경제에도 엄청난 영향이 파급되었다

1) 농·어업과 수산업의 심각한 피해가 발생했다

동일본대지진으로 일본 동북지방 특히 이와테(岩手)·미야기(宮城)·후
쿠시마(福島) 등 피재 3현에서는 기간산업인 농업과 어업에서 심각한 피
해를 입었다. 일본경제에서 동북지방 6현이 차지하는 비중은 GDP의
6.4%(특히 피해가 심한 3현의 비중은 4%)이나 1차 산업은 15%에 달해 소위 동
북지방을 '식재왕국食材王國'이라 부른다.

농업의 경우, 쓰나미로 유실되거나 침수된 논밭이 2만 3,600ha에 달
한다. 논에 스며든 해수 염분의 제거에는 수년이 걸리므로 경작을 할
수 없는 상태이며, 2012년의 영농 재개는 절반 정도에 불과했다.

수산업에서도 괴멸적인 타격을 입었다. 쓰나미 피해가 심한 산리쿠
해안(三陸海岸)은 삼림이 풍부한 동북지방의 배후지를 가지고 한류와 난
류가 교차하는 세계 3대 어장의 하나로서 일본 전체 어획량의 20%를
차지한다. 재해를 입은 어항수가 미야기 현이 142개, 이와테 현이 108
개 등 미야코(宮古)·가마이시(釜石)·게센누마(氣仙沼)·이시노마키(石卷)
등 유수의 수산기지가 거의 전멸되었으며 어선도 미야기 현이 1만
2,000여 척, 이와테 현이 5,700여 척이 피해를 입었다.

피해 규모에서도 어업이 9,023억 엔, 농업이 7,138억 엔에 달했다(일

본 농림수산성 자료, 2011. 5월 말 현재). 어업 재개는 1년이 경과한 2012년 3월 현재, 피재 3현의 265어항(미야기 141, 이와테 13, 후쿠시마 11) 중에서 절반 (136어항)에 불과하다(후쿠시마 현은 방사능 오염 우려로 어업 재개 불가능).

2) 마이너스 경제성장률을 기록하다

대지진이 강타한 일본 동북지방 3현(이와테 · 미야기 · 후쿠시마 현)과 관동지방 북부(군마 · 이바라기 · 도치기 현) 지역에서는 자동차부품산업과 반도체 등 전자부품산업 및 동 산업에 필요한 소재 관련 산업이 집적해 있어 큰 피해를 입었다.

설상가상으로 동경전력의 후쿠시마 제1원전 사고로 인한 방사능 유출 문제까지 겹쳐 농축수산물의 출하제한 및 해외수출의 감소, 수질과 토양 오염, 10만 명 이상의 원전 인근 주민의 피난, 외국인 관광객 격감 등을 감안하면 그 피해액은 측정이 불가능할 정도로 큰 규모에 달한다.

일본 내각부는 이번 대지진으로 인한 각종 생산설비 손실 및 인프라 시설 파괴 등을 포함한 피해 규모를 16조~25조 엔대(GDP의 3~5%)로 시산하였다(2011. 3. 23(수) 발표). 이것은 1995년 고베대지진의 피해규모(9.9조 엔)를 훨씬 상회하는 수준이다.

더욱이 동경전력의 후쿠시마 제1, 2원전의 가동중단으로 인해 동사의 총 전력공급의 25%를 상실함으로써 2011년에 동경 등 수도권과 동북지방에서는 여름철 절전대책을 시행한 바 있으며 향후 2~3년간 적지 않은 민간기업의 생산 활동에 차질이 불가피한 실정이다.

기업들의 생산설비 파손, 부품공급 차질과 전력난 등에 따른 생산손실로 2011년 일본의 경제성장률은 마이너스(-0.9%)를 기록했다(2011년 실질GDP기준 경제성장률, 1~3월기:-0.3%, 4~6월기:-1.7%, 7~9월기:-0.5%, 10~12월기:-1.0%). 그리고 해외수출 감소와 원전가동 중지에 따른 연료비 수입 급증으로 인해 2011년의 무역수지마저 적자로 전환되어 30년간 이어져온 흑자기조가 붕괴되었다. 거기다가 방사능 피해로 인한 직·간접적인 GDP 감소효과는 측정할 수 없을 정도이다.

일본은 중장기적으로 경제성장의 모멘텀 약화에 직면하게 될 것이다. 일본은 GDP의 200%가 넘는 정부 부채를 보유하고 있는데, 복구재원을 마련하기 위한 증세 이외 정부채권 발행은 재정의 부실화를 가속화시킬 것이며 재정적자가 늘어나면 정부로서는 국채발행과 재정

운용이 더욱 어려워지게 된다(2011년도 예산안 92조 엔 중 44조 엔을, 2012년도 예산안 90.3조 엔 중 44.2조 엔을 국채로 충당).

또한 대지진 및 원전사고로 인한 일본 국내의 투자환경 악화로 동일본 지역에 소재한 기업은 서일본 지역으로 옮기거나 해외이전을 검토함은 물론, 해외기업들의 일본에 대한 투자심리를 악화시킬 것이다.

3) 자동차, 전자 산업의 피해로 세계 경제에 충격을 주다

이번 동일본대지진이 각 산업에 미치는 영향을 살펴보면, 자동차와 전자산업의 부품ㆍ소재 생산에서 차질이 가장 컸다.

이것은 일본 국내 산업에만 영향을 미치지 않고 아시아 국가를 중심으로 한 글로벌 서플라이체인의 단절이라는 악영향을 초래했다.

2000년대 이후 일본은 글로벌 생산네트워크에서 고품질의 중간재와 핵심기술을 제공하고 있는 국가로 자리매김해 왔다.

일본 국내생산의 부품ㆍ소재의 공급난이 장기화되면서 해당국의 기업들은 부품 재고의 감소로 인해 생산 정지 및 가동률 저하 등의 영향이 나타나는 등 아시아 역내의 제조업을 비롯하여 세계 경제에 충격을 주기 시작했다.

가령 대지진으로 미국에 자동차부품의 수출이 감소하여 2011년 4월 미국의 자동차 생산은 전월 대비 8.9% 감소하는 등 자동차부품의 생산단절이 주로 북미지역에 악영향을 미쳤다(일본 내 자동차부품 수출은 동일본에서 북미로 수출하고 서일본에서 아시아 지역에 중점적으로 수출하고 있다).

4) 대재해를 겪은 일본 기업들은 신속히 대응했다

부품 및 소재 조달에 어려움을 겪은 일본의 국내 및 국외 현지기업은 조달선의 분산화를 서두르는 한편, 해외기업들도 글로벌 관점에서 공급선의 다변화를 모색하기 시작했다. 다시 말해 그동안 일본기업은 핵심 부품·소재를 특정업체에 집중해서 조달받아 왔는데, 생산거점의 분산화 및 복선화(다변화)를 통해서 유사시 일부 부품생산이 단절되더라도 조업 가능한 공급망을 구축하겠다는 것이다. 가령 이번 재해를 통해 도요타는 재고 최소화를 통한 비용절감(Just in Time 생산시스템)보다 안정적인 생산기반 구축이 중요하다는 점을 인식했다.

경제전문가들은 앞으로 중장기적으로 일본으로부터 기간부품 및 핵심중간재 등을 수입해 온 해외기업들이 대체조달을 찾는 움직임이 가속화될 수 있다고 지적한다. 그간 일본이 기간부품을 제조하고 한국·대만이 중간재를 제공하면 중국과 동남아시아에서 최종제품으로 조립하는 '아시아 역내에 구축된 분업分業네트워크'에서 일본이 점하는 비중이 저하될 가능성이 있다는 의미이다.

다시 말해, 종래의 일본 기업에만 의존하는 것이 아니라 최종제품에 강점을 가지고 있는 한국·대만 등이 조달처를 육성하거나 일본 기업이 자발적으로 부품소재산업을 해외로 이전하여 생산하는 경우 등 유사시 공급망 단절에 대응한 분산공급 체제가 진행되는 등 서플라이체인의 변화 가능성이 있다는 것이다.

또한 이번 재해 이후 동아시아생산네트워크 속에서 일본 기업의 중간재 공급에서 차지하는 영향력이 줄어들 것이라는 것도 설득력이 있다.

＊동東아시아생산네트워크: 한국, 일본, 대만 등이 비교적 고부가가치를 지닌 부품과 가공품을 생산하고 중국·아세안 등에서 중간재를 수입하여 조립한 후 구미로 최종재를 공급하는 무역생산구조.

5) 산업계는 감재(減災) 차원에서 핵심시설 분산의 필요성을 절감했다

이번 '3.11대지진'으로 관동지방과 동북지방에 소재하는 기업들은 장비와 인원을 총동원하여 단기간에 복구에 주력한 결과, 기업별로 다소 차이는 있으나 2011년 말까지는 대부분 복구되었다.

한편, 후쿠시마 제1원전사고 이후 전력사정이 나빠지는 등 기업환경이 악화되자 대지진의 피해를 입은 일본 기업들을 중심으로 핵심시설을 분산 배치해야 한다는 재해대응의식이 높아지게 되었다. 다시 말해 '핵심시설 분산론'이 제기된 것이다.

또한 이번 기회에 비교적 지진의 영향이 적을 것으로 예상되는 오사카·고베·규슈 등 서일본 지역으로 공장을 이전하려는 움직임을 보이거나, 아예 시장개척·인건비절감 등 차원에서 공장을 해외로 이전하려는 기업들도 늘어나기 시작했다.

가령 IT 대기업인 후지쓰(富士通)와 NEC는 관서지방을 중심으로 센터를 신설하여 관동지방에 편재되어 있는 거점의 분산을 추진하는 한편, 주력센터 간에 연결되는 고속통신회선을 증강하여 고객의 데이터 백업(이중화) 기능을 높일 예정이다.

후지쓰는 2012년을 목표로 서일본의 중심거점인 아카이시(明石)시스템센터(兵庫縣 明石市)의 능력을 2배로 상승시키고 관동지방의 군마(群馬) 현縣 다테바야시(館林) 시市 소재 다테바야시(館林)시스템센터와 아카이시(明石)시스템센터를 연결하는 광회선(光回線)의 데이터 전송 속도를 매초 20기가바이트(Gbit) 정도로 지금보다 10배로 높일 계획이다.

NTT도 약 50억 엔을 투입하여 2011년 8월 하순에 효고(兵庫) 현縣에서 새로운 센터를 가동시켜 능력을 20% 높이고 11개소의 주력센터를 연결하는 회선도 2011년 내 신설에 착수하는 등 국내 데이터센터의

70%를 관동지역에 집중하고 관서지방에 20% 정도였던 것을 30%로 증강하여 수도권 지진 발생 시 백업체제를 구축하려는 기운도 조성되고 있다.

미쓰비시(三菱)케미칼홀딩스는 대규모 재해 등으로 동경의 본사기능이 상실되었을 때 주력사인 미쓰비시화학(三菱化學)과 산하 4사의 본사 이전을 명기하고 새로운 사업계속계획(BCP)을 2012년 10월부터 가동하였다.

이와 같이 동일본 지역에 소재한 기업들의 이전 검토에는 동일본대지진 직후 쓰나미로 공·항만 등 물류시설이 파괴된 데다 후쿠시마 제1원전 사고로 인한 방사능 위험 등이 직·간접적으로 영향을 미치고 있는 것이다.

또한 일본기업들의 해외기업의 인수합병(M&A)을 포함한 해외투자가 확대되고 있다. 2008년 금융위기 이후 엔고가 진행되는 가운데 2011년 대지진으로 전력난과 부품공급망의 단절에다 신흥국 시장 진출을 목적으로 생산시설을 해외로 이전하거나 해외기업을 대상으로 인수합병(M&A)도 큰 폭으로 증가했다.

＊일본기업의 해외직접투자액: 2009년 6조 9,900억 엔, 2010년 4조 9,380억 엔, 2011년 9조 1,180억 엔(일본재무성)

＊일본기업의 해외기업 M&A 추이: 2009년 2조 8,900억 엔(299건), 2010년 3조 7,600억 엔(371건), 2011년 6조 2,670억 엔(455건)

6) 기업들의 에너지원에 대한 관리가 공급 확대에서 수요 관리로 전환되고 있다

다시 말해 그동안 기업들은 정부의 원전을 중심으로 한 에너지 공급 확대 정책에 부응하여 경영전략을 수립하고 투자해 왔다. 그러나 원전사고 이후 일본사회가 '탈脫원전의존'으로 에너지정책이 전환되기 시작하면서 기업들도 전원공급을 확대하기보다 에너지 사용효율 제고 등 에너지저소비형 수요관리에 중점을 두기 시작했다.

시장에서는 LED조명·절전형 가전제품 등이 대량 출시되는 시기를 맞고 있다.

그리고 원전 가동 중단에 따라 전력사정이 악화되고 대지진으로 대규모 집중형 에너지시스템의 취약성이 노출되자 기업 자체적으로 재난에도 대비할 수 있는 안정된 전력공급을 확보하기 위한 자립형 발전시스템을 구축하고 잉여전력을 판매하겠다는 전략을 세우기 시작했다. 이번 재해에서 동경 롯본기(六本木)힐스는 독자적인 발전장치를 가지고 있어 지진으로 인한 정전 시 리스크를 피할 수 있었다.

＊건설용 중장비업체 코마쓰(小松)는 주력공장에 자가발전설비와 에너지소비절약형 시설을 갖추어 3년 내 전력사용량을 절반으로 감축할 계획이며, 닛산(日産)자동차는 전력사용을 실시간으로 알 수 있는 스마트미터(차세대전력계)를 전체 공장에 도입하고, 도요타 미야기 현 공장도 새로운 발전설비를 도입하여 필요전력의 90%를 조달할 계획이다.

또한 기업들은 주택분야(2009. 11월)에 이어 공공·산업분야에서도 2012년 7월부터 재생가능에너지로 생산한 전기를 전력업체가 고정가격으로 전량 매수하는 제도가 시행되고 일본사회의 탈 원전 분위기에 따라 재생가능에너지 분야에 대한 투자를 증가하고 있다.

7) 한국경제에도 그 영향이 파급되었다

반면에 한국은 지질구조가 안전하고 전력·통신·물류 등 인프라가 갖추어져 있는데다 자유시장경제의 민주사회이며 지정학적으로 일본과 중국의 중간에 위치하는 등 서플라이체인 재구축 과정에서 중심적 역할을 할 수 있을 것으로 보인다.

구체적인 사례로써 일본의 소프트뱅크사社가 한국의 KT와 연계하여 '데이터센터'를 한국의 남해안 소재 지자체로 이전을 추진하는 방침을 결정(2011. 5. 30)했다.

르노자동차의 한국의 자회사인 르노삼성자동차사社는 동일본대지진 이후 일본 측 공급자의 지진피해로 인한 공급중단으로 2011년 4월 부산공장 생산이 약 20% 감소되었음을 고려하여 한국의 국내기업으로부터 부품조달을 계획하고 있다고 '윌 티제' CEO는 언급했다(2011. 7. 15).

석유화학업체 SK이노베이션(한국)과 JX일광일석日鑛日石에너지(일본)가 50:50 비율로 2011년 8월 울산시에 총계 1조 3,500억 원 규모의 파라키시레인(PX)공장을 착공하였다.

최근 들어 일본 기업들은 자연재해 이외 소위 '5중고重苦' (높은 법인세율, 노동규제, 환경제약, FTA 지연, 전력부족)에 시달리고 있는 반면, 한국은 법인세율이 24%로 일본의 40%보다 낮은데다 엔고 대비 낮은 원화가치 및 한·EU FTA(2011. 7월) 및 한·미 FTA(2012. 3월) 발효 등에 따른 수출거점으로서 투자 매력이 높아졌다고도 볼 수 있다.

또한 2011년 8월 일본 에너지청(전력가스사업부)이 민주당의 경제산업부문회의에 제출한 바에 따르면, 한일 간 전력요금 차이는 환율 환산으로 3배 정도이며 구매력평가 환산으로 1.4배 규모라고 추정하고 있다. 세계시장에서 제조상품의 경쟁이 격화되는 상황에서 한일 간 전력비용의 차이는 무시할 수 없는 수준이다.

물론 삼성전자 등 글로벌시장에서 성장을 계속하는 대기업 고객의 인근에 거점을 마련하려는 일본의 제조장치 기업들도 나타나 한국에 투자진출하기 시작하고 해외시장 개척을 위해 동조업종의 한일 양국의 기업이 제휴·협력하는 사례도 나타나고 있다.

이러한 현상을 나카야마 아쓰시(中山淳史) 일본경제신문 편집위원은 '한일韓日 경제는 하나'라는 자신의 저서에서 경제의 글로벌화가 심화되고 엔고가 진행되면서 한일 양국을 하나의 경제권으로 생각하여 관계를 긴밀화함이 양국에 이익이 될 것이라고 제언한다. 그는 최근 양국 기업 간에는 ① 제휴 및 M&A(합병·매수) 등의 비즈니스업계에서의 긴밀한 연대 ② 해외인프라의 공동수주 ③ 자원의 공동조달에 의한 가격교섭력의 강화 ④ 한국의 대일對日수출 확대 및 일본의 대한對韓투자 확대가 두드러지고 있다는 점을 강조한다.

부록

3.11동일본대지진
100일간의 일지日誌
(2011. 3. 11~6. 18)

3월 11일(금). 제1일째

오후 2시 46분에 일본 미야기 현 산리쿠(三陸) 앞바다를 진원으로 하는 국내 최대 규모 매그니튜드(M) 8.8의 거대 지진이 발생 (13일에 M 9.0으로 수정)했다. 미야기 현 쿠리하라(栗原) 시에서 진도 7, 센다이(仙台) 시 등지에서 진도 6강이 관측되었으며 이로 인해 후쿠시마 제1, 제2원자력발전소가 자동으로 정지되었다.

경제산업성 원자력안전보안원이 발 빠르게 재해대책본부를 설치했고, 경찰청도 재해경비본부를 설치했다. 오후 2시 49분에 정부가 J-ALERT로 37시정촌市町村(기초지자체)에 대형 쓰나미 및 쓰나미의 경보를 발령했고 오후 2시 50분에는 수상관저에 대책실이 설치되어 긴급집합팀을 소집했으며 간 나오토(管直人) 수상은 조기 피난대책 등 4항목을 지시했다.

오후 2시 50분에 방위성이 재해대책본부를 설치했고 육해공 3개 자위대 총 8,000명에 의한 대규모 구조작전이 시작되었다. 오후 2시 52분, 이와테 현 닷쏘 타구야(達增拓也) 지사가 자위대에 재해파견을 요청했다(오후 3시 2분에는 미야기 현도 무라이 요시히로(村井嘉浩) 지사도 자위대에 재해파견을 요청했다).

오후 2시 58분경에 JR동일본이 신칸센 전선全線 시간표 조정에 들어갔으며 동경메트로(동경지하철)도 전선에 걸쳐 시간표를 조정했다. 나리타공항도 활주로를 폐쇄했다. 동경 증시는 이미 오후 3시 이전부터 떨어지기 시작했는데 종료 직전에 지진 발생으로 대폭 급락했다.

오후 3시 6분에는 동경전력이 동경 치요다구(千代田區) 본점 2층에 비상대책본부를 설치했다. 마침 동경전력 가쓰마타 히네히사(勝俣恒久) 회장은 베이징에 체류 중이었으며 (다음 날 12일 귀국) 시미즈 마사타카(淸

쓰나미의 여파로 화재가 난 상가

水正孝) 사장은 간사이 출장으로 최고책임자들이 부재중이었다.

오후 3시 15분에 이바라키 현 앞바다에서 매그니튜드(M) 7.4의 지진이 재발생하여 이바라키 현 남부에서 진도 6약이 관측되었다.

오후 3시 20분 미야기 현 미나미산리쿠(南三陸) 방재대책청사 2층 위기관리과에 '쓰나미가 방파제를 넘었다'라는 연락이 들어왔다. 이후 '쓰나미의 높이가 방파제(높이 5.5미터)의 3배에 가깝다'라는 사토 진(佐藤仁) 미나미산리쿠(南三陸) 정장町長의 보고가 있었다. 대형 쓰나미가 들이닥치고 목조 2층의 방재대책청사 전체가 두 동강이 났으며 철근 3층 건물의 방재대책청사 전체가 쓰나미에 휩쓸렸다. 37명의 직원 중 살아난 사람은 건물 외부의 철제계단에 올라간 10명뿐이었다.

오후 3시 20분이 경과하면서 이와테 현 오쓰치초(大槌町) 행정기관을

쓰나미로 처참하게 변한 주택

흙먼지를 일으키는 벽壁과 같은 검은 파도가 덮쳐 행정기관은 전부 파괴되었고 가토 코우키(加藤宏暉) 정장町長을 포함한 직원들이 사망했거나 행방불명자가 되었다. 모두 32명이었다. 다행히 옥상으로 피신한 22명은 살아남았다.

오후 3시 25분에 해상자위대가 가나가와 현 요코쓰카(横須加)기지의 전 함정을 미야기 현 앞바다에 파견했고 오후 3시 27분 간 수상은 자위대에게 최선을 다해서 피해복구에 앞장서 달라고 지시했다.

오후 3시 37분이 되어 제1회 긴급재해대책본부를 개최하고 "엄청난 피해가 발생하고 있는 상황"이라는 판단 아래 신속한 정보수집과 피해상황을 파악해서 피해지로 자위대·경찰·소방대원 등을 최대한 파견하도록 기본방침을 결정했다.

오후 4시 55분 간 수상이 방위복장 차림으로 "주의 깊게 텔레비전 및 라디오의 보도를 들으면서 침착하게 행동할 것을 마음속 깊이 부탁드립니다"라며 국민에게 대재난에 따른 침착한 대처를 호소했다. 또한 "일부 원자력발전소가 자동 정지되어 있으나, 지금까지는 외부로의 방사성물질 등의 영향은 확인되지 않았다"고 설명했다.

오후 6시 기타자와 요시미(北澤嘉) 방위상이 대규모 진재震災(지진)재해파견 명령을 내렸다. 이 시간에 미야기 현 게센누마(汽仙沼) 시에서는 대형화재가 발생하면서 시 전역으로 퍼져나가고 있었다.

오후 8시 10분 에다노 유키오(枝野幸男) 관방장관이 귀가가 곤란한 사람들을 위한 대책으로 역 주변 공공시설을 최대한 활용하도록 전 행정기관에 지시했으며 동경도는 귀가가 어려운 사람들을 1,030개 시설에 수용했다. 이들은 총 9만 4,001명에 달했다. 한편 동북지방과 관동지방에서 700만 세대 이상이 정전되었으며 철도는 마비되었고 휴대전화

서비스가 중지되는 등 시민의 생활이 직격탄을 맞았다.

또한 인터넷 단문短文투고 사이트인 '트위터'에서는 구조를 요청하는 절박한 글들이 넘쳐나기 시작했다. 센다이 공항에서 약 10킬로미터 남쪽으로 떨어진 미야기 현 와타리초(亘理町)의 한 피해자는 '쓰나미로 바닷가 주택이 거의 휩쓸렸습니다. 집 2층에 피난해 있으나 물이 가득 차 피난소에 갈 수 없습니다. 빨리 구조해 주십시오!'라는 글을 남겼다.

〈후쿠시마 제1원자력발전소 상황〉

오후 2시 26분에 거대지진(M9.0)이 발생하여 동경전력의 후쿠시마 제1원자력발전소와 제2원자력발전소의 총 7기가 자동 정지되었다.

오후 3시 12분에는 후쿠시마 제1원자력발전소 모니터링 포스트에는 이상이 없었다. 오후 3시 27분에 쓰나미 제1파가 도달하였다.

오후 3시 42분 제1원자력발전소에서 비상용 디젤발전기가 쓰나미로 인해 사용할 수 없게 되었다. 동경전력이 원자력재해대책특별조치법(原災法) 10조에 의거 교류전원이 모두 상실되었음을 국가에 통보했다. 오후 4시 25분 에다노 유키오(枝野幸男) 관방장관이 정무3역政務三役 전원을 청사로 불러냈다.

오후 4시 36분 동경전력의 후쿠시마 제1원자력발전소에 사고가 발생했다. 이에 따라 관저대책실이 설치되었고 1, 2호기에서 긴급 노심 냉각장치 주수注水가 불가능해졌다.

오후 4시 45분 1, 2호기에 대해 원재법原災法 15조에 의거 특정사상特定事象 발생을 통보했다. 오후 4시 47분에 후쿠시마 현 사토 유헤이(佐藤雄平) 지사가 자위대에 재해파견을 요청했다.

오후 4시 55분 간 수상이 방위복장 차림으로 "주의 깊게 텔레비전 및 라디오의 보도를 들으면서 침착하게 행동할 것을 마음속 깊이 부탁드립니다"라며 국민에게 대재난에 따른 침착한 대처를 호소했다. 또한 "일부 원자력발전소가 자동 정지되어 있으나, 지금까지는 외부로의 방사성물질 등의 영향은 확인되지 않았다"고 설명했다.

오후 6시 키타자와(北澤嘉) 방위대신이 대규모 진재震災(지진)재해파견명령을 내렸다.

오후 7시 3분 '원자력 긴급사태 선언'(후쿠시마 제1원자력발전소)이 발령되었고 '원자력재해대책본부'가 설치되었다. 오후 7시 30분 기타자와 방위상이 자위대에 원자력재해파견명령을 내려 오미야(大宮)주둔지의 육상자위대 화학방호차가 제1원자력발전소로 출동했다.

오후 8시 50분 후쿠시마대책본부가 제1원자력발전소 반경 2킬로미터 이내 주민 1,864명에게 피난을 지시했다. 오후 9시 9분에 동경전력 전원차電源車가 후쿠시마 오프사이트센터에 도착했다. 오후 9시 23분에는 정부가 제1원자력발전소 반경 3킬로미터 권내 주민에게는 피난을, 10킬로미터 권내 주민에게는 옥내피난을 지시했다.

오후 9시 55분 동경전력이 제2원자력발전소 운전상태 불명으로 원자로 수위가 확인 불가능하다고 발표했다. 오후 10시가 되자 원자력안전보안원이 제1원자력발전소 2호기의 향후 플랜트 상황 평가결과를 발표했다. "22시 50분에 노심 노출, 23시 50분에 연료 피복관 파손, 24시 50분에 연료용융, 27시 20분(3월 12일 3시 20분)에 원자로 격납용기 벤트(증기배출)작업에 의한 방사성물질 방출"이 예측된다고 했다.

3월 12일(토). 제2일째

오전 0시 15분 간 수상이 오바마 미국대통령과 전화통화를 통해 '여러모로 협력'해줄 것을 부탁했다. 또한 둘 사이에 원자력발전소 파손 가능성에 대한 질문도 오갔다. 오전 3시 59분 경 나가노 현 북부를 진원지로 하는 M6.7 지진이 발생했다. 나가노 현 사카에무라(榮村)에서 진도 6강을 관측했으며 그 후에도 두 번 정도의 진도 6약을 기록했다. 기상청에서는 '동북 앞바다 대지진과의 관련은 불분명'하다고 했다.

정오 직전에 동경전력이 오는 14일 이후의 전력공급이 부족할 것이라는 예상을 발표했다. 지역을 나누어 순번으로 전력공급을 일정시간 멈추는 '윤번정전(계획정전)이 고려될 것'이라고 발표했다.

오후 6시 이전에 싱가포르 정부가 파견한 구조대 5명과 구조견 5마리가 나리타 공항에 도착했다. 재일미군을 제외한 외국으로부터의 구조대가 이로써 한국韓國 다음으로 두 번째로 일본에 상륙했다.

오후 6시 25분 제1원자력발전소 반경 20킬로미터 권내가 새롭게 피난지시 대상으로 지정되었다.

오후 8시 32분 간 수상이 기자회견을 했다. "한 사람이라도 더 많은 생명을 구조할 수 있도록, 전력을 다하여 오늘 내일 모레 열심히 힘을 내지 않으면 안 된다"라고 강조했다. 또한 간 수상은 자위대 파견규모를 10만 명 태세로 증강할 것을 키타자와 방위상에 지시하기도 했다.

오후 8시 41분 관저에서는 단문투고 사이트 '트위터'를 신설, 진재震災에 관한 정보를 제공하기 시작했다. 또한 이즈음에 공장들의 조업정지가 속출하면서 닛산·도요타 자동차는 국내 전全공장 조업을 중지할 것을 결정했다.

이날 경찰청에 의하면 이와테·미야기·후쿠시마 현에 약 3,000명의 경찰관을 투입했다고 한다. 전국 28개의 도도부현都道府縣(광역지자체) 경찰은 과거 최대 규모의 약 2,500명과 치형齒型 및 DNA에 의한 유체

遺體(시신) 확인 검시檢屍전문반 약 400명의 대부분이 지진발생 당일에 현지에 들어가 3월 12일까지 미야기 현만 271명을 구조했으며, 76구의 유체를 수용했다.

〈후쿠시마 제1원자력발전소 상황〉

　오전 0시경 후쿠시마 제1원자력발전소 주변에서는 주민피난이 본격적으로 개시되어 오전 1시 45분이 되어 3킬로미터 권내 피난이 완료되었다. 오전 0시 49분 제1원자력발전소 1호기에 대하여 '격납용기 압력 이상상승'이라는 판단이 내려지면서 원재법原災法 15조에 의거 동경전력은 특정사상特定事象 발생을 국가에 통보했다.

　오전 1시 57분 제1원자력발전소 1호기의 터빈 건물 안에서 방사능 레벨이 상승했다. 이에 따라 오전 3시 5분에 가이에다(海江田万里) 경제산업대신, 테라사카(寺坂信昭) 원자력안전보안원장, 고바야시(小林照明) 동경전력상무가 기자회견을 했으며, 방사성물질을 포함한 수증기를 배출하는 벤트작업을 실시할 방침이라고 발표했다.

　오전 5시 22분 제1원자력발전소 1호기가 압력억제기능을 상실했으며(오전 5시 40분에 동 사실이 통보됨) 오전 5시 32분에는 제1원자력발전소 2호기가 압력억제기능을 상실했다(오전 5시 56분에 동 사실이 통보됨).

　오전 5시 44분에는 간 수상이 제1원자력발전소 1호기의 중앙제어실에서 통상보다 약 1,000배나 많은 방사선량이 계측되었다고 발표했다. 제1원자력발전소 정문 근처에서도 통상보다 약 8배 이상의 방사선량이 검출되어 방사성물질의 누출이 처음으로 확인되었다.

　오전 6시 7분 제2원자력발전소 4호기마저 압력제어기능을 상실하여 제열除熱이 불가능해지면서 압력제어실의 온도가 섭씨 100도를 넘었다. 이는 오전 6시 10분에 통보되었다.

오전 6시 14분 간 수상이 관저 옥상 헬리포트에서 육상자위대 헬리콥터로 후쿠시마 원자력발전소의 피해지 시찰을 위해 출발했다. 오전 7시 11분에 제1원자력발전소에 도착한 간 수상은 무토(武藤榮) 동경전력 부사장으로부터 피해상황 설명을 들었다.

오전 7시 30분 전원차電源車 14대가 현지에 도착했다(이로써 총 53대 출동). 오전 7시 40분에는 제2원자력발전소 1, 2, 4호기의 냉각기능이 상실되면서 동경전력이 국가에 긴급사태를 통보했다. 오전 7시 45분 제2원자력발전소에도 원자력긴급사태를 선언했다. 반경 3킬로미터 권내 주민에게는 피난을, 10킬로미터 권내 주민에게는 옥내 피난을 지시했다.

오전 8시 3분 동경전력이 제2원자력발전소 원자로 4기 전부가 증기를 방출할 준비에 들어갔다. 오전 8시 4분 간 수상은 제1원자력발전소를 출발해서 센다이 시 육상자위대 카스미노메(霞目) 주둔지에 들린 후, 미야기 현 연안부 피해지역을 상공에서 시찰했다. 오전 8시 30분 카스미노메 주둔지의 중앙특수무기 방호대 차량 7대가 오프사이트센터에 도착했다.

오전 9시 10분 제1원자력발전소 정문 근처에서 방사선량이 통상보다 70배 이상으로 상승했다(이에 따라 오전 9시 15분 두 번째 원자력재해대책본부 회의가 개최됨). 오전 10시 문부과학성이 일본분석센터·원자력안전기술센터·일본원자력연구개발기구·방사선의학종합연구소의 직원을 후쿠시마 현으로 파견했다.

오전 10시 17분 제1원자력발전소 1호기에서 벤트(증기배출) 작업이 개시되었다. 오전 11시 20분 제1원자력발전소 1호기 냉각수 수위가 저하하여 연료봉이 최대 90센티미터 노출되었음을 나타내는 수치가 제시되었고 원자력안전보안원은 1호기에서 핵연료봉이 고온에서 녹는 '노심용융'이 일어났을 가능성이 높다고 발표했다(이에 따라 오전 11시 36분 세 번째 원자력재해대책본부가 개최됨).

정오 직전에 동경전력이 오는 14일부터 전력공급이 부족할 것이라는 예상을 발표했다. 지역을 나누어 순번으로 전력공급을 일정시간 멈추는 '계획정전이 고려될 것'이라고 발표했다.

오후 2시를 넘기면서 제2원자력발전소 1호기 주변에서 방사성물질 세슘이 검출되었음이 판명되었고 노심의 일부 용융이 확실한 것으로 보여졌다.

오후 3시 30분 제1원자력발전소 1호기의 격납용기로부터 증기를 외부로 방출하는 벤트작업에 성공했다고 발표했다. 오후 3시 36분 제1원자력발전소 1호기에서 수소폭발이 있었다. 1호기의 원자로 건물이 하얀 연기를 내뿜었고 작업원 4명이 부상을 당했다. 오후 4시 17분 원전 부지 경계 부근에서 방사선량이 500마이크로시버트(시간당)를 넘었다. 원재법 15조의 사상事象이 발생한 것으로 판단되었다.

오후 5시 39분 정부는 제2원자력발전소 반경 10킬로미터 권내의 주민들에게 피난을 지시했다. 오후 5시 46분 에다노 관방장관이 회견에서 "무언가 폭발적 사상이 있었다"라고 하며 "만전을 기할 것"을 반복했다.

오후 6시 25분 제1원자력발전소 반경 20킬로미터 권내가 새롭게 피난지시 대상으로 지정되었다. 오후 7시 4분에 동경전력은 제1원자력발전소 1호기에서 붕산을 첨가하지 않은 해수를 시험적으로 주입하기 시작했다. 오후 8시 20분에는 동경전력이 본격적으로 붕산을 첨가한 해수를 1호기에 주입하기 시작했다.

오후 8시 32분 간 수상이 기자회견에서 "한 사람이라도 더 많은 생명을 구조할 수 있도록, 전력을 다하여 오늘 내일 모레 열심히 힘을 내지 않으면 안 된다"라고 강조했다. 또한 자위대 파견규모를 10만 명 태세로 증강할 것을 기타자와 방위대신에 지시하기도 했다.

오후 8시 41분 에다노 관방장관이 회견에서 "1호기 격납용기는 파손되어 있지 않음을 확인했다"고 발표했다. 또한 가이에다 경제산업대신이 "동경전력에 대해 격납용기를 해수로 채우는 대책에 동의한다"고 발표했다. 핵분열 반응을 제어하는 붕산도 첨가했다.

3월 13일(일). 제3일째

오전 4시 서태평양 해역에 전개 중이었던 미美원자력항공모함 '로날드 레이건'이 센다이 앞바다에 도착했다. 미군은 구조활동을 '도모다치(친구)작전作戰'이라고 명명하고 미美태평양함대는 재해구조 활동에 최대한의 지원을 아끼지 않을 것임을 표명했다.

오전 11시 20분 자위대 헬리콥터가 미야기 현 게센누마(气仙沼) 시에서 구조 활동을 벌였다. 피난처 공민관에서 2일 밤을 보낸 시립市立 이케이지마(一景島)보육소 0~5세 아동 67명을 구조했다.

오후 3시까지 자위대가 미야기 현 게센누마 시 등에서 구조한 피해자가 약 9,700명에 달했다. 또한 육상자위대는 빵 약 2만 명분과 모포 약 3,100장 등의 물자를 육로를 통해 순차적으로 피해지역으로 보냈다. 해상자위대도 미군과 협력하여 운송함 4척으로부터 호위함와 함재艦載헬리콥터 등을 이용하여 통조림 등을 바다에서 가까운 피해지로 날랐다. 항공자위대도 15만 명분의 식료품을 운송하고 긴급환자 운송도 실시하였다.

오후 4시 50분 에다노 관방장관이 렌호오(蓮舫) 행정쇄신담당대신을 절전개발담당대신으로 임명할 것을 발표했다. 오후 7시 50분 간 수상은 기자회견에서 "내일(14일)부터 시행할 예정인 계획정전 실시를 승인하였습니다. 많은 불편을 끼치게 될 고뇌의 결단이었습니다"라는 발표를 했다.

오후 8시 20분 예정보다 2시간 늦게 동경전력이 계획정전 대상지역 5개 그룹을 발표했으나, 오류가 다수 발견되어 일단 포기했다. 시미즈 동경전력 사장은 사고 후 처음으로 회견을 가져 "방사성물질의 노출과 계획정전으로 사회에 실례를 끼쳤다"고 사죄했다.

오후 9시 외무성에 의하면 88개 국가·지역과 6개 국제기관이 지원을 표명했다고 한다. 오후 9시 40분에는 정부가 전력수급긴급대책본부를 개최했다. 심야에는 후생노동성이 계획정전 대상지역 병원 등에 대응 상담을 실시했고 이는 14일 점심때까지 계속 이루어졌다.

경찰청에 의하면, 3월 13일 현재 가옥전괴家屋全壞가 2,837호, 쓰나미에 침수된 가옥이 2,634호, 전소全燒 가옥이 126호였다. 게다가 582곳의 도로가 파손되었으며 제방 1곳 결괴決壞를 확인했다. 철도도 7곳이나 피해를 입었다.

이날 미야기 현 경찰본부 다케우치(竹內直人) 본부장은 현縣재해대책본부회의에서 "(현 내의 사망자 수는) 만 명 단위로 늘어날 것임에 틀림없다고 생각한다"고 보고했다. 동현同縣 히가시마츠시마(東松島) 시市 노비루(野蒜)지구에서 새로이 200구 이상의 유체가 발견되었다.

또한 제유소의 조업정지 및 해상운송의 곤란으로 인해 피해지역에서는 가솔린·등유의 부족현상이 심화되었으며 센다이 시내의 주유소에서는 일반차량의 급유가 정지되었다.

일본최고재판소가 피해지역을 관할하는 재판소에서 14일 이후에 예정되어 있던 재판을 당분간 연기할 것을 발표하기도 했다. 그리고 중국 국제구조대가 일본 이와테 현 오후나토(大船渡) 시에 도착했다.

〈후쿠시마 제1원자력발전소 상황〉

오전 5시경 동경전력은 제1원자력발전소 3호기도 냉각기능을 상실했다고 이를 국가에 통보했다.

오전 8시 41분 제1원자력발전소 3호기의 격납용기 안에서 방사성물질을 포함한 증기의 방출(벤트작업)이 시작되었다.

이날 오전에 에다노 관방장관은 제1원자력발전소 1호기는 "현재 시점에서 (원자로는) 해수로 가득 차 있다. 앞으로도 해수가 계속적으로 공급될 수 있도록 하는 것이 중요하다"고 언급했다.

또한 "3호기도 주수기능이 멈추어 있다. 압력을 낮추는 작업과 펌프에 의한 주수로 안정되면 다소 방사성물질은 남지만 원자로의 안정성은 확보할 수 있다"고 설명했다.

정오경에는 제1원자력발전소 3호기에서 다시 압력이 올라가, 오후 0시 55분에는 연료봉 상부가 냉각수로부터 노출이 되었다.

오후 1시 12분 동경전력은 제1원자력발전소 3호기 원자로에 해수를 주입하고 붕산을 추가 투입했으나 (제1원자력발전소의) 부지 내에서 오후 1시 52분에 매시 1556.5마이크로시버트의 방사선량을 확인했고 이는 사고 후 최대치의 기록이었다.

오후 1시 46분 시미즈 동경전력 사장이 간 수상을 면회했다. 기자단에게 "(계획정전을) 할 경우에는 제대로 메시지를 전달하겠다"고 언급했다. 오후 3시 20분 가이에다 경제산업대신이 "만약 계획정전을 하게 된다면, 정부와 관계사업자가 일체화하여 만전의 대책을 강구해야 할 것"이라고 표명했다. 오후 3시 28분에 에다노 관방장관은 제1원자력발전소 3호기의 '수소폭발의 가능성'을 시사했다.

3월 14일(월). 제4일째

오전 9시가 지나서 동경전력이 계획정전 실시 지역 등의 상세한 정보를 정정한 문서를 보도진에게 배부했다. 계획정전의 실시에 따라 JR(일본철도) 및 사기업이 운영하는 철도(私鐵)가 축소운전 혹은 일부운휴를 결정했다. 이 시각에 요코하마(橫浜)에서는 승객 약 3만 명이 2킬로미터 이상 줄을 서서 기다리는 일이 발생했다.

동경전력의 계획정전이 시작되었다. 첫날은 제5그룹의 이바라키 현, 치바 현, 야마나시 현, 시즈오카 현 일부지역에서 오후 5시를 넘어서 오후 6시 29분까지 1시간 24분 동안 정전이 지속되었다.

계획정전이 된 피해지 이바라키 현의 하시모토(橋本昌) 지사가 동경전력의 시미즈 사장과 간 수상에게 항의문을 전달하는 등 동경전력 콜센터로 걸려온 고충 및 상담 내용이 약 5만 400건에 달했다.

동경증시도 불안한 가운데 1만 엔 선이 무너졌다. 한편 엔화는 '복구자금 조달을 위하여 해외자금을 매각할 것'이라는 예상에 따라 1달러에 80엔 대 중반으로 급격한 변동이 일어났다.

수도권에서는 생활필수품 부족으로 품절사태가 속출하고 있으며 슈퍼마켓에는 개점 직후 손님이 몰려 물이나 쌀 사재기가 계속되고 있다.

〈후쿠시마 제1원자력발전소 상황〉
오전 11시 1분에 3호기가 폭발했다(원자력안전보안원은 수소폭발로 확인).

오후 6시 22분 2호기에서 냉각수가 대폭 감소하여 연료봉이 모두 노출되기도 했다. 원자로는 오후 8시 50분경까지 약 2시간 동안 무방비 상태로 데워지고 있었다. 오후 8시경부터 해수를 주입하였으나, 원자로 내부의 압력이 높아 오후 11시가 넘어 다시 연료봉 모두가 노출되었으며 노심용융이 일어났을 가능성이 높은 상태이다.

3월 15일(화). 제5일째

계획정전으로 신호기가 꺼진 군마 현 안나카(安中) 시 교차점에서 오토바이와 경자동차가 충돌해서 남성 한 명이 사망했다.

또한 동경증시 폭락으로 1,015엔이 떨어지고 이는 사상 3위의 하락률을 기록했다. 이에 일본은행은 2일 연속 공개시장 조작으로 5조 엔을 공급했다.

이시하라(石原愼太郎) 동경도 지사는 전날 '쓰나미는 천벌'이라는 발언을 철회한다면서 "깊은 사죄 말씀 올립니다"라며 사죄의 발언을 했다.

시즈오카 현 동부에서 M6.4 지진이 발생하고 후지노미야(富士宮) 시에서 진도 6강이 관측되었다. 그러나 하마오카 원자력발전소에서는 이상이 발견되지 않았다.

미즈호은행에서는 동경 내 복수계좌에 모금 계좌이체가 쇄도하여 시스템 장애가 발생하여 늦은 시간까지 업무처리를 마감하지 못했다.

한편 프랑스 피용 수상은 일본 주재 프랑스인의 피난을 위해 에어프랑스에 임시편 운항을 지시한 것이 밝혀졌다("동경에 있어야 할 필요가 있는 자를 제외한 모든 프랑스인은 귀국 또는 일본 남부지역으로 피난하기 바란다"는 권고를 했다고 전해짐).

〈후쿠시마 제1원자력발전소 상황〉

오후 4시가 지나면서 간 수상이 시미즈 동경전력 사장을 관저로 불러 "철수는 있을 수 없다. 합동으로 대책본부를 만들라"고 통보했다. 그 후 동경전력 본점을 방문하여 "동경전력이 쓰러지느냐의 문제가 아니라 일본이 어떻게 될 것인가의 문제이다"라며 동경전력을 압박했다.

오후 6시경 원자력안전보안원은 4호기에서 큰 폭발음이 나고 원자로 건물이 파손되었다고 발표했다. 옥내 사용완료핵연료 풀에서 수소 폭발이 일어난 듯했다. 오후 6시 14분경 2호기 원자로 격납용기에 연결되는 '압력제어 풀' 부근에서 폭발음이 발생했다. 이에 따라 간 수상은 20~30킬로미터 권내 주민에게 옥내피난을 요청했다.

오후에는 후쿠시마 제1원자력발전소에서 북서로 약 20킬로미터 떨어져 있는 후쿠시마 현 나미에마치(浪江町) 내의 방사선량이, 인간이 1년간 노출돼도 건강에 영향이 없을 방사선량 한도의 2233~2890배에 해당하는 매시간 255~330마이크로시버트에 달한다고 문부과학성이 발표했다.

3월 16일(수). 제6일째

천황이 피재자 및 국민을 향해 비디오메시지를 발표했다. 내용은 다음과 같다. "모두가 단합하여 서로를 돌보아 이 불행한 시기를 이겨낼 것을 애도하는 마음으로 빕니다." 또한 대지진에 의한 일본기업의 엔화 수요 증가의 억측으로 80엔대를 돌파하는 등 엔화 가치가 급증했다.

이날 이시하라 동경도 지사가 계획정전을 실시한 동경전력에 대해, 철도회사에 전력을 우선적으로 공급할 것을 문서로 요청하기도 했다. 피재지 지원 차량이나 경찰 등의 긴급차량에 필요한 연료를 확보하기 위해 동경도민에게는 철도로 이동하도록 협력을 요청했다. 한편 미야기 현 재해대책본부가 광범위하게 점재하는 고립취락의 확인을 개시, 판명된 곳만 약 9,200명이 고립되어 있는 상태였다.

한편 미군이 복구에 착수한 센다이 공항의 활주로는 일부가 복구되었으며 자위대, 미군의 구조 헬리콥터 및 운송기가 구조물자 등을 내리는 거점으로 활용되고 있었다. 고립되어 있던 센다이 공항 직원 및 주민 등 약 1,600명도 전원 무사히 구출되었다.

미국 국방성 당국자가 미군은 후쿠시마 제1원자력발전소 반경 90킬로미터 이내로의 미국 병사 출입을 금한다고 밝혔으며 또한 미국 국방성은 동경 미대사관 등 총 3곳의 시설에 대하여 직원 가족 약 600명의 '자주적自主的 국외피난國外避難'을 허락하였음을 발표했다. 영국 정부도 동경 이북의 영국인에게 대피 검토를 호소했다.

후쿠시마 제1원자력발전소 4호기에서 15일 아침과 같은 곳에서 폭발이 일어나 화재가 발생했다. 방사선량이 높아 소방 활동이 곤란한 지경에 이르렀다. 또한 3호기에서 하얀 연기가 발생하기 시작, 에다노 장관이 "3호기의 격납용기가 파손되어 방사성물질을 포함한 수증기 방출의 가능성이 높다"고 설명했다.

3월 17일(목). 제7일째

에다노 관방장관은 피해지역 이외의 물품매점 현상에 우려를 표명하면서 "전국적으로 물자는 부족하지 않다"고 강조했다.

또한 오늘자로 사망자가 5,000명을 넘었고 행방불명이 2만 명 이상에 달했다. 12개 도도부현都道府縣(광역지자체)에서 약 44만 명이 피난소 생활을 하고 있는 것으로 알려졌다.

가이에다 경제산업대신이 '예측 불능의 대규모 정전 발생 우려'라는 긴급담화를 발표하여 귀가 러시로 도심 주변지가 대혼란에 빠지기도 했다.

한편 후생노동성은 처음으로 식품 방사능오염에 대한 잠정적인 기준을 세워, 이를 상회할 경우 출하 및 판매 금지토록 각 행정기관에 통지했다(기준은 원자력안전위원회가 정한 '음식물 섭취 제한에 관한 지표'를 잠정적으로 적용).

16일 NY(뉴욕)금융시장에 이어, 시드니금융시장에서도 엔화가 급등했다. 한때 76엔 25전까지 달해 전후(2차 대전 후) 최고치를 경신했다.

미국 오바마 대통령이 동일본대지진에 관한 성명을 발표했다. "일본 국민은 고독하지 않다. 태평양을 건너 미국은 지원의 손을 길게 뻗을 것이다".

인사원人事院은 규칙을 일부 개정, 후쿠시마 제1원자력발전소에 원자력 긴급사태 선언이 발령된 기간에는 일반직 국가공무원의 방사선량 허용상한(연간허용량)을 종래의 100밀리 시버트에서 250밀리 시버트로 상향조정한다고 밝혔다.

또한 후쿠시마 제1원자력발전소 3호기의 핵연료 풀을 향해 자위대가 고압소방차(5대)로 지상에서 방수를 시작했다(방수량은 총계 30톤이며 건물 안에 물이 닿았음이 눈으로 확인되었다).

원자력안전보안원에서는 제1원자력발전소에 통상 7명이 있던 보안검사관이 후쿠시마현청으로 피난하여 한 사람도 없음을 밝혔다.

3월 18일(금). 제8일째

이날 엔화 급등으로 인해 G7이 10년 만에 협조개입을 하였다.

이와테 현은 정전의 9할 이상이 복귀되었으며 아키타신칸센도 재개되었다.

또한 미즈호은행은 4일 연속으로 시스템에 장애가 발생하여 전체 ATM이 정지되는 사태가 벌어졌다. 기업결제 및 모금 이체 등이 밀려 혼란이 가중된 가운데 은행발표에 따르면 피크 때에는 미처리 건수가 116만 건에 이르며 그 총액은 약 8,296억 엔에 달한다고 밝혔다.

문부과학성이 일본야구기구(NPB)에 관동·동북지방에서의 나이터 (야간경기) 중지 등을 요청했다.

원자력안전보안원은 후쿠시마 제1원자력발전소 1~3호기에 대해 국제원자사상國際原子事象평가척도(INES)의 8단계 중에서 '레벨5'라는 잠정평가를 발표했다. 이는 미국 드리마일 섬 원자력사고와 같은 레벨이다.

3월 19일(토). 제9일째

이와테 현 리꾸젠다카다(陸前高田) 시에서 가설주택을 착공하기 시작했다. 국토성에 의하면, 이와테 현 8,800호, 미야기 현 1만 호, 후쿠시마 현 1만 4,000호의 가설주택을 각 현 지사가 요청했다.

한편 간 수상은 다니가키(谷垣禎一) 자민당총재에게 부총리 겸 재해부흥상으로서 입각을 요청했지만 자민당은 이를 거부했다.

이날 간 수상은 "후쿠시마 현 내의 원유原乳와 이바라키 현 내의 시금치 6개 검사 샘플에서 식품위생법 잠정 규제치를 넘는 방사성물질을 검출했다. 그러나 당장 건강에 영향을 미치는 수치는 아니다"고 발표했다.

후쿠시마 현 후타바초(雙葉町) 주민 1,200명은 사이타마 시 슈퍼아리나로 피난했으며 행정기능도 함께 이전했다.

3월 20일(일). 제10일째

미야기 현 이시노마키(石卷) 시의 쓰러진 가옥에서 아베 스미(安部寿美) 씨(80세)와 손자 진(任) 씨(16세)가 217시간 만에 구출되었다. 오늘로써 사망자 및 행방불명자가 2만 명을 넘어섰다.

도치기 현과 군마 현의 노지露地재배 시금치 등에서 방사성물질이 검출되었고 치바 현산縣産 봄국화에서도 방사성요오드가 검출되었다. 또한 이바라키 현 다카하기(高萩) 시에서 하우스 재배 시금치로부터 잠정 규제치를 넘는 방사성요오드가 검출되었다(하우스 재배 야채에서 방사성 물질이 확인된 것은 사고 후 최초이다).

3월 21일(월). 제11일째

경제산업성이 피해지의 연료부족 해소를 위해 업계에 의무적으로 민간석유비축 가운데 22일분을 방출하도록 발표했다(3월 14일(월)의 3일분을 합하면 총 25일분으로 1,050만 킬로리터는 과거 이래 최대 규모이다).

지진 직후 폭발하여 계속 불타고 있던 치바 현 이치하라(市原) 시의 코스모석유치바제유소의 화재가 오전 10시 10분이 되어서야 진화되었다(방수에 의한 소화가 불가능했기 때문에 탱크 내의 가스가 전부 연소되기만을 기다리는 수밖에 없었음).

한편 농산물 출하제한조치로 인한 농가 등의 손해와 관련, 에다노 관방장관은 "만전을 기할 것이다. 동경전력이 책임을 질 것이나 충분하지 못할 경우 국가가 책임을 질 것이다"고 발표했다.

후쿠시마 현 사토 지사는 동경전력 시미즈 사장으로부터 사죄의 면회를 요청받았으나 '사고 수습이 먼저'라며 거부했다.

간 수상은 후쿠시마·이바라기·도치기·군마 4현의 지사에게 4현 전역에서 생산하는 시금치와 쑥갓, 후쿠시마 현산 원유原乳에 대해 '당분간 출하하지 말도록' 지시했다.

후쿠시마 제1원자력발전소에서 북서쪽으로 약 40킬로미터 떨어진 후쿠시마 현 이이타테촌飯舘村의 간이 수돗물에서 국가가 정한 섭취기준의 3배 이상의 방사성요오드가 검출되었다(원자력재해 현지대책본부 발표).

동경소방청 및 자위대의 후쿠시마 제1원자력발전소에 대한 방수放水가 계속 이어졌다(총 방수량은 약 3,742톤). 원자력안전보안원이 "제1원자력발전소 주변에 14미터 이상의 쓰나미가 도래했을 가능성이 있다"고 공표했다.

3월 22일(화). 제12일째

후쿠시마 제1원자력발전소의 냉각 작업이 계속되는 가운데, IAEA 아마노天野之弥 사무국장의 "개선의 여지가 보이기 시작한다"는 발언으로 국민의 불안이 다소 수그러들었다.

또한 이날 도호쿠신칸센東北新幹線의 모리오카盛岡~신아오모리新青森 구간이 11일 만에 재개되었다.

미국 식품의약품국은 "후쿠시마 현산의 원유 및 후쿠시마·이바라키·도치기· 군마 4현의 시금치 등의 수입을 규제한다"고 발표했다.

이날 후쿠시마 제1원자력발전소 4호기에 외부전원을 접속했다. 4호기를 경유하여 3호기에 전기를 보내는 작업이 종료되어 3호기의 중앙제어실에 전기가 들어와 조명이 점등되었다.

또한 동경전력은 "제1원자력발전소 부근의 해수에서 원자로 등 규제법이 정한 수중 농도 한도를 넘는 방사성물질을 검출했다"고 발표했다.

3월 23일(수). 제13일째

농림수산성은 비상재해 시 가설주택 설치에 농지전용허가는 필요 없음을 알리는 문서를 전국 지사에게 통지했다. 단, 퇴거 후에는 현이 책임을 지는 내용에 대해, '국가가 전면적으로 책임을 지는 제도면의 정비가 없으면 움직일 수 없다'고 말하는 담당자도 나왔다.

정부 시산試算에 의하면 동일본대지진의 피해 총액은 최대 약 25조 엔에 달해 고베대지진의 2배를 초과했다.

동경수도국은 카사이(葛飾) 구區의 카나마치(金町)정수장에서 3월 22일(화) 채취한 수돗물로부터 유아 음용에 관한 국가기준의 약 2배에 달하는 방사성요오드를 검출했다고 발표했다.

간 수상은 후쿠시마 현, 이바라키 현 생산의 농축산물에서 식품위생법의 잠정 규제치를 넘는 방사성물질이 검출되었기 때문에 후쿠시마 산의 잎사귀 야채와 브로콜리의 섭취를 제한하도록 지시했다.

이날 선발 고교야구 개막식(甲子園大會式)에서 '힘내자! 일본'을 슬로건으로 내걸었다.

3월 24일(목). 제14일째

도호쿠(東北)자동차도로 · 반에쓰(磐越)자동차도로의 통행제한이 해소됨에 따라 전체 차량의 통행이 가능하게 되었다. 프로야구 개막일은 센트럴리그 · 퍼시픽리그 동시에 4월 12일(화)로 결정했다.

후쿠시마 제1원자력발전소 3호기 터빈 건물에서 복구 작업을 하던 동경전력의 협력회사 남성 작업원 3명이 피폭되었다. '베타선 열상'으로 의심되고 있다.

3월 25일(금). 제15일째

대지진으로부터 2주 동안 사망자는 1만 명을 넘었고 행방불명자는 1만 7,443명에 달했다(마이니치신문 종합). 정부는 피해자의 2차 피난지로 전국 공영주택 · 국가공무원기숙사 약 6만 호를 확보했다.

에다노 관방장관은 후쿠시마 제1원자력발전소로부터 20~30킬로미터 권내 주민에게 내려진 '옥내피난 지시'에 관해 '자주피난'을 촉구할 의향을 내비쳤다. 또한 에다노 관방장관은 동경전력의 손해배상책임에 대해 원자력손해배상법에 정해진 면책조치를 동경전력에 적용할 것에 대해 신중한 자세를 보였다.

원자력재해현지대책본부는 후쿠시마 제1원자력발전소의 반경 30킬로미터 권 밖의 2개소의 아동들의 갑상선을 검사한 결과, 문제될 만한 수준은 아니라고 발표했다.

3월 26일(토). 제16일째

이와테 현 리쿠젠다카다(陸前高田) 시에서 가설주택 약 4,000호의 접수가 개시되었다(4월 상순부터 입주 가능). 또한 이와테 현 연안지역의 피해자들이 내륙지역으로 일시피난을 시작했다(제1진은 가마이시(釜石), 야마다(山田), 오오츠치(大槌)의 309명).

이바라기 현 카시마(鹿嶋) 시의 스미토모(住友)금속공업카시마제철소가 전면조업을 개시했다. 동경전력으로부터 전력공급도 개시되었는데 이바라키 현 전체 전력 사용량의 약 15%에 해당하는 약 50만 킬로와트이다.

후쿠시마 제1원자력발전소 2호기의 중앙제어실 조명이 점등되었다.

3월 27일(일). 제17일째

에다노 관방장관은 피난지시 지역 주민들의 일시귀가에 대해 "모색 및 검토를 시작한 단계"라고 언급했다. 한편 환경성은 재해폐기물의 각 행정구역(市町村) 처리 원칙에 유연하게 대응할 것이라고 설명했으며 요청이 있으면 현의 처리 대행도 인정하도록 할 방침이라고 했다.

동경전력은 후쿠시마 제1원자력발전소 2호기 터빈건물 지하의 오염수 방사성물질의 농도가 "통상의 원자로 운전 시 냉각수의 약 1,000만 배"임을 발표했다. 또한 "1~4호기 방수구 남측 약 330미터에서 채집한 해수로부터 기준치의 약 1,850배의 방사성요오드 131을 검출했다"고 발표했다.

3월 28일(월). 제18일째

미야기 현 중심으로 광범위하게 지진이 발생했다. 이시노마키(石卷) 시에서 진도 5약이 관측되었다. 기상청이 대지진 후 처음으로 쓰나미 주의보를 발령했다.

미야기 현이 대지진으로 발생한 현 내 재해폐기물 양은 통상 23년분에 해당하는 1500~1800만 톤이라고 발표했다(3년을 목표로 처리 예정).

이와테 현도 농림수산관련 피해액이 약 356억 엔에 달할 것이 명확해졌다.

문부과학성은 후쿠시마 현 이이타테촌(飯館村)에서 채취한 잡초에서 1Kg당 과거 최고치의 방사성세슘, 287만 베크렐을 검출했다고 발표했다.

요네쿠라 히로마사(米倉弘昌) 경단련 회장은 "법인세 5% 인하와 관련하여 신속히 부흥된다면 개인적으로 인하하지 않아도 괜찮다"라며 보류 용인의 발언을 했다.

후쿠시마 제1원자력발전소 3호기에서 피폭된 작업원 3명이 퇴원했다. 고高방사선량의 오염수 대응에 대해 원자력안전위원회의 마다라메 하루키(班目春樹) 위원장은 "지혜가 모아지지 않고 있다"고 언급했다.

3월 29일(화). 제19일째

간 수상은 참의원예산위원회에서 제1원자력발전소를 습격한 쓰나미에 대해 "(원자력발전소 설치) 당시 쓰나미에 대한 인식이 잘못되었다. 또한 동 원자력발전소를 시찰한 것이 벤트작업이 늦어진 원인이 되었다는 지적에 대해 '그런 일은 전혀 없다'"라고 반론했다(간 수상의 국회답변은 지진 후 처음).

농림수산성에 의하면, 쓰나미로 피해를 입은 농지는 아오모리 현에서부터 치바 현에 이르는 태평양 연안 6현으로 합계 2만 3,600헥타르(지반균열·액상화 현상은 포함하지 않음), 동경돔의 약 5,050개분에 상당하는 넓이이다.

후쿠시마 노동국에 의하면, 현 내 68개 사업장에서 6,064명이 휴업, 928명이 해고 또는 해고 예정이며 원자력발전소 30킬로미터 권내는 조사 불능이나 약 5만 8,000명이 이직할 수밖에 없는 상황에 처해 있다고 전망했다.

환경성은 피재지 잔해 처리에 대해 국가가 전액 부담할 계획을 발표했다.

부흥지원을 위한 축구 자선시합이 오사카 나가이(長居)스타디움에서 개최되었다. 스탠드를 매운 4만 명이 "힘내라 도호쿠"를 외치며 응원하였다.

원자력발전소 사고가 한층 심각해짐에 따라 동경전력 주식이 매도 2일 연속 하한치를 기록했다. 1964년 이래 46년 11개월 만에 낮은 수치를 나타냈다.

3월 30일(수). 제20일째

일본적십자사가 의연금 액수를 발표했다. 3월 29일(화) 현재 594억 2,128만 4,898엔이 모아졌다.

동경전력의 가스마타(勝俣) 회장은 후쿠시마 제1원자력발전소 사고를 사죄하며 1~4호기의 폐로 방침을 표명했다. 피해자의 생활지원을 위해 '후쿠시마 지역지원실'을 사내에 설치할 것을 밝혔다.

3월 31일(목). 제21일째

미야기 현이 현내 시설의 피해액 2조 엔 돌파를 발표했다.

간 수상은 사르코지 프랑스대통령과 회담을 가졌다. 지진발생 후 외국정상의 방일은 처음이었다.

사이타마 시의 슈퍼아리나에 행정기능과 함께 피난하고 있던 후쿠시마 현 후타바초(双葉町) 주민은 사이타마 현 카스(加須) 시의 구舊 현립縣立 키사이(騎西)고교로 모두 이동했다.

동경전력은 후쿠시마 제1원자력발전소 1~4호기의 방수구 남측 약 330미터에서 채집한 해수로부터 법령 규제한도의 4,385배 농도의 방사성요오드 131이 검출되었다고 발표했다. 지금까지 최고치이다.

3월 31일(토) 일본경찰청이 정리한 피해통계는 다음과 같다. 사망자 1만 1,532명/ 행방불명자 1만 6,441명/ 피난자 17만 4,237명.

4월 1일(금). 제22일째

2011년도 회계연도(2011. 4. 1~2012. 3. 31)가 시작되었다.

정장町長을 쓰나미로 잃은 이와테 현 오쓰치초(大槌町)에서 신규채용 직원 13명에게 사령장辭令狀이 교부되었다. 한편 후쿠시마 현은 답지한 의연금으로 피해 세대(약 6만 5,000세대)에 일률적으로 3만 엔씩의 위로금 지급을 결정했다.

한편 후쿠시마 제1원자력발전소 수습 관련 미군의 바지선에서 1~3호기의 원자로 냉각용 담수를 보급하는 작업이 시작되었다.

IAEA 아마노(天野) 사무국장은 후쿠시마 제1원전이 정상상태로 돌아가기까지는 '사람들이 생각하는 이상의 시간이 걸릴 것'이라는 견해를 보였다.

4월 2일(토). 제23일째

간 수상이 이와테 현 리쿠젠다카다(陸前高田) 시를 시찰했다. 지진 발생 다음 날인 3월 12일(토) 헬리콥터로 상공에서 시찰한 이래 두 번째 시찰이다. 오후에는 원전사고대응의 전방기지인 'J빌리지'(후쿠시마 현 나라하초(楢葉町), 히로노초(廣野町))를 방문하여 현장에서 작업하고 있던 자위대원들을 격려했다.

후생노동성은 행방불명자의 사망추정 관련 '재해로부터 1년'을 '3개월'로 단축하는 방침을 밝혔다. 이는 가족의 생활재건을 배려한 조치였다.

문부과학성은 후쿠시마 현 나미에초(浪江町)의 국도 399호 근처의 누적 방사선량이 8.985밀리 시버트에 달했다고 발표했다.

동경전력은 후쿠시마 제1원자력발전소 2호기 원전의 취수구 부근의 케이블을 수납하고 있던 피트에서, 측면으로 길이 20센티미터의 균열이 있어 바다로 오염수가 누출되고 있다고 발표했다.

4월 3일(일). 제24일째

이와테 현 미야코(宮古) 시 타로(田老)지구에서 바닷물이 육지 경사면을 타고 역으로 올라온 쓰나미의 높이(逆上高)가 37.9미터에 달했던 점이 동경대학 지진연구소의 스지 요시노부(都司 嘉宣) 부교수(지진학)의 현지조사에서 밝혀졌다. 역으로 올라온 쓰나미 높이(逆上高)의 국내 관측 사상 최대 규모는 1896년 메이지시대 산리쿠(三陸)지진 당시에 이와테 현 오후나토(大船渡) 시에서 관측되었던 38.2미터였다.

이와테 현은 모리오카(盛岡) 시 및 이치노세키(一關) 시 등 내륙부에 9,500명분의 숙박시설을 확보했으나, 4월 3일(일) 현재 이동한 사람은 약 900명 정도밖에 안되었다. 지역커뮤니티를 벗어난 데 대한 저항감이 강해 이와테 현도 당황한 기색이 역력했다.

소프트뱅크 손정의(孫正義) 사장이 피해자 의연금으로 개인으로 100억 엔을 기부한다고 공표했다.

후생노동성은 후쿠시마 현 이와키 시에서 채집된 표고버섯에서 식품위생법의 잠정 규제치를 넘는 방사성물질이 검출되었다고 발표했다. 이에 따라 후쿠시마 현은 시내 23개 농가에 표고버섯 출하 자제를 요청했다.

동경전력은 후쿠시마 제1원자력발전소 4호기의 터빈 건물에서 지진 후에 행방불명된 사원 2명을 발견, 사망을 확인했다고 발표했다.

4월 4일(월). 제25일째

기타자와(北澤) 방위상은 미군의 '도모다치(친구)작전'의 해상거점인 원자력항공모함 '로널드 레이건'호를 방문하여 수상의 감사표시를 전했다.

방사성물질의 방출에 따라 최소한 24개 국가·지역이 일본산 농산품 및 가공식품의 수입규제를 적용한 것이 농수산성의 조사에서 밝혀졌다.

간 수상은 EU의 '바로조' 집행위원장과 전화협의를 가졌다. 수상은 일본산 식품의 수입에 대해 냉정하고 합리적인 대응을 요청했다.

동경전력은 후쿠시마 제1원자력발전소 시설 내에 있는 낮은 레벨의 방사성 오염수 총 1만 1,500톤을 해수로 방출하기 시작했다.

4월 5일(화). 제26일째

일본정부가 동일본대지진에 대한 국내외로부터의 의연금 접수창구를 설치했다(국가가 직접 의연금을 접수하는 것은 극히 이례적).

이와테 현 리쿠젠다카다 시에서 가설주택 추첨회가 개최되었다. 일반인 대상 18호에 960건 신청(경쟁률 53배), 고령자 및 장애자 세대, 모자가정 대상 18호에 200건의 신청(경쟁률 11배)이 몰렸다.

동경전력은 피난 지시가 떨어졌던 후쿠시마 현의 9개 시촌市村에 위로금을 지급한 사실을 밝혔다. 그러나 나미에마치(浪江町)는 수취를 거부했다.

후쿠시마 현이 원자력손해배상법에 따라 동경전력에 배상을 요구할 것을 결정했다. 지자체가 동 법에 의거하여 배상 청구하는 것은 1999년 이바리기 현 도카이촌(東海村)의 원자력 임계사고에 이어서 두 번째이다.

동경전력 주식가격이 급락했다. 1951년 12월 11일의 최저치 393엔을 59년 4개월 만에 밑돌아 하한가 362엔을 기록했다.

4월 6일(수). 제27일째

환경성은 피해 3개현의 건물 잔해량이 추계 2,490만 톤이 된다고 밝혔다. 구체적인 내역은 미야기 현 1만 6,000만 톤, 이와테 현 600만 톤, 후쿠시마 현 290만 톤이다. 그리고 이날 JR 가마이시선(釜石線)(가마이시(釜石)~하나마키(花卷) 구간 90.2킬로미터)이 26일 만에 전 구간 운전을 재개했다.

기상청에 의하면, 대지진 후 M5 이상의 여진이 394회나 있었다. 이것은 연평균의 3배가 넘는 수치이다. 해상보안청도 대지진 진원지의 바로 위부터 지각변동을 직접 관측했다. 해저 기준점이 남동쪽으로 약 24미터 이동하고 약 3미터 융기가 일어난 것을 확인했다.

한편 한국정부가 일본정부에게 낮은 레벨의 방사성물질을 포함한 오염수가 바다에 방출된 것에 대해 정식으로 우려를 표명했다. 동경전력은 지수재(止水材) 투입으로 후쿠시마 제1원자력발전소의 오염수 유출이 멈추었다고 발표했다.

4월 7일(목). 제28일째

밤 11시 32분경 미야기 현 앞바다에서 M7.4의 강한 여진이 발생했다. 미야기 현 쿠리하라(栗原) 시와 센다이(仙台) 시에서 진도 6강이 관측되었다.

심야(11시 32분)에 발생한 미야기 현 앞바다의 강한 지진으로 후쿠시마 제1원자력발전소의 복구 작업이 중단되었다. 외부 전원은 유지되어 1~3호기의 주수(注水) 작업 및 질소주입 작업은 계속할 수 있었다. 방사성물질을 검출하는 모니터링 포스트의 수치는 이상이 없었다.

원자력안전보안원에 의하면, 정지 중인 도호쿠전력(東北電力) 오나가와(女川)원자력발전소에서 외부전원 3계통 중 2계통이 다운되었고 남은 1계통의 전원을 사용하여 원자로 냉각을 계속하고 있다고 밝혔다 (동 원전은 3기 전부 안전한 '냉온정지상태'를 유지하고 있으며 방사능 유출은 확인되지 않았다).

4월 8일(금). 제29일째

일본정부는 '여름철 절전대책'의 중요내용을 정식으로 발표했다. 7~9월 평일 10~21시를 예상하여 대규모 수요처는 25% 삭감, 소규모 수요처는 20%, 가정은 15~20% 삭감을 목표로 제시했다.

일본 국토지리원이 쓰나미에 의한 침수면적을 수정해서 발표했다. 피해 4개현 45시정촌市町村에서 합계 507평방킬로미터가 침수되었다 (이는 동경 JR야마노테선(山手線)에 둘러싸인 면적의 약 8배에 해당하는 면적이다).

한편 천황 부부가 사이타마 현 카스(加須) 시 구舊 키사이(騎西)고교를 방문하여 집단피난하고 있는 후쿠시마 현 후타바초(雙葉町) 주민을 위로했다.

의연금의 '배분비율 결정위원회'가 1차 배분 기준으로 ①사망자·행방불명자 1명당 35만 엔 ②주택의 전파 및 전소 세대에 35만 엔 ③반파·반소 세대에 18만 엔 ④원전사고에 의한 피난지시·옥내피난지시가 떨어진 반경 30킬로미터 권내 세대에 35만 엔을 주기로 결정했다.

중국 환경보호성은 전체 31개 성·자치구·직할시 가운데 운남성을 제외한 전 국토에서 방사성요오드 131을, 25개 성·자치구·직할시에서 방사성물질 세슘 134와 세슘 137을 검출했다고 발표했다.

4월 9일(토). 제30일째

3월 말에 폐관했던 동경 미나토구 키오이(紀尾井) 소재 '그랜드프린

스호텔 아카사카(赤坂)'에 피재자 입주가 시작되었다(희망자는 접수가능 인원의 3할, 140세대 약 360명이었고 해체 준비가 시작할 때까지 3개월간 이용이 가능하다).

이와테 현 리쿠젠타카다 시가 가설주택 입주자에게 물자 지급을 하지 않을 방침을 철회하고 당분간 지급할 것을 표명했다(피해구조법에서는 자립을 도모하기 위한 물자 지원은 원칙적으로 불가능).

동경전력은 후쿠시마 제1원자력발전소 2호기의 취수구(取水口) 부근으로부터 고농도의 방사성 오염수가 바다에 확산되는 것을 막기 위한 작업을 시작했다. 취수구를 둘러싸는 제방을 커튼 모양의 '실트펜스'로 막는 것 외에, 2호기의 취수구에 7개의 문을 모두 철판으로 막는 계획을 세웠다.

4월 10일(일). 제31일째

간 수상이 미야기 현 이시노마키(石卷) 시를 시찰하였는데 "어항을 중점적으로 정비할 필요가 있다"고 언급하여, 어항 복구에 우선순위를 정했다.

한편 일본 전국에서 통일지방선거가 실시되었는데, 피해를 입은 이와테 현 지사 선거 및 이와테/미야기/후쿠시마 등 각 3현 의회 선거, 그리고 센다이 시 의회 선거는 연기되었다.

시의 4분의 3이 액상화 현상 피해를 입은 치바 현 우라야스(浦安) 시에서는 치바 현 의회선거 투표 사무가 열리지 않았다. 고시는 되었으나 당선인이 없는 전대미문의 사태에 빠졌다.

동경전력은 후쿠시마 제1원자력발전소 내 집중 환경시설로부터 저레벨의 방사성 오염수를 바다에 방출하는 작업을 거의 종료했다.

4월 11일(월). 제32일째

대지진이 발생한 지 한 달이 되었다.

간 수상은 긴급재해대책본부 회의에서 "지진에 굴복하지 말고 새로운 일본을 만들기 위해 더욱 더 노력하지 않으면 안 된다"는 훈시를 남겼다.

한편 무라이(村井) 미야기 현 지사가 부흥기본방침 초안을 현 의회에 제시했다(피해를 입은 15시정市町(기초지자체)은 '원형복구는 거의 불가능'이라고 판정했으나, 10년간에 걸쳐 3단계 복구계획을 수립해야 한다는 안을 제시). 또한 농수산성이 농림수산 분야 피해액을 발표했다. 피해액은 4월 10일 현재 1조 1,982억 엔이다.

후쿠시마 현 하마도오리(浜通り, 연안지역)에서 M7.0의 여진이 발생했다. 후쿠시마 현 이와키 시, 이바라키 현 호코타(鉾田) 시에서 진도 6약이 관측되었다.

에다노 관방장관은 후쿠시마 현 내의 5시정촌市町村(나미에마치(浪江町)·가쓰라오촌(葛尾村)·이이타테촌(飯舘村)의 3정촌町村 전역과 미나미소마(南相馬) 시市, 가와마타초(川俣町)의 2시정市町 일부)에 전역 혹은 일부를 '계획적 피난구역'으로 지정한다고 발표했다. 이 지역의 주민들에게 1개월 이내 피난하도록 요청했다.

4월 12일(화). 제33일째

호소카와(細川律夫) 후생노동성대신이 지진 복구비로 연금재원을 전용하는 것에 난색을 표명했다. '연금제도의 안정성이 무너지면 국민생활이 불안정해진다'는 것이 이유였다.

연일 발생하고 있는 진도 6약 여진의 진원지가 후쿠시마 현 하마도

오리(浜通り, 해안지역)임이 밝혀졌다. "M9.0 본진(3월 11일)에 의해 지각에 가해지는 힘의 밸런스가 무너졌다"고 기상청은 발표했다.

일본정부는 후쿠시마 제1원자력발전소 1~3호기의 사고에 대해 INES(국제원자력사고등급)에서 가장 심각한 '레벨7'(잠정)에 상당한다고 발표했다. 체르노빌 원자력발전 사고와 동일한 레벨이나, 원자력안전보안원에 따르면 방사선 방출량은 동사고의 약 10분의 1이라고 한다. 프랑스 방사선방호·원자력안전연구소의 '그루메론' 방사선 방호국장은 "체르노빌 급은 아니며 앞으로 그렇게 될 리도 없다"고 언급했다.

4월 13일(수). 제34일째

쓰나미로 피해를 입은 센다이(仙台) 공항의 국내선이 재개되었다. 오전 8시 넘어 하네다(羽田)발 일본항공(JAL)편이 거의 만석 121명을 태우고 도착했다. 신일본제철가마이시(新日本製鐵釜石) 공장도 생산을 일부 재개했다.

환경청은 잔해의 자비 철거에 관한 사항을 피해지 3현에 통지했다. 시정촌(市町村)(기초지자체)이 필요하다고 인정될 경우에는 국비보조 대상으로 한다고 밝혔다. 한편 동경전력 시미즈 사장이 손해배상금의 일시금(가불금) 지급을 정식으로 표명했다.

원자력안전위원회는 '연간 누적 피폭방사선량에 대해 10밀리 시버트'를 목표로 할 것을 문부과학성에 전달했다.

4월 14일(목). 제35일째

부흥비전을 제안하는 정부의 '부흥구상회의'(의장: 이오키베 마코토(五百籏頭眞) 방위대학교장)가 수상관저에서 처음으로 회의를 열었다. 이 회의에서 '대지진부흥세'의 창설이 제안되었다.

또한 일본 국토지리원이 피해 3현의 지반침하 조사결과를 공표했다. 총 28개 조사지점에서 지반침하가 확인되었고 최대는 이와테 현 리쿠젠다카다(陸前高田) 시로서 84센티미터가 침하되었다.

미야기 현 이시노마키 시에서는 이재증명서 발급이 시작되었다. 하루 약 1,000명 한정으로 새벽부터 장사진을 이루었다.

후쿠시마 제1원자력발전소로부터 반경 10킬로미터 권내의 행방불명자 탐색에서 후쿠시마 현 경찰이 유체 10구를 발견했다. 그 중 7구를 수용했다. 높은 방사선량이 검출된 유체는 없었다고 한다.

4월 15일(금). 제36일째

동경디즈니랜드가 35일 만에 영업을 재개했다. 약 1만 명이 개원을 기다리고 있었다. 절전을 위해 야간은 운영하지 않았다. 한편 음료메이커 업계는 7~9월 피크 때에는 자판기 사용전력을 25% 삭감할 것을 발표했다. 냉각 운전을 윤번으로 정지할 예정이다.

동경해양대 오카야스 아키오(岡安彰夫) 교수(연안지역공학 전공)의 현지조사에 의해, 이와테 현 미야코(宮古) 시 아네요시(姉吉) 지구에서 37.9미터의 쓰나미 높이가 확인(4월 3일)되었으며 "이번 쓰나미가 메이지 산리쿠지진(三陸地震)급 거대 쓰나미였음을 보여주는 기록이며, 앞으로의 조사에서 더욱 더 높은 쓰나미 데이터가 나올 가능성도 있음"을 시사했다.

오늘 G20 공동성명이 있었다. '일본과의 연대'를 강조하며 '필요한 협력을 제공할 용의가 있음'을 밝히면서 대지진 부흥 지원을 표명했다.

정부 피해자생활지원 특별대책본부가 피해 3현의 총 1,047개 피난소의 실태조사결과(4월 6일~10일 실시. 회답은 323개소)를 발표했다. 지진 발생 이래 한 번도 입욕할 수 없는 16곳, 따뜻한 식사를 전혀 할 수 없는

7곳, 수도·전기·가스를 사용할 수 없는 4곳 등이 밝혀졌다.

주일미군의 '도모타치(친구)작전'을 지휘했던 '로버트 토스' 미美공군 지휘관이 전화회견을 가졌다. "4월 3일 센다이(仙台) 공항의 활주로 부근 모래사장에 나무로 'ARIGATO'라고 써진 문자를 보고 감격했다"고 말했다.

4월 16일(토). 제37일째

이와테 현 닷소(達增) 지사는, 재해폐기물 임시매립지를 설치하기 위해 3평방킬로미터의 토지가 필요하고 처리비용은 약 3,110억 7,000만 엔이 들 것이라는 시산을 발표했다. 폐기물은 약 580만 톤으로 올해 안에 임시매립지로 옮겨 3~5년간에 걸쳐 처리할 방침이라고 밝혔다.

지반공학회의 현지조사에서 동경만 연안의 액상화 현상의 면적이 동경돔의 900개분에 상당하는 약 42평방킬로미터라고 밝혔다. 그 밖에도 사이타마 현/치바 현/이바라키 현의 내륙부·하천·호수 부근에서도 액상화 현상이 확인되었다.

센다이(仙台)항에서는 자동차 출하가 시작되었다.

간 수상은 대지진 발생 이래 처음으로 종일 공저公邸(수상의 사저)에서 지내고 에다노 관방장관도 수상관저에 출근하지 않았다.

4월 17일(일). 제38일째

에다노 관방장관이 지진 후 처음으로 후쿠시마 현을 방문하여 사토 지사와 관계 시정촌市町村의 수장들과 회담을 가졌다. 그 후 '계획적 피난구역'으로 지정한 이이타테촌(飯館村)·가와마타초(川俣町)·미나미소마(南相馬) 시를 방문하여 "걱정과 실례를 끼쳐드려 죄송하다"며 사죄했다.

마이니치신문 여론조사에 따르면, 일본정부의 후쿠시마 원전 수습 대응에 대해 '전혀 평가하지 않음'이 23%, '별로 평가하지 않음'이 45%로 부정적 회답이 68%를 차지했다. 방사성물질에 관한 정부발표를 '신용하지 않음'이 58%로 불신의 표가 다수 나왔으나, 부흥증세(부흥을 위한 세금증액)는 '찬성'이 58%, '반대'가 33%를 상회했다.

클린턴 미 국무장관이 일본을 방문했다. 간 수상과 관저에서 회담하며 복구 부흥을 위한 미국과 일본 간 연대를 확인했다.

동경전력은 후쿠시마 제1원자력발전소 1~4호기의 '수습공정표'를 발표했다. 원자로 내의 물이 100도 이하로 안정되는 '냉온정지상태'가 될 때까지 최소 6~9개월은 걸릴 것으로 전망했다.

4월 18일(월). 제39일째

간 수상이 참의원 예산위원회에서 마쓰모토 켄이치(松本健一) 내각관방참여의 "수상이 후쿠시마 제1원전 주변에서의 거주가 장기간 곤란하다는 인식을 보였다"는 발언을 부정했다. "그러한 발언을 한 적이 전혀 없다. 사실 무근이다"라고 언급했다.

센다이 시 초·중학교에서 학교급식이 재개되었다. 급식센터 6곳중 5곳이 조리를 할 수 없어서 빵과 우유만으로 간이급식이 이루어졌으나 아동들은 좋아했다.

이와테 현은 연안부의 침수지역에 건축제한을 가하기 위하여, 건축기준법 39조에 의거 '재해위험구역'으로 지정하는 조례를 제정할 것을 발표했다. 그 대상은 리쿠젠다카다 시 등 12개 시정촌市町村이다.

안전이 확보될 때까지 거주가 제한될 예정으로 주민들의 당혹감이 확산될 것으로 보인다. 또한 이와테 현은 오후나토(大船渡) 시 등에 예정되어 있던 가설주택의 착공 중지를 발표했다. 여진에 의해 지반이 무너져 언제 수도가 복구될지 모르는 것이 이유였다.

대지진으로 인한 파손으로 교환을 위해 지방은행에 가지고 온 지폐·경화의 총액이 약 10억 5,000만 엔에 이르렀다. 진흙투성이라도 진짜임이 확인되면 전액을 교환해주었다. 일부파손 지폐는 3분의 2 이상 남겨져 있으면 전액을, 5분의 2 이상 남겨져 있으면 반액으로 신지폐와 교환이 가능했다.

4월 19일(화). 제40일째

일본경찰청이 피재 3현 사망자의 사인과 연대별 상황을 정리하였다. 3월 11일부터 4월 11일까지 수용된 것은 유체 1만 3,154구였다. 검시를 끝낸 1만 3,135명의 92.5%가 수몰이 원인이었고 62.5%가 60세 이상이었다.

내각부의 3월 소비세 동향조사에 의하면, 소비자태도지수는 전월 대비 2.6포인트 감소한 38.6으로 사상 최대 폭이 하락했다. 소비자심리가 얼어붙은 것을 뒷받침하는 결과로 볼 수 있다.

문부과학성은 후쿠시마 현 내의 보육원·유치원과 초·중학교의 건물 등을 통상 이용할 때의 '한계 방사선량을 1시간당 3.8마이크로시버트, 연간 상한을 20밀리 시버트'로 설정했다.

한편 동경전력은 후쿠시마 제1원자력발전소 2호기의 트렌치에 있는 오염수를 집중폐기물처리시설로 이송하기 시작했다.

4월 20일(수). 제41일째

재무성의 3월 무역통계에 따르면, 수출이 전년 동월 대비 2.2% 감소한 5조 8,660억 엔에 그쳤다. 한편 수입은 원유가 상승으로 11.9% 증가한 5조 6,995엔으로, 그 차액에 해당하는 무역흑자액은 78.9% 떨어진 1,965억 엔이었다. 자동차 중심으로 수출이 하락한 것이 원인이었다.

히라오카 히데오(平岡秀夫) 총무부대신이 7월 24일에 예정되었던 피재 3현의 디지털방송화사업을 연기할 것이라고 발표했다. 최대 1년간 연기될 것으로 보이며 그 동안 디지털튜너를 피해자에게 무료 공급하는 등의 지원을 강화할 예정이다.

후쿠시마 지방재판소가 재판배심원 선정에서 지진피해가 컸던 5개 시정촌을 면제할 것을 발표했다. 대상은 미나미소마(南相馬)·소마(相馬)·신치(新地)·가와마타(川俣)·이이타테(飯館) 지역이다.

주요 편의점 10사의 3월 매상이 7.7% 증가한 6,465억 엔으로 대폭 상승한 것으로 나타났다. 동북지방을 중심으로 이루어진 사재기 현상이 매상을 올린 주요 요인으로 보여진다.

4월 21일(목). 제42일째

후쿠시마 현 미나미소마 시가 지진으로 부모를 잃은 아이들에게 매월 3만 엔을 지급할 것을 발표했다. 동 시에서는 양친을 여읜 어린이가 5명, 한쪽 부모를 여읜 어린이가 38명으로 확인되었다.

일본정부는 후쿠시마 제1원전으로부터 반경 20킬로미터 권내의 지역을 22일 오전 0시부터 진입금지 및 퇴거를 명령할 수 있는 '경계구역'으로 지정했다. 에다노 관방장관은 20킬로미터 권내의 피난주민의 일시귀가에 관하여, ①1세대 한 명으로 한정하고 ②버스로 집단 이동하여 재택 시간은 최대 2시간으로 한다는 방침을 밝혔다. 그러나 원전으로부터 3킬로미터 권내는 일시귀가 대상에서 제외시켰다.

동경전력은 방사성물질이 부착된 잔해를 원격조작의 중기로 철거하는 작업을 개시했다. 완료하는 데만 반년이 걸릴 것으로 예상하고 있다.

4월 22일(금). 제43일째

천황 부부가 이바라키 현 키타이바라키(北茨城) 시를 방문하여 오오쓰(大津) 어항에서 묵례를 했다. 이번 방문으로 피해지에 들어간 것은 두 번째이다. 또한 동경전력 시미즈 사장은 원전사고 후 처음으로 후쿠시마현청에서 사토 지사에게 사죄했다.

마쓰모토 타케아키(松本剛明) 외상은 기자회견에서 2011년도 1차 추경예산안의 재원으로써 정부개발원조(ODA)예산 501억 엔이 감액되는 것에 대해 "2011년도에 한하는 삭감이라는 민주당 측의 강한 요청으로 결정하였다"고 언급했다.

일본정부는 '경계구역' 밖에서 방사선 누적선량이 연간 20밀리 시버트에 달할 가능성이 있는 후쿠시마 현 내 5개 시정촌市町村의 전역 또는 일부를 '계획적 피난구역'으로 지정했다. 나미에마치(浪江町) · 가쓰라오촌(葛尾村) · 이이타테촌(飯館村) 3정촌町村 전역과, 미나미소마 시 · 가와마타초(川俣町) 2시정市町의 일부가 그 대상이다.

또한 원전으로부터 반경 20~30킬로미터 권내에서 '계획적 피난구역'에 지정되지 못한 지역을 '긴급 시 피난준비구역'으로 지정했다. 타무라(田村) 시, 미나미소마 시, 히로노초(広野町), 나라하초(楢葉町), 카와우치촌(川内村) 5시정촌의 일부가 그 대상이다.

4월 23일(토). 제44일째

4월 20일 일본을 방문한 길라드 호주 수상이 미야기 현 미나미산리쿠초(南三陸町)를 방문하여 피해상황을 시찰했다. 외국 정상으로는 처음이다. 기자단에게 "피재자가 건강을 되찾은 것은 일본 국민이 불굴의 용기를 가지고 있다는 증거"라고 언급했다.

센다이 시가 큰 피해를 입은 와카바야시(若林) 구區 연안지역에서 본격적으로 잔해 철거작업을 개시했다. 잔해 총량은 시 전체로 약 103만 톤에 달할 것으로 예상하고 있다.

한편 '부흥구상회의'가 수상관저에서 두 번째 회의를 가졌다. 피해 3현 지사가 현재 상황을 보고했다. 미야기 현 무라이 지사의 '재해대책세' 창설에 대해 이와테 현 타소 지사가 반대하는 등 견해 차이를 보여주었다.

4월 24일(일). 제45일째

동경전력은 후쿠시마 제1원자력발전소 현지 작업원이 한도 이상으로 피폭되는 것을 막기 위해 1~4호기의 건물 주변 약 150개 지점에서 1시간당 방사선량을 기록한 '오염도 지도'를 공표했다.

4월 25일(월). 제46일째

행정청사가 전파된 이와테 현 오쓰치초(大槌町)의 가설 행정청사가 완성되었다. 쓰나미로 행방불명된 가토(加藤) 정장을 대행하여 토바이 마사아키(東梅政昭) 부정장이 "이 가설 행정청사를 거점으로 하여 장래의 부흥을 향해 열심히 뛰고 싶다"고 인사말을 했다.

국토교통성이 5월 말까지 총 3만 169호의 가설주택을 완성할 것이

라는 목표를 발표했다. 3현의 건설 요청 호수는 이와테 현 1만 8,000
호, 미야기 현 3만 호, 후쿠시마 현 2만 4,000호로 합계 7만 2,000호이
다(이와테 현은 7월 말, 후쿠시마 현은 9월 말까지 전체 호수 완성을 목표로 할 예정이며
미야기 현은 조정 중이다).

후쿠시마 현 고오리야마(郡山) 시내 29개의 초·중학교와 보육소에
서 방사성물질을 포함하고 있다고 보여지는 학교 운동장의 표토表土
(깊이 2~3센티미터)를 시험적으로 제거할 것이라고 발표했다. 방사선량
을 낮추는 대책으로는 첫 시도이다.

한편 자동차 대기업 8사의 3월 국내 생산대수가 지진의 영향으로
57.5% 감소한 38만 7,567대로 떨어졌다.

4월 26일(화). 제47일째

간 수상이 중의원 예산위원회에서 피재지의 가설주택에 대해 "늦어
도 추석까지는 희망자 전원이 입수할 수 있도록 전력으로 노력하고 있
다"며 8월 중순까지는 입주를 완료시킬 생각을 나타냈다.

법무성이 쓰나미로 유출된 미야기 현 미나미산리쿠초(南三陸町)·오
나가와초(女川町)·이와테 현 리쿠젠다카다(陸前高田) 시·오쓰치초(大槌
町) 4시정市町의 호적 합계 약 3만 8,000건의 재집계를 완료했다고 발
표했다.

대지진 직전에 일어나는 '전조 미끄러짐(preslip)' 현상이 동일본대지
진에서는 검출되지 않았음이 지진 후 처음으로 열린 지진예지연락회
地震豫知連絡會에서 보고되었다. 이 현상은 대지진 전에 지진의 원인이
되는 단층의 미끄러짐이 시작되는 것으로서, 최종적으로는 단층면이
강하게 밀착하는 '고착역'이 떨어져 나가 강한 흔들림을 일으킨다.

'전조 미끄러짐(Preslip)' 검출은 도카이(東海)지진의 예지에서 중요한 수단이었으나, 시마자키 니꼬(島崎邦彦) 회장은 "도카이(東海) 앞바다와 동북지방 앞바다는 플레이트(암반)의 상황이 다르다. 이번 결과를 가지고 도카이지진의 예지가 불가능하다고 말할 수는 없는 것"이라고 언급했다.

문부과학성은 후쿠시마 제1원자력발전소에서 방출된 방사성물질에 의한 주변 오염수 상황을 예측한 지도를 공표했다.

현재 수준에서 방출이 계속될 경우, 내년 3월 11일까지의 1년간 예상누적선량은, 후쿠시마 현 나미에(浪江)/아코우기(赤宇木)/쿠누기다이라(椚平)(계획적 피난구역)에서 235.4밀리 시버트, 후쿠시마(福島) 시·미나미소마(南相馬) 시에서도 일반인의 인공 피폭 연간한도량(1밀리 시버트)의 10배에 해당하는 10밀리 시버트를 넘을 것으로 추정하고 있다.

4월 27일(수). 제48일째

천황 부부가 자위대 비행기로 미야기 현에 들어와서 미나미산리쿠(南三陸)와 센다이(仙台)를 방문했다. 또한 정부의 중앙방재회의가 지진 후 처음으로 열렸다. 최대 M8 클래스의 지진이 전제로 되어 있었던 국가지진대책을 근본적으로 수정할 예정이다.

NEC빅그로브가 3월 11일의 트위터 이용자 투고수를 발표했다. 통상의 약 1.8배인 약 3,300만 건이 투고되었다. 사고 직후의 전화 불통 시에 트위터가 안부 확인 등에 많이 사용된 것이 증가 원인이었다.

원자력안전위원회 마다라메(班目) 위원장이 중의원 결산행정 감시위원회에 참고인으로 출석하여 "원자력안전위원회가 제시해온 (원전안전심사의) 지침에 부족한 점이 있었던 것은 분명하며, 사고 확대를 막지 못했던 점은 저의 부족한 탓입니다"라고 언급했다. 또한 지진 당일 안전위원회에 모인 인원은 걸어서 온 몇 명과 현지에 파견한 사람도 1명에 불과해 준비와 대응이 부족했음을 인정하였다.

4월 28일(목). 제49일째

3월 광공업 생산지수가 전월대비 15.3% 저하, 리만쇼크의 영향을 받은 2009년 2월의 8.6%를 크게 상회하여 과거 최대폭의 하락을 보였다. 또한 후생성에 따르면, 피해를 입은 동북 3현의 3월 신규 구인수救人數는 이와테 현이 29.3% 감소를 필두로 20% 이상 떨어졌다.

한편 국토성이 센다이평야(仙台平野)에서 해발 0미터 이하의 면적이 지진 이전의 5.3배로 확대되었다고 발표했다.

기상청은 대지진 이후에 발표한 70회의 '긴급지진속보'의 분석 결과를 발표했다. 실제 흔들림이 발표 기준에 못 미치는 지역에 발표한 부적절한 경우가 44회로 약 63%, 이중 17회(약 24%)는 발표한 전 지역이 기준에 미치지 않았다.

＊'긴급지진속보'는 최대 진도5 약 이상의 흔들림이 예측되었을 때에 진도4 이상이 예측되는 지역에 발표됨.

미야기 현 시오가마 시에서 현 내 처음으로 가설주택 60호의 입주가 시작되었다. 또한 8시市 5정町에서 1,312호가 완성되었다.

후쿠시마 현은 '경계구역'에 남겨진 애완동물의 보호를 지진 후 처음으로 실시하였다. 미나미소마 시 오타카(小高)지구와 카츠라오촌(葛尾村)에서 수의사 7명을 포함한 11명이 약 2시간에 걸쳐 탐색한 후 개 5마리와 고양이 1마리를 보호하였다. 그곳에서 스크린 검사를 하였으나 방사선량은 낮아 오염제거의 필요는 없었다.

4월 29일(금). 제50일째

도호쿠(東北)신칸센은 23일에 모리오카(盛岡)에서 이치노세키(一ノ関) 구간, 25일에 이치노세키(一ノ関)에서 센다이(仙台) 구간의 운전을 재개하여 지진 발생으로부터 50일 만에 전체 구간이 복구되었다.

내각관방참여인 코사코 토시소우(小佐古敏荘) 교수가 후쿠시마 제1원전 사고의 정부 대응을 '임기응변적'이라 비판하고 사표를 제출했다. 특히 초·중학교의 옥외활동을 제한하는 한계 방사선량을 연간 20밀리 시버트로 기준을 정한 것에 대해 "(이를) 용인하면 내 학자의 생명은 끝"이라고 반론했다.

한편 원전사고담당의 호소노 고우시(細野豪志) 수상보좌관은 "(이것은) 원자력안전위원회로부터 조언을 받은 것으로 정부의 최종판단"이라 하여 20밀리 시버트의 기준은 바꾸지 않을 것이라는 생각을 표명했다.

센다이(仙台) 시를 본거지로 하는 '도호쿠 락쿠텐 골든이글스'(야구팀)와 J1리그의 '베가르타 센다이'(축구팀)가 이번 시즌의 본거지 첫 경기를 승리로 장식했다. 전날 개수공사를 끝낸 락쿠텐의 '일본제지 크리넥스 스타디움 미야기'(야구장)에는 2만 624명, 센다이의 '유아텍 스타디움 센다이(축구장)'에는 1만 8,456명의 관객이 입장해 거의 만원에 가까운 관객이 채워져 '숲의 고장(杜の都)' 센다이 팬의 환호성이 돌아왔다.

4월 30일(토). 제51일째

다카기 요시아키(高木義明) 문부과학대신이 '초·중학교 옥외활동을 제한하는 제한 방사선량'을 '연간 20밀리 시버트'로 정한 기준에 대해 "이 방침으로 걱정은 없다"고 강조했다. "국제방사선방호위원회(ICRP)

의 권고를 기초로 사고 계속 시의 참고레벨 중 가장 엄격한 연간 20밀리 시버트를 출발점으로 하였다"고 설명했다.

후쿠시마 현은 현 내 7곳에서 채취한 목초로부터, 농림수산성이 설정한 잠정 허용치보다 최대 30배 높은 방사성 세슘이 검출되었다고 발표했다.

4월 30일(토) 일본경찰청이 정리한 통계는 다음과 같다. 사망자 1만 4,662명/ 행방불명자 1만 1,019명/ 피난자 12만 7,076명.

5월 1일(일). 제52일째

간 수상의 "추석(오봉(お盆): 양력 8월 15일) 때까지 가설주택 입주" 발언(4월 26일)에 대해, 노무라 테츠로(野村哲朗) 자민당 의원은 "근거 없는 숫자를 말하고 있어 아무도 신용할 수 없다. 수상이 생각나는 대로 말했다"고 비판했다. 코바 켄타로(木庭健太郎) 공명당 의원도 8월 중순까지 희망자 전원의 입주가 가능할 지 어떨 지를 조사하도록 요청했다.

한편 후쿠시마 현은 고오리야마(郡山) 시의 하수도 처리시설에서 오니(汚泥)를 고열에서 처리하여 건설 자재로 재이용하는 '용융 슬러그'로부터 통상의 1,000배가 넘는 방사성 세슘이 검출되었다고 발표했다.

5월 2일(월). 제53일째

미야기 현은 부흥기간을 10년으로 계획하고 있으나, 오쿠야마(奧山惠美子) 센다이(仙台) 시장은 시 부흥계획기간을 5년이라고 밝혔다. '센다이 시는 동북지방을 리드하는 중심도시'라며 부흥기간을 앞당기기로 했다.

한편 2011년도 1차 추경예산이 국회의원 전원일치로 가결·성립되었다(가설주택 정비 및 잔해 철거비용 등을 포함한 총액이 4조 153억 엔의 규모로 책정되었고, 재원으로는 기초연금의 국고부담분의 전용 및 아동수당에 더 얹어주기로 했던 금액을 나중에 조치하기로 하여 생기는 여윳돈으로 충당하고 신규 국채발행은 하지 않기로 했음).

또한 내각부가 지반의 액상화 현상에 의한 주택피해 인정과 관련해, 인정기준의 운용방침을 재검토했다. 이를 광역지자체(都道府縣)를 통해 전체 기초지자체(市區町村)에 통지했으며 이는 구제 확대가 목적으로 그 대상은 수천 채에 이른다.

동경전력은 후쿠시마 제1원자력발전소 1호기 원자로 건물과 연결되는 터빈 건물에 공기 중의 방사성물질 농도를 낮추는 필터 부착 환기장치 4대의 설비작업을 개시했다.

5월 3일(화). 제54일째

동경전력은 후쿠시마 제1원자력발전소로부터 약 15~20킬로미터 떨어진 해저 2개 지점의 흙에서 방사성물질이 검출되었다고 발표했다. 해저 토양의 오염이 밝혀진 것은 이번이 처음이다.

동경전력 여성 사원 2명이 국가의 규제치를 초과해 피폭당한 문제와 관련하여 2명이 근무했던 면진중요동免震重要棟에서는 지진발생 후 약 2주간 내부의 방사성물질 농도를 측정하지 않았던 것으로 드러났다.

5월 4일(수). 55일째

지진으로 양친이 사망하거나 행방불명이 된 아동(고등학생까지)은 피해 3현에서 132명으로 나타났다(이와테 현 57명, 미야기 현 57명, 후쿠시마 현에서 18명(마이니치신문 조사)이다. 이들의 대부분은 친척이 보호하고 있다).

간 수상이 후쿠시마 현 후타바초(双葉町) 주민 약 120명이 집단 피난하고 있는 사이타마 현 카스(加須) 시 구旧 현립縣立 키사이(騎西)고교를 방문하여, 이도가와 카쓰타카(井戸川克隆) 정장町長 등과 의견을 교환했다. 다다미에 단정히 앉은 수상에게 주민들은 "하루라도 빨리 돌아가도록 해주십시오"라고 목소리를 높였다.

한편 베트남에서 열린 한중일韓中日 재무장관회의에서 노다 요시히코(野田佳彦) 재무대신은 한국의 윤증현尹增鉉 기획재정부 장관과 중국의 리융(李勇) 재정차관에게, 원전 사고를 계기로 일본산 농산물 등의 수입규제가 확대되고 있는 문제로 인한 풍문(風評) 피해 방지를 요청했다.

5월 5일(목). 제56일째

동경전력은 후쿠시마 제1원자력발전소 1호기의 원자로 건물 안의 높은 방사선량을 낮추기 위해 작업자 13명이 수소폭발 사고(3월 12일) 이후 처음으로 건물 안으로 들어가 공기를 정화하는 필터 부착 환기장치를 가동시켰다.

5월 6일(금). 제57일째

간 수상이 긴급 기자회견을 갖고 '하마오카(浜岡)원자력발전소의 전면정지를 중부전력에 요청했다'고 표명했다. '30년 이내 M8 정도의 도카이(東海)지진이 발생할 가능성이 87%'라는 전문가의 분석을 기초로 "방파제 설치 등의 대책이 완료될 때까지 정지한다"고 설명했다.

한편 천황 부부는 자위대 항공기로 이와테 현을 방문했다. 하나노마키(花卷) 공항에서 닷소(達曽) 지사로부터 피해상황을 설명들은 후, 헬기로 이동하여 피난소가 되어 있는 시립市立 가마이시(釜石)중학교 · 미야코(宮古)시민종합체육관을 방문하여 피해자들을 격려했다.

5월 7일(토). 제58일째

천황 아들 내외가 사이타마 현 미사토(三郷) 시 미즈누마(瑞沼)시민센터를 방문하여 피난하고 있는 후쿠시마 현 히로노초(廣野町) 주민들을 위로했다.

조업중지 중이던 미야기 현 이시노마키(石巻港)항 거점의 중형저인망 어선 13척은 센다이·시오가마항(仙台·塩釜港)으로부터 출항을 재개했다.

한편 미야기 현 미나미산리쿠(南三陸) 현縣어업협동조합 시즈가와(志津川) 소재지에 어민의 집회소 및 작은 작업소가 될 가설주택(番屋)이 완성되었다.

5월 8일(일). 제59일째

이와테 현 '쓰나미방재기술전문위원회'의 피해상황 보고가 있었다. 현 내 55어항 중 52개소가 피해를 입었으며 방조제의 64%에 해당하는 약 25킬로미터가 손괴되었고 수문은 37%에 달하는 52기, 돌제突堤는 42%인 143미터가 파손되었다. 해안에서 떨어진 제방(離岸堤, 총 1,554미터)은 41%가 파손되었다.

한편 미야기 현 이시노마키(石巻) 시市가 자위대에 의한 가두 배급을 종료한다고 발표했다. 시에 의하면 "곳곳을 돌아다니며 남은 것을 돌려 파는 사람이 나타나 공평성을 잃어버렸다"고 한다.

문부과학성 등이 후쿠시마(福島) 시에서 표토와 하층의 흙을 바꿔치는 방법으로 어느 정도 방사선량이 저하되는지를 조사한 결과, 바꿔

치기 후의 포토의 방사선량이 10분의 1 이하로 저하하여 일정 이상의
효과가 있음이 확인되었다.

5월 9일(월). 제60일째

이와테 현 오쓰치초(大槌町)에서 재해의연금과 피해자 생활재건지
원금의 신청접수가 시작되었다. 신청인 수는 하루 100명으로 한정하
여 새벽부터 순번을 기다리는 피해자들의 긴 행렬이 장사진을 이루
었다.

한편 중부전력은 오후 임시중역회의를 열고 하마오카(浜岡)원전의
전全 원자로 운전 정지를 요구하는 수상의 요청을 받아들이는 것으로
결정했다.

동경전력은 후쿠시마 제1원자력발전소 1호기의 원자로 건물 안의
방사선을 방지하는 '납(鉛毛) 매트'를 설치했다. 또한 산소에 의한 부식
을 막기 위해 3, 4호기의 사용후핵연료 풀에 탈산소제脫酸素劑를 투입
했다고 발표했다.

5월 10일(화). 제61일째

'경계구역'(원전으로부터 반경 20킬로미터 권내) 안의 주민 일시귀가가 후쿠
시마 현 카와우치촌(川內村)에서 처음으로 실시되었다(54세대 92명이 참가했
으며 2시간 체재시간 동안 집 정리 및 가축의 존재확인 등이 이루어졌다. 일시귀가 시 소지
할 수 있는 것은 70센티미터 사각형 비닐 한 봉지분이다).

마이니치신문이 피해자 추적조사를 실시한 결과 '앞으로 어떻게 해
야 할 지 전혀 모르겠다'고 응답한 사람의 비율이, 후쿠시마 현 내 피
난자 중에서 44%에 달해 이와테 현(26%)과 미야기 현(22%)을 크게 상회

했다. 원전사고 영향으로 고통 받고 있는 후쿠시마 피재자의 실정이 그대로 드러난 결과였다.

한편 피해를 입은 동북 3현에서, 개호介護보험 적용에 필요한 '개호 인정신청(要介護認定申請)'이 적어도 2,960건에 달한 것으로 판명되었다.

또한 동경전력 시미즈(淸水) 사장이 수상관저에서 에다노 관방장관과 가이에다 경제산업대신을 방문하여 원전사고에 따른 배상과 관련하여 정부에 지원을 요청하였다. 동경전력도 2011년 5월부터 회장·사장·부사장 등 대표 중역 8명의 보수 전액 반납·보유자산 매각·사업정리 등 구조조정 강화방안을 제시했다.

또한 '계획적 피난구역'으로 지정된 후쿠시마 현 이이타테촌(飯舘村)에서 동경전력이 지금 당장 필요한 생활비로서 가지불할 배상금 청구와 의연금 지불 신청을 접수하기 시작했다.

5월 11일(수). 제62일째

천황 부부가 후쿠시마 현을 방문했다. 재해로부터 2개월이 경과한 이날 오후 2시 46분에 이동 중인 헬기 안에서 묵도를 했다.

한편 농수산성이 농림수산 관계 피해액으로 총 1조 5,054억 엔을 발표했다. 그 구체적 내용은 다음과 같다. 어선이 2만 718척, 어항이 319곳 피해를 입고 양식시설 등을 포함한 수산 관계 피해액은 6,694억 엔, 농지 및 농업용 시설이 6,807억 엔, 농작물·가축 등은 495억 엔, 임야 관계가 1,058억 엔에 달했다.

5월 12일(목). 제63일째

금융청은 주요 손해보험회사가 피해기업에 지불할 지진보험의 총액이 약 2,000억 엔에 이를 것이라고 발표했다. 노다(野田) 재무대신은 가정을 대상으로 하는 지진보험 총액은 재보험회사의 지불도 포함할 경우 약 9,700억 엔에 이를 것이라고 언급했다.

자동차 제조 대기업 7사의 2011년 3월기 연결결산은 신흥국에서의 판매 증가 등으로 전체 회사수입은 증가했으나, 동일본대지진에 의한 손실로 7사의 총 손실액은 2,159억 엔으로 나타났다(이중 도요타가 약 1,100억 엔으로 50%를 조금 넘었다. 정상화는 가을 이후에나 가능할 것으로 예상하고 있다).

한편 후쿠시마 현 가쓰라오촌(葛尾村)의 일시 귀가가 개시되어 17세대 27명이 참가했다. 원자력재해현지대책본부에 따르면 가쓰라오촌(葛尾村)의 '경계구역' 방사선량은 최대로 매시 30마이크로시버트로 가와우치촌(川內村)의 약 5배에 해당된다고 한다.

동경전력이 후쿠시마 제1원자력발전소 1호기의 멜트다운을 처음으로 인정했다. 원자로 압력용기 내의 수위는 연료봉(길이 4미터)의 상부보다 약 5미터 낮았다고 발표했다. '형태를 유지하고 있지 않다는 점에서 멜트다운이 맞다'라는 견해를 표명했다.

5월 13일(금). 제64일째

경찰청에 따르면, 동일본대지진의 사망자가 1만 5,019명으로 1만 5,000명을 넘었고 행방불명은 9,506명에 달한다고 했다.

일본정부는 동경전력을 공적관리 하에 두는 한편, 정부와 민간이 함께 자금을 갹출하는 '원전배상기구(가칭)'가 동경전력의 배상지불지원의 범위를 정식으로 결정했다. 동경전력의 경영파탄을 회피하여 피해자의 구제를 확실히 하겠다는 방침이다.

5월 14일(토). 제65일째

일본정부는 대지진으로 발생한 대량의 잔해를 국가 직할사업으로 처리할 수 있는 제도를 도입할 방침임을 확실히 했다. 폐기물처리법에서는 시정촌市町村 혹은 시정촌市町村으로부터 위탁을 받은 현縣이 처리하는 것으로 되어 있으나, '지자체의 처리능력을 넘어섰다'고 판단하여 국가가 직접 처리하는 것으로 결정했다.

환경청에 의하면, 대지진과 대형 쓰나미의 피해에 의한 잔해 추정량은 이와테 현이 600만 톤, 미야기 현 1,590만 톤, 후쿠시마 현 290만 톤이다. 특히 미야기 현은 통상의 처리능력의 23년분에 상당하고, 미야기 현의 이시노마키 시는 100년분에 상당하는 것으로 나타났다.

한편 시즈오카 현 하마오카(浜岡)원전 5호기의 원자로 운전이 정지되어 전면정지 상황에 이르렀다.

동경전력은 후쿠시마 제1원자력발전소 1호기의 원자로 건물 지하 1층에서 행방을 알 수 없었던 냉각수를 대량으로 발견했다. "격납용기 혹은 그 하부의 압력억제 풀로부터 새어나간 물이 모여 있는 것이 아닐까"라는 추측이 일고 있다.

5월 15일(일). 제66일째

'계획적 피난구역'으로 지정된 후쿠시마 현 5개 시정촌市町村 가운데, 이이타테촌(飯館村)과 카와쿠보초(川久保町) 야마키야(山木屋)지구의 집단피난이 시작되었다. 이날 이이타테촌의 10세대 64명이 후쿠시마(福島) 시 또는 니혼마쓰(二本松) 시로 이사했다. 야마키야(山木屋)지구의 8세대 49명도 피난구역 이외의 북서부로 이사했다.

동경전력은 후쿠시마 제1원자력발전소 4호기의 원자로 건물의 대규모 손괴의 원인에 대해, 3호기의 원자로 내의 압력을 낮추기 위한 벤트작업을 3월 13일~14일에 실시했을 때, 수소를 포함한 배기가스가 4호기 쪽에 유입되어 건물 안에 쌓여 폭발했다는 견해를 발표했다.

5월 16일(월). 제67일째

이와테 현 닷소(達增) 지사가 정례회견에서 정부의 '부흥구상회의'를 비판하고 나섰다. 가설주택 건설에 대해 "각 현의 발주는 끝났고, 반 이상에서 건설이 시작되었다. 가설주택에 대해 이러저러한 노력이 필요하다는 이야기가 부흥구상회의 의장으로부터는 있었으나, 지금부터 그것을 바탕으로 정부 차원에서 무언가를 하려고 해도 벌써 늦었다"라며 의문을 표명했다.

원자력안전위원회의 마다라메(班目) 위원장이 중의원 예산위원회에서, 3월 12일(토)에 간 수상이 후쿠시마 제1원자력발전소를 시찰하기에 앞서서 "벤트작업을 하지 않으면 용기가 파열될 가능성이 있다"고 수상 등에게 진언했음을 밝혔다. 또한 "벤트작업이 이때까지 지연되지 않았다면 사태 악화는 막을 수 있었다"라는 견해도 밝혔다.

5월 17일(화). 제68일째

환경성이 잔해(쓰레기)의 가설 적치장으로 민간보유 토지를 빌릴 경우, 국가가 비용을 전액 부담하는 방침을 표명했다. 또한 환경성은 8월 말까지 피난소 또는 거주지로부터 잔해를 철거하기로 하고 금년 중에 가설 적치장으로 이동하여 2014년 3월까지는 매립 등 최종 처분할 방침이라고 밝혔다.

일본정부는 '계획적 피난구역'으로 지정된 후쿠시마 현 이이타테촌

(飯館村) 유일의 특별 양로원 시설과 제조업 8사社를, 종업원의 방사선 누적선량이 연간 20밀리 시버트를 넘지 않도록 방사선측정계를 휴대시키도록 하는 것 등을 조건으로 피난 대상에서 제외하였다. 특별양로원 시설은 이이타테촌(飯館村) 이타미자와(伊丹澤) '이이타테홈'으로, 입소자 106명 중 90명이 자립보행이 불가능하다고 한다.

5월 18일(수). 제69일째

에다노 관방장관이 동경전력의 경영합리화대책에 관해, 동 사가 일부를 보유하는 군마 현 소재 오제(尾瀬)국립공원을 당분간은 매각 대상으로 할 필요는 없다는 인식을 보였다. 오제국립공원이 원전사고 배상금 지불을 둘러싸고 매각 대상이 될 가능성이 점쳐지고 있었던 상황이었다.

한편 후생성이 차茶를 생산하는 지자체에 '황차(荒茶, 생차生茶를 건조시킨 것)'의 방사능검사를 요구한 문제와 관련, 시즈오카 현 가와카쓰(川勝平太) 지사가 기자회견에서 "(검사는) 생차生茶와 음용차만으로 충분하다"고 언급, 요청에 응하지 않을 의향을 표명했다(건조 후의 황차荒茶는 방사성물질이 농축되어 생잎의 검사에서 문제가 없던 차라도 규제치를 넘을 우려가 있기 때문이다).

5월 19일(목). 제70일째

동경전력은 후쿠시마 제1원자력발전소에 쓰나미가 도달한 직후의 연속 사진을 처음으로 공개했다. 또한 2호기의 원자로 건물에 18일 들어간 작업원 중 1명이 일사병(熱中症)에 걸렸음을 발표했다. 그리고 3호기의 원자로 건물에 18일 오후 4시 30분부터 약 10분간 작업원 2명이 들어가 방사선량 측정 등을 했다. 동 건물에 작업원이 들어간 것은 3월 14일(월) 수소폭발 이후 처음이었다.

5월 20일(금). 제71일째

동경대학 이학부의 이데 사토시(井出哲) 부교수(지진학) 등의 팀이 정리한 동일본대지진의 해석결과가 미국 과학지 사이언스 전자판에 게재되었다. "쓰나미는 일본 해구 부근의 플레이트 경계에서 일어난 '미끌어짐 현상'이 거대화된 것으로 해석된다"는 내용이었다.

피해를 입은 동북 3현의 지자체 선거를 9월 22일까지 연기할 수 있는 개정임시특례법이 참의원 본회의에서 만장일치로 가결되었다. 대상은 6월 11일 이후에 임기 만료를 맞는 21개 시정촌(市町村)의 지자체장 및 의원 선거이다.

한편 정부의 긴급재해대책본부가 8월 말까지 거주지 부근의 잔해철거 등 금후 3개월 동안 정부가 시행할 피재자 지원을 정리한 '당면의 대응방침'을 결정했다.

동경전력은 후쿠시마 제1원자력발전소 1호기에서 3월 12일(토) 오후 7시 4분에 시작한 원자로 냉각을 위한 해수주입이 정부 지시로 7시 25분부터 8시 20분까지 55분간 중단되었음을 밝혔다.

5월 21일(토). 제72일째

이명박李明博 한국 대통령과 간(菅) 일본수상, 원자바오(溫家寶) 중국수상이 후쿠시마 시를 방문했다. 그들은 아즈마종합체육관에서 후쿠시마 현에서 생산한 버찌열매(사쿠람보)·오이·방울토마토 등을 시식했다.

일본 전국 제일의 미역 어획량을 자랑하는 이와테 현 미야코(宮古) 시에서 천연미역 잡이가 시작되었다. 출항은 동 시의 오모에(重茂)의 오모에 어업협동조합원 약 100명에 의해 이루어졌다. 쓰나미로 814척이었던 어선 중 800척을 잃어버렸으나 현 밖에까지 가서 중고 선박 약 100척을 사 모아 작업에 들어갔다.

후쿠시마 제1원자력발전소 1호기에서 3월 12일(土) 밤 해수주입을 55분간 중단한 문제로 정부와 동경전력 통합대책실이 경위를 설명했다. 7시 4분부터 해수주입은 통고되지 않았고 정부 명령에 의한 해수주입은 8시 20분부터라고 정부 명령에 의한 중단을 부정했다. 또한 마다라메(班目) 원자력안전위원장이 "해수주입으로 재임계再臨界의 위험성이 있다"라는 의견을 표명했던 것이 밝혀졌다.

5월 22일(일). 제73일째

이와테 현 리쿠젠다카다 시의 농가에서 12명이 산지 직접판매소 '하마나스'를 개설했다.

한편 미야기 현 오나가와초(女川町)에서 부흥계획 책정을 위한 주민 공청회가 있었다. 여기에서 연안부의 주택을 고지대로 집약시키는 주택단지 구상에 대한 설명회가 있었는데 어항으로부터 떨어져 거주하는 것에 대해 주민측은 반발했다.

'경계구역'인 후쿠시마 현 타무라(田村) 시 미야코지초(都路町) 4지구의 주민을 대상으로 한 일시귀가(참가자는 76세대 130명)에서 불상이나 제초기가 없어졌다는 절도 피해 신고가 2세대 있었다.

후쿠시마 현 내의 제1원전으로부터 30킬로미터 내에 본사를 둔 기업 중 2,207사(社)가 조업 불가능 상태라는 동경상공리서치 조사가 있었다.

5월 23일(월). 제74일째

미야기 현 게센누마(气仙沼) 시에서 쓰나미로 육지에 올라온 대형 참치어선을 바다로 되돌리는 작업이 시작되었다. 게센누마 시에서는 20톤 이상의 어선만으로도 48척이 피해를 입었다.

일본경단련의 요네쿠라(米倉) 회장은 간 수상이 검토를 표명했던 전력회사의 발전 · 송전 부문의 분리에 대해 "(원전사고의) 배상문제에 관련되어 나온 논의로 동기가 의심스럽다"고 하여 논의가 부상하게 된 배경에 위화감을 표명했다.

중부전력은 하마오카(浜岡)원전의 운전 정지에 따라, 7월의 전력공급 예비능력이 5% 정도가 되었다고 발표했다. 미즈노(水野明久) 사장은 회견에서 "안정 공급이 8~10%가 되지 않으면 힘들다. 5% 정도로는 어려운 상황에서 벗어났다고는 말할 수 없다"고 언급했다.

중의원 부흥특별위원회에서 후쿠시마 제1원자력발전소(1호기) 해수주입 중단의 문제에 대해 간 수상의 답변이 있었다.

"수상 본인과 수상관저의 회의 멤버가 해수주입을 중단케 한 일은 결코 없다"고 부정했다. 또한 마다라메(班目) 위원장은 "수상으로부터 해수주입의 문제점을 재고하라는 지시가 있어서 '재임계의 가능성이 제로는 아니다'라고 말했을 뿐"이라고 설명했다.

한편 학교의 옥외활동을 제한하는 방사선량을 연간 20밀리 시버트로 한 문부과학성의 기준은 너무 낮다고, 후쿠시마 현 내의 학부모 약 650명이 동경의 문부과학성을 방문하여 철회를 요구하는 요청문을 제출했다. 문부과학성 과학기술학술정책국의 와타나베(渡邊格) 차장은 "최종적으로는 1밀리 시버트를 목표로 노력하고 있다"고 했으나, 철회 의사가 없음을 재차 밝혔다.

후쿠시마 제1원자력발전소의 사고 원인 등을 해명하는 국제원자력기구(IAEA)의 조사단 멤버 6명이 일본을 방문했다.

5월 24일(화). 제75일째

후생성과 지자체에 따르면, 이번 지진으로 양친을 잃은 18세 미만의 아동 155명에게 생활비(월액 4만 7,680엔, 유아는 5만 2,980엔)와 교육비가 지급될 예정이다.

일본정부는 후쿠시마 제1원자력발전소 사고의 '사고조사검증위원회' 설치를 결정했다. 위원장에는 하타케무라 요타로(畑村洋太郎) 동경대학 명예교수를 기용하고 정부와 동경전력의 사고대응 및 과거 원전행정 등을 검토할 예정이다. 또한 재무실태 및 구조조정 상황을 감시하는 '동경전력에 관한 경영 · 재무조사위원회'의 설치도 결정했다.

원자력발전환경정비기구의 카와타 토미오(河田東海夫) 펠로우는 내각부 원자력위원회(위원장: 곤도 케, 近藤俊介)의 정례회의에서, "체르노빌 원전 사고에서 거주 금지로 지정된 구역과 같은 수준의 토양오염이 후쿠시마 현 내에서 넓어지고 있다"는 추계치를 보고했다.

5월 25일(수). 제76일째

재무성이 발표한 4월 무역통계(속보)에 따르면, 무역수지는 4,637억 엔의 대폭 적자를 기록했다. 부품공급망의 단절로 자동차 등의 생산이 크게 하락해 수출이 대폭 감소한 것이 주요 원인이라는 분석이다.

'경계구역'인 후쿠시마 현 미나미소마(南相馬) 시와 토미오카초(富岡町)에서 피난 주민이 일시 귀가하였다(총 80세대 125명이 참가). 연안지역의 지자체에서 실시하기는 처음이다.

아키노노미야(秋篠宮) 부부(천황의 아들 내외)가 이와테 현 오쓰치초(大槌町)의 피난소를 방문했다. 시로야마(城山)공원에서 쓰나미로 괴멸 상태에 이른 마을을 향해 묵례를 올렸다.

농수산성이 쓰나미로 피해 입은 논(추정 약 2만 헥타르) 중 제1차 추경예산에 편성된 제염사업에 의해 2011년산 쌀 생산이 가능한 면적을 발표했다. 6현縣 18시정촌市町村에서 약 1,800헥타르(5월 20일 현재)이다.

한편 후쿠시마 제1원자력발전소 1호기 해수주입 중단 문제로 동경전력은 1호기로의 해수주입을 3월 12일 오후 3시 20분경에 보안원에 팩스로 전한 사실을 밝혔다. 보안원도 동 시각에 '앞으로 준비가 되는 대로 소화계消火系로 해수를 주입할 예정'이라고 기재되어 있는 팩스가 있어, 보안원의 긴급대책실로 배포했다고 인정했다.

한편 문서는 동경전력이 방사성물질을 포함한 증기를 방출하는 '벤트작업'을 보고하는 내용으로 해수주입은 '종이의 구석에 적혀 있었다.' 이 때문에 니시야마(西山) 심의관은 "누가 어디까지 인식하여 어떻게 행동했는지 확인할 수 없다"고 해명했다.

일본원자력산업협회는 외국인용 홈페이지에 공개한 '일본 원전은 안전하며 고품질'이라는 PR 내용의 책자를 삭제했다.

간 수상은 파리에서 사르코지 프랑스 대통령과 회담을 갖고 원전 사고를 둘러싼 프랑스의 지원에 사의를 표명했다.

5월 26일(목). 제77일째

'경계구역'인 후쿠시마 현 나미에마치(浪江町)와 후타바초(双葉町)에서 일시 귀가가 시작되었다(총 95세대 171명이 참가).

'경계구역'에 남겨져 안락사 처분될 가축에 대해 쓰츠이(筒井信隆) 부

副농림수산대신은 학술연구 목적 등으로 일정의 조건을 만족할 경우, 구역 밖으로의 이동을 용인하는 방침을 밝혔다.

국토교통성이 피해지의 지반침하를 조사했다. 미야기 현 연안지역에서 해발 0미터 이하의 면적이 지진 전의 3.4배인 56평방킬로미터로 확대된 것이 알려졌다.

G8 정상회의가 개막되었다. 간 수상은 후쿠시마 제1원전 사고에 대해 '최대한 투명성을 가지고 모든 정보를 국제사회에 제공할 것'이라고 표명했다.

후쿠시마 제1원자력발전소 1호기 해수주입 중단 문제가 급반전되었다. 동경전력에 따르면, 요시다 마사오(吉田昌郎) 현장소장은 '사고 악화 방지에는 원자로에 주수注水 계속이 무엇보다도 중요하다'고 판단하여 동경전력 본사에 알리지 않고 해수주입을 중단하지 않고 계속하였다고 한다.

＊동경전력의 설명에 의하면, 3월 12일(土) 오후 7시 4분경에 해수주입을 개시하였다고 한다. 같은 시각(오후 7시) 25분경에 수상관저에 파견된 다케쿠로 이치로(武黑 一郎) 전 부사장으로부터 동경전력 본사 및 원자력발전소에 "수상관저에서는 해수주입에 대해 수상의 허락이 떨어지지 않았다"라는 연락이 있었고, 동경전력 본사와 원자력발전소에 연결된 TV 화상회의에서 주입 정지를 합의하였다.

그러나 요시다(吉田昌郎) 현장소장은 "사고 악화 방지에는 원자로에 주수注水 계속이 무엇보다도 중요하다"고 판단하여 동경전력 본사에 알리지 않고 해수주입을 중단하지 않고 계속하였다고 한다.

한편, 해수주입 중단의 원흉으로 취급받던 원자력안전위원회의 마다라메(班目) 위원장은 "…중단이 없었다니 그럼 대체 나는 무엇인가요…"라며 쓴 웃음을 지었다.

5월 27일(금). 제78일째

미나미소마 시와 나미에마치(浪江町)·후타바초(雙葉町)가 일시 귀가를 실시했다. 후쿠시마 현은 약 202만 명의 전체 현민을 대상으로 피폭선량 조사를 실시하기로 결정했다.

미야기 현 시오가마(塩釜) 시 우라토카쓰라시마(浦戸桂島)의 굴 생산자가 양식의 부흥을 목표로 4월 중순부터 시작한 1구좌에 1만 엔의 '지원 오너 제도' 신청이 1만 구좌를 돌파하여 지원액이 약 1억 1,000만 엔에 달했다.

일본손해보험협회가 동일본대지진에 의한 지진보험 지불이 26일까지 약 8470억 엔(44만 612건)에 달한 것으로 발표했다. 지불액은 고베대지진(약 783억 엔)의 10배를 넘었다. 생명보험협회가 발표한 동일까지의 사망보험금 지불액은 약 655억 엔(7,832건)이다.

문부과학성은 미야기 현 게센누마(汽仙沼) 시 앞바다에서부터 치바 현 초우시(銚子) 시 앞바다에 이르기까지 남북 약 300킬로미터에 이르는 해저의 흙을 조사한 결과, 최고로 통상치의 수백 배에 달하는 농도의 방사성물질을 검출했다고 발표했다.

동경전력은 후쿠시마 제1원자력발전소의 터빈건물 지하 등에 쌓인 고농도의 방사성물질을 포함한 오염수의 처리비용이 총 531억 엔에 이를 것으로 시산 결과를 공표했다. 동경전력이 전액을 부담할 예정이며 처리비용이 총액 수십조 엔에 이를 것이라는 억측도 있으나 동경전력이 이를 부정했다.

IAEA 직원이 처음으로 사고 원전의 현지에 들어갔다. 요시다(吉田)

현장 소장으로부터 설명을 듣고 1~4호기의 피해상황을 시찰하였다.

5월 28일(토). 제79일째

고이즈미 준이치로(小泉純一郞) 전 수상이 강연에서 "자민당 정권 시대에도 원전의 안전성을 믿고 추진하여 왔으나 잘못이 있었다"고 말하여 자민당 정권의 책임을 언급했다.

일본 · EU 정상회의 기자회견에서 하이쿠(排句, 일본의 짧은 시) 애호가인 '판론파우' EU 대통령이 대지진을 겪은 일본에 대해 하이쿠를 낭송했다. 영어로 "(3중 재해에 대해) 거친 바람은 부드러운 바람이 되어 새롭고 산들산들 부는 바람이 되었다"고 읊었다. 이후 간 수상이 일본어 번역으로 "거센 바람 뒤에 남는 것은 부드러운 마음"이라고 읊어 "마음에 젖어드는 하이쿠다"라며 감사를 표명했다.

5월 29일(일). 제80일째

정부의 '부흥구상회의'가 수상관저에서 7번째 회의를 개최했다. 지역과 기간을 한정하여 규제완화 등을 인정하는 '특구제도' 활용을 정부에 건의하기로 합의했다.

후쿠시마 현 나미에마치(浪江町) 피난자를 대상으로 현의 북부 구와오리초(桑折町)에 건설된 가설주택이 입주 개시로부터 1개월 이상이 되었으나 4분의 1밖에 차지 않은 상태가 계속되고 있다. 구와오리초의 가설주택 3,000호는 현 내에서 가장 빠른 4월 21일에 입주를 개시했다. 조립주택으로 목욕탕과 화장실도 있으며 일본적십자사의 지원으로 전자레인지도 준비되어 있다. 전국에서 답지한 식품 및 이불도 있어 바로 생활이 가능한 상태이나 29일 현재 나미에마치(浪江町) 주민의 입주는 73세대로 200호 이상이 빈집인 상황이다.

미야기 현은 재해로 가족이 사망 또는 행방불명이 된 유족들에게 지불하는 의연금의 지급대상자를 확대하기로 했다. 새로이 대상에 포함된 사람은 희생자의 형제자매·조카이다. 그도 없을 경우에는 할머니·할아버지·사촌에게 지급한다(피해자 의연금은 사망·행방불명자 1명당 합계 50만 엔, 주택 전파 세대에 합계 45만 엔, 반파 세대에 합계 20~25만 엔을 각각 지급한다).

5월 30일(월). 제81일째

문부과학성은 후쿠시마 제1원전으로부터 북서로 약 33킬로미터 떨어진 후쿠시마 현 이이타테촌(飯舘村) 나가도로(長泥)의 3월 23일~5월 29일간의 누적 방사선량이 20.02밀리 시버트임을 발표했다. 20밀리 시버트를 넘은 곳은, 후쿠시마 현 나미에마치(浪江町) 아코지테시치로((赤字木手七郎)에 이어서 두 번째이다.

독일에서는 여당 3당이 국내 원전의 전체 폐기시기에 대해 협의했는데 '늦어도 2022년까지'를 목표로 폐기하기로 합의했다(독일의 원자력 전력 공급량은 약 24%이며 국내에 17기가 존재).

5월 31일(화). 제82일째

센다이 시가 '시市부흥비전'을 발표했다. 연안지역 및 땅이 꺼진 구릉지에는 집단이전을 권고하는 방침을 확고히 하고 계획기간은 2015년도까지로 5년간으로 하되 재원을 복권발매 등으로 확보할 예정이다.

아시나가 육영회育英會는 재해로 부모가 사망·행방불명이 된 어린이들을 지원하는 반납 불요의 특별일시금 신청이 1,000건을 넘었다고 발표했다.

동경전력은 후쿠시마 제1원자력발전소 사고에서 농수산물의 출하 제한 등으로 피해를 입은 이바라키 현과 도치키 현의 JA(농협)와 이바라키 현의 어협 3개 단체에 대해 합계 약 5억 엔의 가불금의 지급을 개시했다. 원전 사고로 농어업인에 대한 지불은 이번이 처음이다.

'계획적 피난구역'으로 지정된 후쿠시마 현 이이타테촌 등은 정부가 제시한 피난 완료일을 맞이하였으나, 주민 6,177명의 2할 이상에 해당하는 1,427명이 아직 피난하지 못하였다.

제1원전 사고로 폐로비용 및 피난한 사람의 소득보상 등의 처리비가 금후 10년간 최대 20조 엔에 달할 것으로 보이는 시산(농업·어업 피해 외에 오염된 토양의 정화비 등은 포함되지 않음)을 일본경제연구센터의 이와타 카즈마사(岩田一政) 이사장이 내각부 원자력위원회에서 제시했다. 처리비는 동경전력의 이익잉여금 외에 재처리사업 동결 등을 재검토하는 것에서 나오는 재원으로 출자 가능하다고 보고 "증세나 전기료 인상의 필요는 없다"고 말하였다.

동경전력은 제1원전 사고로 손해 입은 중소기업에 대해 250만 엔을 상한으로 배상금을 지불하기로 결정했다. 피난구역에서 영업하고 있던 7,500사(社)가 그 대상이다. 또한 피난한 약 5만 세대에게 가지불을 완료, 배상액은 총 470억 엔에 달했다.

5월 31일(화) 일본경찰청이 정리한 통계는 다음과 같다. 사망자 1만 5,281명/ 행방불명자 8,492명/ 피난자 10만 2,271명.

6월 1일(수). 제83일째
국토교통성이 피재자와 중형차 이상을 대상으로 한 동북지방 중심의 '고속도로 무료화'를 발표했다. 이는 6월 20일부터 시작될 예정이다.

'경계구역'인 후쿠시마 현 미나미소마 시와 카와우치촌(川內村)에서 차량을 구역 밖으로 가지고 가기 위한 일시 입장을 시작했다(희망주민 약 70명이 참가).

6월 2일(목). 제84일째

간 수상은 민주당 국회의원 모임에서 '일정 기간이 지난 이후'의 단계에서 퇴진할 의향을 표명했다(동일 밤 회견에서 간 수상은 "방사성물질의 방출이 거의 없어져 냉온정지 상태로 되는 것이 '일정 기간이 지난 이후'라는 의미"라고 언급했다). 그 결과, 자민당 등 야당 3당이 제안한 내각불신임안은 민주당 반집행부가 당의 분열을 회피하는 방향으로 움직여 부결되었다.

*동경전력의 수습공정표에서는 냉온정지 상태를 2012년 1월로 잡고 있다.

고베(神戶)대학의 이이즈카 아츠시(飯塚敦) 교수(지반공학) 그룹의 조사에서, 미야기 현 중부 연안지역으로부터 비소 화합물 등 3종류의 유해물질이 국가 기준치의 최대 2.2배가 검출되었음이 밝혀졌다. 쓰나미에 의한 토양 오염의 실태가 밝혀진 것은 이번이 처음이다.

일본정부는 잠정 규제치를 넘는 방사성 세슘이 검출됨에 따라 이바라키 현 전역과 가나가와 현·치바 현·도치기 현의 일부 지역에서 생산되는 차의 출하 정지를 지시했다. 차는 생잎, 건조된 황차, 끓는 물에서 추출한 음용 등에 따라 세슘의 농도가 달라지므로 어느 정도에서 규제를 가할 것인가에 대해 정부 내에서 조정이 진행되어 왔었다.

금년 봄의 햇차는 벌써 대부분이 황차荒茶로 가공된 상태인데, 후생성은 각 지자체에 재차 황차 검사를 요청했다. 이에 대해 시즈오카 현

가와카스 지사는 "황차의 검사는 과학적 근거가 없다"며 재차 정부의 검사 방침에 따르지 않을 의향을 밝혔다.

6월 3일(금). 제85일째

하토야마 유키오(鳩山由紀夫) 전 수상이 간(菅) 수상의 조기퇴진 부정에 대해 "불신임안이 나오기 직전에는 '그만 둔다'고 말하고, 부결되면 '그만 두지 않는다'라고 말한다. 사기범이 하는 말을 수상이 하면 안 된다"라고 강하게 비판했다. 나중에 사기범을 인용한 점은 사죄하기도 했다.

미야기 현이 '재해재부흥계획' 원안을 발표했다. 거주지의 고지대 이전을 추진하여 연안의 산업지역에 통근하는 '고지대 이전, 직주(職住, 직장·주거) 분리'와 간선도로와 철도를 높이 쌓아올린 구조로 바꾸어 제방의 역할을 갖출 수 있도록 하는 '다중방어'가 2대 핵심사항이다. 쓰나미 피해를 입은 연안지역 15시정市町은 '원형 복구에 의한 부흥은 매우 곤란하다'는 입장이다.

환경성이 '경계구역' 밖에 있는 23개 하천에서 실시한 방사성물질 농도 측정 결과를 발표했다. 전체 지점에서 물로부터는 검출되지 않았으나 강 밑바닥에 있는 모래로부터 방사성 세슘이 검출되었다. 가장 높은 미나미소마 시의 니이다가와(新田川) 키도우찌하시(木戸內橋)의 농도는 합계 3만 베크렐에 이른다.

시즈오카 현 가와쓰(川勝) 지사가 중앙정부 방침의 거부로부터 입장을 바꿔 황차荒茶와 제차製茶의 방사능 검사를 실시하도록 결정했다. 풍문(風評) 피해를 두려워하는 업계의 여론을 수용한 방침 전환으로 보인다.

한편, 가나가와 현은 '생잎과 황차를 같은 규제치로 하는 것은 과학적 근거가 없다'고 보고, 국가가 근거를 제시하지 않는 한 황차의 검사를 실시하지 않을 방침이라고 밝혔다.

동경전력은 후쿠시마 제1원자력발전소에서 복구작업을 한 사원 2명의 누적 피폭량이 최대 약 654~659밀리 시버트에 달할 것이라는 추계 결과를 발표했다. 사고 직후에는 마스크 착용이 불충분하여 고농도의 방사성물질을 포함한 먼지 등을 흡입했을 가능성이 있다고 보고 있다.

6월 4일(토). 제86일째

황태자 부부가 미야기 현을 방문했다. 야마모토초(山本町) 피난소에서는 마사코(雅子) 황태자비가 울고 있는 피재자의 손을 보듬고 격려하는 장면도 있었다.

동경전력은 후쿠시마 제1원자력발전소 1호기의 원자로 건물 1층 남쪽 동에서 수증기가 올라감에 따라 매시간 4,000밀리 시버트의 방사선량을 6월 3일 계측했다고 발표했다.

6월 5일(일). 제87일째

내각부에 따르면, 피해 입은 동북 3현에서 활동한 자원봉사자는 재해 당일로부터 6월 5일까지 약 3개월간 38만 7,900명(3현의 재해 볼런티어센터에 등록한 총수)에 이른다고 밝혔다.

이 밖에도 다른 루트에서 들어온 수만 명이 있으나, 합해도 고베 대지진의 3분의 1 정도에 불과하다. 피크였던 골든위크(4. 29~5. 8간)에는 5만 4,100명에 이르기도 했다.

6월 6일(월). 제88일째

후쿠시마 현 후타바초(雙葉町) 주민의 두 번째 일시 귀가가 있었다. 이번에는 사이타마 현 카스(加須) 시에 집단피난하고 있던 주민 약 30명도 처음 참가했다.

전부 '계획적 피난구역'으로 지정된 후쿠시마 현 이이타테촌(飯館村)에서, 주민에 의한 방범 패트롤 '이이타테 전촌全村을 지키는 대隊'의 활동이 시작되었다. 촌의 임시 직원으로 고용된 약 350명이 24시간 체제로 순회하였다.

'의연금 배당비율 결정위원회(사무국: 후생성)'에 따르면, 일본적십자사 등에 답지한 동일본대지진의 의연금은 약 2,514억 엔(6월 3일 현재)에 달한다고 한다. 그러나 지자체의 사무작업이 늦어지는 등으로 피재자에게 돌아간 것은 15%인 약 370억 엔에 불과하다.

후생성 집계에서 18세 미만의 '재해 고아'는 6일 현재 201명이며, 대부분이 친척과 생활하고 있다.

6월 7일(화). 제89일째

아직도 8,191명에 이르는 대지진 행방불명자에 대해 법무성은 사망신청 수리요건 완화를 전국의 기초지자체(市町村)에 통지했다. '사망'의 인정 수속을 간략화하는 것은 전후 최초의 조치이다. 호적법의 탄력 운용으로 피해자의 부담 경감을 최우선하겠다는 의도이다.

후생노동성 연구반이 모유 중의 방사성물질의 조사결과를 발표했다. 8현의 108명을 조사했는데 후쿠시마 현에 살고 있는 7명으로부터 미량의 방사성 세슘을 검출했다.

원자력발전소의 안전문제를 논의하는 'G20 각료회의'가 파리에서 개막되었다.

후생노동성은 동경전력 사원 2명의 피폭 문제로 후쿠시마 제1원전에서 노동안전위생법에 의거한 현장조사에 들어갔다.

6월 8일(수). 제90일째

후쿠시마 현 후타바초(雙葉町)가 민간 의연금 접수를 재개했다. 피난 중이던 주민이 아동매춘 및 포르노금지법 위반 용의로 경찰청에 체포되었음을 알고 6월 1일 이도카와(井戸川) 정장町長이 의연금 접수 거부를 표명하고 있었다.

자위대가 후쿠시마 현 내 행방불명자 탐색 활동을 종료했다. 지금까지 수용한 유체는 후쿠시마 현 내에서 537명(그중 후쿠시마 제1원전 반경 30킬로미터 권내에서는 62명)이다.

가설주택 입주율이 59%에 그치고 있음이 파악되었다. 총 33시정촌市町村에서 약 2만 225호가 완성되었으나, 입주가 끝난 곳은 1만 1,958호에 불과하다. 입주율 100%는 이와테 현의 미야코(宮古) 시, 히로노초(洋野町), 타노하타촌(田野畑村), 후쿠시마 현의 신치초(新地町) 등 4곳뿐이다.

후쿠시마 제1원자력발전소(1호기) 해수주입을 둘러싼 문제로, 동경전력은 독단으로 주입을 계속한 요시다(吉田) 현장소장을 6일부로 구두주의 조치를 내렸다고 발표했다.

동경전력은 시설 내부의 방사선량의 모니터링 결과의 일부가 공표되지 않았던 문제에 대해서 "데이터의 대부분은 손으로 쓴 것으로 조회작업 등에 시간이 필요하였다"고 설명했다. "은폐 의도는 없었다. 정보공개에 불충분한 점이 있었던 것에 대하여 사과를 드린다"고 해명했다.

문부과학성은 제1원전 20킬로미터 권외의 11개소에서 3월 하순~5월 상순에 채취된 토양으로부터 방사성 스트론튬 89와 90을 새롭게 검출했다고 발표했다.

6월 9일(목). 제91일째

정부의 '부흥구상회의'가 6월중에 공표할, 수상에게 올릴 '제1차 제언'의 초안을 내놓았다. 부흥 사업에서 국채를 발행하는 경우에 배상 재원으로서 소비세 등의 기간세(基幹稅, 소득세·법인세 등)의 증세를 요구하는 내용과 풍력·태양광 등 재생가능에너지의 도입 촉진을 명기했다.

후쿠시마 현 오오쿠마초(大熊町)와 후타바초(雙葉町)의 일시귀가에 152세대 253명이 참가했다. '경계구역'으로 일시귀가 대상자는 2만 7,843세대에 이른다. 5월 10일부터 6월 9일에 이르기까지 일시귀가 실시가 끝난 것은 1,941세대이다.

시즈오카 현은, 시즈오카(靜岡) 시 아오이(葵) 구區 와라시나(藁科)지구의 공장에서 만들어진 제차(製茶)로부터, 식품위생법의 잠정 규제치를 넘는 방사성 세슘이 검출되었다고 발표했다. 업자의 자주검사에서 파악되었다.

원자력안전위원회의 마다라메(班目) 위원장은 중의원 부흥특별위원회에서 "쓰나미가 예상을 넘는다 할지라도 제2·제3의 수단이 강구되지 않으면 안 되는데, 그것이 갖추어지지 않았던 점은 인재(人災)이다"라고 언급했다. 안전위원회가 결정한 각종 안전지침을 근본적으로 재검토할 생각을 재차 밝혔다.

6월 10일(금). 제92일째

이와테 현 리쿠젠다카다(陸前高田) 시가 가설주택 입주자를 대상으로 하는 식료물자 지급 중단을 결정했다. 전기·수도의 복구가 진전되고 의연금 지급의 계획도 수립되어 '자립생활이 가능한 환경이 갖추어졌다'고 판단한 결과이다.

미야기 현 미나미산리쿠초(南三陸町) 시즈가와(志津川)에서 파괴된 소형 어선의 가설수리장이 가동되었다. 일본 수산청에 의하면 태평양 연안에서 피해를 입은 소형 어선 2만 척 중 약 1,000척은 수리하면 쓸 수 있다는 결론을 냈다. 수리를 마친 '제1 미나미산리쿠마루(第一南三陸丸)'로 명명된 어선이 출항하기도 했다.

동경전력이 중소기업에 대한 가불금을 개시했다. 상한 250만 엔으로 첫날은 13사(社) 합계 1,900만 엔이 가지불되었다.

한편 간사이전력(關西電力)은 7월 1일~9월 22일간 평일 오전 9시~오후 9시에 기업 혹은 가정에 작년 여름 피크수요와 비교하여 15% 정도의 절전을 요청한다고 발표했다. 요청기간 중에는 전력 융통을 중지하는 것도 표명했다.

남성사원 2명의 피폭 문제와 관련하여 동경전력은 30대 남성의 피폭량이 643밀리 시버트였음을 발표했다. 긴급 시의 특례 250밀리 시버트의 2배 이상으로 원자력안전보안원은 동경전력에 엄중 주의를 내렸다. 후생성도 노동안전위생법 위반으로 두 번째 시정권고를 하였다.

6월 11일(토). 제93일째

재해 발생 3개월째인데도 '피해지 방치'라는 비판을 들을 정도로 국회가 기능을 다하지 못하고 있다. 고베대지진에서는 발생 3개월 후에 17개의 재해관련 법안이 성립되었으나, 이번에는 아직도 13개 법안이 남아 있고 부흥기본법도 약 1개월 만에 성립되었다.

한편 동경전력은 10일에 계획했던 후쿠시마 제1원자력발전소의 고농도 오염수 처리시스템의 통수通水시험을 연기하겠다고 발표했다. 방사성 세슘을 흡착한 설비의 사전조사에서 배관의 연결부분 등으로부터 물이 새어나가고 있던 점이 발견되었기 때문이다.

6월 12일(일). 제94일째

피해지의 잔해 처리에 대해 센고쿠仙谷由人 관방부副장관은 TV 보도프로그램에서 국가직할사업으로 하는 법 정비를 추진 중이라고 언급했다. 그리고 부흥재원에 관해 '소비세는 피해지에도 영향을 주므로 소득세·법인세에 부과하는 것이 맞다'고 부언했다.

동경전력이 후쿠시마 제1원자력발전소 1, 2호기 부근의 지하수로부터 방사성 스트론튬을 검출했다고 발표했다. 지하수로에서는 처음이며, 토양 중에 있었던 것이 빗물 등으로 흘러들어간 것으로 보인다.

6월 13일(월). 제95일째

내각부와 문부과학성이 '경계구역'과 '계획적 피난구역'을 대상으로 상세한 방사선량의 모니터링을 개시했다고 발표했다.

경제산업성 소관의 일본에너지경제연구소는 '모든 원전을 정지하고 화력발전으로 전력 수요를 대체할 경우, 연료비용 증가로 1개월 당 표준 가정 전기요금이 2012년도에는 2010년도의 실적과 비교하여 1,049엔 증가할 것이다'라는 시산試算을 정리해서 밝혔다.

문부과학성은 제1원전의 20킬로미터 권내에 있는 후쿠시마 현 오쿠마초(大熊町)의 두 곳의 토양에서 방사성물질 '큐륨'이 검출됐다고 발표했다. 그중 한 곳에서는 '아메리슘'도 검출되었다. 문부과학성의 조사에서 이런 방사성물질이 검출된 것은 처음이다.

원전 재개 여부를 묻는 이탈리아 국민투표에서 원전 반대표가 94.53%를 차지했다. 벨루스코니 수상은 "원전에 작별 인사를 하지 않으면 안 된다"는 코멘트를 남겼다.

6월 14일(화). 제96일째

국토교통성은 종래의 제방 정비를 중심으로 하는 대책은 불충분하다며 향후의 쓰나미 대책으로서 고지대로의 피난로 혹은 피난빌딩을 정비하는 '다중방어'에 의한 '마을 만들기'를 추진할 방침을 결정했다.

일본정부는 후쿠시마 제1원전 사고 손해배상의 범위를 정한 '원자력손해배상 지원기구법안'을 각의 결정했다.

농림수산성은 캐나다가 일본으로부터의 식품 수입규제를 13일부터 전면 해제했다고 발표했다. 약 40개 국가(지역)가 수입규제를 실시하고 있으나 해제는 캐나다가 처음이다.

일본증권협회의 마에 테츠오(前哲夫) 회장은, 동경전력의 주주 책임을 물어야만 한다는 여론에 대해 "동경전력의 90만 명의 주주는 (주가 하락 및 무배당으로) 큰 고통을 받고 있어 이미 주주책임을 충분히 받고 있다"고 반론했다.

환경성은 전국의 바다·호수·하천 등에 있는 해수욕장의 대장균의 수 등을 기준으로 한 종래의 지표와는 별도로, 방사성 세슘 농도의 지침서를 새로이 도입하기로 결정했다. 동경 도·치바 현·가나가와현·시즈오카 현 등 4도현(都縣)이 5~6월에 독자적으로 측정한 방사성물질 조사에서는 이상치는 검출되지 않았다.

동경전력은 후쿠시마 제1원자력발전소의 고농도 오염수 처리시스템의 시운전을 새벽에 개시했다고 발표했다. 10일에 시작할 계획이었으나 누수 및 프로그램 오류로 물이 흐르지 않는 등의 트러블이 계속되어 연기되어 있었던 상황이었다.

심각해지는 작업원의 내부 피폭에 대해 호소카와(細川) 후생노동성 대신은 내부 피폭이 1,000밀리 시버트를 넘는 작업원을 일에서 배제시키도록 동경전력에 지시했다.

6월 15일(수). 제97일째

동경(東京) 도都가 도내 약 100개소에서 방사선량 측정을 개시했다. 동경 도내 구시정촌區市町村이 희망하는 장소에서 도都건강안전연구센터 직원이 지표면과 지면으로부터 높이 1미터의 대기 중 방사선량을 측정한다.

후쿠시마 시는 시내의 초·중학교·보육소·유치원의 아동 및 학생, 총 3만 4,000명에게 누적방사선량을 측정하는 배지 형태의 선량계를 배부할 방침을 결정했다. 2011년 9월부터 계측을 시작하여 3개월간 실시할 예정이다. 선량계는 1개월씩 회수하여 연구기관에서 분석한다.

동경전력은 배상비용을 염출하기 위해 도내의 운동시설인 '동경전력 종합그랜드'를 동경 도 스기나미(杉並)구區에 매각할 방침을 협의하고 있다고 밝혔다. 동경전력의 자산매각처가 구체화된 것은 이번이 처음이다.

후쿠시마 제1원자력발전소에서 프랑스 원자력제조업체 '알레바' 사社의 오염수 처리시스템의 시운전을 시작했다.

＊오염수 처리시스템은 ①기름 분리장치(日 도시바社) ②세슘 흡착장치(美 큐리온社) ③제염장치(佛 알레바社) ④담수화장치(日 히다치社) 등으로 구성되어 있다.

6월 16일(목). 제98일째

미야기 현 미나미산리쿠초(南三陸町)의 수돗물은, 정수장 6곳 중 4곳이 피해를 입은 데다 바닷물이 섞여 염분 농도가 기준치를 넘어섰다. 수도관의 파손도 2킬로미터에 이르고 약 2,100세대 중 완전복구는 142세대만 이루어졌다.

한편 약 4,700명이 행방불명인 미야기 현에서 지방경찰 · 자위대 · 해상보안청 등이 육해공으로 '대지진 후 100일 집중수색'을 시작했다. 모두 약 4,000명이 6월 18일(토)까지 중점지구를 수색할 예정이며 첫날은 5명의 유체를 잔해로부터 발견했다.

동경전력의 경영실태 및 구조조정대책 등을 평가하는 제3자위원회 '경영재무조사위원회'가 열려 자산사정資産査定에 착수했다. 간 수상은 "국민부담의 최소화가 불가결"이라고 밝혀 철저한 구조조정에 의한 배상재원의 염출을 요청했다. 동경전력은 기업연금의 감액도 검토했으나 퇴직자들의 반발이 커서 실현은 불투명하다.

(독립행정법인)일본정부관광국(JNTO)이 5월 한 달간 방일訪日 외국인 여행자 수를 발표했다. 전년 동월 대비 50.4% 감소한 35만 8,000명으로 4월의 65.2% 감소에 이은 대폭감소를 보여주고 있다.

일본손해보험협회 스즈키(鈴木久仁) 회장은 대지진에 의한 지진 보험의 지불액이 6월 14일(화) 현재 9,745억 엔에 달한다고 발표했다. 고베 대지진의 지불총액 783억 엔의 12배가 넘는 1조 엔이 초과될 것이 확실시되고 있다.

정부의 원자력재해대책본부는 방사선량이 높은 '핫스폿(Hot Spot)'을 '특정피난권장지점'으로 지정하여 주민피난을 지원한다고 발표했다. 지정된 곳은 '경계구역'과 '계획적 피난구역' 외에 연간 피폭량이 20밀리 시버트를 넘을 가능성이 있는 곳이다. 이번 조사대상은 후쿠시마현 다테(伊達) 시의 료젠초(靈山町) 이시다지구(石田地區)와 카미오구니지구(上小國地區), 그리고 미나미소마(南相馬) 시의 하라마치구(原町區) 오와라지구(大原地區) 등이다.

문부과학성이 후쿠시마 제1원전으로부터 80~100킬로미터(일부는 120킬로미터) 떨어진 지역의 방사선 지도를 공표했다. 80킬로미터 떨어진 곳에서는 남쪽과 남서쪽으로 방사선량이 높은 지역이 확대되고 있음이 알려졌다.

가나가와 현이 황차(荒茶)의 방사성물질 검사를 결정했다. 이제까지 정부방침에 반발하였으나 '불안 해소를 위해 검사가 필요하다'는 생산자들의 여론으로 방침을 바꿨다.

일본상공회의소 오카무라(岡村正) 회장은 정기검사를 위해 정지 중인 원전에 대해 "(안전성에 대해) 국가가 책임지고 국민에게 설명하여 재가동하기 바란다"고 언급하며 재가동에 기대를 표명했다.

후쿠시마 제1원자력발전소의 오염수 정화시스템 시운전에서 세슘 흡착장치의 펌프 1대에 물이 번진 흔적이 발견되었다. 또한 펌프와는 별도로 '스킷'이라 불리는 설비 내에서 물이 새어나가고 있음이 발견되어 운전을 정지하고 복구 작업에 착수했다.

6월 17일(금). 제99일째

가이에다(海江田) 경제산업대신은 정기검사 후에도 운전재개 목표가

서지 않은 전국 각지의 원자력발전소에 대해 "전력수급 문제도 있으나, 그것은 정치가 판단해야 한다"고 하여 지방자치단체의 설득에 따르겠다는 생각을 표명했다.

한편 IAEA의 종합보고서(포괄보고서)가 나왔다. 보고서에서는 "일본의 복잡한 체제와 조직이 긴급 시의 의사결정을 늦추게 할 가능성이 있다"고 지적하였으며, '벤트작업'을 뒤로 미루어 원자로 건물에서 수소폭발이 일어났으며 원자로의 냉각도 늦어져 연료봉의 손상도 발생했다고 지적했다.

후쿠시마 현 미나미소마 시 야사와(八澤)초등학교에서 방사선에 대해 배우는 특별수업이 이루어졌다. 동 초등학교에서는 '긴급 시 피난준비구역'에 있는 하라마치(原町) 제2초등학교 등 5개 학교가 공간을 빌려 같이 수업하고 있었다. 카네타니 사토시(金谷哲) 교장은 "무엇이 옳고 자신의 안전을 위해 무엇이 중요한지를 배워 가정에도 전달해주기를 바란다"고 밝혔다.

정부는 1개월 전에 정리한 '원전사고 피해자 지원의 공정표' 실시 상황을 발표했다. '대체적으로 예상대로'라고 평가한 부분은 '계획적 피난구역'의 주민 피난과 가설주택 확보 2개 항목뿐이었다.

이와테 현 가마이시 시 오오타다코에초(大只越町) 소재 절(石應禪寺)에서 '신원불명자 합동장례식'이 열려 가족 등 약 300명이 참례했다. 가마이시에서는 6월 16일(목) 현재 866명의 유체 중 132명이 신원 불명인 상태이다.

동경전력은 후쿠시마 제1원자력발전소 사고 수습을 위해 개정한 '공정표'를 발표, 늦어도 2012년 1월 중순까지 원자로를 냉온정지하겠다는 방침이다.

6월 18일(토). 제100일째

간 수상이 액상화 현상 피해가 컸던 치바 현 우라야스(浦安) 시를 방문하여 "경우에 따라서는 3차 추경예산으로 대처해 나가겠다"고 언급했다.

한편 후쿠시마 현 미나미소마 시 교육위원회는, 시내의 유치원·보육원 내에서 국지적으로 방사선량이 높은 장소를 파악하는 '미니 핫스폿 지도' 제작을 시작했다.

동일본대지진 발생 100일째인 오늘, 각지의 피재지에서 위령제가 열렸다.

후쿠시마 제1원자력발전소의 오염수 정화시스템에 또다시 장애가 발생했다. 본격적으로 운전을 개시한 후부터 5시간이 지나 정지한 것으로 발표되었다. 시스템은 6월 17일(금) 오후 8시에 본격운전을 시작했으나 6월 18일(토) 새벽에 흡착장치의 스킷 표면을 계측하는 선량계에서 교환 기준을 넘는 수치가 계측되어 오전 0시 54분에 장치가 정지되었다.

6월 18일(토) 현재 일본경찰청이 정리한 통계는 다음과 같다. 사망 1만 5,475명/ 행방불명자 7,676명/ 피난자 11만 2,405명.

후쿠시마 제1원전 사고일정(2011. 3. 11~12. 31)

출처 : 하북신보사河北新報社

3월

11일(금)

14:46 M9.0의 거대지진 발생. 동경전력의 후쿠시마 제1, 2원전 총
7기가 자동정지.

15:27 원전에 쓰나미 제1파가 도달.

15:42 후쿠시마 제1원전 1, 2호기 외부전력 공급 상실.

16:36 동경전력이 원자력재해대책특별조치법原子力災害對策特別措置法
에 따라 긴급사태緊急事態를 정부에 통보. 국내 최초 케이스.

19:03 간 나오토(菅直人) 수상이 후쿠시마 제1원전에 대하여 처음으
로 '원자력긴급사태선언原子力緊急事態宣言'.

19:30 1호기에서 원자로 압력용기의 수위가 연료 하단까지 저하하

고 연료피복관의 손상이 시작됨.

21:23 후쿠시마 제1원전에서 반경 3Km 이내의 주민에게 피난 지시.

12일(토)

01:20 1호기의 원자로격납용기 내의 압력이 높아졌음을 동경전
력이 정부에 보고.

05:44 피난지시구역을 후쿠시마 제1원전 반경 10Km로 확대.

05:46 소방펌프에 의한 담수 주입을 개시. 간헐적으로 80톤을 주입.

06:00 1호기 대부분의 연료가 압력용기 하단부에 낙하.

07:40 동경전력이 후쿠시마 제2원전에서 비상 시의 냉각기능을 상
실하였다고 보고. 일본정부는 반경 3Km 이내의 주민에게 피
난 지시. 저녁에는 반경 10Km 이내로 확대.

10:17 1호기에서 격납용기 내의 증기를 분출하는 작업 개시.

14:14 1호기 주변에서 방사성물질인 세슘 검출 판명.

15:36 1호기의 원자로 건물에서 수소폭발. 4명이 부상.

18:25 피난지시 범위를 반경 20Km 이내로 확대.

19:04 1호기에 해수 주입을 개시.

13일(일)

20:31 동경전력 시미즈(清水正孝) 사장이 사죄의 기자회견.

14일(월)

07:00 후쿠시마 제1원전 부지 내에서 방사선량이 제한치를 초과
했기 때문에 긴급사태緊急事態를 정부에 보고하였다고 동경
전력이 공표.

11:01 3호기에서 수소 폭발.
경제산업성 원자력안전보안원은 반경 20Km 이내의 주민

들에게 옥내피난屋內避難을 요청.

13:25 2호기에서 원자로의 냉각기능이 상실되었다고 동경전력이 정부에 긴급사태緊急事態를 통보.

15일(화)

06:10 2호기의 원자로 격납용기의 압력억제 풀 부근에서 폭발음.

09:40 4호기의 원자로 건물에서 화재. 수소 폭발로 예측. 16일 이른 아침에도 동 장소에서 화재.

11:08 후쿠시마 제1원전 반경 20~30Km 주민에게 옥내피난屋內避難 지시(간 수상).

12:35 동경 내에서 대기 중에 미량의 방사성물질을 관측. 요코스카, 사이타마, 우쓰노미야 등 각 시市에서도 공기 중의 방사선량 상승.

17일(목)

09:18 자위대의 헬리콥터가 3호기에 담수 투하 개시. 총 4회.

19:35 자위대의 소방차가 3호기에 대해 지상에서 방수.

18일(금)

03:20 동경소방청이 긴급소방원조대를 파견.

17:55 원자력안전·보안원이 1, 2, 3호기 사고의 국제평가척도를 '레벨5'로 하는 잠정평가를 발표.

19일(토)

04:22 6호기의 비상용발전기가 복구됨. 그 외 5호기의 사용후연료 풀의 냉각개시.

16:15 에다노(技野幸男) 관방장관이 후쿠시마 현 우유와 이바라기 현 시금치에서 기준치를 넘는 방사선량이 검출되었다고 발표.

20일(일)

11:30 원전사고로 100밀리 시버트(mSv)를 초과하는 피폭자 7명이 발생했다고 동경전력이 발표.

14:30 5호기가 안정적인 냉온정지 상태가 됨.

15:08 2호기의 사용후연료 풀에 물 주입. 외부의 전원 수용 가능.

19:27 6호기가 냉온정지 상태가 됨.

21일(월)

14:30 원전 주변의 해수 취수에서 기준치의 126.7배에 해당하는 방사성 요오드와 24.8배의 세슘 검출.

18:00 정부가 후쿠시마, 이바라기, 토치기, 군마 4현에서 기준치를 넘는 방사성물질이 검출된 시금치 출하정지 지시.

22일(화)

10:35 3, 4호기에 외부전원 접속. 전체가 전력공급이 가능 상태.

22:43 3호기의 중앙제어실에서 조명 점등.

23일(수)

09:20 간(菅) 수상이 후쿠시마 현 지사에게 후쿠시마 현 생산 시금치 등의 섭취제한을 지시. 원자력재해특별조치법에 따른 최초 조치.

14:15 동경 도내 정수장에서 수돗물 1킬로당 210베크렐의 방사성 요오드 검출. 그 후 사이타마 현 카와구치 시와 이바라기 현 히타치 시에서도 동일하게 검출.

24일(목)

12:10 3호기 터빈건물의 지하에서 작업원 3명이 피폭. 그 후 지하의 수면에서 시간당 400밀리 시버트(mSv)를 계측.

25일(금)

01:30 원자력안전보안원이 3호기의 작업원 피폭에 대해 방사선 관리를 재검토하여 개선하도록 동경전력에 지시.

15:37 1호기에 해수에서 담수 주입으로 전환.

17:00 동경전력 부사장이 3호기에서의 피폭에 대해 관리상의 문제임을 인정함.

26일(토)

16:46 2호기의 중앙제어실에서 조명 점등.

27일(일)

11:15 방수구 부근에서 26일 채취한 해수에서 기준치 1,850배의 요오드 검출(원자력안전보안원 발표).

12:34 3호기의 사용후연료 풀에 방수.

28일(월)

12:00 3호기에서 피폭된 3명이 퇴원.

23:45 21일, 22일에 채취한 후쿠시마 제1원전의 부지 내 토양에서 '플루토늄' 검출(동경전력 발표).

29일(화)

13:55 방수구 부근에서 해수 채취. 농도 한도의 3,355배의 방사성 요오드를 검출.

30일(수)

13:05 사이타마 시의 슈퍼–아리나에 피난해 있던 후쿠시마 현 후타바초(雙葉町) 주민이 새로운 피난처인 사이타마 현 카스(加須) 시로 출발.

15:00 동경전력의 카츠마타 회장이 기자회견에서 사죄. 1~4호기의 폐쇄를 표명.

4월
2일(토)
09:30 2호기 취수구 근처의 피트에서 균열이 있고 오염수 바다 유출 확인.

16:25 유출 방지에 콘크리트 주입.

4일(월)
19:03 원전시설 내 오염수를 바다에 방출.

5일(화)
12:30 2호기 취수구 부근에서 2일 채취한 해수로부터 750만 배 '요소' 검출을 동경전력이 발표.

15:30경 이바라기 현 키타北이바라기 시에서 4일 채취한 까나리로부터 잠정기준치를 상회하는 방사성세슘이 검출되었다고 지방어협이 발표. 어개류漁介類 기준치 초과는 처음.

6일(수)
22:30 1호기에서 수소폭발 방지를 위해 원자로 격납용기에 질소 가스 주입 개시.

10일(일)
09:00 중기重機를 원격 조작하여 부지 내 잔해를 철거.

15:59 소형무인헬기 1~4호기 원자로 건물을 30분간 촬영.

11일(월)

10:45 바다의 방사성물질 확산을 방지하기 위해 실트펜스(汚濁防止膜)를 제방 근처의 바다 속에 설치.

12일(화)

11:00 후쿠시마 제1원전 사고의 심각성을 국제평가척도의 잠정평가에서 최악인 '레벨7'이라고 원자력안전보안원이 발표.

19:00경 후쿠시마 현 이이타테무라(飯館村)와 나미에마치(波江町)의 논에서 쌀농사 제한 기준치를 상회한 방사성세슘을 검출했다고 후쿠시마 현이 발표.

15일(금)

13:00 동경전력 시미즈(清水) 사장 회견. 배상금의 지불은 1세대 100만 엔, 단신세대 75만 엔으로 대상은 약 5만 세대라고 발표.

17일(일)

10:00경 3호기에서 미국제 로봇을 사용하여 원자로 건물 안의 방사선량과 온도를 측정하는 작업을 개시.

15:00 동경전력이 원자로 안정까지 6~9개월 걸릴 것이라는 공정표 발표.

22일(금)

00:00 원전 주변 20Km 권내를 주민의 출입을 금지하는 '경계구역警戒區域'으로 설정.

09:40경 방사성물질 누적량이 높은 지역을 '계획적피난구역計劃的避難區域', 20~30Km 권내에서 '계획적피난구역'에 포함되

지 않는 지역 대부분을 '긴급시피난준비구역緊急時避難準備區域'으로 지정한다고 발표.

25일(월)

15: 45 이바라기 현 JA그룹이 원전사고에 의한 소문피해(風評) 등으로 약 18억 4,600만 엔을 동경전력에 배상 청구한다고 발표.

27일(수)

09:00 후쿠시마 현 고오리야마 시가 시내에서 유일하게 방사선량이 옥외활동 제한 기준치에 달한 시립市立 가오루(薫)초등학교의 표토表土를 제거.

30일(토)

16:30경 이바라기 현 어업관계자가 잠정기준치를 초과한 방사성물질이 검출된 까나리 잡이의 금기종료今期終了를 표명.

5월

3일(화)

10:30경 육상자위대가 후쿠시마 제1원전 10Km 권내에서 자위대로서 처음으로 행방불명자 수색을 개시.

4일(수)

16:30경 일본정부가 출하를 제한하고 있던 후쿠시마 현 10시정촌市町村에서 생산된 시금치에 대해 출하정지를 처음으로 해제.

5일(목)

11:32 수소폭발 후 처음으로 1호기 원자로 건물에 작업원이 진입. 환기장치를 설치.

6일(금)

16:00경 일본정부 · 동경전력의 사고대책통합본부가 미국과 합동 측정한 지표 부근 방사선량 지도를 발표.

19:10 간 수상이 하마오카(浜岡)원전의 정지를 중부전력에 요청했다고 발표.

9일(월)

04:20경 동경전력 작업원과 원자력안전보안원 직원이 1호기 원자로 건물에 들어가 방사선량 등 측정.

17:30 중부전력이 하마오카원전의 정지를 수용함. 13일에 4호기, 14일에 5호기가 정지 예정.

10일(화)

11:30 피난 주민의 첫 일시귀가 실시. 주민을 태운 버스가 '경계구역警戒區域' 내 진입.

12일(목)

09:00경 동경전력이 기자회견에서 1호기의 멜트다운 가능성을 인정.

16:05 에다노 관방장관이 '경계구역警戒區域' 내의 가축은 원칙적으로 살처분하도록 지시했다고 발표.

15일(일)

13:15경 계획적피난구역計劃的避難區域'으로 지정된 후쿠시마 현 이이다테무라(飯館村)에서 피난 개시, 제1진은 64명.

17일(화)

17:30 동경전력이 후쿠시마 제1원전사고 수습을 위해 변경된 공정표를 발표. 수습목표 시기 변함없음.

일본정부도 포괄적인 사고에 대한 대응을 표시한 공정표工程表 발표.

24일(화)

80:30 동경전력이 2, 3호기도 멜트다운을 일으켜 원자로 압력용기 손상의 우려가 있다고 해석결과를 발표.

26일(목)

15:00 동경전력이 중단했다고 한 3월 12일의 1호기의 해수추입이 소장의 판단으로 '계속되고 있었다'고 발표.

28일(토)

12:00경 동경전력이 미공표 한 방사선량 데이터를 발표.

14:00경 후쿠시마 현에서 농지의 토양으로부터 방사성물질을 제거하는 실증 실험이 시작됨.

30일(월)

12:00 동경전력은 원전사고의 작업을 담당한 사원 2명이 피폭선량 한도인 250밀리 시버트(mSv)를 초과했을 가능성이 있다고 발표.

31일(화)

08:30경 '계획적피난구역計劃的避難區域'인 후쿠시마 현 이이다테무라(飯館村)에 아직 인구의 약 2할인 1,427명이 남아 있다고 발표.

6월

1일(수)

12:00 방일한 국제원자력기관(IAEA)조사단이 원전사고조사보고서

原電事故調查報告書 초안을 일본정부에 제출.

3일(금)

11:00　1~4호기 등의 오염수가 10만 톤 초과, 6월 20일에는 넘칠
우려가 있다고 동경전력이 발표.

4일(토)

11:00 동경전력이 1호기의 원자로 건물에서 최대 매시간 4,000밀
리 시버트(mSv)를 계측했다고 발표. 이번 사고에서 공간방사
선량으로는 최대.

6일(월)

15:00경　원자력안전보안원이 1~3호기가 멜트다운 되었다는 평
가결과 발표.

7일(화)

10:30　후쿠시마 제1원전사고의 사고조사검증위원회가 첫 회합.

19:55경 일본정부의 원자력재해대책본부가 IAEA에 제출한 사고
보고서事故報告書 발표: 원자력안전보안원의 경제산업성으
로부터 독립 명기, 1~3호기의 멜트다운(熔融貫通)의 가능성
도 언급.

17일(금) 고농도 오염수 처리시스템의 본격운전 개시.

27일(월) 순환주수냉각循環注水冷却 개시.

28일(화) 2호기 원자로에 질소가스 주입 개시.

동경전력 주주총회, 기요미즈(淸水) 사장이 퇴임.

30일(목) 3호기 풀(저장수조)의 대체순환냉각代替循環冷却 개시.

일본정부가 특정피난권장지점을 지정.

7월

14일(목)

20:00경 3호기 원자로에 질소가스 주입 개시.

사고 수습을 위한 공정표의 '스텝-1'이 거의 달성(냉온정지 상태를 목표로 한 '스텝-2'로 이행 예정).

8월

1일(월)

1, 2호기 사이의 배기통 부근에서 매시 10밀리 시버트 (mSv) 초과의 방사선량을 기록(부지 내의 방사선량에서 최고).

10일(수)

1호기의 사용후핵연료 풀에서의 순환냉각 개시. 1~4호 기의 풀의 안정냉각이 실현.

18일(목)

도시바 제조의 오염수정화 장치 '사리'가 운전 개시.

9월

11일(일)

터빈건물의 수위가 외부로 유출될 우려가 거의 없을 정 도에 달함.

19일(월)

호소노(細野) 원전담당대신이 IAEA 총회에서 '냉온정지 상태'의 실현 시기를 연내로 앞당길 예정임을 표명.

20일(화)

1일 200~500톤의 지하수의 터빈건물 등으로의 유입이 판명. 연내 오염수의 전량 처리는 단념.

28일(수)

1~3호기 모두에서 원자로의 밑 부분의 온도가 사고 후 처음으로 100도(섭씨)를 밑돎.

30일(금)

정부가 '긴급 시 피난준비구역'을 해제.

10월

7일(금) 저농도 오염수를 정화한 처리수를 원전부지 내로 살수散
水 개시.

27일(목) 식품안전위원회가 식품으로부터 받은 생애 누적방사선량
의 상한을 약 100밀리 시버트(mSv)로 한다는 답신을 정리.

28일(금) 원자력안전위원회 전문부회가 폐로 완료는 2041년 이후
가 될 것이라는 전망 공표.
1호기의 원자로 건물을 덮는 커버가 완성.
오염수가 지하에서 바다로 유출되는 것을 막는 '차수벽'
의 건설에 착수.

11월

2일(수) 동경전력이 2호기에서 소규모 임계의 가능성이 있다고
발표. 다음 날(11월 3일) 자발적 핵분열이라고 판명.

12일(토) 원전 부지 내를 사고 후 처음으로 보도진에 공개.

17일(목) 동경전력이 방출방사능을 매시 6,000만 벡크렐이라고
발표. 부지 경계의 연간 피폭량 0.1밀리 시버트라는 목표
(同 1밀리 시버트 이하)를 달성.

30일(수) 동경전력이 1호기의 연료 대부분이 격납용기에 떨어져
격납용기 밑의 콘크리트를 최대 65Cm 침식했다는 해석
결과를 발표.

12월

1일(목) 후쿠시마 제1원전 요시다(吉田昌郎) 소장이 병 요양 차 퇴임.

2일(금) 동경전력이 사내 '사고조사중간보고'를 발표, 가혹사고

대책이 불충분했다고 결론.

4일(일) 오염수 처리시설에서 물이 누수. 150㎖의 오염수가 바다로 유출.

16일(금) 노다(野田) 수상이 원자로의 냉온정지상태 실현을 선언(공정표의 '스텝-2'를 완료).

참고자료

1. 동일본대지진 '부흥구상회의復興構想會議 제언提言' 요지

1) 수상 자문기관 '부흥구상회의'(의장: 이오키베 방위대학교장)는 2011년 6월 25일 '부흥에 대한 제언-비참 속의 희망'을 간(菅) 수상(당시)에게 제출하였다. 이에 따라 일본정부는 동 제언 내용을 기초로 해서 정책 및 예산에 반영하였다.

2) '부흥구상회의 제언'의 주요내용은 다음과 같다

(1) 거대 쓰나미의 도래 시 이를 최소화하는 '감재'의 사고가 중요하며, 방파제 및 제2방파제로서 도로 및 철도노선의 성토구조를 조성하고, 주택의 고지대 이전 및 피난로 확보 등을 포함한 다중방어가 필요하다.

(2) 기초지자체인 시정촌이 부흥의 주체이며, 구역 및 기간을 한정하여 '특구特區' 수법을 활용하자.

(3) 부흥재원(총 14.1조~20조 엔)은 차세대에 부담시키지 말고, 임시증세조치로서 기간세(법인세·소득세·소비세 등)를 중심으로 다각적으로 검토하자. 다만 구체적인 세목 및 임시증세의 기간 등을 명시하지 않고 정부의 판단에 맡긴다.

(4) 후쿠시마 제1원전사고는 국가가 책임지고 수습하며 후쿠시마 현에 의료산업 및 재생가능에너지의 연구거점과 관련 산업의 집적을 지원한다.

＊ '부흥구상회의 제언'은 '①지역창조 및 부흥계획 ②생활 및 산업의 재생 ③원전사고의 피해지역 부흥 ④일본 국내 전체의 재생과 재해관련 대비'로 구성

3) 재난지역인 미야기 현·후쿠시마 현·이와테 현 등의 현지 지방자치단체의 요청을 상당부분 반영하였다.

그러나 미야기 현의 경우 쓰나미로 폐허가 된 어항漁港의 재건 방향을 둘러싸고 현과 어협이 서로 다른 입장을 보여 난항을 겪고 있다. 현은 기업의 참입을 허용하는 수산특구水産特區를 주장한데 반해, 기존의 어협漁協은 반대하는 입장이다. 정부정책으로 반영하여 현지에 적용시 난항이 예상된다.

또한 중앙정부로서는 상기 제언을 성실하고 신속하게 실행하는 것이 요구되고 있으나 필요한 재원의 확보 및 정치적인 리더십 등에서 제반 장애요소가 적지 않은 실정이다.

2. 동일본대지진 '부흥기본방침復興基本方針'
1) 일본정부는 2011년 7월 29일(금) 동일본대지진의 복구·부흥 청사진이라고 할 수 있는 '부흥기본방침'을 발표하였다. 그동안 일본정부

는 대지진의 재건사업을 재해지역의 복구와 지역재창조는 물론 중장기적으로 일본경제의 부흥으로 연결시킨다는 구상 아래 각계 전문가로 구성된 '부흥구상회의'(의장: 이오키베 방위대학교장)와 전 각료가 참여하는 '부흥대책본부'(본부장: 수상)가 중심이 되어 '부흥기본방침'을 준비해왔다.

대지진 발생으로부터 4, 5개월 만에 발표된 '부흥기본방침'은 정부 주도의 '부흥대책본부'가 민간전문가 중심의 '부흥구상회의'의 제언 (2011. 6. 25)을 기초로 마련되었다.

그런데 '부흥기본방침'은 피해지의 복구·부흥은 물론 국가에너지 전략을 수정하고 일본 경제의 회생으로 연결시키겠다는 의도가 반영되어 있다.

2) 주요내용은 아래와 같다(전문은 동일본대지진부흥대책본부 홈페이지 게재).

• 기본적인 사고

- 부흥을 담당하는 주체는 시정촌이 기본이며 국가가 기본방침을 제시하고 인재·노하우·재정 면부터 지원한다.

- 지자체가 자유롭게 재원을 사용할 수 있는 '교부금交付金' 제도를 창설하고, 규제·제도의 특례 및 경제적 지원이 일원화된 '특구特區' 제도를 창설한다.

• 부흥기간 및 재원 확보

- 향후 10년간 총 23조 엔을 투입한다. 특히 부흥수요가 많아지는 초기 2015년 말까지 5년간을 '집중부흥기간'으로 설정하고 19조 엔 (2011년 제1, 2차 추경예산 약 6조 엔 포함)을 투입한다.

- 부흥재원은 기간세(소비세·소득세·법인세 등)의 한시적인 증세 및 국

채와 별도의 부흥채권 발행 등을 검토한다.

－ 재원 확보의 기본적인 생각은 다음 세대에 부담을 넘기는 것이 아니라 현재 세대 전체가 연대하여 부담을 나누는 것을 기본으로 한다.

• 부흥지원체제

－ 신속한 사업 진행을 위해 가칭 '부흥청'을 설치한다.

－ '부흥청'의 전체상에 대해서는 2011년 내에 안을 마련하여 조속히 설치, 법안을 국회에 제출한다. 다만 '부흥청' 창설 시까지 '부흥대책본부'가 기획·입안·종합조정을 실시한다.

－ '부흥대책본부'는 매년도 실시상황을 공표한다.

• 중점시책

－ 피해지역을 재건하고 고용확대 등을 통해 지역경제를 활성화한다.

－ 피해지역에 일본 최대급의 태양광·풍력 발전설비의 설치를 촉진하고 재생가능에너지 관련 산업을 집적시킨다.

－ 후쿠시마 현에 방사성물질에 의한 오염을 제거하기 위한 연구거점을 둔다.

－ 전국적인 실시가 필요한 즉효성 있는 방재·감재 시스템을 확충한다(신속한 토지 이용을 위한 행정절차의 간소화 및 각 지역의 방파제 정비·대피로 확충 등으로 재해피해 최소화).

－ 국가에너지전략을 재검토하고 통합적으로 추진한다.

3. 중앙방재회의(전문조사회)의 지진·쓰나미 대책 보고안 요지

동일본대지진 관련 지진 및 쓰나미 대책을 검토한 '중앙방재회의 전문조사회'(좌장: 가와다, 河田惠昭 관서대학 교수)가 2011년 9월 28일(수) 결정한 최종 보고안 요지는 다음과 같다.

1) 동일본대지진 관련

• 이번 지진을 미리 예측하고 판단할 수 없었던 것은 과거 몇 백 년 동안 경험한 지진·쓰나미를 전제로 한 종래의 예측·판단 수법의 한계를 의미하므로 근본적으로 재평가되어야 한다.

• 869년 죠간(貞觀)산리쿠 앞바다(三陸沖)지진 등을 발생 확률이 낮다고 보고 도외시해 왔던 것은 반성할 필요가 있다.

• 금후 피해가 압도적으로 컸다고 생각되는 역사적인 지진을 충분히 고려해야 한다.

2) 방재대책에서 대상으로 하는 지진·쓰나미

• 향후의 예측·판단은 모든 가능성을 고려한 초대형급 거대 지진·쓰나미를 검토하는 데서 출발해야 한다.

• 큰 흔들림을 동반하지 않고 갑자기 쓰나미가 밀어닥치는 쓰나미지진을 예측·판단하는 경보와 피난 대책도 필요해졌다.

• 원자력발전소 소재 지역은 좀 더 상세한 진원지역 등을 조사·분석할 필요가 있다.

3) 쓰나미의 예측과 대책

• 초대형급 쓰나미를 대비한 해안(海岸)보전시설 정비는 비용과 해안 환경에 미치는 영향이라는 관점에서 현실적이지 않으며, 비교적 발생 빈도가 높은 쓰나미 높이에 대한 정비가 요구된다.

4) 피해 예측

• 긴 주기 지진동(長周期地震動)에 의한 초고층 빌딩의 피해 등 흔들림

의 주기와 피해 관계에 대한 조사 분석도 필요하다.

• 평야지역과 리아스식 해안지역 등의 지역성을 고려하여 발생 시기와 기상상황 등으로 인한 복수의 피해 시나리오를 검토할 필요가 있다.

5) 쓰나미 피해 경감대책

• 피해를 최소화하는 '감재減災' 사고 방식에 의거하여 대책을 강구해야 한다.

• 주민의 신속한 피난을 주축으로 침수 위험을 줄이는 토지 이용 및 해안海岸보전시설의 정비가 중요하다.

• 인적 피해의 경감은 주민의 피난이 기본이다.

• 쓰나미 경보는 과거 쓰나미 피해를 예시하는 것 등을 고려해야 한다.

• 모든 수단을 활용하여 쓰나미 경보를 전해야 하고 통신사업자와 협력하여 핸드폰에 쓰나미 경보를 일제히 문자로 송신하는 등 조기에 '전달수단의 다중화多重化'를 취할 필요가 있다.

• 소방단원들이 해안에 접근하여 피해를 입는 것을 막기 위해 해안의 쓰나미 감시시스템을 강화할 필요가 있다.

• 동일본대지진의 쓰나미의 발생 원인이라고 생각되는 해구海溝 부근의 상태를 정확히 파악하기 위해 해저에서도 지각변동을 직접 관측하여 플레이트 등을 조사할 필요가 있다.

• 5분 안에 피난을 완료하기 위한 '쓰나미 피난건물' 및 피난도로 · 계단 등을 정비하고, 피난건물은 최대급의 쓰나미에서도 견딜 수 있는 강도가 확보되도록 구조 기준을 재검토할 필요가 있다.

6) 흔들림 피해의 경감대책

• 건축물·교통인프라·라이프라인은 계획적으로 내진화耐震化에 착수하는 동시에, 긴 주기 지진동(長周期地震動)과 액상화液狀化 대책을 추진할 필요가 있다.

• 내진 보강의 필요성에 관한 계발啓發활동 강화와 재정측면 등의 지원방책에 대해서도 배려해야 한다.

7) 대규모 지진에 대비하여

• 이번 동일본대지진에서 광역적인 정전과 단수·행정기능의 상실 등 수많은 과제가 드러났다.

• 대지진 재해의 교훈을 충분히 반영하여 지진·쓰나미 대책을 입안하는 등 향후 방재대책 전반에 걸쳐 만전을 기해야 한다.

• 난카이(南海)플레이트의 거대 지진이 발생할 경우 입안 과정에서는 도카이(東海) 측에서 도로·철도·항만 정비 등 국토 전체를 그랜드 디자인의 관점에서 검토할 필요도 있다.

• 수도직하형首都直下型 지진의 경우는 수도 중추기능의 확보 및 광역대응체제 등의 강화가 필요하다.

4. 부흥청의 주요업무

1) 발족

• 동일본대지진으로부터 '부흥정책의 사령탑' 역할을 하는 부흥청이 대지진 발생 11개월 만에 2012년 2월 10일(금) 발족(2020년 3월 말까지 존속 예정)했다.

• 동일본대지진의 부흥을 추진하기 위해 각 성청에 걸쳐 있는 관련

사업과 정책을 일원적으로 통괄하는 정부조직으로 2011년 6월 부흥기본법에 설치근거가 인정되어 동년 12월 설치법이 성립되었다.

2) 조직체계

- 부흥 사업을 총괄하는 부흥청은 본부를 동경에 두고 산하기관으로 재해를 입은 이와테, 미야기, 후쿠시마 3현의 현청소재지에 부흥국(각각 30명 체제)을 설치한다. 또한 쓰나미 피해를 입은 연안지역 3현의 각 2개소에 지소를, 아오모리 현과 이바라기 현에 사무소를 설치한다.
- 부흥청(부흥상/부대신/정무관 및 상주직원 160명 체제)은 ①부흥시책의 기획 및 입안 ②부흥관련 예산을 재무성에 요구하여 각 성청에 배분 ③타 성청에 권고권한을 가진다.
- 직원은 총 250여 명으로 동경에 160명, 현지에 90명이 상주한다.

3) 주요 업무 및 역할

- 피재 지자체의 요망을 일원적으로 수용하여 신속히 대응하는 원스톱 행정서비스를 제공한다는 방침 아래 각 성청보다 상위기관에 위치시킨다.
- 재정지원의 핵심으로 창설된 부흥교부금은 2011년도와 2012년도 합계 약 1조 9,000억 엔을 확보(국토교통성, 농림수산성 등 5성이 관할하는 40사업 대상)한 상태이다.
- 주요 업무는 ①피재지 부흥관련 기본방침 기획, 입안 ②피재 지자체에 대한 규제완화 및 세제우대를 인정하는 '부흥특별구역(특구)' 인가 ③부흥사업 재원인 '부흥교부금' 배분 ④종적행정구조가 초래하는 비효율(부처 이기주의)을 최소화하면서 신속한 정책결정 등이다.

• 당면과제로서 ①주택재건 및 고지대 이전 ②쓰나미로 발생한 쓰레기의 광역처리 ③고용확보 ④피재자의 고립방지 및 심적 안정 ⑤원전사고 피난자의 귀환지원 등이 있다.

4) 기타 역할

• 2012년 3월 3일(토) '사업자재생지원기구' 설립: 지진피해로 인해 이중채무를 안고 있는 자영업자 및 농림수산업자를 대상으로 채권 보유 금융기관과 조정을 통해 일정기간 채무변제 유예 및 채무보증 등으로 사업재개 및 신규 사업을 지원한다.

• 2012년 4월 1일(일) 기업유치를 담당하는 '기업연대추진실' 설치: 기업유치를 희망하는 피재지자체와 신규입지를 검토하고 있는 민간기업의 중개역을 맡거나 기업이 진출하기 쉬운 사업 환경을 조성한다.

＊경제3단체로부터 파견된 직원이 멤버이며 금융·상사 등 폭넓은 업종으로 비상근 국가공무원으로 채용하며 20명 규모로 운용 예정이다.

5) 일본정부는 피재지의 부흥 상태를 점검하는 각료급회의 '부흥추진회의'(의장: 수상)와 전문가회의 '부흥추진위원회'(의장: 이오키베, 五百旗頭眞 방위대학장)를 설치하여 운용한다.

5. 후쿠시마 제1원전 사고관련 4개 보고서의 공통점과 차이점

동경전력의 후쿠시마 제1원전 사고와 관련하여 정부, 국회, 민간, 동경전력 등 4개 사고조사보고서가 사고 발생 500일이 경과하여 모두 발표되었다.

물론 4개 조사위원회는 방사능 수치가 높아 후쿠시마 제1원전의

1~4호기에 접근하여 현지조사 등을 할 수 없었으나 관계자 청문 등을 통해 다음과 같이 공통점과 차이점을 보였다. 일본경제신문(2012. 7. 29 일요일)은 아래와 같이 정리하고 있다.

【사고의 원인】

정부와 동경전력은 쓰나미에 의한 침수로 전체 전원이 상실되었다고 보고 있다. 그러나 국회사고조사위는 쓰나미에 앞서 지진에 의해 배관이 파손되어 원자로의 냉각수가 누출되었을 수 있음을 제기했다. 다시 말해 지진에 의한 손상이 없다고 확정적으로 말할 수는 없다는 입장이다. 민간사고조사위는 지진에 의한 기기의 변형 등은 발생하지 않았다고 판단했다.

【현장의 초동대처】

후쿠시마 제1원전과 제2원전은 불과 10킬로미터 정도 밖에 떨어져 있지 않다. 지진과 쓰나미로 재해를 입은 점은 같으나 피해는 큰 차이를 보였다.

이와 관련 정부사고조사위는 현장대응에서 차이가 있었다고 지적했다. 제1원전과 제2원전은 모두 쓰나미로 일부의 외부전원과 비상용발전기가 움직이지 않았다. 당초 움직였던 냉각장치가 멈추는 것에 대비하여 별도의 냉각장치로 대체할 준비가 필요했다.

제2원전에서는 원자로에서 증기를 빼고 감압하여 냉각수가 들어오기 쉽도록 한 이후 계속하여 냉각장치가 대체되었는지를 확인하고 있었다. 그 때문에 주수가 중단됨이 없이 무사히 냉온정지에 도달했다.

이에 반해 제1원전에서는 비상용복수기를 수동정지 했음에도 불구하고 작동하고 있다고 오인하여 주수가 중단되었다. 2호기에서는 간신히 작동하던 냉각장치를 너무 신뢰한 나머지 감압 및 별도의 주수 수단의 준비가 늦어졌다.

3호기에서도 감압이 늦어져 별도의 주수 수단을 준비하기 전에 냉각장치를 수동으로 멈추어 주수가 끊어졌다. 제2원전에 비해 사고대응에 '적절함이 결여되었다'고 비판했다.

국회사고조사위는 '현장은 최대한 노력하고 있었다. 태만이나 실수는 인정하기 힘들다'며 정부사고조사위에 의문을 제기했다. 과혹사고에 대한 준비가 없었고 교육훈련이 불충분했다는 등 동경전력의 조직적인 문제를 중시, 제2원전이 사고를 면한 배경에는 '미묘한 우연성도 있었다'고 기술하고 사고 발생은 '종이 한 장의 차이였다'고 기술했다.

국회사고조사위는 사고원전의 현장 판단에 동경전력 본점이 개입했다는 점도 제기했다. 2호기의 감압방법을 생각하고 있던 요시다(吉田昌郎) 제1원전 소장은 뚜껑(弁)을 여는 방법이라면 원자로의 수위가 낮아질 것이라고 우려, 벤트(증기배출작업)로 감압할 방침이었다. 그러나 마다라메(斑目春樹) 원자력안전위원장이 뚜껑(弁)을 여는 것을 제기하여 시미즈(淸水正孝) 동경전력 사장도 마다라메(斑目春樹) 원자력안전위원장의 의견에 따르도록 요시다(吉田昌郎) 소장에게 지시했다. 그 결과, 우려한 대로 수위가 낮아져 연료노출의 시기를 크게 단축시켰다.

동경전력사고조사위는 '운전조작에 필요한 지식은 가지고 있었다'며 훈련은 부족하지 않았다고 주장했다. 전원 상실로 상태 파악이 어려운 가운데 '대응은 현실적으로 곤란했다'며 조작 실패의 의문도 부정했다.

【동경전력의 체질】

정부, 국회, 민간 사고조사위가 비판한 것은, 동경전력이 사고원인으로 사용한 '상정 외의 쓰나미'라는 말이었다. 동경전력사고조사위는 '상정한 높이를 넘은 쓰나미의 발생은 생각할 수 없었다. 사고 발생은 막을 수 없었다'고 결론짓는데 반해, 정부사고조사위는 '동경전력은 근거 없는 안전신화를 전제로 하여 상정하지 않았으므로 상정 외였다'고 억지를 부리고 있다고 비판했다. 국회사고조사위도 '원전부지의 높이를 넘는 쓰나미가 도래할 가능성은 매우 낮다는 근거가 없음을 인식하고 있었다'며 '이번의 사고는 결코 상정 외라고 말할 수 없고 책임을 회피할 수 없다'고 단정했다. 민간사고조사위도 '상정 외'라는 말은 무책임한 자세라고 비판했다. 한편 동경전력사고조사위는 쓰나미의 높이 평가에 대해 국가기관의 심사에서도 이 정도의 수위에서 안전성은 충분히 확보할 수 있다고 인정했다고 강조했다.

또한, 정부 및 국회 사고조사위는 동경전력의 사고 이후 대응이 빈약했을 뿐만 아니라 동 사의 기업체질도 피해확대의 하나의 원인이었다고 비판했다. "스스로 생각하고 판단하여 사태에 임한다는 자세가 충분하지 않았다"(정부사고조사위), "리스크 관리의 사고방식에 근본적인 결함이 있다"(국회사고조사위)는 등의 비판이 이어졌다.

한편 동경전력사고조사위는 근본적인 원인에 대해 '상정한 높이를 초과한 쓰나미'라고 결론지어 자기비판에는 관대했다. 국회사고조사위는 과거에 동경전력이 에너지정책 및 원자력규제에 강한 영향력을 행사했으면서도 자기에게 화살을 돌리지 않고 행정기관에 책임을 전가했다고 언급했다. 특히 동경전력은 원자력규제와 관련 역대의 규제당국에 규제를 보류시키거나 부드럽게 하도록 강한 압력을 넣었으며, "규제당국인 원자력안전보안원은 동경전력의 포로가 되었다"고 단죄했다.

정부사고조사위는 동경전력의 이러한 행위에 대해 "사고로부터 1년 이상이 경과한 현시점에서도 여전히 사고원인에 대해 철저히 해명하고 재발방지에 힘쓰는 자세가 충분하지 않다고 말할 수밖에 없다"고 고언苦言을 했다.

【안전규제기관의 기능】

원자력 안전을 담당하는 원자력안전위원회와 원자력안전보안원은 사고 후 기능불능에 떨어졌다. 정부사고조사위는 안전보안원이 눈앞의 현안 해결에 쫓기다보니 과혹사고 대책 등 중장기적 과제에 대한 대응을 보류해 왔음을 문제시했다. 담당자가 2~3년 간격으로 이동하는 일본관청가의 관행에 따라 전문적인 기술능력의 축적이 행해지기 어려운 상황이 되었다고 지적했다.

국회사고조사위도 안전보안원은 전기사업연합회의 의견을 들어 과혹사고 대책을 취하지 않는 등 규제하는 측과 규제받는 측이 역전되었다고 분석했다. 안전보안원을 감시해야 하는 안전위원회의 존재에 대해서도 의문을 제기했다. 2006년 안전위원회가 원자력방재지침의 수정작업을 시작할 때 안전보안원장이 '잠자는 아이를 깨우지 말라'고 반대하여 그대로 방치했다.

안전보안원과 안전위원회에 의한 '더블체크' 체제가 2001년에 설정되었으나 안전보안원은 원자력 추진관청인 경제산업성에 소속되는 결과가 되어 발족 당시부터 추진과 규제를 분리해야 한다는 목소리가 있었다.

사고조사위가 제기한 안전행정의 문제점을 교훈으로 하여 2012년

9월 발족한 원자력규제위원회는 환경성에 소속되나 국가행정조직법 제3조에 의거 독립성이 높은 위원회로서 기능을 하게 된다.

【수상관저의 혼란】

각 사고조사위는 사고 발생 후 수상관저의 대응에 대해 초동대처의 지연, 의사소통의 서투름, 후쿠시마 제1원전에 대한 과잉개입이 나쁜 영향을 미쳤다고 분석했다.

초동대처 관련 정부 및 국회 사고조사위는 원자력긴급사태 선언의 지연을 비판했다. 발령 시기는 3월 11일 오후 7시 3분. 가이에다(海江田萬里) 경제산업성대신의 요청으로부터 1시간 이상이 지난 시간이었다. 간(菅) 수상이 원자로 상황 및 관련법령에 대해 계속해서 질문하여 발령이 즉각 인정되지 않았기 때문이다. 긴급사태 선언의 지연으로 피난지시 등이 늦어지는 원인의 하나가 되었다(국회사고조사위). 긴급사태 선언을 우선해야 했었다(정부사고조사위)는 비판이 뒤따랐다.

수상관저에서는, 각 성청의 국장급 간부가 모인 지하의 위기관리 센터가 아닌 지하 2층의 하나의 방과 5층의 수상집무실이 의사결정의 장소가 되었다. "성청의 정보가 들어오지 않아 충분한 정보가 없이 의사결정을 하지 않으면 안 되는 경우도 생겼다"(정부사고조사위), "물리적 거리가 신속·정확한 상황판단에 제약이 될 가능성도 있다"(민간사고조사위)는 비판이 이어졌다.

수상관저의 현장 개입으로 현장의 실태에서 멀어진 요구가 내려졌다고 각 사고조사위는 비판했다. 3월 12일 이른 아침 수상의 현지시찰에 대해서는 대리파견 등 문제가 적은 방법을 취했어야 했다(정부사고조사위)는 비판이 있었다. 또한 원자로 냉각을 위한 해수주입과 관련해서 수상이 해수로 대체함에 따라 재임계가 우려되는 시점에 연락 역할을 했던 다케쿠로(武黑一郎) 동경전력 펠로우가 현장에 일시 중지를 지시한 것에 대해 요시다(吉田昌郎) 소장은 (국회사고조사위의 청문에서) "지휘계통이 사리에 맞지 않았다"고 증언했다.

간(菅) 수상이 3월 15일 새벽 동경전력 본점을 방문하여 자신이 본부장이 되는 '정부·동경전력통합대책본부'를 설치한 것에 대해 민간사고조사위는 (긍정적으로) 평가한 반면, 정부사고조사위는 '이번의 사례가 보편적인 선례는 아니다'라는 견해를 보였다.

동경전력의 전면철수 문제와 관련해서는, 전면철수의 근거를 찾을 수 없는 수상관저의 오해이다(국회사고조사위), 전면철수를 부정한 동경전력의 주장에 충분한 근거가 있다고는 말하기 어렵다(민간사고조사위), 정부와 동경전력의 차이점은 당시 동경전력의 충분한 해명이 정부에 도달하지 않았다(정부사고조사위)는 입장을 보였다.

【SPEEDI(긴급 시 신속 방사능영향 예측시스템) 활용】

원전사고 시 방사성물질의 확산을 예측하는 긴급 시 신속 방사능영향 예측시스템(SPEEDI)에 대해 정부 및 민간 사고조사위는 '주민 피난에 활용은 가능했다'고 판단했으나, 국회사고조사위는 '활용은 곤란했다'고 결론짓고 모니터링 체제의 정비와 방사선량 관측지점 증설이 유효하다고 분석했다.

후쿠시마 제1원전 사고에서는 '긴급 시 대책지원시스템'(ERSS)이 쓰나미로 사용할 수 없게 되어 계산의 기초데이터를 입수할 수 없어 SPEEDI를 관리하는 원자력안전기술센터는 매시간 1벡크렐의 방사성물질의 방출이 있었다고 가정하여 계산했다.

정부사고조사위는 가정에 기초한 계산이라도 '방사성물질의 확산 방향과 상대적인 분포량을 예측하고 있었다'고 지적, '정보가 제공되었다면 지자체와 주민은 보다 적절히 피난의 타이밍과 방향을 선택할수 있었다. 활용의 여지가 있었다'는 입장이다.

방사성물질은 2011년 3월 15일에 후쿠시마 제1원전으로부터 북서방향으로 확산되어 후쿠시마 현 이타테무라(飯館村) 등에서 높은 방사선량이 관측되었다. 그러나 이런 사실을 알지 못했던 주민 가운데는 원전의 북서방향으로 피난했던 사람들도 다수 있었다. 계산 결과가 처음으로 공표되었던 것은 사고로부터 12일이 지난 3월 23일이었다.

민간사고조사위도 '일정의 판단재료로서 이용하는 것은 가능했다. 불확실성이 남는다고 해도 주민의 피폭을 저감시키기 위해 최대한 활용하는 자세가 필요했다'고 지적, 계산 결과를 받았던 원자력안전보안원과 문부과학성 등 관계기관의 대응을 비판했다(과거 30년간에 걸쳐 SPEEDI의 개발에 지금까지 120억 엔이 투입되었으나 정작 필요한 시기에 활용되지 못했다고 부언).

한편 국회사고조사위는 '실제로 방사성물질이 방출된 시간이 불명확한 경우는 어떤 계산결과를 피난에 활용할 지 판단할 수 없다'고 의문을 제기하고 '국지적인 강설·강우 등의 예측의 정확도에는 한계가 있다'고 지적, '피난구역 설정의 근거로 활용할 수 있는 가능성이 없이, 사상事象의 진전이 급속한 이번 사고에서는 초동의 피난지시에 활용하는 것은 곤란했다'고 결론지었다.

【피난의 지시】

정부의 피난지시에 대해 동경전력을 제외한 3개 사고조사위는 모두 부적절했다고 비판했다.

일본정부는 2011년 3월 11일 원자력긴급사태선언을 발령하고 후쿠시마 제1원전으로부터 반경 3킬로미터 권내에는 피난을 지시. 그 후 1호기의 수소폭발이 일어난 익일(3월 12일)에는 피난범위를 10킬로미터 권, 20킬로미터 권으로 확대했다. 더욱이 4호기의 수소폭발 등이 일어난 3월 15일에 20~30킬로미터 권내에는 옥내피난을 지시했다.

정부가 피난·옥내퇴피의 범위를 몇 번이나 확대한 것에 대해, 국회 사고조사위는 다수 주민이 복수의 피난을 강요받고 '높은 방사선량 지역이라는 것도 알지 못하고 피난한 주민도 있었다'고 지적, '정부는 주민 개인에게 피난여부의 판단을 완전히 맡겨버리는 등 국민의 생명과 신체를 맡을 책임을 포기했다고 판단할 수밖에 없다'고 강하게 비판했다.

또한 3월 12일에 후쿠시마 제2원전으로부터 10킬로미터 권내에도 피난지시를 발령한 것에 대해, 제2원전은 비교적 안정되어 있어 결정 과정에서 문제가 있었다고 판단했다. 오쿠마마치(大熊町) 소재 후타바(雙葉)병원에서 누워만 있는 환자의 구출이 지연되어 다수의 사망자를 초래한 사태도 부적절했다고 말할 수밖에 없다고 비판했다.

민간사고조사위는 정부의 최초 피난지시가 긴급사태선언으로부터 2시간 반 후로 지연되었다는 지적에 대해, 가능한 빠른 시기에 발령했어야 했다고 지적, 수상관저 내의 정보전달 부족을 해결하는 것이 필요하다고 제언했다.

3개 사고조사위는 정보전달의 실태에 대해서도 모두 비판했다. 원자력안전보안원이 노심용융의 표현을 일단 기자회견에서 사용하였기 때문에 수상관저의 지시로 언급을 피하려고 했다는 것을, 국회사고조

사위는 '정부의 공표내용의 신뢰성을 저하시켜 필요 없는 억측을 초
래한 하나의 원인이 되었다'고 강조했다.

정부가 '방사선은 곧바로 인체에 영향이 없다'라는 표현을 많이 사
용한 것이나 '있다고도 없다고도' 라는 표현은 긴급시의 홍보로서 피
했어야 했다(정부사고조사위)고 비판했다.

문부과학성이 2011년 4월 19일, 공간방사선량이 매시간 3.8마이크로
시버트(연간 20밀리 시버트 상당) 이상인 교정 등에서의 활동을 1일 1시간으
로 제한한 것도 '피폭의 저감조치를 고려하지 않았던 문부과학성의 태
도에서 비롯된 것으로 문제가 있었다'(국회사고조사위)고 비판했다.

6. 후쿠시마 제1원전 정부사고조사위원회 중간보고서(요지)

1) 일본정부가 주도한 '동경전력 후쿠시마 제1원자력발전소 사고조
사·검증위원회(위원장: 하타케무라畑村洋太郎, 동경대 명예교수)'는 2011년 12
월 26일(월) '원전사고조사 중간보고서'를 발표하였다.

2) **핵심내용은 다음과 같다.**

– 정부의 의사결정 과정에서 수상관저 내의 5층(관계부처 각료와 동경전
력 관계자 집결)과 지하(위기관리센터에 모인 관계부처 실무자급 긴급참여팀)간 정보
교환이 불충분했다.

ㅇ 방사능이 다량 배출되었던 기간(2011. 3. 11~3. 15)에 SREEDI(긴급 시 신
속 방사능영향 예측네트워크시스템)가 가동되었음도 불구하고 국민홍보에 대
한 인식이 부족하여 시산 결과를 공표하지 않는 등 충분히 활용되지
못했다.

– 동경전력은 1호기에서 비상용 복수기復水器가 정지되었음에도 불

구하고 가동되고 있다고 잘못 판단하여 주수注水 대응이 지연되었고, 3호기에서는 대체수단을 확보하기 전에 고압 주수계를 수동 정지하여 원자로 냉각이 지연되어 노심용융(Melt Down)에 이르렀다.

– 노심용융 및 방사선이 건강에 미치는 영향에 관한 정보의 공표가 늦어졌고 정부 측의 설명이 애매했다. 그리고 동경전력과 정부기관의 쓰나미 및 전원상실 등에 관한 대책이 매우 불충분했다.

– '예상 밖'의 사건이 발생할 수 있다는 인식이 필요하다. 다시 말해 후쿠시마원전사고는 '예상 밖'의 사건에 어떻게 대응할 것인가에 대한 중요한 교훈을 시사한다. 만에 하나라고 예상되는 재해에 대해서도 '예상 밖'이라고 무시하지 말고 예방대책을 세워야 한다.

3) 주요 내용은 아래와 같다(출처: 2011. 12. 27.(화) 요미우리신문).

【후쿠시마 제1원전 사고 관련 일본정부의 중간보고 요지】

1) 사고 발생 이후 정부 제諸기관의 대응상 문제점
(1) 원자력재해 현지대책본부의 문제점
▽ 오프사이트센터의 기능 불능

원자력재해대책특별법(소위 원재법原災法) 및 정부의 원자력재해대책매뉴얼의 예정된 재해대응에서는 원자력재해가 발생한 경우, 긴급사태 응급대책의 중심이 되는 것이 사고현장 부근에 설치된 원자력재해 현지대책본부로 되어 있다. 그 설치 장소로서 상정된 것이 현지긴급사태응급대책 거점시설(오프사이트센터)이다.

후쿠시마 제1원자력발전소의 오프사이트센터는 발전소로부터 약 5

킬로미터 떨어진 장소에 설치되어 있으나, 이번에는 충분한 기능을 발휘하지 못했다. 이번 사고에서는 교통기관이 끊어져 요원들이 집결하는데 지장이 있던 점, 지진에 의한 통신 인프라의 마비, 정전·식량·물·연료 부족 외에도 시설에 방사성물질을 차단하는 필터가 설치되어 있지 않아 방사선량이 상승하여 철수하지 않으면 안 되는 상태에 이르렀다.

시설(오프사이트센터)의 구조가 방사선량의 상승을 고려하지 않았던 것에 대해서는, 2009년 2월 총무성의 권고안에 지적되어 있으나 경제산업성의 원자력안전보안원은 에어필터 설치 등의 조치를 강구하지 않았다.

(2) 원자력재해대책본부의 문제점

▽ 수상관저 내의 대응

원자력재해가 발생할 경우 응급대책을 추진하기 위해 수상을 본부장으로 하는 원자력재해대책본부가 수상관저에 설치된다. 또한 긴급사태가 발생할 경우, 각 성청의 국장급 간부 직원들은 긴급참여 팀으로 관저 지하의 위기관리센터에 모이도록 되어 있다. 동 팀은 각 성청이 가지는 정보를 신속히 수집하여 기동적으로 의견 조정을 실행해야 한다.

사고에 대응하는 의사결정이 행해지는 곳은 주로 관저 5층이었다. 여기에는 관계각료 외에 원자력안전위원회 위원장 등이 참여하고 동경전력 간부도 호출되어 동석하였다. 그러나 이곳에서 이루어진 논의 과정과 경위를 지하에 있던 긴급참여 팀은 충분히 파악하지 못했다. 정부가 총력을 기울여 대응하여야 할 시점에서 관저 5층과 지하의 긴급참여 팀 간의 커뮤니케이션은 충분히 이루어지지 못했던 것이다.

▽ 정보 수집의 문제점

원자력재해대책 매뉴얼에서는 이번과 같은 사태가 발생할 경우, 원자력 사업자는 경제산업성 긴급시대응센터(ERC)에 사고 정보를 보고하여 ERC를 경유하여 수상관저에 정보가 전달되도록 하고 있으나, 이번 사고에서는 이러한 정보의 입수 · 전달 루트가 충분히 기능하지 않았다.

ERC에 참여한 보안원 등의 멤버는 정보의 입수 · 전달에 신속함이 결여되어 있다고 인식하면서도, 동경전력이 활용하고 있던 TV회의시스템 설치를 생각해내지 못하고 직원을 동경전력에 파견하는 것도 없이, 적극적인 정보 수집을 시행하지 못했다. 최신 정보의 입수는 신속 · 정확한 의사결정의 전제이며 국민에 대한 정보 제공이라는 점도 포함하여 큰 과제를 남겼다.

(3) 남은 과제

원자력 재해에 대응하기 위해 원자력재해대책법이나 원자력재해 매뉴얼이 정비되어 있으나, 이번 사고는 기존의 매뉴얼 및 예상하고 있던 조직이 충분히 기능하지 않은 상황에서 매뉴얼에는 정해지지 않은 '후쿠시마원자력발전 사고대책통합본부'가 설치되었다.

왜 매뉴얼대로 재해대책이 진행되지 못하였는가. 수상관저의 위기관리 대응의 어디에 문제가 있었는가에 대해서는, 앞으로 관계자로부터의 청취를 계속하여 최종 보고에서 다룰 예정이다.

2) 후쿠시마 제1원자력발전소에서의 사고 후 대응에 관한 문제점
(1) 1호기의 비상용 복수기(IC) 동작상태의 오인

1호기는 쓰나미 도달 후 얼마 되지 않아 모든 전원을 상실하여 페일

세이프(Fail Safe) 기능에 의해 IC 격리변隔離弁이 전폐 혹은 그에 가까운 상태가 되어, IC는 기능 불능에 빠지고 말았다고 생각된다. 그러나 당초 IC는 정상으로 동작되고 있다고 오인되어, 적절한 현장 대처가 행해지지 않았다.

그 후 당직자는 제어판의 상태표시등의 일부 복귀 등을 계기로 'IC가 정상적으로 작동하고 있지 않을 수도 있다'는 의혹을 갖게 되었고 IC를 정지하였다. 이 자체는 틀린 진단이라고 말할 수 없으나, 발전소 대책본부에로의 보고 및 상담이 불충분했다. 한편, 발전소 대책본부와 본점 대책본부는 당직자로부터 보고 및 상담 외에도 IC가 기능 불능에 떨어졌다는 것을 알 수 있는 기회가 있었으나, 결국 알지 못하고 IC가 정상적으로 작동하고 있다는 인식을 바꾸지 못하였다.

이 경위를 보면, 발전소 대책본부로부터 본점 대책본부에 이르기까지 IC의 기능에 대해 충분히 숙지하였다고는 볼 수 없으며, 이러한 현상은 원자력 사업자로서 매우 부적절한 것이다.

IC가 기능불능에 빠짐에 따라 1호기 냉각에 1초라도 빨리 대체주수代替注水가 요구되었고 주수를 가능케 하기 위한 감압 조작이 필요했다. IC의 작동상태 오인은 대체주수 및 격납용기 벤트(증기배출)의 실시에 이르기까지 시간을 필요로 하기 때문에 노심냉각을 지연시킨 큰 요인이 되었다고 생각된다.

(2) 3호기 대체주수에 관한 서투름

3호기에 대해서는, 운전범위를 밑도는 낮은 회전수回轉數에서 장시간 고압 주수계(HPCI)를 운전하고 있었기 때문에, 당직자는 HPCI에 의한 충분한 주수가 되지 않았다는 점을 생각하여 3월 13일 오전 2시 42분경 HPCI를 수동으로 정지하였다. 이때에 당직자는 충분한 대체주수 수단이 확보되지 않음에도 불구하고 배터리 고갈 리스크를 과소평가하여, 결과적으로 대체주수를 위한 감압 조작에 실패하였다.

이런 조치에 관한 판단은, 당직자와 발전소대책본부 발전반의 일부 스태프만으로 행해져 간부사원의 지시를 기다리지 못했으며, 발전반의 간부사원에 대한 사후 보고도 늦어졌다. 이런 경위는 위기관리 측면이라는 점에서 문제가 되며, 결과적으로 13일 오전 9시 25분경까지 대체주수가 실시되지 않았던 점은 굉장히 유감이라고 말하지 않을 수 없다.

또한, 전체 교류전원 상실이란 상태에서 HPCI의 작동에 필요로 하는 배터리의 고갈에 대해 걱정하지 않으면 안 되었다. 그러한 경위가 있다면 발전소대책본부로서 소방차를 이용한 조기 대체주수가 가능하지 않았을까 하고 생각해본다. 그러나 동 본부는 전원 복구에 의한 붕소수 주입계로부터 주수를 하는 중기적인 대책은 준비하고 있었으나, 3호기 당직자로부터 HPCI 수동정지 후의 트러블 연락이 있기까지 소방차에 의한 대체주수는 행하지 않았다. 동 본부의 3호기 대체주수에 대한 필요성과 긴급성에 대한 인식의 결여가 적절한 대응을 지연시켰다고 본다.

3) 피해 확대를 방지하는 대책의 문제점
(1) 초기 모니터링에 관한 문제

모니터링에 의한 방사선량 측정 데이터는 주민의 방사선량 피폭 방지와 피난의 대응에 불가결하다. 그러나 이번 사고에서는 모니터링 지점이 쓰나미에 유실되거나 정전으로 사용할 수 없게 되는 등, 앞서 발생한 지진 및 쓰나미의 영향으로 충분한 모니터링이 불가능한 상태가 되었다. 또한 초기 대응에서 측정 데이터의 활용에 혼란이 보였다. 특히 데이터 공표와 관련해서 정부는 신속히 공표하려는 자세가 부족했다.

(2) SPEEDI 활용상의 문제점

'긴급 시 신속 방사능영향 예측네트워크시스템'(SPEEDI)도 지역 주민의 방사선량 피폭 방지와 피난을 위해서 중요한 역할을 해야 하는데 이번 사고에서 피난 지시가 떨어졌을 때에 SPEEDI가 활용된 적은 없었다.

이번 사고에서는 지진의 영향으로 데이터 전송회선을 쓸 수 없게 되어 SPEEDI의 계산을 전제로 한 방출원 정보가 얻어지지 않아 방사성물질의 확산을 예측할 수 없었다. 그러나 단위량의 방출을 가정한 계산 결과는 얻을 수 있어서, 지금과 같은 계산 결과를 얻게 되었다. 이 계산 결과는 방사성물질의 확산 방향이나 상대적 분포량을 예측하는 데 불과했으나 이 정보가 제공되었다면 주민은 보다 적절한 피난 경로나 방향을 선택할 수 있었을 것이다.

이번 사고에서는 현지대책본부가 기능 불능에 빠져 원자력재해대책본부 또는 안전보안원이 국민에게 SPEEDI를 활용해 정보를 제공해야 했지만 원자력재해대책본부와 안전보안원에서는 SPEEDI 정보를 홍보하려는 발상조차 하지 않았다. SPEEDI를 소관하는 문부과학성도 마찬가지로 생각조차 하지 않았다. 또한 3월 16일 이후 SPEEDI의 활용주체에 대해 문부과학성과 원자력안전위원회 간에 입장이 정리되지 않은 채로 사태가 발전하여 SPEEDI에 의한 계산 결과 공표가 늦어지는 원인이 되었다.

금후에는 피해 확대를 방지하고 국민이 납득할 수 있는 유효한 정보를 신속하게 제공할 수 있도록 SPEEDI 시스템 운용상의 개선조치를 강구할 필요가 있다.

(3) 주민 피난의 의사결정과 현장의 혼란을 둘러싼 문제

국가의 피난 지시는 수차례에 걸쳐서 이루어졌으나, 그 내용은 관저 5층에 모인 일부 성청(관계부처) 간부나 동경전력 간부의 정보·의견만을 참고로 하여 결정되었다. 이러한 결정에서, SPEEDI의 소관 관청인 문부과학성의 관계자가 관저 5층에 상주한 흔적은 없고, SPEEDI에 대한 지혜를 살릴 기회도 없었다. 실제로는 SPEEDI를 완전한 상태에서 활용할 수는 없었으므로 피난범위에 대한 결론은 변함이 없으리라 생각되나, 피난 대책을 검토할 때에 그것을 활용하는 시점이 결여되었다는 문제점을 지적하지 않을 수 없다.

국가에 의한 피난지시는 대상구역으로 지정된 지방자치단체 전부에 신속히 전달되지 못했으며 그 내용도 상세하지 못했다. 각 자치단체는 충분한 정보를 얻을 수 없는 채로 피난방법을 결정하지 않으면 안 되었다. 이번과 같은 사태에서 준비해두어야 할 점은 다음과 같다.

①중대한 원자력발전소 사고가 발생할 경우 방사성물질이 어떻게 확산될 것인지 또한 피폭에 의한 건강피해에 대하여 주민이 기본적인 지식을 얻을 수 있도록 계몽활동이 필요하다.

②지자체는 실제에 가까운 피난훈련을 실시해야 하며 주민도 진지한 자세로 훈련에 임할 수 있도록 하여야 한다.

③수만 명의 규모로 주민들이 피난할 경우도 있음을 염두에 두고 교통수단의 확보, 원거리에 있는 피난장소의 확보에 대해 구체적인 계획을 입안하는 등의 준비를 평상시에도 해둘 필요가 있다. 특히 의료기관·양로원·자택의 사회적 약자의 피난에 대해서도 대책을 강구

할 필요가 있다.

(4) 국민 · 국제사회에 대한 정보제공에 관한 문제

국가의 국민에 대한 정보제공 방법에서 진실을 신속하고 정확하게 전달하고 있지 않다는 의문과 의심을 들게 하는 요소들이 매우 많았다. 노심의 상태(특히 노심용융)나 3호기의 위기 상태에 관한 정보제공 방법, 또한 방사선이 인체에 미치는 영향에 대해 "지금 당장은 인체에 영향을 미치지 않는다"고 하는 등 알기 어려운 설명이 반복되었다.

정보의 전달 및 공표가 늦어지거나 설명을 애매하게 하는 경향을 보인 것은 비상재해 시의 리스크 커뮤니케이션의 방식에서 적절치 못했다고 말할 수 있다. 또한, 주변 국가에 사전 설명을 하지 않은 채, 오염수를 해양에 방출하기로 결정하고 당장 실시했던 것은 조약을 위반한다고 말할 수는 없어도 여러 나라의 불신감을 초래한 측면이 있다.

4) 부적절한 사전의 쓰나미 · 시비어 엑시던트(과혹사고) 대책

(1) 부적절한 쓰나미 · 과혹사고 대책

1) 쓰나미 상정의 문제점

① 규제 관계기관

원자력안전위원회는 2001년 7월, 내진지침검토분과회에서 내진설계심사지침의 개정 작업에 착수했으나, 분과회에 쓰나미 전문가는 없었다. 이러한 점은 쓰나미 문제의 중요성에 대한 인식이 불충분하였다는 것을 드러낸 것이다. 지침의 개정 작업이 2006년 9월에 드디어 완료하여 쓰나미 대책이 명문화된 것은 평가할 만하나 새로운 쓰나미 대책이 세워지는 계기로는 발전하지 못했다.

쓰나미 평가수법이나 쓰나미 대책의 유효성의 평가기준을 제시하는 것이 규제 관계기관의 역할이었으나 관계기관에서 그러한 노력은 보이지 않았다고 할 수 있다. 안전보안원은 2009년 8월~9월과 2011년 3월에 동경전력으로부터 쓰나미 파고의 시산결과 보고를 받았으나, 대책 공사 등 구체적인 조치를 강구하는 등의 대응을 취하지 않았다.

② 동경전력 등

후쿠시마 제1원자력발전소는 설계상의 쓰나미 상정 파고를 3.1미터로 하여 설치허가가 떨어졌다. 2002년 2월, 토목학회의 원자력토목위원회 쓰나미평가부회는 쓰나미 평가 기술을 정리하였다. 쓰나미 평가 기술은 대개 신뢰성이 있는 것으로 판단되는 흔적높이(高) 기록이 남겨진 쓰나미를 평가 대상으로 하여 상정 파고를 산정하며, 과거에 기록이 남아 있는 거대 쓰나미가 발생했다 하더라도 그것이 평가 대상으로 취해지지 않았다. 때문에 이러한 것에 관한 적용한계나 유의사항 등의 기술은 없을 수밖에 없다. 동경전력은 쓰나미 평가 기술에 근거하여, 동 원자력발전소의 상정 파고를 5.7미터로 하였다.

동경전력은 2008년에 쓰나미 리스크를 재검토하여, 동 원자력발전소에서 15미터를 넘는 상정 파고 수치를 얻었다. 또한 동경전력은 동년(2008년)에 사타케 켄지(佐竹健治) 씨 그룹의 논문에 기재된 죠간(貞觀)시대의 쓰나미 파원 모델에 근거하여 파고를 계산해서 9미터가 넘는 수치를 얻었다.

그러나 전자는 산리쿠(三陸) 앞바다의 파원波源 모델을 후쿠시마(福島) 앞바다로 가정하여 시산한 가상적 수치에 불과하며, 후자는 논문의 파원 모델이 확정되지 않은 등 충분한 근거가 있는 지견知見은 아니었으며, 구체적인 쓰나미 대책에 착수하기까지는 이르지 못하였다.

자연현상은 큰 불확실성을 수반하며 원자력발전소가 설계상의 상정보다 크게 웃도는 쓰나미를 만날 경우, 안전기능의 광범위한 상실이 일시적으로 생길 수 있으므로 구체적인 쓰나미 대책을 강구할 필요가 있다.

2) 과혹사고 대책

설계기준을 넘는 사태를 다루는 과혹사고 대책에서 쓰나미의 리스크가 충분히 인식되지 못했다. 1992년 7월, 과혹사고 대책으로서 엑시던트 매니지먼트(AM) 검토가 시작되었다. 그러나 AM으로서 실시된 것은 기계고장·인적과오 등의 내적 사상事象만을 대상으로 하여, 지진·쓰나미 등의 외적 사상은 구체적인 검토대상이 되지 못했다. 거기에 AM은 전력사업자가 자주보안自主保安의 일환으로 실시하고자 하였다.

과혹사고 대책은 사업자의 자주보안에 맡겨져서 해결되는 문제는 아니며, 규제 관계기관이 검토한 후 필요에 따라서 법령요구사항으로 지정해야 함을 새삼 보여준 것이 이번 사고였다.

(2) 동경전력의 자연재해 대책의 문제점

동경전력의 AM 대책으로서의 쓰나미 대책은 실시되지 않았으며, 자연재해에 의해 노심이 중대한 손상을 받은 사고의 대책도 매우 불충분하였다.

①불충분한 전원상실 대응책

설계기준을 넘는 쓰나미가 내습할 가능성을 고려하지 않았기 때문에, 동시다발 전원상실 혹은 직류전원을 포함하는 모든 전원의 상실에 대해 충분한 준비가 이루어지지 않았다. 이런 사태가 발생한 경우를 상정한 계측 기기나 전원복구·벤트(증기배출) 등의 매뉴얼 또한 정비되지 않았으며, 이러한 작업에 대비한 기자재 비축도 시행되지 않았다.

②소방차에 의한 주수·해수주입 대책의 미책정

이번 사고 대처에서 소방차에 의한 주수 및 해수주입이 행해졌으나 이것들이 AM 대책으로서는 정해지지 않았으며 작업에 차질이 있었다.

③작동하지 않은 긴급통신수단

긴급 시 발전소 내의 통신수단 정비가 불충분했으며 모든 교류전원이 상실되어 PHS(Personal Handy-phone System)를 사용할 수 없었다.

5) 왜 쓰나미·과혹사고 대책은 충분하지 못하였는가?

①자주보안自主保安의 한계

동경전력이 상정을 넘은 쓰나미에 대한 대책을 강구하지 못한 것은, 자주보안의 한계를 보여주는 것이다.

②규제 관계기관 태세의 불충분함

곧바로 결론을 내릴 수 없는 학술적인 논의는 학회 등에 맡기고, 지침의 책정·개정은 그때그때의 채용 가능한 최신의 지견知見을 수용하여 신속히 진행해 나갈 필요가 있다. 이를 위해서는 규제기관의 태세의 충실함이 불가결하다.

③전문專門 분화·분업의 폐해

쓰나미 대책은 서로 다른 분야의 지식이나 기술을 필요로 하며, 서로 다른 문화를 가진 전문가가 협동하여 문제 해결에 임하는 자세가 중요하다.

④리스크 정보 제시의 어려움

안전성을 높이기 위한 개량을 하고자 하면, 지금까지 해온 과거를 부정하지 않으면 안 되는 모순이 생긴다. 절대 안전이 존재하지 않음을 인정하며 리스크와 대면하여 살아가는 것은 쉽지 않다. 그러나 전달하기 어려운 리스크 정보를 제시하여 합리적인 선택을 할 수 있도록 돕는 사회에 도달하기 위한 노력이 필요하다.

6) 원자력 안전규제기관이 가야 할 길

정부는 원자력안전보안원이 경제산업성으로부터 분리되어 원자력안전위원회의 기능도 통괄하여 환경성의 외부기관으로 개혁하는 안을 각료회의에서 결정하였다. 본 위원회에 다음과 같은 검토를 요구한다.

①독립성과 투명성의 확보

자율적으로 기능하기 위해 필요한 권한·재원과 인원을 부여하는 동시에, 국민에게 원자력 안전에 대해서 설명해야 하는 책임을 부과할 필요가 있다.

②긴급사태에 신속하고 적절히 대응하는 조직력

긴급사태 시 관계기관에 대해 전문지식에 근거한 조언 및 지도가 가능한 전문능력의 함양을 필요로 한다.

③국내외로의 재해 정보제공기관으로서의 역할의 자각

긴급 시에 적시 적절한 정보를 제공할 수 있도록 태세를 정비해둘 필요가 있다.

④우수한 인재 확보와 전문능력 향상

원자력·방사선 관계를 포함한 다른 행정기관 혹은 연구기관과의 인사교류를 필요로 한다.

⑤과학적 지견知見 축적과 정보수집의 노력

관련학회 혹은 해외 규제기관 동향을 끊임없이 데이터업(Date-up)해 나갈 필요가 있다.

7) 소괄小括

사고 발생과 그 후의 대응에서 생긴 문제의 대부분은 쓰나미에 의한 과혹사고 대책 혹은 복합재해의 시점의 결여가 영향을 끼친 것으로 생각된다. 또한 지금까지의 원자력재해 대책에서 전체상을 두루 볼 수 있는 시점이 희박했다.

8) 끝으로

무언가를 계획 · 입안 · 실행할 경우, 상정 없이는 할 수 없다. 그러나 동시에 상정 이외의 것이 있을 수 있음을 인식할 필요가 있다.

이번 사고는 우리들에게 '상정외想定外'의 것에 어떻게 대응하여야 하는가 하는 중요한 교훈을 제시하고 있다.

7. 후쿠시마 제1원전 정부사고조사위원회 최종보고서(요지)

1) 일본정부가 주도한 '동경전력 후쿠시마 제1원자력발전소 사고조사 · 검증위원회(위원장: 하타케무라, 畑村洋太郎 동경대 명예교수)'는 2012년 7월 23일(월) '원전사고조사 최종보고서'를 발표하였다.

2) 핵심내용은 다음과 같다.

– 예상을 초월한 쓰나미의 도래 가능성이 있다는 지견知見이 있었음

에도 불구하고 동경전력은 대책을 취하지 않았다. 동경전력도 국가도 복합재해를 생각하지 않았다.

 - 사고 시의 원자로 냉각에서, 제1원전은 제2원전과 비교하여 대체조치가 취해지지 않는 등 대응에 문제가 있었다.

 - 냉각기능을 상실한 원인에서 지진에 의한 중요기기의 손상은 생각하기 어렵다(국회사고조사위원회가 지진에 의한 중요기기의 손상 가능성을 제기했다).

 - SREEDI(긴급 시 신속 방사능영향 예측네트워크시스템)의 데이터가 공표되었다면 피난 주민의 피폭을 최소화할 수 있었다.

 - 동경전력이 전원 철수를 생각하고 있었다고는 단정할 수 없다.

 - 간(菅直人) 수상(당시) 등 관계각료는 수상관저 지하의 위기관리센터를 활용하지 않아 정보공유에 문제가 있었다.

 - 간(菅直人) 수상(당시)의 개입은 사고현장 수습에 혼란을 초래했다.

 - 동경전력의 사고원인 규명은 철저하지 못하고 재발방지를 위한 자세 역시 많이 미흡하다.

3) 주요내용은 아래와 같다(출처: 2012. 7. 24.(화) 하북신보).

【중간보고와의 관계】

(2011년 12월 26일에 공표한) 중간보고 단계에서 조사 미완료였던 사항 등을 조사·검증하여 정리했다. 중간보고와 일체가 된다고 볼 수 있다.

【제 현상의 해석】

노심손상 개시 시간 등의 해석에서는, 동경전력이 2011년 5월과 2012년 3월에 공표한 것, 원자력안전기반기구(JNES)가 2011년 9월 공표한 것이 있으나, 정부사고조사위의 검증결과와 일치하지 않았다.

동경전력 등의 해석은 복잡한 사상事象을 단순화한 계산모델로 취급하는 등 실태를 반영한 것이 아니기 때문이라고 생각할 수 있다.

【주요설비의 손상】

▽**압력용기** : 제1원전 1~3호기의 압력용기 및 배관에서 지진 발생으로부터 쓰나미가 도달하는 사이에, 차단기능을 크게 훼손한 손상이 발생했다고는 인정할 수 없다. 다만 경미한 균열 등의 가능성을 부정하는 것은 아니다.

▽**격납용기** : 제1원전 1~3호기의 압력용기 및 배관에서 지진 발생으로부터 쓰나미가 도달하는 사이에, 차단기능을 크게 훼손한 손상이 발생했다고는 인정할 수 없다. 다만 경미한 균열 등의 가능성을 부정하는 것은 아니다.

▽**비상용복수기** : 지진 발생으로부터 쓰나미가 도달하는 사이에, 1, 2호기에서 주수기능을 상실한 손상이 발생했다는 가능성은 낮다. 3호기에서 지진 직후, 기능에 영향을 미치는 손상이 발생했을 가능성도 낮다.

【수소폭발】

▽**1호기** : 원자로건물 내에 수소가 축적되어 금속마찰 및 전기설비 · 기기에 접촉된 전기케이블로부터의 누전 및 기타의 요인으로 발화하여 폭발이 발생했다.

▽**2호기** : (폭발에 도달하지 않았던 것은 건물 내 압력을 회피하는)플로어 우드 패널에서 대량의 수증기와 같은 하얀 연기가 분출하여 건물 내의 수소

대부분이 방출되어 축적량이 억제되었을 가능성이 높다.

▽**3호기** : 1호기와 같이 건물 내에 수소가 축적되어 금속마찰 및 누전 등으로 발화, 폭발하였다고 생각되나 요인에는 불분명한 점이 많다.

▽**4호기** : 건물 내의 수소가 금속마찰로 발화했을 가능성을 생각할 수 있으나 요인에는 불분명한 점이 많다.

【국가의 대응】

2011년 3월 11일 오후 2시 46분의 지진 직후, 경제산업성은 피재지에 있는 원전의 상황에 대해 정보를 수집하기 시작했다. 제1원전의 요시다(吉田) 소장은 오후 3시 42분경 전체 교류전원 상실을 동경전력의 본점을 경유하여 경제산업성 원자력안전보안원에 통보했다.

경제산업성은 원자력재해경계본부와 현지본부를 각각 경산성 내의 '긴급 시 대응센터'(ERC)와 후쿠시마 현 오쿠마마치(大熊町)의 오프사이트센터에 설치했다. 수상관저는 오후 4시 36분 사고관계대책실을 설치하고 원자력안전위원회도 오후 4시에 임시회합을 열어 긴급기술조언 조직을 설치했다.

【수상관저의 움직임】

간(菅) 수상은 오후 5시경 테라사카(寺坂信昭) 보안원장을 수상관저 5층의 수상집무실로 불러 제1원전의 상황 설명을 요구했다. 테라사카 씨는 비상용 디젤발전기의 장소에 대해 질문을 받았지만 즉시 명확한 회답을 할 수 없었다.

간 수상은 동경전력에 설명을 요청하여 동경전력은 다케쿠로(武黑一

郎) 펠로우 등을 파견했다. 그러나 다케쿠로 씨도 상세한 정보를 입수하지 않은 상황에서 "①사태가 악화되면 수위가 저하하여 비교적 단시간에 연료손상에 도달한다. ②1~3호기의 노심냉각장치인 비상용복수기(IC) 및 원자로 격리 시 냉각계(RCIC)의 제어에 필요한 배터리의 지속시간은 8시간 정도이다. ③그동안에 전원을 확보하여 원자로에 지속적으로 주수할 필요가 있다"는 일반적인 설명을 하고 동경전력이 전원차를 수배 중이라고 간단하게 설명하였다.

한편 동경전력은 1, 2호기에 대한 주수가 불가능하다고 오후 4시 45분에 보안원에 보고했다. 보안원은 원자력긴급사태선언을 발령하는 것에 대해 가이에다(海江田萬里) 경산대신의 결정을 얻었다.

오후 5시 42분 경, 가이에다(海江田萬里) 경산대신은 간(菅) 수상에게 선언의 결정을 요청했으나, 간 수상은 결정을 내리지 못하고 보안원 직원들에게 폭발 및 연료용융의 가능성을 포함한 상황 및 전망, 각 호기의 출력 등 기술적인 것을 질문했으나 보안원 직원들은 간 수상의 많은 질문에 회답할 수 없었다. 간 수상은 여야 당수회담에 출석하여 수속이 중단되었고 그 후에 긴급사태가 선언되어 원자력재해대책본부와 현지대책본부가 설치되었다.

제1회 원자력재해대책본부 회합 후 간 수상은 집무실에서 호소노(細野豪志) 수상보좌관 등과 대응을 협의하여 지진·쓰나미 재해와 원전사고를 지휘하기 위해 지하관리센터로 내려갔다.

센터에서는 이토(伊藤哲郎) 내각위기관리감을 중심으로 관계성청 직원이 대응하고 있었으나, 간 수상은 시끄러운 센터에서 대응은 적당하지 않다고 생각하고 센터 안의 2층으로 들어갔다. 그 후 지하 2층에는 에다노(技野幸男) 관방장관, 가이에다(海江田萬里) 경산대신, 후쿠야마

(福山哲郎) 관방부장관, 호소노 수상보좌관 등이 모여 대응협의에 들어 갔다. 원자력안전위원회 마다라메(班目春樹) 위원장, 히라오카(平岡英治) 안전보안원 차장, 다케쿠로(武黑) 씨도 교대로 참여해 협의하였다.

【현장 개입】

수상관저 위기관리센터는 휴대전화를 사용할 수 없어 지하 2층의 멤버는 수상 집무실의 옆에 있는 수상응접실로 이동했다. 지하 2층 및 5층의 협의에서는 사태 진전의 가능성이 논의되어 다케쿠로(武黑) 씨 등은 본점과 요시타(吉田) 씨에게 전화하여 주수에 해수를 사용하는 것이 최선이라는 수순을 조언한 적도 있다.

대부분의 경우, 이미 요시다(吉田) 씨가 조언내용과 같은 취지의 판단을 하여 조치를 취하려고 하고 있어 현장의 결정에 영향을 미치는 것은 적었다. 그러나 본점 및 요시다 씨가 필요하다고 생각하고 있는 조치가 조언에 부합하지 않고, 본점 및 요시다(吉田) 씨가 조언을 지시라고 무겁게 받아들여 현장 결정에 영향을 미치는 경우도 있었다.

【정보공유】

동경전력은 원자력 재해대응에서 안전보안원에 대한 보고는 예정되어 있었으나, 수상관저에 대한 직접보고 및 연락요원의 파견은 예정되어 있지 않았다. 다케쿠로 씨 등을 파견했으나 계속적으로 연락역할을 수행하리라고는 생각하지 않았다.

초기단계에서 지하 2층 및 5층의 멤버는 정보가 충분하지 않다고 느끼고 있었다. 가령, 멤버가 12일 오후 3시 36분의 1호기 폭발을 안 것도 TV보도를 통해서였다. 또한 그 후의 정보도 원활히 수집할 수 없었다.

【전면철수】

14일 저녁, 2호기의 압력용기 및 격납용기의 파괴로 다수의 동경전력 사원 및 협력기업 사원에 위해가 생기는 것이 우려되어 요시다(吉田) 씨는 각 호기의 제어에 필요한 인원만을 남기고 그 이외는 부지 밖으로 퇴피시켜야 한다고 생각하고 본점과 상담하여 인식을 공유했다.

시미즈(清水正孝) 사장은 상황에 따라서 필요 인원만을 남긴 철수도 생각하고 있음을 다케후지(武藤榮) 부사장에게 듣고, 14일 밤부터 15일 새벽에 테라사카(寺坂) 씨, 가이에다(海江田) 씨, 에다노(枝野) 씨에 전화하여 '2호기가 어려운 상황으로 금후 점점 사태가 악화되는 경우에는 퇴피도 생각하고 있다'고 보고하여 이해를 구했다. '제어에 필요한 인원만 남긴다'고는 표명하지 않았다.

동경전력이 전원 철수를 생각하고 있다고 이해한 에다노(枝野) 씨와 가이에다(海江田) 씨는 마다라메(班目) 씨와 이토(伊藤) 씨 등을 수상집무실로 모이게 하여 대응을 협의하고 '아직 해야 할 일이 있다'는 견해에 일치했다.

협의는 14일 심야부터 15일 오전 3시경까지 이루어졌으나, 2호기에서는 원자로 압력이 계속적으로 주수 가능한 수치에서 추이하고 있는 듯하여, 더욱 감압시키는 조작이 시도되고 있었다. 5층의 멤버는 이런 상황을 충분히 파악하지 않은 상황에서 대책을 협의하고 있었던 것이다.

에다노(枝野) 씨 등은 시미즈(清水) 씨의 신청을 거부하는 것은 작업원을 죽음의 위험에 직면하게 하는 중요한 문제라고 생각하여 간(菅) 수상에게 보고하였다. 간(菅) 수상은 전원이 철수한다면 제1원자력발전소뿐만 아니라 제2원자력발전소도 제어할 수 없어 방사성물질이 대량 방출될 가능성을 생각하여 그 자리에서 '철수는 인정할 수 없다'는 취지를 밝혔다.

간(菅) 수상은 시미즈(清水) 씨를 관저로 불러 철수할 예정인가 물었다. 시미즈(清水) 씨는 '철수'라는 이야기를 듣고, 원전으로부터 전원이 완전히 물러나 플랜트 제어도 포기할 것인가로 이해하여 "그런 것은 생각하지 않고 있다"고 부정했다.

오전 5시 30분경, 간(菅) 수상은 동경전력 본점을 방문하여 통합본부의 설치를 선언하고 "일본이 무너질지 모르는 시기에 철수 등은 있을 수 없다. 목숨을 걸고 사고대처에 응하고 싶다. 철수하면 동경전력은 반드시 망할 것이다"라는 취지를 강한 어조로 언급했다.

【사고조사위의 인정】

동경전력의 TV회의에서는 14일 밤부터 15일 오전 3시경까지, (제1원전으로부터) 전기계통의 전문가를 파견할 것을 요청, 16일 이후의 외부전원의 복구 작업에 대한 발언이 있어 동경전력이 전원철수를 생각하고 있다고는 인정할 수 없다.

한편, 오프사이트센터에 있던 고바야시(小林明生) 상무는 14일 오후 7시 28분경 "중앙제어실에 계속 있을 수 있는가를 판단하지 않으면 어렵게 된다. 퇴피기준을 마련해주길 바란다"고 발언했다. 동경전력 본점의 다카하시(高橋明男) 펠로우는 오후 7시 55분경 다케후지(武藤) 씨에게 "전원 피난은 몇 시 경이 됩니까?"라고 이야기하고, 오전 8시 16분경에는 "제1원전으로부터 모두 제2원전의 비지터 홀(Visiter Hall)로 피난하는 거지요"라고 발언하고 있다.

전원철수가 아니면 사장이 전화할 이유가 없다는 지적도 생각할 수 있으나, 시미즈(清水) 씨가 12일부터 13일에 거쳐 당시 간(菅) 수상 및 에다노(枝野) 씨로부터 동경전력이 정보를 신속히 알리지 않았다는 것에 엄중한 주의를 받았던 것을 고려하면, 시미즈(淸水) 씨가 직접 연락해도 문제는 없었다고 본다.

시미즈(淸水) 씨 및 동경전력의 일부 관계자가 전면철수를 생각하고 있지 않았느냐에 대해서 의문이 가긴 하지만 단정할 수 없다. 시미즈(淸水) 씨의 설명이 원인으로, 가이에다(海江田) 씨 및 에다노(枝野) 씨와 인식의 차이가 발생했을 가능성도 부정할 수 없으나, 충분히 해명하지 않았다.

【오프사이트센터의 후쿠시마 현청으로 이동】

오프사이트센터는 일부 요원으로 대응하고 있었으나 피난범위의 확대로 물류가 중단되어 13일 경 식료, 물, 연료가 부족해지기 시작했다. 12일 오후 3시 36분 1호기 폭발로 센터주변의 방사선량이 일시적으로 상승했으며 14일 오전 11시 1분의 3호기 폭발 이후는 공기정화필터가 없는 센터 내에 방사선량이 상승했다. 15일 오전 6시경 4호기 방향에서 충격음을 듣고 가이에다(海江田) 씨는 현지본부의 이전을 허가했다.

한편, 국가의 현지대책본부는 환자가 남아있는 후타바병원(雙葉病院)(오쿠마마치, 大熊町)에 직원을 파견하고 있었다. 그러나 현지본부는 오전 11시경 현청으로 이전을 시작하여 병원에 있던 현지본부의 직원도 자위대에 의한 환자의 반송 종료 전에 병원을 떠났다.

【긴급 시 신속 방사능영향 예측네트워크시스템(SPEEDI)】

작년 3월 하순경부터 문부과학성, 안전보안원, 안전위원회가

SPEEDI의 계산결과 정보공개 청구에 대한 대처방침을 협의했다.

4월 중순까지 ①방사성물질의 단위량 방출을 가정한 계산결과는 공개, ②모니터링 결과로부터 역추정한 방출원 정보에 의한 계산결과는 안전위가 '정확도가 높다'고 판단되면 공표, ③문부성, 보안원, 안전위 등이 여러 가지 가정에서 실시한 계산결과는 혼란을 초래할 우려가 있기 때문에 비공개라는 방침이 결정되었다.

4월 5일, 에다노(技野) 씨의 지시로 기상청이 확산예측 결과를 공표하여 4월 하순에 일부 보도기관이 "정부는 SPEEDI의 계산결과를 공표하고 있지 않다"고 보도했다. 문부과학성, 보안원, 안전위는 에다노(技野) 씨에게 ①~③의 방침에 응해주기를 요청했으나, 에다노(技野) 씨는 모두의 계산결과를 공표하라고 지시했다.

【보안원의 문제점】

전문적이고 기술적인 능력이 있는 직원은 중도채용 되고 있으나, 그밖의 경제산업성이 채용하는 사무관 및 기술관은 원자력규제의 전문적 지식·경험이 필요한 부서에서 2~3년 단위로 이동하여, 전문적 기술능력 축적이 어렵다.

2001년에 설립된 이래, 원자력 시설에서 사고처리에 직면하여 중장기적인 과제 검토의 필요성을 인식하면서도 조직이나 인원의 여유가 없는 것이 지금까지의 실정이었다.

원자력 이용촉진의 입장인 에너지청의 특별기관이나 안전위는 활동을 체크하여 실질적으로 규제기관으로서의 독립성을 확보하고 있다. 반면, 사무의 효율성을 손상할 우려로부터 안전보안원은 기준의 종류를 책정하지 않아 안전위가 지침의 책정·개정 후에 대응하고 있다.

【안전위의 문제점】

안전위에 의한 지침의 개정 · 책정 작업은 특히 종료기일이 설정되지 않고, 가령 내진설계심사 지침의 개정은 2001년부터 2006년까지 5년 이상을 필요로 했다. 전문(작업)부회 등은 위원의 임기가 정해져 있지 않고, 논의하여 지침이 책정 · 개정되고 있다. 의사록도 공개되어 투명성은 있으나 신속하지 않다는 비판도 있다.

보안원은 여러 가지 의사 처리에 쫓기고 안전위도 보안원의 활동을 체크하는 작업에 쫓기었다. 중장기적 과제를 검토할 필요성은 인식하고 있었으나 대응할 수 있는 조직과 인원의 여유가 없었다.

【총괄 및 제언】

이번 사고는 직접적으로는 지진, 쓰나미에 기인하고 있으나 정부사고조사위의 조정 · 검증의 결과, 매우 심각한 대규모 사고가 발생한 배경에는 사전의 사고방지대책 및 방제대책, 현장대처 등 여러 가지 문제점이 복합적으로 존재하고 있음이 명확해졌다.

▽ **3호기 대체주수** : 3호기는 고압주수계注水系를 수동정지 할 때, 대체수단을 준비하지 않은 상태에서 6시간 이상에 걸쳐 주수가 중단되었다. 제2원자력발전소에서는 외부전원 사용이 가능하여 스태프도 심리적으로 여유가 있었다고 생각되나, 제1원전이 적절함을 결여하고 있었다.

▽ **2호기의 관리** : 2호기의 RCIC는 3월 11일의 전원상실 이후 작동하고 있었으나, 전원상실로 제어불능이 되어 언제 정지할 지 알 수 없었

다. 12일 오전 4시 이후 RCIC의 수원水源을 복수復水저장탱크에서 압력억제실로 전환했다.

그러나 전원상실로 잔류열 제거계에 의한 냉각을 기대할 수 없는 경우는 압력용기와 압력제어실의 증기온도가 상승하여 압력제어실의 압력과 온도가 상승한다. 그 결과 RCIC의 냉각기능 및 주수기능이 저하, 다음의 대체주수 수단인 소방차에 의한 주수에 필요한 감압減壓조작이 곤란해져 압력제어실의 건전성이 유지될 수 없게 될 우려가 있었다.

실제로는 배터리 접속 등에서 압력제어실의 압력 및 온도의 계측은 가능했으나 14일 오전 4시 반까지 실시되지 않았다.

제2원자력발전소에서는 압력 및 수온을 감시하여 데이터를 1시간마다 대책본부에 연락하여 전체적으로 상황을 파악하는 태세가 갖추어져 있었다.

▽ **손상 상황의 해명** : 현지조사의 곤란성 및 시간적 제약 아래, 가능한 한 조사·검증했으나, 주요시설 손상 부분, 정도 및 시간적 경과, 원자로건물 폭발의 원인 등 해명할 수 없는 점도 있었다. 국가, 전력사업자, 플랜트제조업체, 연구기관, 관련학회 등의 원자력발전의 관계자, 관련조직은 사실해명과 검증을 최후까지 담당하는 입장에서 각각 포괄적이며 철저한 조사·검증을 계속하는 조직적 태세를 갖추어야 한다.

동경전력의 사내 조사는 사원의 진술과 증거 및 데이터의 모순을 방치한 케이스가 있어 불철저했다. 사고 상황의 규명이 충분하지 않고 검증해야 할 논점 및 공표되어야 할 자료·데이터가 남아 있다고 생각된다.

▽ **정부의 사고대처** : 오프사이트센터가 충분히 기능하지 못했고 수상관저 등을 중심으로 국가가 사고대처에 나서지 않으면 안 되었다. 수상관저는 지진, 쓰나미에 대한 대응도 담당하여 불충분한 정보 하에 차례차례 판단을 내려야할 사태가 발생했다. 과혹사고에서도 오프사이트센터가 기능하는 방책을 강구했어야 했다.

피난조치 등 중요한 의사결정의 대부분은 수상관저의 위기관리센터가 아니고 지하 2층과 5층에서 관계각료, 안전위원장, 보안원 간부, 동경전력 간부가 처리했다. SPEEDI를 관장하는 문부과학성 간부는 참가를 지시받지 못하고 피난조치 논의에서 SPEEDI에 대한 언급은 없었다.

15일이 되어 동경전력 본점에 통합본부가 설치되었다. 정보 접근이라는 면에서 적극적인 평가도 가능하나, 정부대응에 필요한 정보는 동경전력 정보만이 아니다. 수상관저 등에서 정보에 접근할 수 있는 체제를 검토해야 한다.

ERC 내에서 동경전력 본점 및 오프사이트센터가 동경전력의 TV회의 시스템에서 현장 정보를 얻고 있다고 파악한 사람은 거의 없었다. 시스템을 ERC에 설치하거나 직언을 동경전력 본점에 파견하는 것도 없었다.

▽ **후쿠시마 현 재해대책본부** : 내외의 연대가 충분하지 않고 피난구역 내의 후타바병원(雙葉病院)의 입원환자의 구출대응 등에서 문제가 발생했다.

후쿠시마 현 지역방재계획에서는 피난담당 부서가 복수에 걸쳐 있고 총괄반이 없었다. 13일까지 어느 반班도 환자를 파악해야 한다는 문제의식을 갖고 있지 않았으며 서로 확인하지도 않았다. 환자의 대부분이 하루 종일 누워있는 상태라는 정보를 얻었음에도 재해대책본부 내에서 공유하지 못하고 14일의 반송(수송)에서는 (환자들을) 바꾸어 실을 수 있는 차량을 수배했다.

14일 밤, 병원장은 경찰관과 퇴피하여 자위대의 구조를 기다렸으나, 재해대책본부에서는 정보가 공유되지 않았다. 자위대와 합류할 수 없어 15일의 구출에 입회하지 못했다. 그 때문에 15일에 2차례 구조를 했던 자위대는 별도의 병원건물에 35명이 남아 있다는 사실을 알지 못해 환자가 남겨졌다. 또한 현은 병원관계자 등이 자위대의 구출을 기다리지 않고 현장에서 도주한 게 아닌가 하는 듯한 인상을 주는 부적절한 홍보를 했다.

▽ **원자력긴급사태 선언 :** 원자력재해에서는 사태의 급속한 진전이 있을 수 있다. 동경전력으로부터 급수 불능의 보고를 받고, 우선 선언하는 내용이 원자력재해대책특별조치법의 취지에 부합하다면 진행 중인 사태 및 관계법령의 상세파악에 의해 선언 발표를 우선했어야 했다.

▽ **현지시찰 :** 당시 간(菅) 수상의 현지시찰은 무사종료 되어 결과적으로는 제1원자력발전소의 벤트 실시에 대한 영향은 없었다. 그러나 대리를 파견하는 것보다 문제가 적은 방법은 아니었다.

▽ **해수 주입 :** 간(菅) 수상은 12일 오후 6시가 지나서 가이에다 씨로부터 해수주입 명령에 대한 보고를 받았을 때, 해수를 주입하면 재임계의 가능성이 있는 게 아닌가라는 의문을 나타냈고 동석한 마다라메

㈜目) 위원장이 이를 부정하지 않았기 때문에 해수 주입의 시비를 검토하도록 했다.

히라오카(平岡) 씨와 다케쿠로(武黒) 씨 등이 있었으나 재임계를 부정한 사람은 없었다. 주입하지 않는 리스크와 재임계의 리스크의 차이를 비교하여 즉시 해수를 주입해야 한다고 의견을 표명한 사람도 없었다. 간(菅) 수상의 의문만으로 안이하게 해수 주입을 중지시키려고 한 동경전력 간부에게도 문제가 있었다.

▽ **SPEEDI의 활용** : SPEEDI는 원자력사고 시에 '긴급 시 대책지원시스템'(ERSS)으로부터 전송된 방출원 정보에서 주변 환경의 방사선량 비율 등을 예측할 수 있는 장치이다. ERSS는 사고 시에 기능하지 않을 우려가 있고 SPEEDI도 기능하지 않을 가능성이 있었다. 사고에 대응한 다수의 사람은 ERSS가 기능하지 않은 경우, SPEEDI를 피난에 활용할 여지가 없다고 생각하고 있었다.

방출원 정보가 없어도 SPEEDI에서 단위량 방출을 가정한 예측결과를 얻는 것은 가능하다. 만약에 정보가 제공되었다면 각 지방자치체 및 주민은 보다 적절하게 피난의 타이밍과 방향을 선택할 수 있었을 것이다.

▽ **안정 요소제 배포** : 국가의 현지대책본부는 13일 오전, 스크린레벨에 관한 지시를 내놓을 준비를 시작했다. 13일 오전 10시 40분경 안전위원회는 ERC에 '스크린레벨을 초과한 사람에게는 요소제를 투여해야 한다'라는 코멘트를 팩스로 보냈으나, ERC에서 공유되지 못하고 후쿠시마 현 재해대책본부에도 전달되지 못했다.

ERC로부터 지시의 원안에 포함되지 않았다는 연락을 받은 안전위원회 사무국은 "어디까지나 (안전위는) 조언기관이며, 조언할 것은 조언했다"며 그 이상 행동을 취하지 않았다. 국민의 안전을 관장하는 행정기관으로서 책임감이 결여되었다.

후쿠시마 현 미하루초(三春町)에서는 15일 오후 1시경 약제사의 입회 하에 주민에게 요소제를 배포했다. 현은 15일 저녁 국가의 지시가 없는 것을 이유로 배포중지와 회수를 지시했으나 미하루초(三春町)는 따르지 않았다. 국가의 지시가 없다는 이유로 미하루초(三春町)의 판단이 부적절했다고 말할 수 없다. 각 지자체의 판단으로 주민에게 복용시키는 것이 가능한 체제와 사전에 주민에게 요소제를 배포하는 것의 시비에 대한 수정이 오히려 필요하다.

▽ **학교 건물 등의 이용기준** : '연간 20밀리 시버트'는 교사 및 교정의 이용기준의 산출에 사용하는 수치였으나, 문부과학성의 설명에서는 기준치로서 사용했다고 볼 수 있다. 방사선에 대한 강한 불안을 해소하는 수치라고는 말하기 곤란하고 리스크 커뮤니케이션의 관점으로도 적절한 것은 아니었다.

나중에 '연간 10밀리 시버트 이하'의 수치를 제시했으나 낮은 방사선량에서도 어린이에 대한 영향은 어른보다 크기 때문에 국가는 연간 10밀리 시버트의 수치에 안심하지 말고 피폭선량을 가능한 한 낮게 책정하는 방책을 취해야 한다.

▽ **최악의 시나리오** : 간(菅) 수상은 3월 22일 원자력위원회 곤도(近藤 駿介) 위원장에게 최악사태의 상정과 대책의 검토를 의뢰했다. 곤도(近藤

駿介) 씨는 '불측사태 시나리오의 소묘'를 작성하여 호소노(細野) 씨에게 제출했다. 호소노 씨는 소묘가 제시한 대책의 검토를 추진했으나 소묘의 공표는 하지 않았다.

이 소묘는 충분한 설명 없이 공표하면 현실과 같이 받아들여질 우려가 있다. 시뮬레이션의 결과는 신속한 공표가 요구되는 것도 아니고 공표하지 않는다고 해서 부적절하다고 말할 수도 없다. 필요성, 대책의 유무, 타이밍을 고려하여 전제를 정중히 설명하여 공표하는 선택방안도 있을 수 있다.

▽ **동경전력의 위기대응** : 스스로 생각해서 사고에 임하는 자세가 충분치 않고 위기대처에 필요한 유연하고 적극적인 사고가 결여되었다. 동경전력이 그와 같은 자질, 능력의 향상에 주안점을 둔 교육 및 훈련을 해오지 않았다는 것에 문제가 있었다. 동경전력을 포함한 사업자도 국가도 '일본에서 노심용융과 같은 사고는 일어나지 않는다'라는 안전신화에 사로잡힌데 문제가 있다.

동경전력 사원은 자타를 '운전담당', '안전담당', '기계담당' 등으로 전문분야마다 구별하고 있다. 전문 이외의 분야에 충분한 지식을 가지지 못한 조직에서는 한명 한명의 시야가 좁아진다. 요시다(吉田) 씨가 11일 빠른 단계에서 소방차에 의한 주수를 지시했으나 매뉴얼에 없었기 때문에 각 반이 자신의 소관이라고 인식하지 않고 12일 새벽까지 실질적으로 검토하지 않았던 것은 약점이 현재화된 전형적인 사례이다.

동경전력의 사고 시 운전 순서매뉴얼에는 복수 호기의 원전에서 스크럼 정지 후 전체 교류전원이 상실되어 며칠 동안 계속되는 사태를 상정하지 않았다. 수 시간이나 1일이 경과하면 교류전원이 복구된다는 전제이다. 그러나 전원복구의 프로세스는 제시되어 있지 않았다.

2002년 작성한 엑시던트 매니지먼트 정비보고서에서는 '모든 교류전원이 상실하는 사상事象은 진전이 늦어 시간적 여유가 많다'고 규정하고 있으나, 왜 진전이 늦는가에 대한 근거가 불분명하다. 불충분한 매뉴얼에서는 국소적인 전원상실밖에 대처할 수 없다.

▽ **중요논점** : 간菅 수상이 전면에 나와서 사고대응에 나섰다. 스스로가 당사자로서 현장에 개입하는 것은 현장을 혼란시켜 중요판단의 기회를 상실하고 판단을 그르칠 결과를 낳는 것으로 연결되어 폐해가 더 컸다.

▽ **국가의 책무** : 국가의 책무는 '인간의 피해'의 전모에 대해 학술조사 및 관계자 · 피해자의 증언을 기록하고 구제 · 지원 부흥 사업을 검증함과 동시에 원전사고의 피해가 얼마나 깊고 넓은 것인가를 후세에 전하는 것이다.

▽ **위원장 소감** : 정부사고조사위원회의 조사 · 검증은 현지조사의 곤란성 및 시간적 제약 때문에 해명할 수 없는 점이 남았다. 1~4호기의 내진성도 조사 · 검증할 수 없었다. 재현 실험도 실시할 수 없었다.

사고로 얻은 지견을 타 분야에 적용하여 100년 후의 평가에도 통용되도록 하는 데는 개별분야의 지견에서 끝내지 말고 일반화 · 보편화된 지식으로 높이는 것이 필요하다.

8. 후쿠시마 제1원전 민간사고조사위원회 보고서(요지)

1) 동경전력 후쿠시마 제1원자력발전소 사고 관련 민간의 '후쿠시마원전사고 독립검증위원회'(民間事故調, 위원장: 기타자와, 北澤宏一 과학기술진흥기구 전前이사장, 전문가 6명으로 구성)가 2012년 2월 28일(화) 사고조사 결과를 발표하였다.

＊민간사고조사위원회는 2011년 9월에 설립되어 약 30명의 스태프가 간(菅) 당시 수상 등 약 300명으로부터 이번 재난과 관련된 것들을 청취(단, 동경전력으로부터는 미청취)하여 400페이지 이상의 보고서로 정리했다.

2) 핵심내용은 다음과 같다(출처: 2012. 2. 28 마이니치).
• 수상관저의 현장 개입으로 1호기의 벤트(증기배출) 등에서 무용의 혼란을 초래, 사고의 악화 위험을 높였을 가능성이 존재한다.

＊ 개입의 배경은 매뉴얼의 상정 미비 및 관저의 인식 부족, 동경전력 및 원자력안전보안원에 대한 불신감, 피해 확대의 위기감, 간(菅) 전 수상의 정치수완 등에 기인한다.
• 일본정부는 2001년 미국 동시다발 테러를 교훈으로 한 새로운 규제내용을 미반영했다.
• 간(菅) 전 수상은 2011년 3월 22일 원자력위원회 곤도(近藤駿介) 위원장에게 '최악시나리오'의 상정을 의뢰했다.
• 지진 당시 제1원자력발전소 구내의 작업원은 "이 원전은 끝났다. 동경전력은 종말이다"며 안색이 창백해졌다.
• SPEEDI(긴급 시 신속 방사능영향 예측시스템)의 운용 및 결과의 공표를 둘러싸고, 문부과학성이 원자력안전위원회에 역할 분담을 시키는 등

책임 회피를 염두에 둔 조직방어적인 징후가 산견된다.

• 항공기 모니터링에서 문부과학성과 방위성의 연대가 불충분했다.

3) 민간사고조사위가 발표한 요지는 아래와 같다(출처: 2012. 2. 28 하북
신보).

【수상관저의 대응】

▽ **수상관저 개입의 평가** : 정부의 원자력재해대책메뉴얼에는, 수상
관저는 전문성이 높은 기술적 판단 등 신속성이 요구되는 사고관리
(Accident Management, 현장에서의 긴급 시 응급대책)에 대한 관여는 본래 예정되
어 있지 않았다. 그러나 수상관저는 실질적으로 전원차 반송, 벤트(증기
배출) 지시 등 사고발생 후 1주간 정도의 사고 관리에 관계하여 의사결
정에서 적극적으로 관여했다.

전소교류전원 상실로 인해 후쿠야마(福山) 관방부장관을 중심으로 빠
른 전원 회복을 위해 각 방면에서 40여 대의 전원차를 준비했다. 그러
나 커넥터의 사양이 달랐기 때문에 사용할 수 없는 등 전원차는 거의
도움이 되지 못했다.

마다라메(班目) 원자력안전위원회 위원장은 1호기 벤트의 필요성을
역설하였으나, 수상관저로부터의 지시를 기다리지도 않고 1호기의 압
력상승에 따라 요시다(吉田) 제1원자력발전소 소장은 벤트 준비 지시를
내렸다. 수상관저가 벤트의 조기실현에 도움이 되었다고 인정될 수
있는 부분은 없었다.

1호기의 해수 주입에서, 간(菅) 수상은 재임계의 가능성을 의심하여
납득하지 않았기 때문에, 수상관저에 있었던 동경전력의 다케쿠로(武

黑) 펠로우는 이미 재개했던 주수의 중단을 요청했으나, 요시다(吉田) 소장은 무시하고 주수를 계속했다. 수상관저의 중단 요청을 따랐다면 작업이 지체되었을 가능성이 있는 위험한 상황이었다.

2011년 3월 13일 오전 2시 42분, 3호기의 고압주수시스템을 수동으로 정지, 요시다(吉田) 소장은 해수 주수를 지시하여 라인의 접속이 완료되었지만, 수상관저에서 해수보다 담수를 우선하는 의견이 나와, 요시다(吉田) 소장은 담수 주입으로 돌려 오전 9시 25분에 담수 주입이 개시되었다.

그러나 담수는 약 3시간 후에 고갈되었고 그 후 해수 주입으로 변경했다. 변경은 결국 거의 상황 개선에는 연결되지 않았고, 쓸데없는 작업원의 피폭 가능성만 높였다.

정부의 수장이 원자력재해의 현장대응에 개입하면서 발생하는 리스크에 대해서 이번의 후쿠시마 제1원전 사고는 무거운 교훈으로 공유되어야 한다.

▽ **대응의 배경과 과제** : 원자력재해대책메뉴얼 등 각종의 제도 상정想定은, 이번처럼 원자력재해와 대규모 자연재해의 복합발생을 상정하지 않아 불충분하였고 느슨한 상정이 이번의 혼란을 일으킨 원인 중의 하나가 되었다. 매뉴얼 등의 조속하고 근본적인 재검토가 요구되어진다.

3월 15일에 정부와 동경전력의 '대책통합본부'가 설치되기까지, 매뉴얼 및 관련법제의 사무적인 설명은 한 번도 시행되지 않았다. 수상관저의 정치가들은 원자력재해대책의 틀에 대해서 기초적인 인식이 부족한 채 허둥지둥한 대응에 쫓겨 있었다.

수상관저 중추 멤버들은 동경전력 및 원자력안전보안원에 강한 불신감을 품고 "우리들이 할 수밖에 없다"라며 파고들고 있었다. 최대의 요인은, 이런 조직을 통한다면 사고현장의 상태를 시의 적절하게 파악하는데 방대한 시간과 노력이 필요하다는 것이다. 현장에서 멀리 떨어져 있는 수상관저로부터 구체적인 지시가 나온 결과, 사이트 정보의 전달보고 경로에 복잡화 및 다층화가 생겨나, 정보수집의 지체 및 관계자 간의 상호불신을 일으키는 요인이 되었다.

3월 15일의 대책통합본부 설치 이후 이런 폐해는 약간 해소되었다.

최초의 1주일 동안 우려되었던 시나리오 '악마의 연쇄'는 연쇄적인 원자로의 수소폭발 리스크인데, 200킬로미터 가깝게 떨어진 동경도 주민의 피난 등으로 현실화 될 수 있다.

2호기에 물이 들어갈 수 없게 된 15일 새벽부터 17일경까지 수상관저의 위기감은 최고조에 달했다.

25일에 곤도(近藤駿介) 원자력위원회 위원장이 작성한 '최악의 시나리오'는 사용후연료 풀의 폭발상태와 그곳에서 방출될 방사성물질로 인한 막대한 피해, 광대한 구역에 걸친 주민피난의 필요성을 지적했다.

모 수상관저의 어드바이서는 "인간의 힘으로는 컨트롤 할 수 없는 것과 마주 대하고 있다"라고 당시의 위기감과 긴박감을 전했다. '최악 시나리오'는 존재 자체가 장기간 감추어지는 등 공문서에서 회피대상으로 취급되었다.

간(菅) 수상의 행동력과 결단력이 도움이 되었다고 평가하는 관계자가 있는 반면, 수상의 개성이 정부 전체의 위기대응 관점에서는 혼란 및 마찰의 원인이 되었다는 견해도 있다.

간(菅) 수상의 관리 스타일에 대해서는, 스스로 중요한 의사결정의 프로세스 및 판단에서 주도적 역할을 이루어내려는 '톱다운' 형태에 대한 구애, 강하게 자신의 의견을 주장하는 경향, 정부조직 및 동경전력 등 정식 조직상 지휘계통을 통해 올라오는 정보에 대한 의구심과 수상의 개인적 조언자에 대한 의존을 들 수 있다.

초기단계에서, 관료기구의 존재감은 희박했다. 위기 발생 시에는 평상시와는 다른 유연한 인사를 수행하여 긴급하게 최상의 포진으로 재편성하는 것이 중요하다는 교훈이 부상했다.

3월 12일의 1호기 수소폭발이 전문가에 대한 신뢰가 흔들리는 전기가 되었다. 아침의 시찰 헬리콥터 안에서 간(菅) 총리가 마다라메(班目) 위원장에게 수소폭발이 일어나지 않겠느냐고 묻자 "일어나지 않을 것이다"라고 답했다. 원자력안전보안원과 동경전력은 원자력안전위원회에게 정보제공을 거의 하지 않았고, 마다라메(班目) 위원장은 조직적인 서포터가 거의 없는 상태에서 조언할 수밖에 없었다.

동경전력은 수상관저의 지시·의향과 다른 대응을 수행했다. 한번만이 아니었다. 수상관저에 있던 다케쿠로(武黑) 펠로우나 동경전력 본점에서 1호기의 해수주입 정지를 요구받은 요시다(吉田) 소장이 '자기의 책임으로' 계속 해수를 주입했던 사례가 그것이다.

사고 수습에 분투한 요시다(吉田) 소장을 칭찬하는 쪽이 많으나, 지시 위반이 미담으로 구전되어지는 것은 나쁜 전례가 되기 쉽다. 위기관리에서 하위기관은 상위기관의 지시 및 명령에 따르는 것이 요구되어지며, 예외를 인정하는 것은 큰 문제가 될 수 있다. 이런 행동의 배경에는 '원자력마을의 자치'를 지키려는 잠재의식이 깔려 있는 것이 아닌가라고 정부사고조사위원회 관계자는 추측하고 있다.

▽ **사고로부터의 교훈** : "이 나라에는 역시 신神이 따르고 있다고 마음속으로부터 생각했다"라고 수상관저의 중추스태프가 말할 정도로 초동대응은 위기의 연속이었다.

결과적으로 원자로의 연쇄폭발이나 대규모 방사성물질의 확산에는 이르지 않았지만 한발자국이 틀어지면 대재해로 이어지기 쉬운 위험한 상황이 몇 번이나 나타났다. 일본의 위기관리 전반에 많은 과제를 안고 있다는 것을 강하게 지적해두고 싶다.

【현지대응】

▽ SPEEDI(긴급 시 신속 방사능영향 예측네트워크시스템) : 3월 15일이 운명의 날이었다. 이날 방사성물질의 비산량이 극적으로 늘어났다. SPEEDI의 시산 결과는, 동일 오후에 북서부 지역으로 비산하는 것을 나타냈으나, 행정기구 내의 어느 누구도 "북서부 지역이 위험하다"라고 외친 사람은 없었다. 문부과학성은 3월 16일 원자력안전위원회에 일방적으로 '이관', 책임 회피를 염두에 둔 조직방위적인 징후가 산견되며, 공표의 지체를 초래한 하나의 원인이 되었다.

▽ **피난지시** : 최초의 피난지시가 나오고 나서 24시간 이내에 4번 다른 피난지시가 시행되었다. 이것이 불안 및 혼란의 원인이 되었다. 3월 25일에 정부는 20~30킬로미터 권내에서의 '자주피난'을 발표했으나, 이후에는 이러한 애매함으로 방재지침에 존재하지 않는 형태의 피난지시를 취해서는 안 된다.

▽ **원자력마을**(原子力村) : 중앙의 원자력마을(原子力村)은 산업계와 관

료들만으로 성립된 것은 아니다. 전기사업자는 헌금 등을 통해 국회·지방의회에 영향력을 가지고 있다. 또 매스미디어에게는 적극적인 광고를 전개하는 등 시청자·독자에 대한 원전의 긍정적인 이미지 형성이 이루어져, 스폰서(전기사업자)에 대해 미디어도 비판하기 어렵게 된 경향이 있었다.

이러한 이유들로 지방의 원자력마을(原子力村)이 원자력산업과 밀접하게 연결되어 있는 것도 사실이다. 후쿠시마에서는 1만 명이 넘는 규모의 고용이 지속적으로 생겨날 정도로 주민 입장에서는 거대하고 안정된 고용처가 생기는 것이고 자치체 입장에서는 건설 시부터 고정자산제 및 전원電源3법法에 기초한 교부금이 수입으로 들어온다. 주민들은 혐오하기보다는 오히려 나아가 공존하는 쪽을 계속 선택하려는 사회구조 속에 있다. 스스로 '안전신화'를 구축하여 거기에 자발적으로 몰입해 나가는 상황에 있으며, 리스크가 불문 시 되어가는 상황도 있었다고 말할 수 있다.

【핵 테러와 사고대책】

자연재해 등으로 일어난 원자력재해는, 핵 테러 공격 사안과 닮은 점이 많고 대처법에도 공통점이 많다. 2001년의 미국 중추 동시테러 이후 미국에서는 2002년에 'B5b'라고 불려지는 '원전테러대책'이 나왔다. 폭파 및 화재에서 원자력발전소가 피해를 받아도 원자로와 사용후연료 풀을 냉각하는 장치가 취해지고 전원상실에 대비한 준비와 작업에 필요한 기자재 및 조건도 명시되었다.

이번 재해에서도 미리 대책을 취했더라면 중대사고의 피해 확대를 막았을 가능성이 있었다. 일본 측이 'B5b'의 설명을 받을 기회는 2008년까지 적어도 2회 있었다. 미국 원자력규제위원회 간부에 의하면, 미일 정부 간의 공식루트에서 송부도 하고 있었다. 다른 간부는 "원자력안전보안원 측은 당시 일본에 테러문제는 존재하지 않는다고 말하며 원전 테러의 검토를 시작해도 보안원 측은 관심을 보이지 않았다"라고 밝혔다. 사실이면 규제당국으로서의 중대한 부작위不作爲라고 할 수 있다.

9. 후쿠시마 제1원전 국회사고조사위원회 보고서 요지

1. '후쿠시마 제1원전·국회조사위원회'(위원장: 쿠로카와黑川淸, 전前 일본학술회의 회장, 위원 10명)는 원전사고 발생 16개월이 지난 2012년 7월 5일(목) 최종보고서를 중·참의원 의장에게 보고하고 이번 후쿠시마 제1원전사고는 자연재해가 아니라 명백한 인재라고 발표했다.

 ＊ '국회사고조사위원회'는 2011년 12월 국회사고조사위원회법에 따라 발족하여 청취조사(연 1,167명), 사고원전 등 시찰(9회), 타운미팅(3회, 총 400명 이상), 피재민 앙케트(응답자수 1만 633명), 작업종업원 앙케트(응답자수 2,415명), 동경전력과 규제관청 및 수상 등 관계자에 대한 자료청구(2,000 건 이상) 등을 통해 보고서(641 페이지)를 작성했다.

2. 핵심내용은 다음과 같다.
 - 동경전력은 상시 안전대책을 소홀히 하였고 규제당국도 이를 묵인했다.
 • 동경전력과 정부의 사고조사위원회가 발표한 보고서에는 사고 원인을 동일본대지진이라고 규정하고 있으나, 대지진 발생 이전부터 근원적 원인이 있었다.

• 다시 말해 동경전력은 상시 안전대책을 강구했어야 했음에도 이를 소홀히 했다. 또한 원자력안전보안원·원자력안전위원회 등 규제당국도 안전대책을 소홀히 하였다.

* 동경전력은 거대 쓰나미에 의한 전원상실 및 노심손상을 '상정외想定外'라고 규정하였으며, 규제당국은 원전의 내진보강 및 쓰나미에 의한 전원상실 등을 인식했음에도 불구하고 이를 보류하고 묵인했다.

• 사고의 직접적인 원인에 대해서도 동경전력은 쓰나미라고 단정하고 있으나, 격심한 진동에 의해 배관의 미세한 균열로부터 물이 누출될 가능성이 있으며, 특히 1호기의 지진에 의한 손상 가능성을 부정할 수 없다.

– 위기관리체계가 미비하여 사고수습 과정에서 혼란을 초래했다.

• 정부당국과 동경전력은 과혹사고 대책 및 주민 안전보호 등에 대한 사전준비를 갖추지 않아 위기관리체계가 기능하지 못했으며 피해가 확대되는 것을 방지할 수 없었다. 또한 동경전력과 정부의 책임 한계가 불분명했다.

• 초동대처 시 수상관저의 비전문적인 과잉 개입이 현장대응의 중요한 시간을 허비하게 했을 뿐만 아니라 지휘명령 계통의 혼란을 확대하는 결과를 초래했다.

• 동경전력(본사)도 수상관저에 정확한 정보를 전달하지 못했으며, 사고현장에 기술을 지원하는 역할을 수행하지 못했다.

– 오히려 정부 규제당국은 규제받아야 할 동경전력의 꼭두각시가 되었다.

• 동경전력이 정보와 전문성을 우위로 전기사업연합회 등을 통해 정부 규제당국의 규제를 지연시키거나 기준을 약화시키는 압력을 행사했으며, 결국 규제당국은 전기사업자의 포로(규제의 주종관계 역전)가 되었다.

- 사고현장에서 동경전력이 철수할 근거는 없으며, 규제당국의 피난주민 대상 정보발신이 정확히 전달되지 못했다.

• 2011년 3월 14일(월) 후쿠시마 제1원전 2호기가 악화되는 상황에서 동경전력이 직원의 현장 철수를 결정한 흔적은 없으며 동경전력과 수상관저 사이에 인식의 차이가 확대된 결과, 수상관저가 이를 오해한 것으로 보인다.

• 사고 발생 후 정부 규제당국은 피난주민의 건강과 안전을 지키려는 의사가 결여되어 대응이 지연되는 결과를 초래했다.

• 긴급 시 신속방사능영향 예측시스템(SPEEDI)을 초동의 피난지시에 활용하는 것은 곤란했다.

- 금후 보완대책으로 7개항 제언

• ①정부 규제당국을 감시할 국회 내 상설위원회 설치 ②정부의 위기관리체제 재검토(지휘명령계통의 일원화 및 사고수습 시 현장 위주로 대처하고 정치가 개입을 규제) ③피재주민에 대한 정부 대응(건강진단제도 창설, 제염 강화 등) ④동경전력 등 전기사업자 감시 ⑤새로운 원자력규제기관에 필요한 요건(독립성 강화 및 사고지휘권 일원화 등) ⑥원자력법 규제의 재검토 ⑦민간 위주의 독립위원회(가칭 원자력임시조사위원회) 설치(미해명 사고부분 규명, 사용후핵연료 처리문제, 폐로방향 등 조사)

3. 국회의 사고조사위원회가 2012년 7월 5일(목) 발표한 동경전력 후쿠시마 제1원자력발전소 사고에 관한 조사 보고서의 요지는 다음과 같다(출처: 마이니치신문 2012. 7. 6).

■ 동경전력의 대응 지연, 원자력안전보안원도 묵인
제 1부. 사고는 방지할 수 없었던 것인가?

1. 사고 직전의 지진에 대한 대응 미비

2011년 3월 11일 동일본대지진 발생 시의 후쿠시마 제1원자력발전소는 장시간 계속되는 강한 지진파에 견딜 수 있을 거라고 보장할 수 없는 상태였다. 1~3호기의 설치허가가 신청된 쇼와 40년대 전반(1965~1970년)에는 주변지역의 지진활동이 약하다고 판단되어 안전기능 유지에 꼭 확인되어야만 하는 지진동地震動의 최대 가속도를 65갤(가속도의 단위)로 하여 내진 성능은 현저히 낮았다.

경제산업성의 원자력안전보안원은 2006년 지침을 개정하여 전국 사업자에게 내진耐震 백체크(既設 원자력발전소의 안전성평가)의 실시를 요구하였다. 동경전력은 2008년 3월 후쿠시마 제1원자력 발전소 5호기의 내진 백체크 중간보고를 제출하여, 내진설계의 기준 지진동을 600갤로 하여 안전성이 확보되었다고 한 바 있다. 보안원은 이를 타당하다고 하였으나, 원자로 건물 외에 내진 안전성을 확인한 것은 단지 7개의 설비뿐이었다. 1~4호기와 6호기에 대해서도 2009년에 중간보고를 제출했으나 5호기와 같이 내진 안전성을 확인한 설비의 수는 매우 한정적이었다.

동경전력은 이후 내진 백체크를 거의 진행하지 않은 채로 최종보고의 기한을 2009년 6월부터 2016년 1월로 연장하였다. 게다가 새로운 지침에 적합하게 하기 위해서는 다수의 내진 보강공사가 필요하다는 점을 파악하였음에도 불구하고, 1~3호기에 대하여는 동일본대지진 발생 시점에서조차 아무런 공사를 실시하지 않았다. 동경전력의 대응이 지연되고 있음에도 안전보안원은 이를 묵인하였다.

동경전력과 안전보안원은 사고 이후 조사를 통해 5호기의 중요한 배관에 내진 안전성이 확보되지 않은 곳이 있었음을 확인하였다. 동경전력은 현지에서 눈짐작으로 조사한 결과 유의有意한 손상은 없었다고 하였으나 비파괴검사 등의 상세한 조사는 하지 않았으므로 지진동에 의한 파손이 없었다고는 단정 지을 수 없다. 5호기는 차치하더라도 낡은 1~3호기에 지진동에 의한 파손이 있었는지 없었는지에 대해서는 아무 것도 장담할 수 없다.

2. 인식했음에도 불구하고 대책을 태만히 한 쓰나미 위험

2006년 단계에서, 후쿠시마 제1원자력발전소의 부지 높이를 넘는 쓰나미가 도달할 경우에 모든 교류전원이 상실된다는 점과 토목학회의 예측을 상회하는 쓰나미가 도달할 경우 해수펌프가 기능을 상실하여 노심 손상에 이를 위기가 있다는 점은 안전보안원 내에서도 공유되고 있었다.

개선이 진행되지 못했던 배경에는 3가지 문제가 있다. ①안전보안원이 쓰나미 상정에 관한 수정지시나 심사를 비공개로 진행하였고 기록도 남기지 않은 채 외부에는 실태가 알려지지 않은 점 ②전력업계의 불투명한 꼼수가 토목학회의 쓰나미 높이를 평가하는 수법에 깊게 개입하는 바람에 안전보안원이 정밀조사를 하지 않은 점 ③동경전력은 낮은 쓰나미 발생 빈도를 근거로 대책을 세우지 않은 것을 정당화하려고 애쓰는 한편,

쓰나미의 확률론적 안전 평가가 불확실하다는 이유만으로 아무런 대책을 세우지 않았다는 점 등이 문제였다. 동경전력의 대응이 늦어진 것에 대해서도 안전보안원은 인식하고 있었으나 구체적인 지시를 하지 않았다.

3. 국제수준을 무시한 시비어 엑시던트 대책

일본은 과혹사고(시비어 엑시던트) 대책을 자주自主대책으로 해왔었다. 그 때문에 높은 신뢰성이 요구되지 않았다. 또한 원래 작동되어야 할 안전설비가 제 기능을 못한 사고를 두고 대책을 세워야 함에도 불구하고 그 안전설비가 먼저 기능을 잃을 가능성은 낮다고 전제하여 모순적이면서도 실효성이 결여된 대책에 그치고 말았다. 그 검토와 정비 또한 해외와 비교하여 크게 늦어졌다.

사업자에게 자주적으로 대응시키도록 한 점은 전기사업연합회(電事連)를 통하여 규제당국에 적극적으로 입김을 불어넣을 여지를 남기고 말았다. 절충방침에서는 최신의 지견知見을 기존 원자력발전소에 적용하는 백피트 제도(기존 원자로에도 최신 기준에 맞추도록 의무화하는 제도)가 행해지지 않은 점을 들 수 있으며, 확률은 낮을 수 있으나 괴멸적인 사태가 들이닥칠 경우 일어날 사고 시나리오에도 대응하지 않았다.

■ 전원상실의 원인 등 조사 검증이 필요
제 2부. 사고의 진전과 미해명 문제의 검증

1. 사고의 진전과 통합적인 검토

동경전력 경영진은 후쿠시마 제1원자력발전소의 내진공사가 진행되지 못하고 쓰나미에 의한 침수대책도 수립되지 않은 상태라는 것을 파악하고 있었다고 생각된다. 게다가 사전의 과혹사고 대책도 한정적 이었다.

동경전력 신新후쿠시마변전소 등에서의 송전기능이 상실되어 전체 원전에서 외부전원도 상실되었다. 전체의 교류전원 상실에서 가정하지 않은 직류전원도 상실되었다. 과혹사고 대책이 제대로 이루어지지 않아 매뉴얼도 사전준비도 없는 상황에서 운전원과 작업원에 대한 충분한 훈련도 이루어지지 않았다. 원자로의 압력을 낮추는 벤트(배기)도 도면이 불충분했다. 동경전력의 조직적인 문제라고 할 만하다.

1, 3, 4호기에서 수소폭발이 일어나고 2호기에서는 격납용기의 파손이 발생했다고 추정된다. 5, 6호기에서는 노심 손상은 면했으나 2, 3호기에서는 더욱 악화된 상황으로 진행될 수도 있었다. 노심의 상태는 파악할 수 없으며 사고는 아직도 수습되지 않고 있다.

2. 미해명 부분의 분석 · 검토

중요한 기기 · 배관의 대부분이 실제로 조사 및 검증을 할 수 없는 원자로 격납용기 안에 있으며 대다수의 중요한 점이 해명되지 않은 상태이다. 그러나 동경전력은 사고의 주원인을 쓰나미로 보고 '안전 상 중요한 기기 중에서 지진에 의해 파손을 입은 것은 거의 확인되고 있지 않다'고 중간보고서에 명기하여 정부도 사고보고서에 같은 취지로 기록하였다.

국회사고조사는 이하 6개항에서 규제당국 및 동경전력에 의한 조사와 검증이 필요하다고 본다.

①원자로 긴급 정지 약 30초 후에 매우 강한 진동이 닥치고 50초 이상 흔들림이 지속되었기 때문에 지진동에서 무사하였다고는 말할 수

없다. 기준 지진동에 대한 백체크와 내진 보강이 거의 끝나지 않은 점을 고려하면 지진동은 안전상 중요한 설비를 파손시키데 충분한 힘을 지녔으리라 판단된다.

②지진 발생 직후에 대규모의 '냉각재 상실 사고'가 일어나지 않았다는 점은 쓰나미가 들이닥칠 때까지 원자로의 압력, 수위변화로 보았을 때 확실하다. 그러나 배관의 미세한 관통 균열로부터 냉각제가 분출되는 소규모 사고의 경우 원자로의 수위와 압력의 변화는 균열이 없는 경우와 거의 비슷하다. 소규모 사고에서도 약 10시간 이상 방치되면 수십 톤의 냉각재가 상실되어 노심손상이나 노심용융에 이를 가능성이 있다.

③사고를 결정적으로 악화시킨 비상용 교류전원 상실에 대하여 동경전력과 정부사고조사중간보고서, 안전보안원 모두 '쓰나미에 의한 침수가 원인'이라고 지적하고 있으며, 쓰나미 제1파는 오후 3시 27분경, 제2파는 오후 3시 35분경에 있었다고 하고 있다. 이 시각은 인근 해상의 1.5킬로미터짜리 파고계가 기록한 시각으로 원자력발전소 도착 시각은 아니다. 적어도 1호기의 비상용 교류전원 상실은 오후 3시 35분 혹은 36분으로 보여 지며 쓰나미에 의한 것이 아닐 수도 있다는 가능성이 판명되었다. 전원 상실은 쓰나미에 의한 침수에 그 원인이 있다고 단정 짓기에 앞서서 기본적인 의문에 답할 수 있는 설명이 필요하다.

④지진 발생 당시, 1호기 원자로 건물 4층에서 작업하고 있던 동경전력의 협력기업 사원 수 명이 물이 새고 있음을 목격했다. 국회사고조사위원회는 지진에 의해 5층의 사용후연료 저장 풀의 물은 흘러넘치지 않았다고 거의 단정 지었다. 그러나 현장 조사를 할 수 없으므로 물이 샜는지의 여부와 지점은 명확하지가 않다.

⑤1호기의 비상용 복수기는 오후 2시 52분에 자동으로 가동되었다. 11분 후에 복수기를 2계통 모두 수동으로 정지시켰다. 동경전력은 일관되게 "조작 매뉴얼에 정해진 원자로 냉각재 온도 변화율을 준수할 수 없다고 판단했다"고 주장했다. 그러나 복수기 운전원은 "원자로 압력 강하가 빨라서 냉각재가 유출되고 있는 것이 아닌가 하고 이를 확인하기 위해 복수기를 정지시켰다"고 설명하였다. 이 설명은 합리적인 판단이나 동경전력의 설명에는 합리성이 결여되어 있다.

⑥1호기의 안전변(SR변)은 실제로 작동이 되고 있는 지를 판단할 만한 기록이 없다(2, 3호기에는 존재). 2호기는 중앙제어실이나 현장에서 SR변의 작동음이 빈번히 들렸으나 1호기 SR변의 작동음을 들은 사람은 한 명도 없었다는 점이 판명되었다. 실제로 1호기의 SR변은 작동되지 않은 것이 아닌가 하는 의문이 생긴다. 1호기에서는 지진동에 의한 소규모 냉각재 상실 사고가 일어났을 가능성이 있다.

■ 과도한 개입으로 혼란을 초래, 이해하기 곤란한 수상 관저의 자세

제 3부. 사고대응의 문제점

1. 동경전력 사고대응의 문제점
① 사고 시에 회장과 사장 모두 부재중이었다.
② 시비어 엑시던트 대책이 제 기능을 발휘하지 못하고 긴급 시에 대비한 매뉴얼도 도움이 되지 못했다.
③ 긴급 시에 대비한 지시명령 계통이 혼란스러웠다.
④ 본점 측에서 기술적인 원조가 불가능하였다.

⑤ 동경전력의 체질이 되어버린 특이한 경영방식(에너지정책 및 원자력 규제에 강한 영향력을 행사하면서도 자신들은 앞에 나서지 않고 해당 정부기관에 책임을 전가하는 막후 조종 세력과도 같은 경영체질)이 사고대응을 왜곡하였다.

2. 정부에 의한 사고대응의 문제점

정부의 사고대응 체제는 본래의 기능을 발휘하는 데 실패하였다.

지진과 쓰나미 영향으로 통신, 교통 등의 인프라와 이제까지 정비해 온 재해대책의 수단을 사용할 수 없었던 점이 영향을 끼쳤다. 원자력재해대책본부(原災本部) 사무국에서는 사고의 진전이나 대응의 진척에 관한 정보수집이나 공유의 기능이 온전하지 못했다. 조직으로서의 조언을 제공할 수 없었던 안전위원회나, 방사능 확산의 상황파악에 필요한 수단이나 시스템을 살려내지 못하고 모니터링 데이터의 공유조차 불완전했던 문부과학성에도 문제가 있었다.

3. 수상관저가 주도한 사고대응의 문제점

정부는 동경전력으로부터 통보를 받고 나서부터 정부의 사고대응체제 기동의 대전제라 할 수 있는 '원자력긴급사태 선언'(2011. 3. 19 10:03분)을 할 때까지 2시간 이상을 소요하여 초동에서부터 문제점을 남겼다.

수상을 비롯한 관저의 정치인들은 초동대응을 맡을 위기관리센터가 지진·쓰나미에 대응하기에는 너무 벅차다고 생각하여 사고대응을 자신들이 주도적으로 진행해 나갔다. 벤트(배기배출) 및 해수주입에 대해 동경전력을 비롯한 관계자가 실시를 합의하여 대응하고 있었음에도 불구하고, 관저는 그 정보를 파악하지 못한 채 개입하여 더 큰 혼란을 야기했다. 피난 지시안의 작성을 담당해야 할 원자력재해 현지대책본부가 제 기능을 발휘하지 못하고 원자력재해대책본부 사무국의 대응도 늦어지는 가운데 수상관저로부터 피난지시가 떨어졌다. 그러나 피난구역 결정의 근거가 빈약했으며 또한 정부 내 각 기관과의 연계가 부족했던 등의 문제로 현장에 혼란을 일으켰다.

4. 관저 및 정부(관료기구)의 사고대응에 관한 평가

사고대응을 주도한 수상관저 정치인들은 제대로 된 위기관리 의식이 결여되어 있으며 수상관저가 위기 시 해야 하는 역할에 대해서도 잘못된 인식을 가지고 있다.

동경전력이 철수에 대한 이해를 얻고자 했다는 것은 원자로가 그만큼 예단할 수 없는 심각한 상황이었다는 반증이기도 하다. 이러한 상황에서 정부는 전원 철수를 해야 할 단계까지 다다랐을 가능성을 심각하게 검토하여 주민피난 등의 주민 방호대책에 총력을 기울였어야 했다. 동경전력 자신은 대처해야 할 사항에 관여해 나가면서도, 사장이 "철수는 생각하고 있지 않다"라고 한 말은 발전소의 사고 수습은 동경전력에 맡기라는 뜻이었다. 그럼에도 동경전력과의 통합대책본부를 설치하기까지 계속 개입해 온 수상관저의 행동방식은 이해하기가 곤란하다.

또한 수상의 후쿠시마 제1원자력 발전소의 시찰을 포함한 관저의 직접 개입은 지휘명령 계통의 혼란, 현장 혼란을 야기했다. 수상의 후쿠시마 제1원자력 발전소의 시찰을 계기로 동경전력은 안전보안원에 정보를 전달할 뿐만 아니라 수상관저의 요구에도 응해야 하는 상황에 이르렀다.

5. 후쿠시마 현의 사고대응의 문제점

현의 원자력 방재체제는 원자력 방재와 쓰나미 재해가 동시에 발생하지 않는다는 것을 전제로 만들어졌다. 이 때문에 초동대응 체제를 세우는데 어려움이 있었다. 피난 지시를 주민에게 알리려고 노력하였으나 방재행정의 무선회선의 부족 및 지진·쓰나미에 의한 통신기기 파손으로 이러한 곤란을 더욱 부채질하였다.

6. 정부의 정보개시의 문제점

기사발표에서 속보성보다 정확성을 중시하였다. 주민의 안전을 지키고자 하는 시점에서 최악의 사태로 진전되는 것을 상정한 정보 개시의 노력은 하지 않았다.

■ 피난의 판단을 주민에게 맡겨버리다
제4부. 피해 상황과 피해 확대의 요인

1. 원자력발전소 사고의 피해 상황

사고로 인해 요소 환산 체르노빌 원자력발전소 사고의 약 6분의 1에 상당하는 약 900페타 베크렐(페타는 100조 배)의 방사성물질이 방출되었다. 후쿠시마 현 일부는 공간 방사선량이 연간 5밀리 시버트 이상이 될 가능성이 있다.

후쿠시마 현 조사에 의하면, 주민 약 1만 400명의 사고 후 4개월간의 외부피폭 적산 실효선량의 추계치는 2012년 6월 데이터 기준으로 1밀리 시버트 이상 10밀리 시버트 미만이 42.3%, 10밀리 시버트 이상이 0.7%였다. 수치는 낮지만 주민들은 매우 불안해한다. 정부는 세세한 부분까지 조사를 철저히 해 나아가야만 한다.

2. 주민이 본 피난지시의 문제점

사고 다음 날까지 피난지시는 계속 확대되어 주민은 불안을 안은 채 장시간 이동하였다. 20킬로미터 권내의 병원 등에서는 피난수단이나 피난처의 확보에 시간이 걸리고 3월 말까지 적어도 60명이 사망했다.

3월 15일에는 20~30킬로미터 권역의 주민들에게 옥내피난 지시가 떨어졌으나 장기화로 라이프라인이 더 이상 버텨주지 못하고 생활기반이 붕괴되었다. 3월 25일에는 동 권역의 주민에게 자주피난이 권고되었다.

정부는 주민에게 판단의 근거가 될 정보를 거의 제공하지 않은 가운데, 피난 판단을 주민 개인에게 떠맡기다시피 하였으며 국민의 생명과 신체의 안전을 맡을 책임을 방기하였다고 감히 말할 수 있다.

3. 정부의 원자력재해 대책 미비

안전보안원은 방호 조치를 국제기준 수준으로 올리면 주민의 불안이 가중되고 원자력발전소의 (연료의 재이용에 관한) '풀서머계획'의 추진에도 영향이 있으리라는 점을 감안하였다.

원자력안전위원회는 주민의 방호에 도움이 될 만한 설명은 충분히 이루어지지 않은 채 국제기준 도입을 뒤로 미루었다.

2007년 니가타 현의 주에쓰 앞바다 지진에서 복합재해를 상정한 대책의 필요성이 제기되었다. 그러나 국가 관계기관이나 일부 원전입지 지자체는 대책비 부담 증대 등을 들어 반발하여 안전보안원은 타개책을 만들지 못했다.

주민의 방호대책을 위해 정부는 긴급 시 대책지원시스템(ERSS)과 SPEEDI를 정비해 왔으나 사고 전에 예측시스템의 계산 결과에 의거한 피난지시를 행하는 프레임으로까지는 발전하지 못했다.

ERSS로부터 장시간 방출원의 정보를 얻지 못해 안전보안원이나 문부과학성 등의 관계기관은 이 계산 결과는 활용할 수 없다고 생각하여 초동피난 지시에 유용하게 쓸 수 없었다. 긴급 피폭의료체제도 광역을 커버할 방사성물질의 방출이나 다수의 주민 피폭에 대해서는 상정하여 책정되지 않았다.

4. 방사선에 의한 건강 피해의 현재 상황과 미래

방사성 요소의 초기 피폭을 막는 요소제를 투여할 때에도 원자력재해대책본부나 후쿠시마 현 지사는 주민에게 복용 지시를 적절한 시간 내에 지시하지 않았다. 주민의 피폭량을 줄이기 위해서는 오염된 식품의 섭취를 제한하고 계속적인 내부피폭 선량 계측이 필요하다. 그러나 정부나 후쿠시마 현은 여전히 거의 무대책으로 일관하였다.

동경전력은 시비어 엑시던트 시의 작업원 안전대책에 관해서도 사전에 상정한 바가 없었으며 피폭선량 관리가 집단으로 행해진 사례도 있는 만큼, 대응에 불충분한 점도 있었다. 체르노빌 원자력발전소 사고에서도 사회문제로 비화된 맨탈 헬스(마음의 건강)에 관한 대책을 조기에 수립해야만 한다.

5. 환경오염과 장기화되는 제염(除染) 문제

유출된 방사선 물질은 장래에 걸쳐 존재한다. 정부는 장기적인 시점에서 환경오염에 신속히 대응해야 할 필요가 있다.

제염의 과제 중 하나는 오염된 토양의 가치장(假置場) 확보이다. 정부와 자치단체는 실시할 계획의 책정이나 가치장(假置場) 선정 등에 수반되는 프로세스에서 주민과의 커뮤니케이션에 주력하여 주민의 판단근거가 될 수 있는 정보를 제공한 다음에 수요에 대응한 시책을 실시함이 바람직하다.

■ 동경전력의 위기관리에는 근본적인 결함이 있다
제5부. 사고 당사자의 조직적 문제

1. 사고 원인의 발생 배경

이번 사고 원인은, 이제까지 몇 번이고 지진·쓰나미 리스크에 경종이 울려 대응할 기회가 있었음에도 불구하고 동경전력이 대책을 세우지 않았다는 점에 있다. 동경전력은 실제로 발생한 사상事象에 관해 대책을 검토하였으나, 그 외의 사상에 관하여는 예컨대 경종이 울렸더라도 발생 가능성의 과학적 근거를 변명거리로 삼아 대책을 세우는 데 게을리 해왔다. 리스크 매니지먼트를 생각하는 방식에 근본적인 결함이 있었다.

이러한 동경전력의 자세를 허락해 온 규제당국의 책임도 무겁다. 규제당국은 역량 부족으로 전기사업연합회電事連를 통한 전력업계의 저항에 눌려 지시나 감독을 게을리 하였다. 전사련 측이 제안한 규제모델에 찬동하여 소송의 리스크를 경감하고자 하는 방향으로 동경전력과 공동투쟁 해온 자세는 규제당국으로서 제 할일을 다 하지 못한 모습이며 또한 행정적 측면에서도 결코 간과할 수 없는 부분이라 할 수 있다.

동경전력과 안전보안원은 연구모임 등을 통해 토목학회 평가를 상회하는 쓰나미가 도달했을 경우 해수 펌프가 기능을 상실하여 노심손상에 이를 위험성이 있다는 점, 원전부지의 높이를 넘는 쓰나미가 도달한 경우에는 모든 전원이 상실된다는 점과 부지의 높이를 넘는 쓰나미가 도달할 가능성이 충분히 낮다고 하기에는 근거가 빈약하다는 점을 인식하고 있었다. 동경전력 및 안전보안원에게 사고란 결코 '상정외想定外'라고는 할 수 없으며 대책 미비에 대한 책임을 면할 도리가 없다.

2. 동경전력, 전기사업자연합회의 꼭두각시가 된 규제당국

전기사업자는 안전규제 강화에 연결되는 움직임을 강도 높게 방해해 왔다. 그 결과, 사고 리스크 절감에 필요한 규제 도입이 진행되지 않고 원자력시설 안전대책의 사고방식이라 할 수 있는 5단계 심층방호를 만족하지 못해 세계표준에서 뒤떨어지게 되었다.

규제 측과 사업자 측은 과거 규제와 기설 원자로(旣設爐)의 안정성이 부정되어 소송 등을 통해 기설 원자로가 멈추는 리스크를 피하기 위해, '원자력발전소는 안전이 원래 확보되어 있다'라는 대전제를 견지하여 기설 원자로의 안전성을 부정하고자 하는 의견이 회피 혹은 완화되거나 뒷전으로 물러날 수 있도록 학계 및 규제당국 등에 입김을 불어넣었다.

전기사업자와 규제당국과의 관계가, 필요한 독립성이나 투명성이 확보되지 못한 그야말로 '꼭두각시' 구조형태였으며, 안전문화와는 매우 거리가 멀었다고 할 수 있다.

3. 동경전력의 조직적 문제

동경전력은 에너지정책이나 원자력규제에 강한 영향력을 행사하면서도 자기 자신은 전면에 나서지 않고 해당 국가기관에 책임을 전가하는 막후조종 세력과도 같은 경영을 계속해왔다.

그 때문에 동경전력의 거버넌스는 자율성과 책임감이 희박하였으며 관료적이기까지 하였다. 또한 한편으로는 원자력 기술에 관한 정보격차를 무기로 전기사업자연합회 등을 통해 규제를 무력화하고자 하였다.

원자력 부문의 경영이 어려워지면서 비용 삭감이나 원자력발전소 이용 룰의 향상이 중요한 경영과제로 인식되어 왔었다. 이러한 경영과제는 안전 확보라는 측면과 충돌하였으며 안전을 최우선으로 하는 자세에 문제가 있었다고 생각된다. 배관의 도면(配管圖) 등이 준비되어 있지 못했던 점은 장기간 방치되어 있었음을 나타내는 증거이며, 이번 사고 처리에서 벤트가 늦어지게 된 원인의 하나이기도 했다.

사고 후의 정보공개는 반드시 충분했다고도 할 수 없으며 결과적으로 피해 확대의 원인이기도 하였다.

4. 규제당국의 조직적 문제

규제당국은 국민 건강과 안전을 최우선으로 생각하고 안전에 대한 감시와 통합을 확고히 하고자 하는 조직적인 풍토나 문화가 결여되어 있었다.

①국민의 안전을 전제로 규제하는 방법을 재구축할 것

②규제조직의 출범에 독립성과 투명성을 높일 것

③국제기준에 따라 규제 체제를 향상시켜 나가는 '열린 체제'로 바꿀 것

④긴급 시 신속한 정보공유나 의사결정이 이루어지도록 효과적인 일원화 체계를 도모할 것 등이 요구된다.

■ 외국의 사고 사례를 진지하게 받아들이지 못하다
제6부. 법 정비의 필요성

원자력법규제의 근본적인 재검토가 필요하다

일본의 원자력법규제 개정은 발생한 사고만을 답습하는 대증(對症)요법으로 이루어져 왔다. 다른 나라들이 사고나 안전에 어떻게 임하고 있는지를 진지하게 생각하고 받아들일 자세도 없었다.

먼저 국내외 사고에서 얻을 수 있는 교훈과 최신기술의 이해를 반영하는 법체계를 신속히 정비하여, 이를 계속하여 실행할 의무를 규제당국에 부과함과 동시에 이행 여부를 감시할 시스템을 구축할 필요가 있다.

개정된 새로운 룰을 과거 세워진 원자로에 소급적용(遡及適用:백피트)함을 원칙으로 하되, 폐로와 차선책이 허용되는 경우와 새로운 룰의 적용 가능 경우를 명확히 분별하는 것도 필요하다.

여러 외국에서 적용되고 있는 사고방식을 반영해야 하며 법 규제 전체를 통해 시설의 안전을 확보하는 제1책임은 사업자에게 있음을 명확히 해야 한다. 원자력재해대책법(原災法) 상 사고대응에서 사업자와 그 이외의 당사자의 역할을 어떻게 분담할 지를 명확히 하는 것도 중요하다. 안전 확보를 위하여 심층 방호가 충분히 확보되는 것이 바람직하다.

법 규제는 국민의 생명과 신체의 안전을 제일로 하는 일원적인 법체계로 재구축하는 것이 필요하다. 원자력재해대책법은 복합재해를 상정하여 재해대책기본법으로부터 독립한 일군(一群)의 법 규제로 재구축할 필요가 있다.

■ 지진 및 쓰나미에 버틸 보증이 없다

【결론】

〈근원적 원인〉

후쿠시마 제1원자력발전소는 지진에도 쓰나미에도 버틸 수 있다는 보증이 없는 취약한 상태였다고 추정된다. 사업자가 규제당국을 쥐락펴락 하는 가운데 '원자력발전소는 안전이 확보되어 있다'라는 대전제가 공유되어 기설 원자로의 안전성, 과거 규제의 정당성을 부정하는 듯한 규제 및 지침의 시행이 회피 · 완화되거나 뒷전으로 밀려나기 마련이었다.

역대 규제당국은 전력사업자의 꼭두각시였다. 그 결과, 원자력 안전에 대한 감시 · 감독 기능이 붕괴되었다. '자연재해'가 아닌 명백한 '인재'이다.

〈직접적 원인〉

국회사고조사위원회에서는 지진 리스크와 동등하게 쓰나미 리스크도 동경전력 및 규제당국 관계자에 의해 사전에 인식되었음이 검증되었으며, (원인이 '상정외'의 쓰나미라고 하는) 변명은 일고의 가치가 없다.

〈운전상 문제의 평가〉

과혹사고에 대한 충분한 준비, 높은 레벨의 지식과 훈련, 기자재 점검이 행해지고 운전원, 작업원에게 긴급사태 시 필요한 구체적인 지시가 가능하도록 준비되어 있었다면 보다 효과적인 사후대응이 가능했으리라는 점은 부정할 수 없다. 즉 동경전력의 조직적 문제인 것이다.

〈긴급 시 대응의 문제〉

1호기의 벤트에 대해 수상관저는 동경전력이 언제까지나 실시하지 않을 것이라고 의심하고 유감과 불신을 가졌었다. 관저가 발전소 현장에 직접적으로 개입한 점은 현장대응에서 중요한 타이밍을 불가능하게 했을 뿐만 아니라 지휘명령계통의 혼란을 확대하는 결과가 되었다.

동경전력의 '전면철수 문제'의 근원에는 동경전력의 시미즈 마사타카(淸水正孝) 사장(당시)이 시종일관 관저의 눈치를 보는 듯한 태도에서 비롯되었다고도 할 수 있다.

다만, ①발전소 현장은 전면철수를 전혀 생각하지 않았다는 점 ②동경전력 본점에서도 피난기준의 검토가 진행되었으나 전면피난이 결정된 흔적이 없다는 점에서 수상에 의해 동경전력의 전원철수가 저지되었다고는 볼 수 없다.

피해를 최소화할 수 없었던 최대 원인은 '관저 및 규제당국을 포함한 위기관리체제가 제 기능을 다하지 못한 점'에 있다.

〈문제 해결을 위해〉

관계자들에게 공통된 점은 거의 원자력을 취급하는 자에게는 절대 있을 수 없는 무지와 태만으로 세계의 조류를 무시하고 국민의 안전을 최우선하지 못했으며, 조직의 이익을 최우선하는 조직 의존의 마인드 세트(한쪽으로 치우쳐진 생각이나 잘못된 상식)가 있었다.

〈사업자〉

동경전력의 거버넌스는 자율성과 책임감이 희박하고 관료적이었으며 또 한편으로 원자력 기술에 관한 정보의 격차를 무기로 전기사업연합회 등에 개입하여 규제를 바보로 만드는 시도를 계속해왔다.

수상관저의 과잉개입이나 전면철수라는 오해로 자기 잘못을 돌릴 수 없는 입장이며, 오히려 혼란을 초래한 장본인이었다.

〈규제당국〉

사업자의 '꼭두각시'였으며 규제를 뒷전으로 미루고 사업자에게 자주自主대응을 하도록 하여 사업자의 이익을 도모함과 동시에 자신은 직접적 책임을 회피해 왔다. 추진 관청, 사업자로부터의 독립성은 허울뿐이었으며 그 능력과 전문성, 철저한 안전의식에서는 국민의 안전을 지키고자 하는 마음은 추호도 없었다.

〈법 규제〉

법 규제는 대증요법에 가까웠으며 패치워크적 대응이 가중되어 여러 외국의 사고사례를 진지하게 고려하지 않았으며 법 규제를 고치고자 하는 자세도 결여되어 있었다. 법 규제는 세계의 최신의 기술적 이해 등을 반영하여 새로운 구조를 구축하여야만 한다.

【제언】 (출처: 일본경제신문 2012. 7. 6)

제언 1. 규제당국에 대한 국회의 감시

국민의 건강과 안전을 지키기 위해 규제당국을 감시하는 목적 하에 국회에 원자력 문제에 관한 상설위원회를 설치한다.

이 위원회는 규제당국이나 학식 높은 경험자부터 의견을 청취한다. 최신의 지견으로 안전 문제에 대응할 수 있도록 글로벌한 시점에서 볼 수 있는 전문가로 구성된 자문기관을 설치하며 이 기관은 사업자나 행정기관으로부터 독립성을 유지하도록 한다. 이 위원회는 앞으로의 사고 검증에서 발견될 문제의 개선 상황을 계속 감시한다.

제언 2. 정부의 위기관리체제의 수정

정부의 위기관리체제를 근본적으로 수정한다. 긴급 시 대응할 수 있도록 집행력이 있는 체제 구축과 지휘명령계통의 일원화를 제도적으로 확립한다.

방사능의 방출에 따른 발전소 밖의 대응조치는 주민의 건강과 안전을 제일로 하며 정부와 지방자치단체가 중심이 되어 역할을 분담하여 실시한다. 사고 시의 발전소 안에서의 대응은 먼저 사업자의 책임으로 하고 정치가가 끼어드는 지시나 개입을 차단할 수 있도록 한다.

제언 3. 피해 주민에 대한 정부의 대응

국가 부담으로 하는 외부 및 내부 피폭의 계속적인 검사, 건강진단, 의료제공의 제도를 도입한다. 주민이 스스로 판단할 수 있는 근거가 될 정보 개시를 추진한다. 방사성물질의 모니터링이나 오염 확대 방지대책을 실시한다. 제염 장소의 선정기준과 작업스케줄을 제시하고 주민이 귀가, 이전, 보상을 판단하여 선택할 수 있도록 필요한 정책을 실시한다.

제언 4. 전기사업자의 감시

정부는 전기사업자와의 접촉에 관한 룰을 정하여 정보를 공개토록 한다. 전기사업자 사이에서 원자력안전을 위한 선진사례를 확인하고 상호감시체제를 구축한다.

동경전력은 거버넌스, 위기관리, 정보개시 체제를 재구축하여 높은 안전 목표를 향한 계속적인 자기개혁을 실시하도록 한다. 전기사업자의 안전기준 및 안전대책을 감시하기 위하여 현장 조사권을 수반하는 감사 체제를 국회 주도로 구축한다.

제언 5. 새로운 규제조직의 요건

규제조직은 국민의 건강과 안전을 최우선으로 하며 안전 향상을 위해 스스로 변혁할 수 있는 조직이 되도록 근본적인 전환을 도모한다.

높은 독립성을 실현하여 감독 기능을 강화하기 위한 지휘명령계통, 책임권한과 그 업무프로세스를 확립한다. 정기적으로 국회에 모든 의사결정과정 등을 보고하는 의무를 부여하고 교섭절충에 관한 의사록을 남겨 공개를 원칙화 한다. 위원의 선정은 국회 동의 인사로 하는 등 투명한 프로세스를 설정한다.

원자력규제 분야에서 글로벌한 인재 교류, 교육, 훈련을 실시한다. 책임감을 가진 인재를 중심으로 하는 '노 리턴 룰(No Return Rule)'을 예외 없이 적용한다. 조직체제의 효과적 일원화를 도모하고 조직의 자기개혁을 촉구한다. 국회는 그 과정을 감시한다.

제언 6. 원자력법규제의 수정

원자력법규제는 국민의 건강과 안전을 제일로 하는 일원적인 법체계로 재구축한다. 안전 확보를 위한 우선의 책임을 부담하는 사업자와 이 사업을 지원하는 각 당사자의 역할을 분담하여 명확히 한다.

원자력법규제가 사고의 교훈 및 세계의 안전기준 동향, 최신의 기술적 지견을 반영하도록 규제당국에 끊임없이 신속하게 수정해 나갈 것을 의무화하여 이행 여부를 감시하는 틀을 구축한다. 새로운 룰을 기설 원자로에도 적용할 것을 원칙으로 한다.

제언 7. 독립 조사위원회의 활용

국민생활에 중대한 영향이 있을 테마에 관하여 조사 심의하기 위해 원자력 사업자 및 행정기관으로부터 독립한 민간중심 전문가로 구성된 제3자 기관인 '원자력감시조사위원회(가칭)'를 국회에 설치한다.

나는 2011년 3월 11일㈜ 사상 초유의 대재난이 일어난 미야기 현 센다이 시에서 살면서 일본인들이 쓰나미로 가족은 물론 일생동안 가꾸어온 가옥과 생활터전을 한순간에 잃어버린 엄청난 슬픔을 겪거나, 후쿠시마 제1원전 사고로 정든 고향을 어쩔 수 없이 떠나야 했던 망연자실하고 슬픈 모습들을 가까이서 지켜보았다.

또한 지진과 쓰나미라는 자연이 토해내는 대재앙을 겪으면서 '인간은 자연의 극히 작은 일부분에 불과하며 항상 자연 앞에 겸손해져야 한다'는 것을 체험했다. 그리고 가족의 소중함과 고향의 유대감 그리고 지금 현재의 가치가 무엇보다도 중요하다는 것을 알 수 있었다.

한편 일본 동북지방에서 일어난 복합적인 재해가 결코 이웃나라 일본만의 일이 아니라 언제든지 우리나라에게도 닥쳐올 수 있다는 점에서 배울 점이 적지 않다고 생각한다. 그러나 우리는 이웃나라의 역사적 현장에서 교훈을 찾아 배우려는 자세가 부족하다는 것을 부인할 수가 없다.

2011년 8월 2일㈜ 무라이 요시히로(村井嘉浩) 미야기 현 지사는 이번 재난 관련 강연회를 끝내면서 다음과 같은 말을 하였다. "최근에 중국 신화사통신사로부터 인터뷰를 가진 바 있는데, 그 기자로부터 '중국 사회과학원의 일본연구소는 재해를 당한 동북지방 3현의 복구·부흥 계획 등을 종합적으로 분석하고 있다. 그런데 일본정부의 복구·부흥 계획에 외국인에 대한 배려가 없는 것 같다' 는 질문을 받았다…."

그 말을 듣는 순간, 나는 뒤통수를 얻어맞은 기분이었다. 6개월 가까이 경과한 그때까지 우리나라의 연구기관 관계자가 재해현장을 방문한 적이 없었기 때문이었다. 다만, 지진 발생 한 달 보름이 지난 후에 동북아역사재단 정재정 이사장(당시) 일행이 방문(2011. 4. 28, 목)한 것 뿐이었다.

무라이 미야기 현 지사의 말을 듣고 나서, 우리나라에서 누구도 관심을 가지지 않는다면 필자만이라도 이번의 재난 관련 상황을 기록하고 종합적으로 분석하여 우리 국민들과 청소년들에게 정확한 실정을 알려 타산지석으로 삼아야겠다고 다시 한 번 다짐하였다.

나는 일본 동북지방의 중심지 센다이 시에서 생활하면서 외국인이라는 객관적인 눈으로 사상 초유의 동일본대지진과 쓰나미 그리고 후쿠시마 제1원전사고의 상황 전개와 일본정부의 복구과정 등을 가까이서 지켜볼 수 있었다.

그러나 무엇보다도 쓰나미가 할퀴고 간 태평양 연안의 피해지에 살던 일본인들의 재난극복의 자세는 전 세계가 놀랄 정도로 침착하고 냉정하기까지 하였다. 대지진으로 거대한 대지가 파도와 같이 물결치고 고층 건물들이 무너질 듯 요동을 치는 가운데 후쿠시마 제1원전이 폭발하는 다중재해 속에서도 내가 본 일본인들은 인간으로서의 자존심을 결코 잃지 않았다. 어려울수록 자신의 욕망을 제어하면서 남을 배려하는 모습은 숭고하기까지 하였다.

당시 생필품이 매우 부족했던 센다이에서도 물건을 사기 위한 긴 행렬이 다반사였는데, 몇 시간을 기다린 후에 자기의 차례가 오면 필요한 분량만을 구입하면서 뒷사람을 배려했다. 오랜만에 문을 연 편의점에서의 일이었다. 추위 속에서 한참을 기다린 임산부는 아이에게 먹일 분유를 구입할 때 자신과 처지가 비슷한 사람을 생각하여 한 통만을 사가는 모습을 볼 수 있었다. 그 후 비슷한 광경은 센다이 등 피해지역에서도 적지 않게 볼 수 있었다. 그런 모습을 자주 보았던 나는 개인적으로는 앞으로의 남은 인생을 어떻게 살아가야 하는 지를 배울 수 있는 자성의 기회이기도 했다.

대지진 당시 어려움을 극복해가는 일본 동북지방의 모습을 지켜보면서 미국 남북전쟁의 영웅 체임벌린(Joshua Lawrence Chamberlain)이 게티즈버그 전투를 마치고 부하 병사들에게 한 말을 떠올렸다. "시련의 날에 큰 도움이 된 것은 조용하고 평화로운 시절에 부모님의 슬하에서 형성된 인격의 힘이었다. … 우리가 고상한 생각과 이상을 소중히 여기며 살아왔다면 우리를 고결한 행동으로 부르는 시간이 올 때 어떤 사람이 될 것인가 스스로 결단할 수 있다."

봄이 오면 벚꽃은 다시 피어날 것이다. 그리고 일본 동북지방 사람들은 묵묵히 한걸음씩 발걸음을 내디디면서 반드시 다시 일어설 것이다.

규슈지방의 가고시마 현까지 수학여행을 다녀온 후 밤늦은 시간에 모리오카 시 신칸센역에서 해산식(2011년 여름)을 치루는 '이와테대학

교육학부 부속중학교' 3학년 학생들의 일사분란하고 절도 있는 모습에서 반드시 복구할 것이라는 희망을 보았기 때문이다.

3년 이상을 고국의 가족과 떨어져 단신으로 체재하면서 정들었던 센다이 시를 비롯하여 쓰나미로 피해를 입은 태평양의 아름다운 리아스식 항구들이 하루빨리 복원되는 모습을 꼭 보고 싶다.

끝으로 '3.11동일본대지진' 100일간 일지를 작성하는데 마이니치신문사 발간자료를 참고하였고 일본 동북대학 박사과정의 유경란 씨와 원고 교정에 도움을 준 임정량씨에게도 감사드리고 싶다.

2013년 2월
일본 동북지방의 빠른 복구를 기원하며